KB151668

조선시대 사원경제사 연구

김 갑 주

景仁文化社

책을 내면서

불교가 한국의 역사발전에 지대한 영향을 끼쳤던 것은 주지의 사실이다. 삼국에 불교가 수용됨으로서 통합사상과 독립정신을 함양하고 고대국가로 발전시켰으며 신라가 삼국을 통일하게 된 것도 역시 불교의 영향이라 할 수 있다. 활짝 꽃피운 신라의 불교문화는 한국의 민족문화를 이룩하였다.

신라시대의 찬란한 불교문화는 고려왕조에 그대로 계승되어 고려를 불교국가로 만들었다. 곧 불교가 국가의 최고통치 이념으로 군림하게 되었던 것이다.

法久弊生이라 했던가? 고려왕조의 말엽에 이르러 불교사회의 모순 속에 성리학이 수용됨으로서 불교는 신흥사대부들의 배척의 대상으로 인식되었다. 결국 조선왕조는 숭유억불정책을 國是로 삼게 되었고 승려들은 피지배층으로 그 신분이 추락하게 되었다. 그러나 1000여 년 이상의 오랜 세월동안 뿌리 내린 불교는 집권유생들의 배척 속에서도 민중의 신앙으로 꾸준히 그 자리를 지켜갔던 것이다.

필자가 조선시대의 사원경제사를 연구하게 된 것도 피지배층으로 추락한 불교계가 극심한 배척 속에서도 민중의 신앙으로 꾸준히 발전해 간 불교계의 동향을 규명해 보고자 하는데 그 이유가 있다.

그리하여 일찍이 『조선시대 사원경제 연구』로 박사학위를 취득하였다. 그 후에도 같은 뜻으로 조선후기 승려의 소유 전답과 사찰 소유의 전답을 둘러싼 소유권 분쟁을 비롯하여 승려들에게 부과된 군역 등 각종의 부담 등을 규명해 보려고 노력하였다. 하지만 원래 재주가 없고 게으르기까지 한 사람이라 아직도 크게 부족하다는 생각을 버릴 수가 없다.

　그러나 학교 강단을 떠난 지 수년이 지났으면서도 더 이상의 연구가 진행되지 못하였다. 그렇지만 지금까지의 연구물이라도 한 곳에 묶어두어야겠다는 생각을 지울 수가 없었다. 마침 경인출판사 한정희 사장께서 출판을 맡아주셨다. 어려운 여건에도 불구하고 이 책을 출판해 주신 사장님께 감사드린다. 덧붙여 자료 정리와 교정 등을 도와준 동국대학교 국사학과 박성주 강사에게도 고마움을 전한다.

2007년 9월
지촌역사문화연구실에서
저자 **김갑주**

목 차

제2부 조선후기 승려의 산업활동과 사유전답 ‖ 115

제3부 조선후기 보사활동과 사위전 ‖ 167

제4부 조선후기 寺院 位田의 소유권 분쟁 ‖ 283

일러두기

1. 여기에 수록한 글들은 필자가 이미 발표한 논문들과 일부는 增補하여 정리한 것이다.

2. 조선시대를 전·후기편으로 나눈 것은 사원경제의 양상이 너무나 다르기 때문이다. 즉 사원과 승려의 소유재산이 전기는 구별이 없지만 후기는 완전히 別産이었다. 뿐만 아니라 水陸社·願堂 등 왕실과 특수한 관계에 있는 사원 외는 전기는 사원전과 사원노비 등 사원경제가 제한적이나마 국가로부터 사여를 받았지만 후기는 승려 자신들의 노동에 의해서만 사원경제를 운영해 갔다.

3. 기왕에 발표한 논문의 제목과 게재지, 발표 연도 및 게재한 논문은 다음과 같다.

   제1부 조선전기 사원경제

   제1장 「조선전기 사원경제의 동향」은 「朝鮮初期 寺院田 槪觀」(『朝鮮時代 寺院經濟 研究』, 同和出版公社, 1982)을 증보하여 改題한 것이다.

   제2장 「상원·낙산사의 농장경영」은 「朝鮮初期 상원·낙산사의 堤堰 개간에 대하여」(『東國史學』 11, 東國史學會, 1969)를 改題한 것이다.

   제3장 「조선전기 사원전의 성격」은 「사원전의 성격」(『韓國佛敎文化思想史』上, 伽山李智冠스님華甲紀念論叢刊行委員會, 1992)을 改題한 것이다.

   제2부 조선후기 승려의 산업활동과 사원전답

   제1장 「승려의 산업활동」은 「壬亂以後 僧侶의 産業活動에 대한 一考」(『大學院研究論叢』 8, 東國大大學院, 1978)를 改題한 것이다.

   제2장 「승려의 사유전답」은 「朝鮮後期 僧侶의 私有田畓」(『東國史學』 15·16, 東國史學會, 1981)을 改題한 것이다.

제3부 조선후기 사원의 보사활동과 사위전

 제1장 「補寺活動 硏究」는 「해남 대흥사의 보사청 연구」(『湖南文化硏
  究』8, 全南大湖南文化硏究所, 1976)를 改題한 것이다.

 제2장 「寺刹의 量案 硏究」는 「영광 불갑사의 量案 硏究」(『淑大史論』
  11·12, 淑明女大, 1982)를 改題한 것이다.

제4부 조선후기 사원의 소유권 분쟁

 제1장 「승려 전답을 둘러싼 소유권 분쟁」은 『佛敎學報』29, 旺峰金煐
  泰博士華甲紀念特輯號, 東國大佛敎文化硏究院, 1992에 게재한
  것이다.

 제2장 「寺院位田을 둘러싼 소유권 분쟁-雲門寺位田을 중심으로-」는
  「雲門寺位田을 둘러싼 소유권 분쟁」(『水村朴永錫敎授華甲紀念
  史學論叢』, 수촌박영석교수화갑기념사학논총간행위원회, 1992)
  을 改題한 것이다.

제5부 조선후기 승군역

 제1장 「승군제도의 확립」은 『朝鮮時代史硏究』, 龍巖車文燮博士華甲紀
  念論叢, 1989를 게재한 것이다.

 제2장 「남북한산성 義僧番錢 연구」는 『佛敎學報』25, 東國大 佛敎文
  化硏究院, 1988을 게재한 것이다.

附 : 「광무 연간의 僧籍에 대한 일고」는 『何石金昌洙敎授華甲紀念史學論
  叢』, 하석김창수교수화갑기념사학논총간행위원회, 1992를 게재한 것
  이다.

서 론

　조선왕조는 유교를 국가이념으로 건국한 나라이다. 따라서 집권 유생들은 건국 초 국가의 재정확충과 인적자원을 확보하고 한편으로 왕권강화라는 현실적인 요구에 의해 그 초기부터 계획적인 불교정비작업을 추진해 갔다. 즉 공인사찰의 지정, 승려 수의 제한, 사원전의 정리, 사원노비의 혁파, 나아가 불교 종파를 禪·敎 양종으로 통합하는 등 일련의 불교정비작업이 진행되어 갔다. 그러나 성군인 세종이 소헌왕후의 서거를 계기로 호불의 군주로 돌아섰으며, 그 후 호불하는 세조가 즉위하게 됨으로써 불교계는 큰 영광이었다. 곧 왕실불교로서 그 기세는 대단하였다. 예컨대 세조의 信佛이 알려지자 태종과 세종 때 정리되었던 승려들이 다시 기세를 얻어 옛 사원의 田地라 모칭하여 민전을 강탈한 경우가 매우 많았던 모양이다.[1] 뿐만 아니라 이전에 정리된 사찰의 옛터에 중창한다는 핑계로 초막을 지어 놓고 이웃 사람들의 전지를 원래 사찰전지라 사칭하여 무리지어 빼앗은 것이 도적과 다름이 없다고 하였다. 이러한 사례들이 많이 일어나자 세조는 사찰의 중창을 금지시키고 빼앗은 전지를 돌려주도록 조치하였다.[2]

　그러나 이 시기 사원경제는 크게 발달해 갔다. 이 때 한정된 경우이기는 하지만 승려들의 貢納請負 활동이 그 대표적인 예이다.[3] 또한 호불

---

1) 『세조실록』 권37, 11년 9월 辛未.
2) 『세조실록』 권37, 11년 10월 己丑.
3) 田川孝三, 「李朝に於ける僧徒の貢納請負」 『東洋學報』 43-2, 1960 ; 田川孝三, 「貢納請負の公認」 『東洋學報』 19, 1961.

의 세조는 여러 사원에 전지와 노비를 사급하기도 하였다. 특히 그의 원찰인 상원사와 낙산사에는 蒜山堤堰을 비롯한 광대한 전지와 수많은 노비를 사급하였다. 이 양 사에서는 이러한 전지와 노비를 중심으로 農莊을 경영해 갔다. 이 문제는 유교주의를 표방한 성종대에 신·구 세력이 대립하는 정치적인 문제로 비화하였다. 즉 숭불적인 왕실과 연계한 훈구대신들과 배불의 신흥사림들 간의 대립이 그것이다. 성종은 신흥 사림세력을 중앙 정계에 등장시킴으로써 결국 훈구파의 몰락과 함께 불교 세력을 약화시켜 갔다. 곧 사원경제의 위축을 가져왔다. 한편 위축된 사원경제 체제하에서도 국초부터 왕궁의 건축과 도성의 축성, 하천공사, 공해수리 등 각종의 國役에 동원됨으로써 비록 도첩을 지급 받는 조건이지만 승려들의 존재가치는 인정되어 있었다. 이들의 경제활동을 통하여 사원경제를 유지해 갔다.

한편 조선후기는 왕실과 특별한 관계에 있는 극소수의 사원을 제외하고 여타 사원들은 그 절에 소속되어 있는 승려 자신들의 노동을 통하여 사원경제를 경영해 갔다. 즉 임진왜란을 계기로 불교는 정부로부터 신앙의 기능을 공식적으로 인정받아 민중종교로서 자리를 굳혀 갔다.[4] 이러한 시대상황은 사원의 위전은 물론이거니와 승려 개인의 전지 소유를 일반화하였다. 승려전의 경우, 승려 자신들의 경제활동을 통하여 전세를 부담하는 민전과 같은 승려전을 조성하게 된 것은 조선전기부터였다. 그러나 조선전기의 승려전은 寺院과 別產으로 인정되지는 아니하였다. 민간경제의 신장기라 할 수 있는 17세기 이후부터는 사원과 승려 간의 별산제가 확립되어 승려전이 활발하게 조성되었다. 이러한 승려들의 경제활동으로 사원경제가 운영되어 갔음은 물론이다. 甲契 등 사원 중심의 계를 조직하여 사원운영비를 부담하기도 했지만 사위전을 조성하여 補

---

4) 김갑주, 「南北漢山城 義僧番錢의 綜合的 考察」『佛敎學報』25, 1988 ; 김갑주, 「朝鮮後期의 僧軍制度」『朝鮮時代史研究－龍巖車文燮博士華甲紀念論叢』, 1989.

寺활동을 펴기도 하였다. 사위전의 경우, 면세지로 공인된 사위전과 민전과 같은 전세를 부담하는 사위전으로 구별된다.

면세지로 공인된 사위전 중 陵寢寺의 위전은 임진왜란 이전부터 인정되어 왔다. 이러한 면세지로 공인된 사위전은 임진왜란과 광해군대를 거치면서 상당히 확대되었던 것으로 보인다.[5] 反正으로 즉위한 인조는 절박한 재정상태를 해결하는 것이 가장 급한 일이었다. 그리하여 즉위 초에 곧 면세지를 정비하는 일에 착수하였다.[6] 원년(1623)에 한 읍에 수십 처나 되는 권세가의 農所인 '陣'을 혁파하였고,[7] 梨峴宮·壽進宮 등 諸宮家가 점유하고 있는 漁箭·田場 등을 정비하였다.[8] 이 때 면세지인 사위전도 상당히 혁파한 것으로 보인다.[9] 국고의 고갈에 따른 재정의 궁핍은 인조 5년(1627)에 발발한 정묘호란으로 더욱 심하여 급기야 隱結·漏結의 방지 등 세원을 찾기 위해 12년(1634)에 下三道에 대하여 양전사업을 실시하였다. 이 때 王牌가 있는 특수사찰을 제외하고 사위전은 원칙적으로 면세전이 될 수 없었다.[10] 그러나 병자호란 이후 宮房 등과 연결하여 願堂으로 지정받은 사찰들이 늘어나 면세의 혜택을 누려갔던 것이니, 이들 사위전이 현종 초의 억불정책에 밀려 거의 정리되었던 것이다. 현종 6년(1665) 5월, 鄭之益이 撰한 「江西寺事蹟碑銘」에,

---

5) 김갑주, 앞의 책, 141~142쪽.

6) 임진왜란 전 전국의 田結이 170만 8천 결이던 것이 광해군 3년에는 54만 2천 결밖에 되지 않았다(『增補文獻備考』 권148, 「田賦考」 8).

7) 『인조실록』 권1, 원년 3월 丁未 ; 『인조실록』 권14, 4년 8월 庚子.

8) 『인조실록』 권18, 6년 6월 癸巳.

9) 『현종실록』 권9, 5년 10월 丁丑, "高原梁泉寺位田 曾於反正初 許屬大同 以補民役而自去年 內司直發移文 奪其田之所出 使之作布上送 斯實事理之不當者". 타 사찰의 위전도 반정 초에 많이 회수되었던 것으로 보인다.

10) 김갑주, 앞의 책, 144쪽 ; 『인조실록』 권20, 7년 5월 己亥, "承旨徐景雨啓曰 法典內只官屯田 馬田 院田津夫田 氷夫田 守陵軍田 國行水陸田 祭享供上諸司柴田 內需司田 惠民暑種藥田 竝無稅云而他無免稅處 …"라고 있는 것으로 보아, 寺田을 포함한 '各自收稅'의 諸田은 이미 소멸되었던 모양이다.

　　금상의 즉위 4년에 모든 사찰 소속의 藏獲과 위전을 本司에 盡還한다. 그
러나 江西寺는 累廟에 御席을 진헌한 공으로 光廟 이래 사급한 田民을 特敎
로써 유지토록 한다(今上卽位之四年, 大凡寺刹所屬藏獲及位田 盡還本司 而
此寺則累廟御席進獻之功 故光廟以來所給田民 特下傳敎 因存不還).[11]

라고 한 것으로 알 수 있다. 즉 현종 4년(1663) 전국의 사위전이 사찰
소속의 藏獲과 함께 모두 회수되었는데 강서사만은 累廟에 御席을 진헌
한 공으로 光廟 이래 所給田民을 特敎로서 유지하도록 했다는 것이
다.[12] 결국 강서사의 경우와 같이 어석을 진헌한 공이 있다든지, 陵寢寺
願堂 등과 같이 王牌 있는 사찰들은 면세의 사위전을 그대로 유지해 왔
다는 것이다. 즉 '列聖朝胎封守護之地' 및 '御製奉安之所' 등의 사찰에
劃給한 위전,[13] 의병승장 惟政의 影堂을 모신 密陽의 表忠祠 復田 5결
등은[14] 면세가 인정된 사위전이었다.
　　다음으로 田稅를 부담하는 사위전이 있다. 조선 초에는 공인된 사찰
만이 收租權的인 위전을 소유할 수 있었다. 그러나 공인에서 제외된 여
타의 사찰들은 전세를 부담하는 사위전을 조성해야만 하였다. 이러한 사
위전은 조선후기까지 그대로 계속되어 갔다. 즉 숙종 35년(1709) 黃州
心源寺의 위전이 99負 5束,[15] 숙종 46년(1720) 海州 神光寺의 위전이
4결 17부 5속,[16] 영조 17년(1741) 金山 黃岳山 直指寺의 위전이 30
결,[17] 영조 23년(1747) 靈光 母岳山 佛甲寺의 위전이 27결 8부 1속[18]

---

11) 高橋亨, 『李朝佛敎』, 990~991쪽 ; 高裕燮, 『松都의 古蹟』(1977), 161~162쪽.
12) 『江西寺事蹟碑銘』의 이면에 있는 位田記에 "宣宗朝佛供奴婢七口 守直奴子二
　　口 仁祖朝永屬奴婢十六口 世祖朝佛供奴婢六十餘口 田畓二結半 惠靜翁主 田
　　畓一結三卜"이라 있다. 그런데 여기 위전의 경우는 그대로 유지되었다 하더라
　　도 이렇게 많은 노비가 江西寺에 이때까지 소속되어 왔는지는 의문이다.
13) 『萬機要覽』, 財用篇 免稅.
14) 『영조실록』 권47, 14년 2월 辛亥.
15) 『朝鮮金石總覽』 下, 「黃州心源寺事蹟碑」.
16) 『朝鮮金石總覽』 下, 「海州神光寺事蹟碑」.
17) 『朝鮮金石總覽』 下, 「金山黃岳山直指寺事蹟碑」.

등으로 보아 각 사찰마다 사위전을 소유하고 있었다. 그런데 조선후기의 사위전은 원칙적으로 전세를 부담하는 전지였다.19) 조선후기에는 佛垈까지도 量田의 대상으로 삼아 세를 부과하였다.20) 소위 孝宗法인 「田制詳定所遵守條畫」에 불대도 公廨·院館 등의 坐地와 함께 垈地로 打量토록 명시하였다.21) 따라서 불대는 늦어도 「전제상정소준수조획」이 준용된 인조 12년(1634) 甲戌量田時 이미 垈地로 타량된 것으로 보인다.22) 그 후 숙종 46년(1720) 庚子量田時에는 佛寺를 道觀·官衙·校院 등과 함께 빠짐없이 타량하여 징세토록 하였다.23) 요컨대 조선후기의 사찰은 불대까지도 징세의 대상이 되었던 만큼 모든 사찰은 어떠한 형태이든 세를 부담해야 하였다.

　승려 개인 소유의 전답과 전세를 부담하는 사위전이 일반화되는 등 사원경제가 활발하게 운영되자 승려전과 사위전을 둘러싼 소유권 분쟁은 당시 사회 환경으로 보아 필연적인 현상이라 할 수 있다. 즉 당시 승려의 신분이 피지배층으로 추락하자 양반이나 그들의 세력을 업은 노비, 그리고 농민들이 승려전이나 사위전에 대한 소유권 침해가 빈번히 일어나고 있었다. 한편 임진왜란과 병자호란 등 외적의 침입으로 국가가 위기에 처해 있을 때 승려들은 의병활동을 통하여 국난을 극복하는 데 크게 이바지하였다. 급기야 승군제도가 확립되어 조선왕조 군사조직의 일

---

18) 김갑주, 「靈光郡母岳山佛甲寺古蹟」, 앞의 책, 147쪽.
19) 숙종 44년에 宮家를 비롯하여 각 衙門 등 國典所載 외는 전후의 매득전답은 無論하고 免稅之規는 혁파하였다(『備邊司謄錄』 71, 숙종 44년 2월 27일). 그리고 『大典通編』 「戶典」 諸田에도 면세전 14종 중에 사위전이 포함되어 있지 않다.
20) 세종 25년(1443) '量田事目'에 私處家舍의 基地 등은 양전의 대상이 되었지만 사원의 기지는 公處와 함께 양전에서 제외되었다(『세종실록』 권102, 25년 11월 乙丑).
21) 朝鮮總督府中樞院, 『朝鮮田制考』, 311~316쪽.
22) 千寬宇, 앞의 책, 258쪽.
23) 『佛甲寺古蹟』 「己亥量田時上書草」에 "節目曰 寺觀衙院 一一打量俾勿落漏 …"라고 있는 것으로 보아, 조선후기의 사원은 궁실과 願堂 등 특별한 관계를 맺고 있지 않은 한 그 佛垈에 부과된 세까지도 부담해야 하였다.

원으로 승려들이 참여하게 되었다. 이들은 남한산성과 북한산성에 집중
적으로 배치되어 수도방위에 이바지하였다. 이러한 승려들의 군사동원
은 사원경제에 큰 부담으로 작용하여 급기야 寺敗僧殘의 처지에 이르게
되었다. 이러한 부분들을 대상으로 조선시대의 사원경제를 고찰해 보고
자 한다.

제1부
조선전기 사원경제

제1장

조선전기 사원경제의 동향

I. 서 언

고려왕조의 정신적 지주를 이루었던 불교는 국가의 보호 아래 찬란한 민족문화를 이루어 갔다. 따라서 불교교단의 기반이 되는 사원경제도 크게 발전해 갔다. 즉 사원은 광범한 토지와 막대한 노비를 소유하게 되었고 고려 말에 이르러서는 세가・궁원과 함께 사원은 농장을 설립하여 운영해 갔던 것이다.[1]

이처럼 사원경제의 지나친 팽창은 봉건적 경제체제인 고려왕조의 국가재정을 극도로 고갈케 하여 국가존립의 경제기반까지를 위태롭게 만들었다. 그 결과 세가・궁원 사원의 농장은 신흥 사대부들의 비판의 대

---

1) 李載昌,「麗代 寺院領擴大의 研究」『佛教學報』 2, 1964 ; 宋炳基,「高麗時代의 農莊」『韓國史研究』 3, 1969 ; 旗田巍,「高麗時代の王室の莊園-莊・處-」『朝鮮中世社會史の研究』, 1972 ; 旗田巍,「高麗朝においての寺院經濟」『史學雜誌』 43-5 ; 周藤吉之,「麗末鮮初における農莊について」『靑丘學叢』 17, 1934 ; 周藤吉之,「高麗末期より李朝初期に至る奴婢の研究」『歷史學研究』 9-1・2・3・4, 1939 ; 李載昌,「寺院奴婢考」『黃義敦先生 古稀紀念 史學論叢』, 1960.

상이 되었고, 나아가 사원전의 확대는 곧 전제개혁의 표적으로 등장하게
되었다.[2] 마침내 조선왕조의 집권유생들은 농장으로까지 확대된 사원전
과 사원노비의 정리를 도모하게 되었고, 뿐만 아니라 사상적인 내용을
무시한 불교종파의 폐합과 불교교단의 정리까지로 발전해 갔다.[3]

그러나 조선왕조는 숭유억불하는 양반관료들의 거센 지탄에도 불구
하고 고려 이래 민중사회에 깊숙이 뿌리박은 전통적인 신불관습은 일조
일석에 사라지지 않았으며 따라서 불교가 국리민복의 신앙으로서 여전
히 민중에 대한 교화력을 유지하여 가고 있었다. 또한『연산군일기』권
48, 9년 정월 을해에,

> 선왕의 陵寢으로 창건한 다섯 사찰 중 奉先寺·正因寺에는 특별히 토지
> 와 노비, 그리고 장리곡까지 주었다.

라고 기록되어 있는 것과 같이, 때로는 왕실의 비호하에 사원에 막대한
토지와 노비가 소유되어 있었을 뿐 아니라 장리곡까지도 사여됨으로써
고려시대와 다를 바 없는 사원경제 체제를 이루어 갔다는 데 관심을 갖
게 한다. 본 절에서는 조선전기의 사원전과 사원노비를 중심으로 사원경
제의 동향을 밝혀보고자 한다.

---

2) 李相佰,「儒佛兩敎 交代의 기연에 관한 一研究」『東洋思想研究』2·3, 1938·
   1939 ; 李相佰,「高麗末期 李朝初期에 있어서의 李成桂派의 田制改革運動과
   그 實績」『李朝建國의 研究』, 1949 ; 李相佰,「李朝 太祖의 私田改革運動과 建
   國 후의 實績」『李朝建國의 研究』, 1949 ; 尹瑢均,「朱子學の傳來とその影響」
   『尹文學士遺稿』, 1933 ; 周藤吉之,「高麗朝より李朝初期に至る田制改革」『東
   亞學』3, 1940 ; 深谷敏鐵,「鮮初の土地制度一班-いはゆる科田法を中心に-」
   『史學雜誌』50-5·6, 1939 ; 韓㳓劤,「麗末鮮初의 佛敎政策」『서울대論文集-人
   文社會科學-』6, 1957.
3) 韓㳓劤,「世宗朝에 있어서의 對佛敎政策」『震檀學報』25·26·27合倂號, 1964.

Ⅱ. 개국 초 사원경제의 현황

먼저 사원전에 대하여 살펴보자. 조선왕조의 개국 초에는 면세지로
공인된 사원전이 많이 정리되어 갔다.4) 면세지로 공인된 사원전의 정리
과정을 명확하게 파악하기 위해서는 이태조의 개국 초 사원전의 규모를
확실하게 밝혀 둘 필요가 있다.5) 공양왕 3년(1391) 5월에 실시를 본 조
선왕조의 경제기반이 된 과전법을 통하여 당시 사원전의 규모를 알아보
도록 하자.

과전법에 사원전에 관한 규정은 다음과 같다.6)

---

4) 과전법에 租는 水田 1결에 糙米(半搗米) 30두(2석), 旱田(田) 1결에 雜穀 30두(2
석)씩을 田主가 수조하고, 전주는 세를 水田 1결에 白米 2두, 旱田 1결에 黃斗
2두씩을 국가에 납세토록 되어 있었다. 그리고 이 세가 면제되는 것은 陵寢田,
倉庫田, 宮司田, 公廨田, 功臣田뿐이며, 사원전은 세를 부담한 것으로 되어 있
었다. 그러나 태종 2년(1402) 2월 戊午에 寺社田이 공신전과 함께 수세토록 하
는 법을 만들었던 사실로 보아 태종 2년 2월까지는 사원전이 면세되었다고 해
야 할 것이다(『태종실록』 권3, 2년 2월 戊午). 또한 租와 稅의 구별도 세종대인
15세기에 이르면 이미 그 구별이 없어지고 말았던 것이다(千寬宇, 「科田法과
그 崩壞」『近世朝鮮史硏究』, 1979).

5) 조선 초기에 공인된 사원전이 비록 면세지라 하더라도 과전법상 大軍調發로
糧餉이 부족하면 公田·私田을 불문하고 그 所用의 다소에 따라 임시로 일정
량을 公收하여 사용하고 사변이 끝나면 原狀으로 돌아갔던 사실로 미루어보아
경우에 따라서는 公收케 되었던 것이라 하겠다(千寬宇, 위의 논문 참조).
한편 태조 이성계는 도첩제를 실시하여 승려의 증가를 방지하고 사원의 濫建
을 금하게 하였다. 즉 이성계는 기존의 불교세력은 승인하되 그 이상의 불교세
력이 확대되는 것을 금하였다. 따라서 과전법상의 사원전은 원래 규정되어 있
는 것은 모두 인정했던 것이라 하겠다. 註 2) 참조.

6) 『고려사』 권78, 「食貨志」 1, 田制.
   (A) 拘收公私往年田籍 盡行檢覆 覈其眞僞 因舊損益以定 陵寢 倉庫 宮司 軍資
       寺 及寺院 外官職田 廩給田 鄕·津·驛吏·軍匠雜色之田.
   (B) 凡人毋得施納於寺院 神祠 違者理罪.
   (C) 公私賤口 工商 賣卜盲人 巫覡 倡妓 僧尼等 人身及子孫 不許受田.

(A) 왕년의 공전・사전의 전적을 일제히 조사・정리하여 능침전・창고전・
궁사전・군자시전・사원전・외관직전・늠급전, 그리고 향리・진척・역
리・군장잡색지전 중에서 원 규정의 결수에 과・부족이 있는 것은 원래
규정대로 복구한다.

(B) 누구나 사원・신사에 토지를 시납할 수 없으며 위반자는 죄로 다스린다.

(C) 공사천・공상・매복맹인・무격・창기・승니 등은 그 일대는 물론 자손
에게도 수전을 허락지 않는다.

위 사료 (A)에서 보이듯이 공양왕 3년 5월 과전법의 실시를 즈음하여
사원전도 능침전・창고전・궁사전・군자시전・외관직전・늠급전 그리
고 향리・진척・역리・군장잡색지전 등과 같이 지급되었던 것이다. 사
료 (A)에서 사원전이 지급되었다는 것은 공양왕 3년 5월 과전법이 실시
된 현재에 사원에서 관장해 오던 모든 전토가 그대로 인정된 것은 아니
었다. 즉 고려시대의 광대한 사원전은 려말에 이르러 과전법 실시 이전
에 이미 많이 회수・정리된 것은 사실이다. 충렬왕 11년(1285)과 충선왕
즉위년(1308)에 각각 賜牌를 빙자하여 사원이 모점한 전지를 환주토록
하였고, 창왕 즉위년(1388) 6월에는 선대에서 사원에 시납했던 요물고
소속의 궁장토를 환수케 했던 것이다.[7] 그렇지만 그 외의 사원에서 병탈
한 전토나, 신도가 투탁한 전토 등 불법적으로 크게 확대되어 갔던 사원
전은 과전법의 실시를 계기로 하여 비로소 회수되어졌던 것이다. 곧 사
원에는 고려시대에 원래 규정된 공인결수만큼만 소유토록 하였다.[8]

---

7) 『고려사』 권84, 「刑法志」 職制.

8) 韓㳓劤은 고려 말 충렬왕과 충선왕 때 寺社의 賜牌를 빙자한 冒占田地를 還
主케했음과 창왕 즉위년 사원에 시납된 料物庫 소속의 宮庄土를 환수케했음을
지적하고, 또 같은 해 조준의 寺社田 回收策을 언급하고는 "그러나 麗末에 있
어서 이같이 확대된 寺社田의 환수를 꾀하기는 하면서도 그의 일제 삭감은 하
지 못하였던 것이며 공양왕 3년 과전법 시행에 따라서 사원에도 의연히 전지
는 급여되기 마련인 것이다"라고 하여 사료의 구체적인 해석이 없기 때문에
사료를 탐독치 않고는 여말에 불법적으로 소유케 된 사원전이 모두 환수되지
도 않은 채로 사원에 의연히 지급된 것처럼 느끼게 하고 있다. 또한 "여말에
있어서 사원전의 전면적인 삭감은 없었으나 실제로는 賜牌・施納에 의하여 확

또한 사원이나 신사에 토지를 개인적으로 시납할 수 없고, 또 시납하는 사람은 죄로 다스린다는 사료 (B)도 더욱 이러한 사실을 확실하게 하여 준다. 즉 사료 (B)는 그 뜻을 뒤집어 볼 때 종래 무질서하게 시납된 사원전이나 신사전은 과전법에 의해 완전히 혁거되었으니 앞으로는 시납하는 일이 없도록 주의하라는 경고의 뜻을 지니고 있다고 하겠다. 태조 4년 5월 간관 韓尙桓이 '凡寺社之田 充給外 毋得加給'[9]이라 상언한 기사도 사사전은 원결수만이 지급되었음을 짐작케 하는 것이다.

사료 (C)는 승니의 개인소유 전토를 일절 인정치 않는다는 것이다. 즉 定結數 외의 사사전이 은폐될 가능성이 있는 승니 개인에의 소유를 금하고 있는 것이다. 결국 과전법에서 사원전은 원래 규정된 결수가 사원 자체에만 지급되게 된 것이다. 이렇게 해석하는 것이 고려 말 전제개혁의 의의와도 부합되는 것이라 하겠다.[10]

요컨대 조선개국 초의 사원전은 고려시대에 규정된 각 사원의 원래 결수만을 면세전으로 인정받게 되었다. 고려시대 각 사원별 원규정의 결수가

대된 사원전을 회수하고 과전법에 따라서 寺社田을 覈實給與하는 동시에 寺社에 대하여 전지를 개인적으로 시납하는 것을 금하였다는 사실은 종래 사원이 향유하고 있던 전지에 대한 치외법권적인 권세를 박탈하여 국가통할하에 들어오게끔 조치되어진 셈이었다"라 하여 여말에 시납 사패에 의한 전토는 還主·回收되고 그 외 倂奪이나 投託 등에 의해 확대된 사원전은 정결 수와는 관계없이 핵실급여하게 된 것처럼 보이며, 그러한 사원전까지도 국가의 통할하에 공적으로 인정된 것처럼 생각게 하고 있다. 즉 과전법의 실시로서 고려시대 각 사원에 배당된 정결 수 외의 사원전까지도 공인케 되었다는 오해를 받기 쉬운 것이다(韓㳓劤, 「麗末鮮初의 佛敎政策」『서울大論文集 - 人文社會科學 -』 6, 1957 참조).

9) 『태조실록』 권7, 4년 5월 乙巳.

10) 李相佰은 「李朝太祖의 私田改革運動과 建國 후의 實績」을 논한대서 고려 말의 전제개혁은 근본적인 개혁이 없이 다만 고려조의 전제와 방불한 것이 되었다고 하였다. 이러한 말은 곧 토지제도의 내용이 방불하다는 것이지, 현실적인 토지의 소유형태까지 방불하다는 것은 결코 아닐 것이다. 사원에 막대한 토지가 불법적으로 소유된 사원전까지도 고려조와 조선 초는 방불하다고 할 수 없기 때문이다(『李朝建國의 硏究』, 1949).

얼마나 되었는지는 확실히 알 수 없지만 고려시대의 사원세력으로 보아 그 양만도 상당한 규모였을 것임은 의심할 수 없는 사실이다.[11]

다음으로 사원노비에 대하여 살펴보기로 하자. 고려 말 세가·궁원·사원 등에 과다하게 예속되어온 노비들을 처리하는 문제는 전제개혁 이후 곧 이루어졌다. 즉 공양왕 3년(1391) 10월에 '人物推辨都監'을 설치하여 투탁 등 불법적인 방법으로 노비가 된 자들을 방환토록 조치하였다.[12] 그러나 이 조치는 오랫동안 관행되어온 사원노비의 정리를 해결하기에는 미봉책에 불과하였다. 결국 본격적인 사원노비의 정리는 다음 시대로 넘어가야 하였다. 조선왕조는 개국 초 '奴婢辨正都監'을 설치하여[13] 사원을 비롯한 권문세가의 많은 노비들을 정리하였다.[14] 이 '노비변정도감'에서 1년여의 준비작업 끝에 실행에 옮길 19개조의 '合行事宜'를 제정하였다.[15]

'합행사의' 10조에,

> 僧人은 이미 양친을 사직하고 출가한 자이므로 속인의 예에 따라 祖業奴婢를 爭望함은 무리하다. 부모가 전득한 것을 제외하고 쟁망함을 금지한다. 본인이 죽은 후 他本宗에 분급하지 못한다.

라 하여 승려가 소유한 노비의 상속·전승에 관한 규정을 하고 있을 뿐이며 불법으로 사원노비가 된 자의 정리문제는 포함되어 있지 않았다.

---

11) 『태종실록』권3, 2년 5월 甲辰에 "給檜岩寺田三百結 初寺田五百結 歲戊寅除三百結 給功臣 至是還給之 又加屬六十結 從太上王之旨也"라고 한데서 戊寅年(태조 7) 300결이 회수되기 전의 처음 사전이 500결이었음을 보더라도 고려시대 각 寺社의 元規定의 결수는 대단했던 모양이다.

12) 『고려사』권85, 「刑法志」 소송.

13) 『태조실록』권8, 4년 11월 戊子.

14) 周藤吉之, 「鮮初に於にる 奴婢の 辨正と 推刷とについて(上)」『青丘學叢』22, 1935 ; 周藤吉之, 「高麗末期より 李朝初期に至る 奴婢の 研究」『歷史學研究』9-1·2·3·4, 1939 ; 李載龒, 「朝鮮前期의 奴婢 問題」『崇田大論文集』3, 1971 ; 林英正, 『朝鮮初期 外居奴婢研究』, 東國大博士學位論文, 1989.

15) 『태조실록』권12, 6년 7월 癸酉·甲戌.

이러한 조치들도 왕자의 난 등 정치적 혼란으로 아무런 효력을 거두지는
못하였다.

Ⅲ. 태종의 사원전과 사원노비의 정리

조선왕조에 있어서 사원전과 사원노비를 정리하고자 하는 논의는 태
종부터 비롯되었다. 즉 태종 원년 정월 '門下府郎舍'의 시책상소 중에
"승도들이 師敎를 배반하고 利慾에만 이끌린다는 이유로 오교양종을 혁
파하고 寺社의 토지·노비를 모두 속공시켜 승니의 쟁리심을 두절시키
자"고 한 데서 발단되었다.16) 동년 윤3월에도 대사헌 柳觀이 "불교는
윤리를 어지럽게 하여 유해할 뿐이고, 財用을 허비하여 도움이 없으니
오교양종을 혁파하고 나아가 사원전지는 모두 軍需에 속하게 하고 사원
노비는 관부에 분례시키자"고 제의하였다.17) 이와 같은 제의에 대해 태
종은 불교종파와 사원전 등에 대한 개혁의 필요성을 인정하면서도 태상
왕(이성계)의 호불로 차마 혁거할 수 없다고 하였던 것이다. 이와 같은
태종의 대불교 태도에 대해, 동왕 2년(1402) 4월 의정부 등 정부 중요기
관의 동의를 얻은 서운관에서 고려조 이래 사원 및 사사전민의 증가와
그 폐해를 통박하고 나섰다. 즉 '고려조 500년 동안 군신들이 불교를 독
신한 나머지 대가람을 창건하여 원당으로 삼고, 전민을 시납한 것이 대
대로 증가하여 사원이 수천에 이르고 승려도 수만에 이르러 국고가 크게
줄어들었다'는 것을 이유로 그 폐해를 통론하고 부국 강병론을 들어 慮
備兵食이 급선무인 만큼 密記付 70사 외 경외 각사의 토전을 군자에 영
속시키고 노비는 各寺와 州郡에 분속시키자는 강청이었다. 태종은 서운

---

16) 『태종실록』 권1, 원년 정월 甲戌.
17) 『태종실록』 권1, 원년 윤3월 辛亥.

관의 이와 같은 제의를 받아들여서 곧 密記付神補寺社 70사와 그 밖에
상주승 100명 이상의 사원을 제외하고 모든 사원의 수조지는 영구히 폐
지하고, 그 수조는 군자에 충당토록 조치하였다.[18] 그러나 태종 2년 4월
밀기부 외 사원전의 혁거 조치는 불과 4개월 후 태상왕의 뜻에 좇아 완
전히 수포로 돌아가고 말았다.[19] 즉 태종 2년 8월 4일 왕이 태상왕(태조)
이 거처하는 檜巖寺에 나아가 태상왕께 헌수하는 자리에서, 태상왕이
왕사의 수계에 따라 肉膳을 끊어 안색이 평일과 같지 않아 크게 걱정하
여 육선들기를 간곡히 부탁하였다. 이 때 태상왕은 육선을 드는 조건으
로 밀기부 외 사사라도 그 토전을 모두 환급하고, 또 승니의 도첩을 추
문치 말고, 부녀의 상사도 금하지 말 것이며, 조불·조탑하도록 요구하
였다. 이에 왕(태종)은 '신이 죽는 것도 감히 사양치 못하거늘 하물며 이
일이겠습니까[臣死且不敢辭 況此事乎]?' 하고 즉시 지신사 朴錫命에게
명하여 의정부에 전지토록 하여 태상왕의 뜻대로 하였다. 특히 이 때 이
미 패망한 사사의 전지는 成衆作法處에 이속시켰다가 다시 창건하기를
기다려서 환급시키도록 까지 조치하였던 것이다.[20] 태종 2년 4월 밀기

---

18) 『태종실록』 권3, 2년 4월 甲戌, 이 때 密記付碑補寺社 70寺가 어떠한 사찰인지,
    또한 상주승 100명 이상의 사원이 어느 정도였는지는 사료의 부족으로 알 길
    이 없다.

19) 千寬宇는 李相佰의 「儒佛兩敎交代의 機緣에 대한 一研究」 『韓國文化史研究論
    攷』(1938)와 韓沽劤의 「麗末鮮初의 佛敎政策」(『서울大論文集 人文社會科學』
    6, 1957) 등의 논문을 인용하여 "사원전의 제1차 대개혁은 태종 2년에 이루어
    졌다"하고 이 때 密記付神補寺社 70寺와 그 밖에 常住僧 100명 이상되는 사원
    을 제외하고 모든 사원의 수조지는 영구히 폐지하여 그 수조는 軍資에 충당하
    기로 하였다고 했다(『近世朝鮮史硏究』, 194쪽). 따라서 4개월 후의 무효조치는
    무시하여 버렸다. 천관우가 인용했던 한우근의 논문에서는 이 사실이 밝혀져
    있다. 또한 천관우는 제2차 대개혁은 태종 6년(1406)에 12종 212사로 정리된 것
    을 들고 있고(여기 212寺는 242寺의 誤記) 제3차 대개혁은 세종 6년(1424)의 종
    파통합과 사사전정리를 들고 있다.

20) 태종의 對佛敎態度를 이해하기 위하여 이 때 상황의 『태종실록』의 기사를 적
    어 둔다.
    "爾若崇信佛法 雖密記不付寺社 其土田皆還給之 又勿推僧尼度牒 不禁婦女上

부 외 사사전의 혁거조치는 완전히 무효가 되고 말았던 것이다. 그 후
태종 5년 9월 의정부에서 올린 '各年受判永爲遵守決絶條目' 20조[21])에
서 사원노비에 관계된 다음과 같은 2개조가 있다.

> 17조 僧人은 양친을 사직하고 출가한 자이므로 속례로 논하여 祖業奴婢를
> 쟁망함은 불가하다. 부모로부터 전득한 것을 제외하고는 쟁망함을 금지
> 한다. 죽은 후 타인에게 주지 못하며 위의 항목의 예에 따라 4촌에게
> 분급하며 4촌이 없을 때는 속공한다.
> 18조 패망한 사사노비의 많은 수가 무직승인이므로 私庄에 이치하여 사역하
> 고 있는 것 및 혁거사사노비로 누락되어 보고되지 않은 노비는 타인의
> 진고를 허락하여 추고속공하며 상으로 3분의 1을 준다.

위와 같은 규정은 사원노비를 정리하는 규정이라기보다는 상쟁노비
의 결절에 주안점을 둔 것이었다.

사원전과 사원노비의 정리가 본격적으로 시도된 것은 태조의 왕사 自
超가 示寂하고 난 이후인 태종 5년 11월에 이르러서였다.[22]) 즉 태종 5
년 11월에 주지들의 간음사건을 계기로 사사정비의 논의가 일어나 본격
적인 정비작업이 시작되었으며,[23]) 태종 6년 3월에는 의정부의 계청에

寺 又造佛造塔 以繼我志 則子雖破戒而從請 庶無愧於師敎也 盖佛法前朝盛時
尙且不廢 以至今日 宜令所司毋毀 上叩頭曰 臣死且不敢辭 況此事乎 卽命知 申
事朴錫命 傳旨議政府一遵太上王之敎 太上王曰 國王之誠如此 大小臣僚亦皆懇
請 予敢不從 卽進肉膳 … 太上王使人謂茂曰 予悅國王寺社田地還給事已定之
矣 卿等毋更廢閣 … 太上王謂朴錫命曰 寺社田地還給等事已下乎 錫命對曰已
下矣 太上王曰 欲見已下草文 錫命卽進之 太上王覽之 授內竪藏之 起揖謝之而
入 上喜甚 顧謂左右曰 樂哉 … 上辭命朴錫命曰 雖密記付外寺社 其田地皆還給
敗亡寺社田地 移屬成衆作法處 待重創還屬之 今後有削髮者 許從其願 毋拘度
牒 毋禁婦女父母追薦百日內上寺 前朝盛時 尙且不廢佛法 以至今自今 雖所司
毋得謗毁 …"(『태종실록』권4, 2년 8월 乙卯).
21) 『태종실록』권10, 5년 9월 戊戌.
22) 王師 自超가 태종 5년 9월에 示寂하자 바로 그날 억불상소가 있었다(『태종실
록』권10, 5년 9월 壬子).
23) 태종 6년 2월에는 '減寺額 削民田'에 대한 반발로 曹溪釋 省敏이 申聞鼓를 친
경우도 있었다(『태종실록』권11, 6년 2월 丁亥).

따라 각 사의 거승·전지·노비를 다음과 같이 제한하기에 이르렀다.[24]

前朝의 密記付裨補寺社와 外方 各官踏山記付寺社內에서 新舊都에 五 敎 兩宗 各 一寺. 外方의 牧府에 禪·敎 各 一寺. 郡·縣에 禪敎中 一寺를 남기도록 한다.

			(屬田)	(奴婢)	(常養僧)
◎ 新舊都 各 寺內	─┬─	○ 禪敎 各 一寺	200結	100口	100員
	└─	○ 其餘 各 寺	100結	50口	50員
◎ 各 道界首官禪敎中 一寺			100結	50口	( )
◎ 各 官	─┬─	○ 邑內 資福	20結	10口	10員
	└─	○ 邑外 各 寺	60結	30口	30員

이상과 같이 정하고 前朝 密記付 各寺를 舊都 明堂裨補로 삼고, 新 都 明堂은 손익이 없도록 그 소속 전민을 신도 오교양종 무전민 각 사에 이급할 것과 정수 외 사사전민은 정수 내의 각 사에 이급하고 그 나머지 는 모두 속공토록 하였다.[25] 이와 같은 조치 이후 잔류된 사사는,

◎ 曹溪宗·摠持宗 合留 70寺
◎ 天台疏字·天台法事宗 合留 43寺
◎ 華嚴·道門宗 合留 43寺
◎ 慈恩宗 留 36寺
◎ 中道·神印宗 合留 30寺
◎ 南山·始興宗 各留 10寺

등 도합 12종에 242사였다.[26] 이 때 檜巖寺와 表訓寺 그리고 楡岾寺는

---

24) 『태종실록』 권11, 6년 3월 丁巳, "前朝密記付裨補寺社 及外方各官踏山記付 寺 社內 新舊都 五敎兩宗 各 一寺 外方牧府 禪敎 各 一寺 郡縣禪敎中 一寺量留 今來議得".
25) 각 道界首官 禪敎 중 1寺에 屬田 100결, 노비 50구가 배정되어 있는데 常養僧 이 배정되지 않은 것처럼 누락되어 있다. 이는 50員의 常養僧이 배정되었던 것 을 기록에서 누락된 것으로 보아야 할 것이다. 高橋亨은 아무런 설명도 없이 그대로 常養僧 50員을 기입하고 있다(『李朝佛敎』, 106쪽).
26) 이 때 殘留寺社의 통계가 저서마다 다르기 때문에 독자들이 간혹 혼란을 가지

'有志其道 僧徒之所聚 可於例外'라 하여 그 원속 전민을 그대로 감하지 않게 하고 전지 100결과 노비 50구씩을 각각 가급하였다. 특히 이러한 내용을 담고 있는 사료 '議政府請定禪教各宗合留寺社'의 계 말미에 '定數外寺社 亦量給柴地一二結'이라는 기록에서 상기 정수 외의 사사에도 시지 1~2결이 양급되어 있음을 알 수 있다. 이는 곧 사사의 전민을 삭감·정리한 것이지, 242사를 제외한 여타의 사사가 혁거된 것은 아님을 알 수 있다. 결국 태종 6년 3월에는 242사를 공인하여 12종파에 소속케 했으며 전민도 배당하였지만 그 외의 사사도 공인에서 제외되었을 뿐이지 완전히 혁거된 것은 아니었던 것이다.[27] 이 때 사사가 혁거되지 않았

고 올 수도 있을 것이다. 즉,

① 高橋亨은 『李朝佛教』에서 자료는 바르게 기록하고는 통계 寺社는 206寺라 하였다. 아마 慈恩宗 留 36寺를 계산치 않은 모양이다(『李朝佛教』, 106쪽).

② 진단학회의 『한국사』 근세전기편에는 역시 자료는 바르게 인용해 놓고 232寺만을 남기었다고 했다. 여기서는 南山·始興宗 各留 10寺를 合留 10寺로 본 모양이다(『한국사』 근세전기편, 710쪽).

③ 국사편찬위원회의 『한국사』 10(조선)에도 "처음 寺社田에 대한 대개혁은 태종 2년(1402)에 이루어졌으며 道詵의 密記에 국가를 보호한다는 密記付神補 寺社 70寺와 그 밖에 常住僧 100명 이상되는 사원을 제외하고 사원의 수조지는 영구히 폐하여 그 수조로 軍資에 충당하기로 하였다. 뒤이어 태종 6년(1406)에는 다시 사사전과 사사노비에 대한 대개혁을 단행하여 전국에 242寺만 남겨놓고 모두 사원의 토지와 노비를 몰수하였으니 이 때 몰수된 사사전만도 5~6만 결에 달하리라 추측된다"라고 하였다. 여기에서도 앞의 한우근의 논문을 인용하고 있다. 그러나 한우근의 논문에도 분명히 하고 있듯이 태종 2년의 사사전 혁거는 태종 6년에 이르기 전에 벌써 太上王旨에 따라 환급되었던 것이다. 이러한 작은 오류가 조선 초는 무조건 억불이라는 선입견에 차 있는 독자들에게는 태종의 불교정책을 이해하는데 좋지 못한 영향을 미칠 것으로 믿어진다(『한국사』 10, 「조선」, 260쪽).

상기 11宗에 소승종을 가하여 12宗이라 한다(金映遂, 「五教兩宗에 대하여」, 『震檀學報』 8). 그러나 11宗이니 12宗이니 하는 것도 아직 정설이 없는 것 같다.

27) 韓㳓劤은 앞의 논문에서 "上記의 定數 외의 寺社에도 柴地一二結을 量給하게 되었던 것이다"라고 해놓고도 "위에서 고찰한 바와 같이 사사 및 사사전 民을 삭감·정리하는 한편 혁거 사사의 불상은 관부에 이치게 되었던 것이나 태종 9년에 이르러 태종은 이를 다시 사사에 이치케 하였다"라고 하여 242寺 외는

다는 것은 4일 후인 4월 신유에,

> 定額外의 寺社田口는 各司에 分屬토록 한다. 의정부에서 정액 외 사사전
> 지는 모두 軍資에 충당토록하여 船軍의 糧餉으로 補하도록 하고 노비는 모
> 두 典農寺에 소속케 하자고 啓하였다. … (從之)[28]

라 하여 정액 외의 사사전지와 노비에 대해서만 처리 방안이 결정되었고
사사나 사승에 대하여는 일언반구도 언급이 없다는 데서 더욱 명확히 알
수 있는 것이다. 그러나 막대한 전구를 소유했던 대가람들이 단지 柴地
1·2결만으로는 지탱하기 어려웠을 것이며, 급기야 혁거와 다를 바 없는
결과를 초래했을 것으로 믿어진다.

한편 사사전구를 정리한 태종은 그 익년(태종 7) 12월에 승려들의 怨
咨之心을 염려하여 앞서 공인된 242사에서 누락된 유서 깊은 명찰을 중
심으로 諸州에 88개의 資福寺를 지정하게 되었다.[29] 태종 7년 12월 제
주에 88개의 자복사를 설정하게 된 것은 그 전년(태종 6) 3월, 사사의
정리와 아울러 공인된 사사의 거승·전지·노비를 제한했을 때 속전 20
결, 노비 10구, 상양승 10원이 배당되었던 각 관의 읍내자복사를 산수승
처의 대가람으로 대신하게 되었던 것이다. 그러나 앞서 공인된 242사가
88사로 감해진 것이 아닌가 하는 오해가 있는 듯하다.[30] 따라서 자복사

모두 혁거된 것처럼 생각한 것 같기도 하다. 물론 이 때 상기 정수 외의 寺社
중에는 자연적으로 도태된 사사가 많이 생겼을 것이다. 여기 혁거된 사사의 불
상 등이란 자연도태된 사사로 보아야 할 것이다. 『왕조실록』에 革去寺社란 기
사가 자주 보이는 것도 이와 같이 해석해야 할 것으로 생각된다.

28) 『태종실록』 권11, 6년 4월 辛酉.
29) 『태종실록』 권14, 7년 12월 辛巳.
30) 崔承熙는 「兩班儒敎政治의 進展」에 '불교의 整理와 制限'을 논한 데서 "태종
조에 이르러 적극적인 억불책이 추진되었다. 태종 6년(1406)에 일정한 기준에
미달하는 사찰은 그 전지와 노비를 屬公케 하여 12종에 232寺만을 남기었고 그
7년에는 더욱 그 수를 줄여 실질적으로 사원을 정리하였으며 도첩제를 더욱 강
화하였다"(국사편찬위원회, 『한국사』 9(조선), 144쪽)라고 하여 태종 6년에 232
寺(242寺의 誤記임) 외는 모두 혁거된 것으로 알고 있는 듯하며 '7년에 더욱 그

설정문제를 둘러싼 당해 사료를 좀 더 구체적으로 검토해 보도록 하자.
태종 7년 12월 신사에,

> (A) 의정부에서 名刹로써 諸州의 資福寺로 대신하자고 청하였다(從之).
> (B) 啓하기를 去年에 寺社를 혁거 할 때 三韓以來의 대가람들이 대부분 혁거되어 亡廢寺社에 주지가 임명되어 부임하는 경우가 있으니 승도인들 어찌 怨咨之心이 없겠는가, 만일 山水勝處의 대가람을 택하여 망폐사원을 대신하여 승도로 하여금 居止之處를 얻게 하자는 것이다.
> (C) 그리하여 諸州의 資福寺는 모두 名刹로 대신하였다. … (88사) ….
> (D) 成石璘이 진실로 佞佛하여 이러한 請을 하게 되었다하여 識者들이 희롱하였다(『태종실록』 권14).

수를 줄였다'는 것은 242寺가 88寺로 감해진 것으로 이해한 모양이다. 이와 같은 오해를 낳게 한 이유를 규명키 위하여 몇 개의 논저를 검토하여 보기로 하자.

① 高橋亨은 資福寺 設定便法에 따라 82개(88寺의 誤算임)의 大刹이 폐망을 면케 되었다(『李朝佛敎』, 111쪽).

② 韓㳫劤은 '사간원은 … 寺社의 정비를 찬양하는 뜻을 말한 끝에 그 革去에 대하여 山水勝處의 대가람을 택하여 亡廢寺社에 대신한다면 승도들의 居止할 곳을 얻을 것이라는 점을 말하였던 것이며 議政도 이에 동의하여 태종은 이에 따랐던 것이다. 이로서 의정부는 태종 7년 2월에 구체적으로 諸州의 자복사를 다음과 같은 각처의 名刹로서 대하게 하기를 청하여 그대로 시행되었으니 宗別ㆍ寺數는 다음과 같다, "… 이로서 전국 88寺의 명찰은 제주의 자복사로서 남겨지게 된 것이다"(앞의 논문, 25~26쪽)라 하였다. 여기 태종 7년 2월은 태종 7년 12월의 誤記이다. 또한 사간원의 요청기사는 『태종실록』 권12, 6년 윤7월 戊午이다. 그런데 韓㳫劤이 앞의 논문, 註 114ㆍ115)에서 다같이 『태종실록』 권12, 6년 7월 丙辰으로 기록하고 있는 것은 착오인 듯하다.

③ 진단학회의 『한국사』 근세전기편에서는 "마침내 태종 6년 3월에는 일정한 기준 이외의 사찰은 그 전지와 노비를 모두 屬公케 하여 12宗에 232寺만을 남기었고 7년 2월에는 다시 제주의 자복사를 曹溪ㆍ天台ㆍ華嚴ㆍ慈恩ㆍ中神ㆍ摠南ㆍ始興의 7宗 88寺로 대하기로 하여 실질적으로 사사를 정리하게 되었다"고 하였다(710쪽). 여기 232寺는 242寺의 誤記이며 7년 2월은 7년 12월의 오기이다.

위 ①에서는 242寺를 제외하고 다시 88寺를 공인했던 것으로 보았던 것 같다. ②에서도 명확한 언질은 없지만 내용을 탐독해 보면 242寺 외에는 자복사만을 88寺로 대신했던 것으로 이해된다. 그런데 ③에서는 사료의 검토도 없이 태종의 억불을 의식하여서인지 태종 6년의 공인 사사 242寺가 그 7년에는 88寺로 감한 것으로 파악했던 모양이다.

라는 기사가 여기에 해당되는 사료이다.

상기 사료의 주문인 (A)부분으로 보아 전년(태종 6)에 공인된 242사 중 속전 20결, 노비 10구, 상양승 10원이 배정된 각 관읍 내의 자복사를 금년에 와서 산수승처의 명찰로 대신했음이 확실하다. 제주의 자복사를 명찰로 모두 대신했다고 하는 사료 (C)부분의 '제주'와 '각관읍내'의 표현의 차이는 있다 하더라도 같은 내용으로 생각되기 때문에 이러한 사실이 뚜렷해진다. 이렇게 해석할 때 앞서 공인된 242사 중에서 자복사 88사만이 교체되었다는 말이 된다. 그렇다면 공인된 사사는 증감 없이 여전히 242사라는 말이다. 그러나 사료 (B)부분 '거년의 사사혁거시에 삼한 이래부터 있어 온 대가람이 태거되었는가 하면 망폐사사에 신주지가 임명되어 부임하는 경우가 있으니 승도인들 어찌 怨咨之心이 없겠는가. 산수승처의 대가람을 택하여 망폐사원을 대신함으로써 승도로 하여금 거지지처를 얻게 하자'라고 하는 부분만을 볼 때 이 때 지정된 88사의 자복사는 전년(태종 6)에 공인된 242사 이외의 사사가 추가로 공인된 것처럼 보인다. 즉 여기서 '망폐사사'란 전년의 공인에서 제외되었던 사사를 가리키는 말로도 해석된다. 왜냐하면 전년에 정수의 속전, 노비, 상양원을 배정받은 사사가 1년 만에 망폐사사가 되었다는 말이 이상하기 때문이다. 만일에 공인된 사사에서 망폐사사가 있었다 할지라도 그렇게 다수일 수 없고 또 공인된 사사라면 승도의 거지지처가 없을 정도의 망폐사사가 될 수는 없었을 것이기 때문이기도 하다. 이와 같은 해석은 태종 6년 3월 공인된 242사가 그 익년인 7년 12월에 88사로 정리되어 갔다는 억불의 선입견에 대한 역기능적인 호불의 선입견에 의한 오해에 기인한 데서 가능한 것이라 할 것이다. 사료 (D)부분 '成石璘이 원래 侫佛하는 사람이기 때문에 이러한 청을 했다하여 식자들의 비방을 받는다'라고 한 것은 망폐사원을 대신하여 새로 자복사를 설정토록 했기 때문에 비난을 받는 뜻으로 해석해야 할 것이다.

또한 전년(태종 6)의 공인된 사사 242사가 88사로 감해진다는 사료는 전혀 찾아 볼 수가 없다. 만약 전년에 공인된 242사가 태종 7년(1407)에 이르러 다시 88사로 감해졌다고 한다면 그로부터 17년 후인 세종 6년에 종파통합과 아울러 새로 공인된 36사가 대부분이 88사에서 선택되어져야 할 것이다. 왜냐하면 유서깊은 명찰이 공인되는 것이 당연하기 때문이다. 그런데 이 88사 중에서 세종 6년에 공인된 사찰은 유일하게 창평 瑞峯寺뿐이다(<표 1> 참조). 이렇게 볼 때 태종 6년에 242사가 그 익년인 태종 7년에 88사로 감해졌다는 것은 사리에 맞지 않는다. 요컨대 태종 6년에 242사가 공인되었고, 동왕 7년에는 242사 중 각 관읍 내 자복사가 산수승처의 명찰 88사로 교체되었던 것이다.[31]

이상에서 태종 6년에 사사전구 정리와 동왕 7년 자복사 설정문제를 살펴보았다. 즉 태종은 철저한 억불군주로서 가장 많은 사사를 혁거·정리한 것으로 생각해 온 것은 억불의식에서 오는 착오였던 것이다. 태종은 결코 사사의 혁파는 하지 않았으며 오히려 자복사의 경우이기는 하지만 공인된 사사에 망폐사사는 산수승처의 대가람으로 교체해 주었던 것이다. 태종은 다만 사사전구만을 정리했을 뿐이다.

<표 1> 태종 7년 12월에 지정된 88개의 자복사

曹溪宗 (24寺)	梁州通度寺·松生雙巖寺·昌寧蓮花寺·砥平菩提岬寺·義城氷山寺·永州鼎覺寺·彦陽石南寺·義興麟角寺·長興迦智寺·樂安澄光寺·谷城桐裏寺·減陰靈覺寺·軍威法住寺·基川淨林寺·靈巖道岬寺·永春德泉寺·南陽弘法寺·仁同嘉林寺·山陰地谷寺·玉州知勒寺·耽津萬德寺·靑陽長谷寺·稷山天興寺·安城石南寺
天台宗 (17寺)	忠州嚴正寺·草溪白巖寺·泰山興龍寺·定山鷄鳳寺·永平白雲寺·廣州靑溪寺·寧海雨長寺·大丘龍泉寺·道康無爲寺·雲峯原水寺·大興松林寺·文化區業寺·金山眞興寺·務安大堀寺·長沙禪雲寺

---

31) 혹시 태종 6년의 12宗이 7년에 7宗으로 감한 것으로 생각하고 公認寺社도 같이 감해지는 것으로 생각할 수도 있을 것이다. 그러나 여기 12宗에서 7宗으로 된 것은 분류의 精粗일 뿐이지 실지는 동일한 것이다(金映遂, 「五教兩宗에 대하여」『진단학보』8, 1937).

華嚴宗 (11寺)	長興金藏寺・密陽嚴光寺・原州法泉寺・淸州原興寺・義昌熊神寺・江華栴香寺・襄州成佛寺・安邊毗沙寺・順天香林寺・淸道七葉寺・新寧功德寺
慈恩宗 (17寺)	僧嶺觀音寺・楊州神穴寺・開寧獅子寺・楊根白巖寺・藍浦聖住寺・林州普光寺・宜寧熊仁寺・河東陽景寺・綾城公林寺・鳳城成佛寺・驪興神異寺・金海甘露寺・善州原興寺・咸陽嚴川寺・水原彰聖寺・晋州法輪寺・光州鎭國寺
中神宗 (8寺)	任實珍丘寺・咸豊君尼寺・牙州桐林寺・淸州菩慶寺・奉化太子寺・固城法泉寺・白州見佛寺・益州彌勒寺
摠南宗 (8寺)	江陰天神寺・臨津昌和寺・三陟三和寺・和順萬淵寺・羅州普光寺・<u>昌平</u>瑞峯寺・麟蹄玄高寺・雞林天王寺
始興宗 (3寺)	漣州五峯寺・連豊霞居寺・高興寂照寺

都合(88寺)　※ 밑줄 친 표시는 세종 6년 36寺에 포함된 寺.

　　그러면 태종이 사사전구를 정리하게 된 이유는 어디에 있었던 것일까? 먼저 국가재원의 확보를 위해 취해진 조치로 볼 수도 있을 것이다.[32] 그러나 보다 더 근본적인 문제는 태종의 집권과정을 고려해 볼 때 오히려 왕권의 강화에 그 이유가 있었다고 해야 할 것이다. 즉 태종은 즉위 전부터 누구보다 더 왕권에 대한 집착이 강렬하였다. 따라서 즉위 전에 이미 사병을 혁파하여 병권을 집중한 바 있다. 즉위 후에는 왕권강화와 중앙집권체제의 확립이 가장 큰 과업이었다. 그리하여 양차의 관제 대개혁,[33] 호패법 실시,[34] 외척의 봉군폐지나 공신들의 참정제한,[35] 한량관의 억압책 등이[36] 모두 이 과업의 일단이었다고 할 것이다. 이러한 과업을 수행해 가는 과정에서 태종은 동왕 5년 양전사업을 실시하여 막대한 전지를 찾아냈으며, 수신전・휼양전・공신전・별사전까지도 감축하였고[37] 한량들의 과전도 삭감하였다.[38] 이처럼 중앙집권체제의 기반

---

32) 韓㳓劤, 앞의 논문 참조.
33) 국사편찬위원회, 『한국사』 9, 「조선」, 78~79쪽.
34) 李光麟, 「號牌法」『白樂濬博士紀念論叢』, 1955.
35) 註 33)과 같음.
36) 韓永愚, 「麗末鮮初 閑良과 그 地位」『韓國史硏究』 4, 1969.
37) 태종 5년 양전사업 때 6道에 한하여 전지가 태종 6년 현재 120만 결로 고려

조성 작업이 진행되는 과정에서 고려 이래 이방지대로 알려져 왔던 사사
의 전구구조 개혁이 제외될 수는 없었을 것이다. 특히 유교윤리를 정치
이념으로 채용하여 재가금지[39] 적서의 차별을 도모한[40] 태종으로서는
주지의 사비 간음사건을 도저히 묵인할 수 없는 사실로서 사사전구의 정
리를 촉진해 갔던 것이라 하겠다.

그렇다면 태종은 왜 좀 더 과감히 사사를 정리치 못하고 오히려 망폐
사사인 자복사를 대치했던 것일까? 태종은 집권과정에서 빚어진 많은
경험을 살려서 왕권강화와 중앙집권체제의 확립과정에서 행여나 민심의
이탈이 없을까 염려한 모양이다. 즉 신라 이래 민중의 정신적 안식처로
여겨오던 사사의 정리에는 신중한 태도를 취했던 것이라 하겠다. 이러한
사실은 다음 왕 세종 때 왕의 사사전구 정리에 상왕으로서 민심을 염려
한 데서도 찾아 볼 수 있다.[41] 여태까지 막연한 선입견으로서 철저한 억
불로만 이해되어 온 태종의 불교정책은 앞으로 재검토가 있어야 할 것으
로 생각한다.[42]

말 60만 결에 비해 불과 20년 후에 2배가 증가하여 국가수입이 크게 증대하였
으며 태종 말년에는 국가비축이 400만 석이나 되었다고 했다. 그럼에도 불구
하고 守信田・恤養田・功臣田・別賜田 그리고 한량들의 과전까지 삭감하고
있음은 중앙집권체제의 기반으로서 왕권강화에 따른 경제정책임을 알 수 있다
(上記, 『한국사』 9, 82~83쪽).

38) 韓永愚, 위의 논문 참조.
39) 李相佰, 「婦女再嫁禁止法의 由來에 대하여」 『東洋思想研究』 1, 1937.
40) 李相佰, 「庶孼禁錮始末」 『東方學志』 1, 1954.
41) 韓㳓劢, 「世宗朝에 있어서의 對佛教政策」 『震檀學報』 25・26・27합병호 창립30
주년기념특집, 1964.
42) 조선 초기의 불교정책에 대하여는 비록 후대의 기록이기는 하지만 효종 8년
10월 乙亥에 왕(효종)과 贊善 宋浚吉 등의 대화인, "上又曰 太宗豈不誠豪傑哉
然崇佛最甚 至於遠求濟州銅佛 其故何也 浚吉曰 太宗雖豪傑 而革除是大變 崇
佛盖欲以鎭定人心也 如此之事 非惟太宗 亦或有之 上曰 然矣"(『효종실록』 권19)
라고 한 기록과, 숙종 45년 4월 壬申에 正言 洪鉉輔의 禮制問題上書, "略曰 國
之大事在祀 則固當一遵禮制 而忌辰祭及五名日節祀饍品 只以油果泡湯設行 其
爲未安甚矣 傳聞國初定禮之大臣 爲慮後弊以此定式 而素饍之制考之經典 質諸

Ⅳ. 세종의 사원전과 사원노비의 정리

조선왕조는 개창 이후 태종대에 이르러 사원의 田口가 정리되어졌음을
앞 절에서 보아 왔다. 세종대는 그 원년부터 승도의 간음을 계기로 사사노비
를 혁거하게 되었다. 즉 세종 원년 11월에 회암사와 진관사 양사의 사비 간
음사건을 계기로 과부들이 모이는 淨業院을 제외하고 모든 사사노비는 혁거
하였다.43) 이로써 조선왕조의 사사노비는 능침사찰·원당 등 왕패있는 특수
한 사찰을 제외하고는 모두 혁파된 셈이다. 이 때 속공된 사사노비는 전농시
에 소속시켜 노비신공을 받기로 하였다.44) 세종 원년에 사사노비를 혁거한
이후 다시 사사전의 정리문제가 대두되었다.45) 즉 세종 6년 2월에는 본격적
으로 사사전의 정비작업이 논의되었다. 이어 동년 3월에는 집현전과 성균관
생원들의 사사전 정비상소가 계속되었고, 드디어 왕(세종)도 단안을 내려 僧
人可居의 일정한 사사만을 두고, 혁거된 사사전을 잔류사사에 양의합속시키
고, 유명무실의 각관 자복사도 혁거토록 하였다.46) 그러나 사사전 정비의 구
체적인 방안은 불교의 종파통합과 아울러 세종 6년 4월 5일 예조의 상소에
서 제시되어 다음과 같이 시행되었다.47)

祀典皆無所據 此不過我國新創之初 因襲勝國崇佛之餘習 莫重祀典 遵用此制
惡在其血食之義哉"(『숙종실록』 권63)라고 한 기록으로 보아 재고되어야 할 것
이다.
43) 『세종실록』 권6, 원년 11월 戊辰.
44) 상왕(태종)은 사사노비혁거 이후 승려들이 장차 사사전마저 혁거되지 않을까
우려하는 것을 걱정하여 檜巖寺 등 名刹에 토전을 加給할 것을 주장하였다(『세
종실록』 권6, 원년 11월 己巳·庚午). 그리하여 곧 회암사에 田 100결을 가급하
였다(『세종실록』 권6, 원년 12월 辛未).
45) 寺社田이 정리되어 屬公되는 와중에도 세종 4년에 興福寺에 救療所를 설치하
여 승려들은 많은 飢民을 구했던 것이다(『세종실록』 권17, 4년 9월 甲子). 이러
한 불교교단의 사회사업에 대하여는 다음 기회에 고찰해 보기로 하겠다.
46) 『세종실록』 권23, 6년 3월 乙丑.
47) 『세종실록』 권24, 6년 4월 庚戌.

(宗派統合)		(殘留寺)	(賜給田地)	(恒居僧)	(京中都會所)
曹溪宗 ┐					
天台宗 ├─ 禪宗		18寺	4,250結	1,970員	興天寺
摠南宗 ┘					
華嚴宗 ┐					
慈恩宗 │					
中神宗 ├─ 敎宗		18寺	3,700結	1,800員	興德寺
始興宗 ┘					

※ 사원별 配定田地와 恒居僧은 <표 2> 참조.[48]

---

48) <표 2>의 통계를 잘못 인용함으로써 세종대의 불교계 동향에도 오해를 일으 킬 수 있을 것이다. 즉 鄭杜熙는 「朝鮮初期 地理志의 編纂」을 논한데서(『역사 학보』 69, 1976) 禮曹 상소 내용과 『세종실록』 지리지에 조사된 佛宇를 비교하 여, 세종 6년 전국사찰을 36寺로 밝히고 " … 이 표에 의하면 禮曹上書에서 교 종에 속한 사원이 17개, 선종에 속한 사원이 18개, 이들에 지급할 전지가 7,450 결로 되어 있다. …"라고 하고 註 32)에 韓㳿劤의 논문을 인용했음을 밝히고 있다. 이 논문에서는 한우근의 논문에 나타난 통계보다 오히려 전지지급 결수 가 감해져 있다. 즉 한우근의 논문에는 7,760결인데도 정두희는 7,450결이라 하여 310결이나 감해지는데 수륙위전 200결을 제하더라도 110결의 차이가 있 어 통계의 이용에 많은 잘못이 있다. 전지 몇 결의 誤記가 당시 불교계의 동향 에 큰 변화를 줄 리 없겠지만 18寺의 교종사원이 17로 줄어든다는 것은 교 종의 위치를 이해하는데 큰 타격이 아닐 수 없으니 사료 취급이나 통계 인용은 신중을 기해야 할 것이다. 사료에 대한 통계는 한우근의 앞의 논문에서 통계가 잘못된 것이다. 교종소속의 忠州 寶蓮寺를 누락한데서 그 통계가 모두 맞지 않 는다. <표 2>의 통계를 잘못 인용한 논저는 다음과 같다.

○ 崔承熙는 세종 때 정리한 사사전을 "재분배된 사원전 총결수 7,760결(常住 僧 3,600명) …"이라 하여 앞의 한우근의 논문만을 참고하였다(국사편찬위 원회, 『한국사』 9, 「조선」, 146쪽).

○ 高橋亨도 『李朝佛敎』를 논한 데서 많은 誤記를 하고 있으며, 安邊 釋王寺 는 완전히 누락시켜 놓았다(『李朝佛敎』, 130쪽).

○ 韓㳿劤은 앞의 논문에서 "이제 元屬田의 합계 4,260결, 加給田 총계 3,500결 로서 이는 물론 혁거사사전을 양의합속시킨 것이었다. 서두의 총결수와 각 寺 給田總數와는 약간의 차이가 있다"한 것인데 여기 원속전이란 선종속사 18寺의 합계 4,260결이며, 가급전이란 교종속사 17寺의 합계 3,500결을 誤記 하고 있다(여기 사찰 수나 전결 수도 모두 韓㳿劤, 앞의 논문의 통계임). 원 속전은 5,162.96결, 가급전은 2,787.04결, 도합 7,950결이다(<표 2> 참조).

〈표 2〉 세종 6년 4月 5日의 寺社 整備表

道	郡縣	寺名	元屬田 (結)	加給田 (結)	恒居僧 (名)
		禪宗 18寺			
京中		興天寺	160	90	120
留後司		崇孝寺	100	100	100
		演福寺	100	100	100
開城		觀音寺	45	105 水陸位田 100	70
京畿	楊州	僧伽寺	60	90	70
		開慶寺	400		200
		檜巖寺	500		250
		津寬寺	60	90 水陸位田 100	70
	高陽	大慈菴	152.96	97.04	120
忠淸	公州	鷄龍寺	100	50	70
慶尙	晋州	斷俗寺	100	100	100
	慶州	祇林寺	100	50	70
全羅	求禮	華嚴寺	100	50	70
	泰仁	興龍寺	80	70	70
江原	高城	楡岾寺	205	95	150
	原州	覺林寺	300		150
黃海	殷栗	亭谷寺	60	90	70
咸吉	安邊	釋王寺	200	50	120
計 18寺			2,822.96	1,427.04	1,970
			4,250		

道	郡縣	寺名	元屬田 (結)	加給田 (結)	恒居僧 (名)
		敎宗 18寺			
京中		興德寺	250		120
留後司		廣明寺	100	100	100
		神巖寺	60	90	70
開城		甘露寺	40	160	100
京畿	海豊	衍慶寺	300	100	200
	松林	靈通寺	200		100
	楊州	藏義寺	200	50	120
		逍遙寺	150		70
忠淸	報恩	俗離寺	60	140	100
	忠州	寶蓮寺	80	70	70

慶尙	巨濟	見巖寺	50	100	70
	陜川	海印寺	80	120	100
全羅	昌平	瑞峯寺	60	90	70
	全州	景福寺	100	50	70
江原	准陽	表訓寺	210	90	150
黃海	文化	月精寺	100	100	100
	海州	神光寺	200	50	120
平安	平壤	永明寺	100	50	70
計 18寺			2,340	1,360	1,800
			3,700		

　이상과 같이 세종 6년에는 불교교단이 대폭적으로 정비되어 갔다. 그러나 韓㳵劤도 지적했던 것처럼 36사 <표 2>는 本山으로 자격을 인정한 것이며, 그 외의 사사는 일절 혁거된 것은 아니었다.[49] 그 후에 본산 사찰의 교체는 있었지만 36사에는 변화가 없었다. 사사전도 세종 21년 10월의 사사전 통계가 7,982결로 나타나 있는 것으로 보아 큰 변화가 없었던 것으로 보인다.[50]

　세종이 이렇게 불교종파 등 사사를 정비한 근본적인 이유는 어디 있었던 것일까? 주지하는 바와 같이 세종은 부왕의 왕권확립을 바탕으로 하여 중앙집권체제를 더욱 공고히 해 갔던 것이다. 그러면서 정치는 민본주의의 실현에 역점을 두었다. 이 위민사상은 각종의 私田에 대한 억압정책의 강화로도 반영되었다.[51] 즉 국왕이 과전의 지급권을 직접 장

49) 韓㳵劤, 앞의 논문 참조.
50)『세종실록』권87, 21년 10월 乙酉.
51) 深谷敏鐵,「私田法より職田法へ」『史學雜誌』51·9·10, 1940 ; 深谷敏鐵,「朝鮮における近世的土地所有の成立過程」『史學雜誌』55-2·3, 1944 ; 旗田巍,「朝鮮初期の公田」『朝鮮中世社會史の硏究』, 1972 ; 有井智德,「李朝初期の私的土地所有關係－民田の所有·經營·收租關係を中心として－」『朝鮮史硏究會論文集』3, 1967 ; 深谷敏鐵,「李朝の民田について」『小野記念 東洋農業經濟史硏究』, 1948 ; 深谷敏鐵,「朝鮮の土地慣行·幷作半收試論」『社會經濟史學』, 11-9, 1941 ; 韓永愚,「太宗·世宗朝의 對私田政策」『한국사연구』3, 1969 ; 朴時亨,「李朝田稅制度의 成立過程」『진단학보』14, 1941 ; 金鴻植,「李朝初期における幷作制成立の歷史的條件」『東洋史硏究』33-2·4, 1974·1975 ; 金鎭鳳,「朝鮮

악하여 그 범위를 축소시켰고, 종친의 과전액수를 삭감하였으며, 각 司
의 위전·공해전·외역전·잡위전 등을 대거 혁파하여 國用田에 귀속
시켰다. 또한 세종대에는 공신전도 일체 지급하지 않았다. 이러한 私田
의 억압과정에서 사사전이 제외될 수는 없었던 것이다.[52] 또한 세종대
에는 태종 이후 계속 은루인정을 수괄하기 위하여 호적법을 정비해 갔
다. 이 때 지나친 승려의 수를 제한하여 일정한 사사에 배정할 필요를
느꼈던 것이다. 이러한 사실은 세종 6년 불교종파의 통합과 어울러 사사
전과 함께 항거승 배정의 직접적인 계기였던 '승도의 四散曠寺의 폐를
막아 聚僧作法'토록 한다는 사실과 부합되는 것이다.[53]

요컨대 세종은 유교정치 이념하에 민본주의를 실현하는 과정에서 한
재·기근 등이 계속되어 유망민에 대한 구제책을 강구해 갔고, 훈민정
음도 창제하였다. 나아가 각종의 사전에 대한 억압정책을 강화하였고 그
일환으로 사사전과 사원노비도 정비해 갔던 것이다.[54]

初期의 貢物代納制」『사학연구』22, 1973 ; 田川孝三,「李朝貢物考」·「李朝初
期の貢納請負」『李朝貢納制の研究』, 1964.

52) 여기 私田이라 지칭한 것은 직접 개인이 수조하는 전지로 해석하였다.

53) 『세종실록』 권24, 6년 4월 庚戌.

54) 세종은 그 晩年에 이르러서는 好佛하는 군주로 알려져 있지만 즉위 초부터도
철저하게 억불하는 군주는 아니었다. 유교정치이념에 입각한 민본주의의 실현
은 상대적으로 불교교단에 많은 영향을 끼친 것은 사실이라 하겠다. 그러나 세
종은 주지하다시피 즉위 초부터 왕의 背浮腫·一脚偏痛·眼疾·風症·消渴
등의 身病과 諸般佛事의 設行 등을 고려해 볼 때 세종은 종교 본연의 사명으
로서의 불교에는 오히려 관심을 가졌던 것으로 보인다. 앞으로 세종의 불교정
책에 대하여도 이러한 시각에서 재검토가 있어야 할 것이다. 한편 태종·세종
대의 사사전 정리는 면세지로 공인해 주는 사사전을 제한하였다는 것이지, 公
認에서 제외된 수많은 여타 사찰은 결코 혁파되지는 않았던 것이다. 따라서 공
인에서 제외된 여타 사찰은 사원경제를 경영해가기 위하여 전세를 부담하는
민전과 다를 바 없는 寺位田을 조성해 가야만 하였다(千寬宇, 『近世朝鮮史研
究』, 194~195쪽).

V. 세종 이후 사원경제의 추이

세종 6년(1424)에 선교양종으로의 종파통합과 아울러 교종속사 18사, 선종속사 18사, 도합 36사의 공인 사찰에만 면세지로서의 사위전이 7,950 결이 배정된 이후 동왕 때는 사사전에 다소의 증감이 있었을 뿐이지 큰 변화는 없었다.[55] 그러나 호불의 군주 세조는 면세지로 공인된 사위전을 크게 확대시켜 주었으며 특수사찰이기는 하지만 사원노비까지 주었다. 즉 동왕 10년(1465) 福泉寺에 행차하였을 때 쌀 300석, 노비 30구와 함께 전지 200결이 사급되었고[56] 역시 동왕 11년(1466)에는 圓覺寺에 전지 300결이 사급되었다.[57] 특히 세조는 그 13년에 蒜山提堰을 上院寺에 사급하는 등 막대한 전지를 사원령으로 귀속시켜 주어 사원의 농장을 형성하도록까지 했던 것이다.[58] 또한 세조는 불교의 전성기인 고려시대에도 그 유례를 찾아 볼 수 없는 바다를 사원에 사급하여 커다란 물의를 야기해갔던 것이니, 즉 洛山寺 근해인 동해상에 연안으로부터 100보까지를 낙산사에 사급하였던 것이다.[59]

한편 세조는 사사전을 '各自收稅'의 전답으로 규정하여 세를 관에 납부하지 않고 세액을 자기의 수입으로 삼도록 하였다.[60] 즉 사위전은 아록전·공수전·渡田·숭의전전·수부전·장전·부장전·급주전 등과 함께 각자 수세토록 하여 보호해 주었으며,[61] 그 대신 사사에 노비·전

---

55) 韓㳓劤, 앞의 논문 참조.
56) 『세조실록』 권32, 10년 2월 辛亥.
57) 『세조실록』 권35, 11년 4월 壬午. 원각사에는 그 외에도 궐내의 掃除奴인 照刺赤가 30口 사급되는 등 큰 특권을 누리고 있었다(金甲周, 「圓覺寺의 照刺赤 問題」『朝鮮時代 寺院經濟硏究』, 1983).
58) 제2장 참조.
59) 『성종실록』 권94, 9년 7월 壬午.
60) 『大典註解』「戶典」諸田.

지의 시납은 일절 금하였다.[62] 그 후로부터는 군왕의 교체에 따라 면세지로 공인된 사위전이 제한되기도 하였고 확대되기도 하였다. 즉 연산군은 동왕 11년(1505)에 전국의 사위전을 완전히 회수하였으며,[63] 반정으로 즉위한 중종은 즉위 초에 왕패 있는 수륙사·능침사·내원당 등 일부 사찰에 한하여 사위전을 환급했었다.[64] 명종 때 문정대비는 선교양종과 승과를 부활시키고 동시에 사위전에 대하여도 면세조치를 취하였다.[65] 그러나 이 때 면세의 대상이 된 사위전이 어느 정도였는지 알 수 없다. 단지 공인 사찰이 395사였음을 알 수 있을 뿐이다. 즉 명종 7년 (1552) 정월에 지음·주지를 초택하여 국가에서 공적으로 파견한 사찰이 395사였다.[66] 이러한 사실은 세종 6년(1424) 4월에 공인된 36사가 약 130년간 11배로 증가되었다는 의심을 갖게 한다. 특히 성종 초 전국의 사찰이 1만여라 했는데[67] 이 때 1만여 사찰 중 명종 7년 정월에 395사가 공인된 것으로 생각되기 때문이다. 그러나 단순히 이렇게만 보아 넘길 때 조선전기 불교교단의 사회경제적 위치를 오도하고 있다는 빈축을 면할 수 없다. 태종 6년 전국의 공인 사찰이 242사였으며, 또한 세종 6년에 공인된 36사는 태종이 공인한 240여 사에서 선택되었을 것이며, 이 36사는 본산 사찰로서 인근의 소사찰을 말사의 형식으로 흡수한 사찰연합으로 보아야 할 것임도 전절에서 언급하였다. 따라서 태종 연간에 공인된 240여 사가 약 150년 후인 명종 7년에 이르러 395로 증가한 것으로 보는 것이 무리가 없는 해석이라 하겠다. 한편 명종 7년에 선종소

---

61) 『經國大典』「戶典」 諸田.
62) 『經國大典』「刑典」 禁制.
63) 『연산군일기』 권60, 11년 12월 乙丑.
64) 『중종실록』 권1, 원년 10월 庚午 ; 『중종실록』 권26, 11년 11월 癸未.
65) 『명종실록』 권17, 9년 8월 乙未.
66) 『명종실록』 권13, 7년 정월 庚戌.
67) 성종 11년 10월 前正言 丁克仁은 兩宗所屬의 寺社가 전라도 2,000, 경상도 3,000, 충청도 1,500, 강원·황해도 합해서 1,000, 영안·평안도 합해서 1,000, 경기 경산 1,000 등 1만 여라 했다(『성종실록』 권122, 11년 10월 壬申).

속 20사, 교종소속 39사[68] 도합 59사였음을 감안할 때 세종 6년의 본산 사찰 36사가 59사로 증가된 것이 아닌가 싶다. 요컨대 명종 초 사위전에 대한 면세조치의 대상은 공인 사찰 395사에 한하여 이루어진 것이라 하겠다.

Ⅵ. 결 어

조선초기에는 사원경제가 많이 정리되어 갔다. 즉 고려말엽 전제개혁에 따른 과전법의 실시로서 고려시대 각사에 정해진 원결수만을 제외하고 불법적으로 소유되었던 모든 사원전은 일단 정리되었다. 그 후 태종 6년 공인 사찰 242사에 한하여 거승·전지·노비가 양급되는 일대개혁이 있었다. 즉 전조 밀기부 비보사사와 외방 각관 답산기부사사 내에서 신구도 5교양종 각 1사, 외방목부 선교 각 1사, 군현선교 중 1사 등에 전지 20~200결, 노비 10~100구, 상양승 10~100원이 각각 양급되었다.

또한 세종은 원년 11월에 회암사와 진관사, 양사의 사비 간음사건을 계기로 淨業院을 제외하고 모든 사원노비를 혁거하였다. 이로써 능침사찰, 원당 등 왕패가 있는 특수 사찰을 제외하고 사원노비는 혁파하였다. 동왕 6년에 불교의 종파통합과 아울러 사위전에 대한 일대혁신을 이룩하였다. 즉 5교양종의 종파를 선교양종으로 통폐합하고, 선종속사 18사, 교종속사 18사 등 36사에 한하여 항거승 3,770명과 사위전 7,950결을 배당하였다. 이 때 공인에서 제외된 여타 사찰들은 조세를 부담하는 민전과 다를 바 없는 사위전을 조성해 갔던 것이다. 태종과 세종은 이처럼 사위전을 정리하여 많은 양을 속공시켰다. 그러나 태종과 세종은 철저한 억불정책의 실현으로 사원전과 사원노비를 정리했던 것은 아니라 하겠

---

68) 『명종실록』 권13, 7년 2월 辛丑.

다. 개국 초에 시도되는 제도의 정비과정에서 취해진 조치라 하겠다. 즉 왕권의 강화와 중앙집권체제의 확립을 위하여 고려 이래 치외법권적인 이방지대로 알려진 사원에 대한 전구의 정리는 부득이했던 것이다. 더욱 이 민본주의의 실현은 무위도식하는 특수계층을 억압해야만 하였고 이러한 사실은 곧 사전의 억제책으로도 나타났으니 사원경제도 그 정리에서 제외될 수 없었던 것이다.

한편 조선왕조는 그 초기부터 각종의 공신이 사전의 억제책에도 불구하고 서서히 대토지소유자가 등장해 갔다. 급기야 세조·성종 연간에 이르러서는 고려말기의 양상과 같이 농장을 이루어 갔다. 이러한 사회적 추세에 따라 호불의 세조 이후 사원에도 농장을 형성하게 되었다. 산산 제언이 사급된 상원사의 경우가 대표적인 예이다. 이에 대하여는 다음 장에서 고찰해 보도록 하겠다.

제2장

상원 · 낙산사의 농장경영

I. 서 언

麗代의 불교는 국가의 보호 아래 크게 발전해 갔던 것이다. 그러나 고려말기에 이르러 승려들이 세속에 너무 관여하여 심지어는 경제적인 利權을 확대해 감으로써 큰 사회문제를 야기해 이 문제는 봉건적인 고려왕조의 모순을 더욱 노출시키기에 이르렀다. 그 결과 고려불교는 그 말엽부터 주자학도들의 비판의 대상이 되었고, 마침내 조선왕조의 집권유생들이 억불정책을 취하게까지 하였다.[1] 그리하여 종파통합을 비롯한 사원전과 사원노비를 정리해 갔음을 앞 장에서 논하였다. 그러나 조선왕조는 집권유생들의 억불정책에도 불구하고 불교가 국리민복의 신앙으로서 여전히 민중에 대한 교화력을 유지하여 가고 있었고, 때로는 왕실의 비호하에 사원에 막대한 전지와 노비가 급여되었을 뿐 아니라 여러 특권

---

1) 李相佰,「儒佛兩敎 交代의 機緣에 관한 一硏究」『東洋思想硏究』2·3, 1938·
   1939 ; 韓㳓劤,「麗末鮮初의 佛敎政策」『서울大論文集 人文社會科學』6, 1957 ;
   周藤吉之,「麗末鮮初の農莊について」『靑丘學叢』17, 1934.

까지도 부여됨으로써 우리의 관심을 갖게 한다. 그 중에서도 주목되는 것
은 조선전기에 있어서 왕실의 보호를 받아 사원경제가 확대되어 갔다는
사실이다. 즉 세조는 동왕 10년(1465) 2월에 福泉寺에 쌀 300석, 노비 30
구와 함께 전지 200결을 賜給하였고,[2] 동왕 11년(1466) 4월에 圓覺寺에
전지 300결을 사급하였다.[3] 그리고 연산군 9년(1503)에 奉先寺와 正因
寺에 전지를 비롯하여 노비 · 長利之穀까지 특별히 하사하였다.[4]

   그런데 조선전기에 있어서 사원에 대한 전지와 노비의 급여는 타사에
비해 상원 · 낙산 양사에 현저하게 많았던 것인데, 특히 호불의 세조는
동왕 13년 11월 무자에,

      戶曹에 傳旨하여 江陵府에 있는 蒜山堤堰을 慧覺尊者 信眉에게 賜給하
      였다. 信眉가 당시 江陵 五臺山 上元寺에 居住하고 있었기 때문에 이러한
      命을 내렸다(『세조실록』 권44).

라고 한 데서 알 수 있듯이 제언까지 급여했던 것이다. 즉 강릉부의 蒜
山堤堰을 慧覺尊者 信眉가 거주하는 오대산의 上院寺에 사급한 것이
다.[5] 종래 사원 소유의 제언에 주목하여 그에 대한 단편적인 견해를 밝
힌 논문이 있으나 그것은 단순히 제언을 사원의 수리사업으로서 이해하
려 하고 있는 데 불과하였다.[6] 그러나 산산제언은 사원의 수리사업에 이

---

2) 『세조실록』 권32, 10년 2월 辛亥.
3) 『세조실록』 권35, 11년 4월 壬午.
4) 『연산군일기』 권48, 9년 정월 乙亥.
5) 여기 上元寺는 五臺山에 있음에서 上院寺를 뜻한다. 그런데 종종 院은 元과 音
   이 통함으로써 上院寺는 上元寺로 쓰여졌다. 上元寺는 경기도 가평에 있는 사
   찰로서 孝寧의 願刹인데 이 上元寺 역시 왕왕 上院寺로 쓰여 자칫하면 혼란을
   주기 쉽다.
6) 李光麟, 『李朝水利史硏究』, 1961, 77〜78쪽.
   그는 사찰에도 많은 전지와 노비를 소유하고 있었다는 것과 『성종실록』의 10
   년 5월 乙未에 사헌부계에 의해 사찰의 水利利用을 지적하고, 또 때로는 사찰
   이 堤堰을 사급받아 관리도 하였던 모양이다 하고 그 예로 蒜山堤堰과 守山堤
   堰을 들고 있다.

용되었다기보다는 사원령의 확대를 뜻하고 있는 것들이다. 즉 성종 7년 (1476) 6월 丁酉에 持平 朴叔達이 啓한 글 가운데 "學悅이 일찍이 江陵 堤堰을 허물어서 전답을 만들었다"[7]라고 한 것과 또 4년 후인 성종 11 년(1480) 5월 丙申에 大司諫 金碔 등이 啓한 글 가운데 "세조조 蒜山堤 堰이 灌漑에 불능하여 耕食을 요청하는 僧人의 上言에 따라 세조가 특 별히 허락했다"[8]라고 한 것 등에서 그러한 사실을 알 수 있다. 상원·낙 산 양사에서는 양사에 사급된 전지와 상원사에 사급된 산산제언을 개간 하여 농장으로 경영해 갔던 것이다. 따라서 필자는 조선전기 상원·낙 산 양사의 농장경영을 중심으로 하여 양사의 사원경제를 고찰해 보고자 한다.

Ⅱ. 상원·낙산사의 역사적 배경

상원·낙산 양사는 신라시대부터 있어 온 유서깊은 고사찰로서 그 중 상원사의 유래에 대하여는 이미 黃壽永이 「五臺山 上院寺銅鐘의 搬移 事實」을 논한 데서 지적한 바와 같이[9] 신라 성덕왕 때 강원도 오대산에 창건된 사찰로서 조선시대에 이르러서는 그 억불정책에도 불구하고 오 히려 왕실의 보호를 받아 더욱 발전하여 갔던 것이니 그것은 다음과 같

---

7) 學悅嘗毀 江陵堤堰 而爲田(『성종실록』 권68, 7년 6월 丁酉).
8) 世祖朝 僧人上言 蒜山提堰 不能灌漑 請耕食 世祖特許之(『성종실록』 권117, 11년 5월 丙申).
9) 上院寺의 창건연대는 『삼국유사』의 '臺山 五萬眞身'條에 新羅의 眞如院이 곧 상원사라 기록하고 神龍 원년(성덕왕 즉위 乙巳年)에 진여원을 처음 개창했다 는 기록으로 보아 상원사의 창건연대가 성덕왕 4년이란 것을 알 수 있다. 黃壽 永도 상원사의 鐘銘記錄年代인 성덕왕 24년과 상원사 창건과는 무관하다하고 오히려 진여원에 결부시킴이 타당하다고 했다(黃壽永, 「五臺山上院寺 銅鐘의 搬移事實」『역사학보』 16 소개편).

은 두 가지 사유로서였던 것으로 보인다.

그 하나는 상원사가 국초부터 國行水陸社로서 지정되었기 때문이다. 다시 말해서 고려시대에는 연중행사로서 매년 정월 15일에 국가의 안녕을 불에게 기원하기 위하여 연등회를 행하고 있었는데, 조선을 건국한 이태조는 억불정책의 일환으로서 이를 폐지하고 그 대신 매년 상원일인 정월 15일에 국행수륙제를 열게 하는 한편 그 국행수륙장으로서 見岩寺(거제), 津寬寺(경기도) 및 上院寺(강원도)를 지명하였던 것이다.10) 그 후 이 행사는 계속되어 갔었는데 세종 6년(1424) 4월 5일의 사찰 정리 때 수륙사에 대하여 기왕의 상원사와 견암사는 폐지하고 나머지 진관사와 그리고 새로이 觀音窟의 두 사찰만을 수륙사로 지명하더니11) 그 뒤 상원사의 중요성을 인정하였음인지 23일 후에는 예조의 啓達로서 상원사를 다시 수륙사로 지명하게 되었다. 이 때 상원사에는 60결의 전지까지 가급되었다.12)

그리고 또 하나는 세조대에 이르러서 왕실과 깊은 인연을 맺게 되었다는 사실이다. 세조가 상원사와 인연을 맺어 특별히 보호하여 발전케 한 것은 앞에서 말한 바와 같이 상원사가 국초부터 국행수륙사였다는 사실만은 아니었으니, 이를테면 金守溫의 『上院寺重創記』가운데서도,

五臺山 我邦名山 而中臺上院(寺) 地德尤奇 … 以爲一山名刹

이라고 보이는 바와 같이 상원사가 명산에 위치한 地德이 좋은 명찰로 이름나고 있었기 때문에 세조 및 그 왕비(정희왕후) 등 궁중세력자들이

---

10) 尹武炳, 「李朝國行水陸齊에 대하여」『白性郁頌壽記念 佛敎學論文集』, 1959 ; 安啓賢, 「燃燈會攷」『白性郁頌壽記念 佛敎學論文集』, 1959.

11) 『세종실록』 권24, 6년 4월 庚戌.

12) 禮曹啓 江原道江陵上院寺 乃水陸社 革除未便 請革敎宗 屬全羅道 全州景福寺 於上院寺 元屬田 一百四十結 加給六十結 恒養僧一百(從之)(『세종실록』 권24, 6년 4월 癸酉).

이 상원사를 왕실의 祈福道場으로서 섬기게 되었던 것도 그 하나였던 것이다.

또 세조의 신임이 두터웠던 信眉가 바로 이 상원사에 거주하면서 많은 문도를 배양하고 있었으며, 아울러 이들 문도들이 세조의 숭불문화사업에 크게 관여하고 있었다는 것도 세조가 상원사와 인연을 맺게 된 중요한 계기라 하겠다. 즉 신미는 왕명에 의하여 왕궁에 진출케 되었으며 刊經都監을 설치케 하여 儒臣 韓繼禧·尹師路·黃守身·盧思愼·姜希孟 등과 더불어 楞嚴經諺解 10권, 妙法蓮華經諺解 7권, 圓覺經諺解 10권, 金剛經諺解 2권, 佛說阿彌陀經諺解 1권 등 譯經事業을 추진하는 한편[13] 상원사를 그러한 불교문화활동의 중심지로 삼아 조야에 관심을 모으게 함으로써 마침내는 세조 및 여러 유신들이 수시로 상원사를 친히 參詣케 되었으며, 특히 세조가 그 10년(1464)에 중병을 얻게 되자 왕비 정희왕후는 신미의 상원사 名山地德說 의견에 따라 상원사를 국왕의 원찰로 삼고, 正鐵 1,500근, 中米 500석, 綿布 500필, 正布 500필 등 막대한 물품을 하사하고 신미의 제자 學悅로 하여금 상원사를 중창케 하여 국왕의 治病을 기원케 하였던 바 뜻밖에도 국왕의 병세가 호전됨에 따라 크게 감동되어 국왕 및 정희왕후는 더욱 상원사 확충을 기하게 되고 마침내는 세조 12년에 이르러 국왕이 왕비(정희왕후)·왕세자(예종) 및 문무관료를 거느리고 상원사에 행행하여 그 중창낙성법회에 친히 참석까지 하였다. 더욱이 그 곳에서 設科取才하여 陳址 등 18인을 뽑기도 하였다.[14] 이러한 상원사였으므로 그 후에도 상원사에는 세조를 비롯한 왕실의 參佛이 그치지 않았고 더욱 밀접한 관계를 맺어 갔다. 요컨대 상원사가 왕실 및 양반지배층간에 각별히 부각되어진 것은 세조의 숭불

---

13) 姜信沆,「李朝初 佛經諺解經緯에 대하여」『國語硏究』1, 1957 ; 李東林,「月印釋譜와 關係佛經의 考察」『白性郁記念 佛敎學論文集』, 1959.
14)『新增東國輿地勝覽』44,「江陵」(山川), "五臺山 … 我世祖十二年 巡行關東 駐輦洞口 設科取陳祉等十八人 …".

정책과 그의 두터운 신임을 받았던 신미가 그곳에 있었다는 데서였다고
하겠다.

그런데 주목되는 것은 이러한 상원사를 중심한 신미 문도들의 활동은
점차 그 범위가 洛山寺로까지 확대되어 갔으니, 그 가장 중요한 기연은
즉 세조가 세자(덕종)의 명복을 빌기 위하여 신미문도인 학열로 하여금
낙산사의 중창을 이루게 한 데서였다.[15] 세조 13년부터 대대적으로 착
수된 학열의 낙산사 중창은 다음 예종 초까지 계속되었거니와 그 간의
진척과정에서 학열이 직접 恣意로 많은 인적·물적 자원을 동원하여 사
회적 물의를 양성시키는 가운데 진행되었다.[16] 학열의 이러한 처사는
물론 왕실과의 直結을 고려치 않고서는 이해하기 어렵다. 좌우간 이와
같이 해서 중수를 보게 된 새 낙산사는 상원사와 나란히 더욱 왕실의
비호를 받아 갔다.

이상에서 살핀 바와 같이 상원사가 세조의 원찰이었고 또 낙산사가
세자의 祈福寺였다는 것은 다시 말해서 他寺에 비길 수 없는 돈독한 보
호를 받았음을 말해주는 것이다. 이에 따라 이 兩寺는 막대한 사원령과
아울러 각종의 특권 등 경제적 배경을 가지게 되었으며 이로 인하여 상
원·낙산 양사는 타사에서 볼 수 없던 양상으로 그 사세를 발전시켜 갔
던 것이다.

첫째, 상원·낙산 양사의 경제적 기반으로서의 사원전을 본다면 국초

---

15)『예종실록』권4, 원년 3월 丁亥 ; 金守溫撰,「洛山寺新鑄鐘銘序」,『朝鮮佛敎通
史』上, 427~428쪽.

16) 洛山寺 중창 동안에 學悅의 橫恣에 대하여는『예종실록』권2, 즉위년 11월 乙
丑, 강원도 관찰사 金瓘과 승정원과의 문답으로서, "承政院問曰 洛山寺造成之
費 何濫收民間乎 瓘對曰曾降諭書 洛山寺諸事 卿宜體予視力盡心 雖一毡一索
勿煩民間 其後僧學悅 見臣親受事目曰 事目付物 須一一備給 故其中易辨之物
令諸邑 隨宜備給"이라 있고, 또 같은『예종실록』권4, 원년 3월 丁亥에 "學悅
者 信眉門徒 歲丁亥 重修洛山寺 悅督其役軍 有逃者輒懲贖收 及瓢鼎 關道騷然
怨讟蜂起"라 하는 데서 잘 나타나 있다.

태종 때 불교사원 전반에 걸친 정비를 거쳐[17] 세종 6년(1424) 4월 불교
교단 통합에 이어 사원전을 제한·분배했을 때 일절 혁거되었다가[18] 앞
에서 언급한 바도 있듯이 상원사는 세종 6년 4월 28일에 국행수륙사로
다시 책정됨으로써 200결의 전지가 국가로부터 지급되었다. 그 후 상
원·낙산 양사는 세조대에 이르러 왕실과 깊은 인연을 맺게 됨에 따라
사원전은 일로 확대되어만 갔으니, 대략 다음과 같은 두 가지 경우로
나누어 볼 수 있다.

① 王室祈福寺刹로서 하사된 경우
上院寺 重創時에 세조가 田地를 特賜한 일이 있었음은 前揭『五臺山上
院寺重創記』에서 알 수 있는 바이요, 그 밖에 예종 원년에 慶尙道 三嘉
田 200결을 비롯하여 宜寧田·淸道田 등이 낙산사에 사급되었다.[19] 이에
앞서 낙산사에는 이미 세조 때 낙산사 傍近에 可種 30여 석의 膏腴한 水
田이 사급되어 僧徒들이 耕食하고 있었던 것이다.[20]

---

17) 『태종실록』 권11, 6년 3월 丁巳.
18) 세종은 그 6년 4월 5일에 오교양종을 선교양종으로 통합함과 동시 제1장 <표
  2>와 같이 선종속사 18寺, 교종속사 18寺, 도합 36寺만을 제외하고는 공인하
  지 않았으며, 이 36寺에는 위의 표와 같이 전지를 優給하고 居僧額을 배정했는
  데 선교양종 36寺에 전지 7,950결, 恒居僧 3,770명으로 정비되었다(『세종실록』
  권24, 6년 4월 庚戌). 韓㳓劤은 「世宗朝에 있어서의 對佛敎政策」을 논한데서
  세종 6년의 寺社田整備를 언급하여 선종속사에 가급전 1,427결 4복을 1,437결
  4복으로 계산 착오로 誤記를 했으며 교종속사의 충주 寶蓮寺는 누락시켜 놓고
  교종속사 원속전 2,340결을 2,280결로, 가급전 1,360결을 1,220결로 오기했으
  며, 교종속사田 합 3,700결을 3,500결로 하여 사사전 총계 7,950결을 7,760결로
  계산 착오를 하였는데 오히려 "序頭의 總結數와 각 寺 給田總數와는 약간의
  차이가 있다"라고까지 하였다(韓㳓劤, 「世宗朝에 있어서의 對佛敎 政策」『震
  檀學報』 25·26·27合倂號).
19) 경상도 三嘉田 등이 낙산사에 사급된 사실은 다음 일련의 記事로써 알 수 있다.
  ○ 傳旨戶曹賜 … 曹敬治三嘉田 南怡宜寧田 蔣西淸道田 于洛山寺(『예종실록』
    권4, 원년 3월 戊戌).
  ○ 戶曹啓 洛山寺收稅田 請以慶尙道三嘉縣田 二百結折給 從之(上同, 丁未).
20) 성종 때 崔潘이 다음과 같이 계한 데서 이러한 사실을 알 수 있다.
  臣等前日請開洛山寺 … 且江原道多山少田 開洛山洞裏 有水田膏腴者 可種三

② 신미·학열에게 하사된 경우

세조는 상원사와 낙산사에 각각 거주하고 있었던 신미와 학열 개인에게 토지를 사급하였다. 물론 이런 토지는 개인의 재산이겠지만 결국 그것은 자연 寺有로 되기 마련이었으므로 그만큼 寺社田의 증가·확대를 뜻하는 것이다.[21] 그들은 사급된 토지에 국한하지 않고 나아가서는 왕실의 비호를 배경삼아 傍近의 民田까지 잠식하여 가기도 했으므로 사사전은 일익 증가의 추세를 보이고 있었다.[22]

다음 둘째로 사원전과 아울러 사원경제의 중요한 기반의 하나로는 노비를 들 수 있다. 寺社奴婢도 역시 태종 초 사원노비 혁거시에 상원사와 낙산사 등 몇몇 사찰은 제외되었으나 세종 초에는 모든 사사노비가 일단 혁거되었던 것이니 불교계의 타격이란 이루 말할 수 없었던 것이라 하겠다. 따라서 세조는 상원사와 낙산사에 각각 노비를 特給하였던 것으로, 이러한 사실은 양사에 대한 각별한 특혜조치였던 것이다. 더욱이 상원사에는 王牌까지 하사하였다.[23] 이 왕패의 내용이 무엇인지는 알 수 없더라도 노비의 특사를 비롯한 상원사에 대한 모종의 특혜를 보장하여 주는 증명임에는 틀림이 없을 성 싶다. 이와 같이 신미와 학열이 거주하던 상원사와 낙산사에 대한 특혜는 비단 위와 같은 전지와 노비에 국한되지 않았다. 예종 원년에는 잡역과 염분세의 면제조치가 상원사에 취해졌으며,[24] 또한 낙산사 舊路를 재개할 것을 유신들이 수시로 상소하였으나 용납되지 않았다. 이 구로 재개란 성종 9년(1478) 9월 丁亥, 사헌부

十餘碩 世祖令盡屬此寺 而使僧徒耕食(『성종실록』 권94, 9년 7월 癸未).

21) 조선 전기만 하더라도 면세지로 공인된 사위전을 인정하고 있었기 때문에 조선후기와는 달리 승려와 사원 간의 別產을 인정할 필요가 없었다고 하겠다.

22) 다음에 이끄는 기사가 이러한 사실을 말해준다.

　○ 世祖嘗以本府陳田 賜僧信眉 眉以給悅 悅憚於開墾 遂憑此田 奪民水田可種 七十餘碩之地(『예종실록』 권3, 원년 2월 乙卯).

　○ 江陵堤堰 世祖賜學悅 學悅盡併其傍田(『성종실록』 권88, 10년 正月 戊辰).

23) 『성종실록』 권120, 11년 8월 癸丑 ; 金守溫記, 『五臺山上院寺重創記』.

24) 『예종실록』 권3, 원년 2월 己亥.

집의 金春卿의 상소에,

> 舊路는 자고로 通行大道이다. 근래에 그 길이 사찰과 가깝다고 하여 高險
> 한 곳으로 新路를 열어서 이십여 리나 돌아가게 하여 行者의 고생이 말로 표
> 현할 수 없다(『성종실록』 권96).

라고 한 바와 같이 종전의 公路가 境內와 그리 떨어져 있지 않기 때문에
낙산사 측에서 새로이 새 길을 만들어 사찰경역에서 멀리 떨어지게 우회
시킨 것을 유신들이 주민을 대신하여 다시 종전의 공로로 복구시키게 하
자는 것이었다. 그러나 왕은 이 진언을 묵살시켜 버렸다. 즉 성종은 낙산
사의 처사에 관여치 않았던 것이다. 이러한 일은 성종 11년(1480) 8월
병진, 李德崇이 啓한,

> 洛山寺僧은 一道의 巨害인데 百姓들의 採海까지 禁하고 있으니 百姓들이
> 더욱 괴롭다. 海菜類는 그렇다하더라도 심지어 捕魚까지 금해 가면서 寺刹奴
> 婢를 使役하여 그 이익을 專擅하고 轉販致富하고 있다(『성종실록』 권120).

라는 데서도 볼 수 있으니, 낙산사의 앞바다를 독점하고 있었던 것이다.
이것 역시 해제시킬 것을 간청하였으나 성종은 聽許치 않았다. 이와 같
이 왕권을 배경삼아 치외법권적으로 군림하고 있던 낙산사였고 또 신
미·학열 등이고 보니 자연 다음과 같이,

> 臣이 듣기로 學悅이 기세가 甚盛하여 監司가 入境하면 이 스님을 먼저
> 방문하고 守令은 하루 한 번씩 問候한다. 학열이 비록 불의를 행하더라도 사
> 람들이 다투려 하지 않으니 이처럼 田土를 廣占하고 多殖貨財하여 그 富가
> 州府에 이른다. 이러한 無所不爲를 不可不 抑止해야 한다(『성종실록』 권88,
> 9년 정월 戊辰.).

라고 李則이 경연에서 토하게까지 되었던 것이다. 즉 학열이 기세가 甚
盛하여 監司가 강원도에 입경하면 반드시 이 僧을 먼저 방문하고 수령

은 매일 1회씩 문후한다는 것이다. 또한 학열은 비록 불의를 행하더라도 사람들은 다투려고 하지도 않으며, 뿐만 아니라 田土를 廣占하고 多殖 貨財하여 그 부가 州府에 이르지 않는 곳이 없으니 불가불 억지해야 한 다는 것이다.

요컨대 우리가 이제까지 장황하게 살펴온 것은 조선전기에 있어서 신 미나 학열이 머물고 있었던 상원사와 낙산사를 중심으로 한 그 사세를 보기 위해서였다. 이렇듯 상원사나 낙산사는 당시 찾아보기 어려운 특권 을 가지고 사원경제체제를 이루어 갔었다. 특히 蒜山堤堰이 상원사에 급여됨으로써 상원사의 사찰경제체제를 더 한층 강화시켰음이 분명하 다.25) 이제 우리는 상원사에 소속된 산산제언을 중심으로 구성된 농장 에 대하여 논을 전개시켜 보고자 한다.

Ⅲ. 蒜山堤堰을 중심으로 한 농장경영

1. 蒜山堤堰의 사급경위

산산제언에 관한 기사가 처음으로 나타나기는 『세조실록』 권44, 13년 11월 戊子에 있는,

> 戶曹에 傳旨하여 江陵府에 있는 蒜山提堰을 慧覺尊者 信眉에게 賜給하 였다. 信眉가 당시 江陵 五臺山 上元寺에 居住하고 있었기 때문에 이러한 命을 내렸다.

---

25) 고려시대도 堤堰이 寺院에 사급되었던 사실이 있었다. 즉 고려 문종 때 延安의 臥龍池가 興王寺에 사급되어 池中 膏腴한 可作田이 경작되어 갔던 사실이 있 다(『新增東國輿地勝覽』 권43, 「黃海道 延安都護府」, 山川條 ; 『성종실록』 권 234, 20년 11월 甲寅).

가 바로 그것이다.[26] 그런데 이 산산제언이 세조 때 신축되어진 것이 아니며, 이미 전부터 있어 왔던 것임은 『성종실록』 권117, 11년 5월 乙酉에,

> (A) 蒜山堤堰은 灌漑가 不合하여 廢棄한지 오래되었다.
> (B) 당초 世祖가 違豫하여 大王大妃의 請에 따라 上院寺에 施納하였다.

라고 보이는 바와 같이, 산산제언이 灌漑에 부적합하여 이미 오랫동안 폐기되어 오던 차에 마침 대왕대비의 청으로 세조 때 상원사에 급여되어진 것으로써 알 수 있다. 그러나 위의 인용문 가운데 '不合灌漑 廢棄已久'를 생각함에 있어서 (A)부분과 (B)부분으로 나누어 (A)부분을 세조 13년 11월 戊子 이후의 어느 시기에서부터 성종 11년 5월까지의 일로 본다면, 세조 때 사급되어진 산산제언은 관개에 부적합하지도 않았고 또 따라서 폐기되어 오지도 않았던 것이 된다. 즉 '不合灌漑 廢棄已久'는 바로 성종 11년 5월 을유 현재의 일이며 상원사에의 산산제언 급여동기와는 하등의 관계는 없는 것으로 보여진다. 여기서 우리는 같은 성종 11년 5월의 丙申에 보이는 大司諫 金碔과 持平 崔漢俟의,

> 世祖朝에 蒜山堤堰이 灌漑에 不能하며 耕食하겠다는 僧人의 말을 듣고 世祖가 특별히 허락하였다.

라는 啓文과 또 이에 대한 왕(성종)의,

> 世祖가 僧人의 말을 듣지 않고 賜給하였다. 일찍이 듣건대 世祖가 이 堤堰의 灌漑여부를 물으니 戶曹에서 不用이란 啓에 따라 특별히 허락하였다.[27]

라는 답 등을 묵과할 수 없다. 이를 보면 앞에서 필자가 '不合灌漑 廢棄已久'를 세조 13년 11월 이후의 일로 생각해 본 것은 한갓 잘못이었음

---

26) 여기 上元寺는 上院寺를 지칭하는 것임을 註 5)에서 언급하였다.
27) 『성종실록』 권117, 11년 5월 丙申.

을 알게 된다. 그렇다 하더라도 이것만으로써 산산제언이 세조 이전에 신축되었다는 충분한 확정은 되지 못한다. 왜냐하면 산산제언의 新築上限을 세조 즉위년으로 잡고서, 그 즉위년에 신축된 산산제언이 어떤 사유로 인하여 관개에 부적합한 가운데 3~4년간 쓰여지다가 이후 완전히 7~8년간 폐기상태로 있어 왔다고 해서 '廢棄已久'와 모순되는 일은 아니기 때문이다. 그렇지만 '폐기기구'라는 어감을 살리어 좀 더 올려서 세조 이전에 신축되었던 것이 그 후 오랫동안 폐기되어 왔다고 보는 것이 자연스럽지 않을까 싶다. 만약 이러한 추측이 허용된다면 태종 연간에 국가적으로 대대적인 제언사업의 추진이 있었다는 사실과 그리고 또 하나는 개간을 위한 것으로 보이는 사민정책에 따라 復戸와 면세의 특혜조치가 세조 6년 11월에 있었을 적에 그 사민대상지 가운데 강릉이 있었다는 것 등으로 미루어 보아[28] 산산제언은 태종 연간에 제언사업의 일환으로 신축되었던 것이며, 그 후 사정에 따라 제언의 기능이 상실되어 세조 13년 11월 사급 당시에는 이미 오랫동안 폐기 상태에 놓여왔던 것이라 하겠다.

　필자는 위에서 산산제언이 세조 13년에 상원사에 사급되었음을 보아 왔다. 그런데 『예종실록』권3, 원년 2월 己亥에 또,

　　　戸曹에 傳旨하기를 江陵府의 蒜山堤堰을 上院寺에 賜給한다. 또한 雜役
　과 鹽盆税도 면제한다.

라는 기록이 보인다. 그러면 堤堰賜給時期에 대한 이 두 기사를 어떻게 다루어야 하겠는가? 이 두 기사 가운데 어느 하나를 긍정하고 다른 하나를 부정해야 되지 않겠는가? 그렇지 않다면 세조 13년 11월과 예종 원년 2월 사이에 산산제언이 일단 회수되었다는 사실이 없는 한 이 두 기사는 그 어느 하나가 蛇足이 아닐 수 없다. 그렇지만 회수되었다는 사실이 문

────────────

28) 『세조실록』권22, 6년 11월 辛巳.

헌에는 전연 보이지도 않으며, 또 성종 연간에 비록 회고적인 기사이기
는 하지만 세조 때 사급되었다는 것이 적지 않게 보이는 점으로 보아[29)]
세조 때 사급되었음을 짐작케 한다. 그렇다면 예종 때의 사급기사는 무
엇을 뜻하는 것일까? 필자는 예종시에 사급은 세조시에 사급사실을 재
확인한 것으로 보고자 한다. 즉 好佛主였던 세조가 승하하자 불교를 이
단으로 삼았던 유신들이 억불논의는 다시금 再燃化・표면화하여 앞서
세조조의 사급사실조차 강력히 말살・부인하고 시비를 벌였기 때문에
마침내 호불의 정희대비에 의해서 예종은 세조시의 사급사실을 강력히
재확인함에 이르렀던 것이라고 보고자 한다.[30)]

뿐만 아니라 상원사가 부담해 오던 잡역과 염분세까지도 차제에 면제
해 주었던 것이라 하겠다. 필자의 이러한 추측이 무리가 아닌 것이라면
산산제언은 상원사의 중창・낙성법회가 있었던 그 익년인 세조 13년부
터 적어도 예종 원년 당시까지 죽 계속해서 상원사에 소속되어 왔다고
보아야 한다.

이제 이 산산제언이 상원사에 사급된 경위를 관계 사료를 통하여 정
리해 보면 다음과 같다.

---

29) 『성종실록』권88, 9년 정월 丁卯 및 권117, 11년 5월 乙酉・丙申 및 권203, 18
   년 5월 辛酉・戊午 등에서 보인다.
30) 『세조실록』권44, 13년 11월 戊子의 기사에서 僧 信眉가 상원사에 거주한다는
   이유로 信眉에게 蒜山堤堰을 사급했다는 것은 『예종실록』권3, 원년 2월 乙卯
   에 "江原道江陵人 宣略將軍 南允文等進言 … 世祖嘗以本府陳田 賜僧信眉 …
   開墾遂憑此田 奪民水田 可種七十餘碩之地"라고 한 기사로 보아 신미 개인에
   게 사급한 것이며, 예종 원년 2월 乙亥의 기사는 신미 개인으로부터 회수하여
   상원사에 귀속시킨 것이라고도 생각할 수 있다. 그러나 신미로부터 회수되었
   다는 사실은 기록에도 보이지 않고 더욱이 『성종실록』권203, 18년 5월 辛酉,
   사간원정언 朴喜孫이 산산제언을 許民耕食시키자는 啓에 "蒜山堤堰 … 許屬
   上院寺 僧學悅不屬於寺 以爲己物"이라고 한 기사로 보아 상원사에 거주하는
   신미에게 사급했다는 것은 곧 상원사에 사급했다는 말과 동일하게 해석된다.
   상원사와 승 신미와의 別產으로는 보이지 않기 때문이다.

(A) 산산제언이 관개에 불합당하여 폐기된 지 이미 오래된 것을 세조의 不豫를 당하여 왕비의 청에 따라 治病을 빌기 위한 祈福地로 상원사에 施納했다는 것이다.[31]

(B) 耕食하겠다는 僧人側으로부터의 청에 의해서 관개가 부적당한 이 산산제언을 세조가 상원사에 사급했던 것이라는 金磋 등의 啓에 대해, 성종은 승인의 上言에 의해서가 아니라 세조가 자진하여 관개여부를 물은 후에 관개에 부당하다는 戶曹의 啓文에 따라 特給했다는 것이다.[32]

(C) 세조의 本意에서 사급된 것이 아니라 信眉의 强請에 의한 부득이한 일이었다는 것이다.[33]

위의 사실들을 종합·분석해 볼 때 (A)와 (B)에서는 산산제언이 관개에 불합당하여 폐기되어 있었다는 사실을, (B)와 (C)에서는 승인의 경식요구가 있었다는 것, 그리고 다시 (A)에서 왕비의 사급요청이 있었음을본다. 그런데 (B)에서 대사간 김작 등의 승인 上言에 의해 사급되었다는주장을 승인의 상언에 의해서가 아니라 세조가 스스로 자진해서 상원사에 사급한 것이다라고 반박했던 것은 (C)에서 승인의 상언에 부득이한일이었다고 한 것과 상치된다. 승인의 상언이 분명히 있었다 하더라도세조 자신의 의향이 없었던들 이루어지지는 못하였을 것이다.[34]

그는 그렇다 치고, 성종이 승인으로부터 사급 요청이 있었다는 사실

---

31) 傳旨戶曹曰 蒜山堤堰 不合灌漑, 廢棄已久 當初世祖違豫 因大王大妃之請 納上元寺 爲祈福之地 …(『성종실록』 권117, 11년 5월 乙酉).

32) 大司諫金磋 持平崔漢俟啓曰 世祖初僧人上言 蒜山堤堰 不能灌漑 請耕食 世祖特許之 … 上曰 世祖非聽僧言 而給之也 嘗聞世祖問此堤灌漑與否 戶曹啓以不用 故特許之 …(『성종실록』 권117, 11년 5월 丙申).

33) 掌令朴叔達啓曰 蒜山堤堰 … 盧思愼對曰 世祖朝 學悅啓請而不得 又因信眉請之 世祖不得已賜之 實非世祖本意也 …(『성종실록』 권88, 9년 정월 丁卯).

34) 成化 11년(성종 6)에 撰한 金守溫의 『五臺山上院寺重創記』에 "江陵舊有葑田 數百結 慧覺尊者 請屬於寺"란 기사가 보인다. 당시 크게 물의를 일으켰던 상원사에 사급된 산산제언의 건이 일절 언급되어 있지 않고, 또 『조선왕조실록』에 '江陵舊有葑田'이란 기사가 보이지 않는 점으로 보아 江陵舊有葑田이란 江陵本府陳田인 산산제언으로 생각된다. 여기서도 산산제언인 葑田을 慧覺尊者 信眉가 요청했다.

　○ 周藤吉之, 「麗末鮮初における農莊について」 『靑丘學叢』 17, 1934.

을 부정하는 저의는 那邊에 있었을까? 유교주의체제를 강화하되 선왕의 유교를 중히 여기고 국기를 지키는 마음이 누구보다도 강했던 성종이었던 만큼 유신들의 지나친 억불상소에 상대적으로 취한 태도가 아니었는가 한다. 또한 성종의 배후에 있는 정희대비의 영향이 크게 작용했으리라 믿어진다. 실로 유교주의체제를 정비하여 갔던 성종에 있어서 이 산산제언 급여동기에 대한 언론은 유자들의 기대에는 어긋났을 것이 분명하지만, 그런 의미에 있어서 성종의 억불정책에 대한 종래의 견해에 대해선 한 번 반성이 있어야 할 줄 믿는다.

요컨대 태종 때 축조되었을 것으로 보이는 산산제언이 그 후 오랫동안 폐기되어 오던 가운데 마침 세조로부터 두터운 신임을 받고 있던 신미가 간청한 바도 있고 해서, 그렇지 않아도 왕의 불예로 상원사에 寄納下賜하여 祈福코자 하던 차라, 이 산산제언이 세조 13년 11월에 상원사에 사급케 되어진 것이라 하겠다. 그 후 예종 원년에는 이 산산제언의 상원사 소속을 재확인하였고 성종 때 역시 산산제언의 상원사 소속은 왕실의 정책에 의해 취해졌음을 강설했던 것이었다.

2. 제언의 개간경작(농장경영)

상원사에 사급된 산산제언은 수리시설로서의 제언이 아니라 이미 폐기 되어진 제언을 決毀하여 개간·경작하는 데 그 의의가 있었음을 앞에서 논급하였다. 그런데 『성종실록』 권68, 7년 6월 丁酉에 다음과 같은 기사가 보인다.

> 學悅이 일찍이 蒜山堤堰을 決毀하여 田地로 만들었는데 이 堤堰은 百姓들에게 이익이 甚大할 뿐 아니라 그 옆의 民田까지 並奪하여 지금 可種 50~60餘 石이나 된다. … 世祖 때 이 堤堰을 上院寺에 許屬함으로서 學悅이 그 옆 民田까자 並收하였다.

즉 세조 때 강릉제언을 일찍이 학열이 결훼하여 전지로 만들었으며
또한 그 근처 민전까지를 倂奪하여 경작했다는 것이다. 그러면 세조 때
상원사에 사급되었다는 江陵堤堰은 세조 13년 11월에 상원사에 사급된
강릉의 산산제언과는 별개의 것일까? 필자는 강릉제언이 곧 산산제언과
동일한 것으로 보고자 한다. 왜냐하면 산산제언의 위치가 제언으로서 산
산제언 이외에 강릉제언 문제가 있었다는 기록은 다른 데서 전연 보이지
않는다. 周藤吉之도 그의 앞의 논문에서35) 『예종실록』 권3, 원년 2월
을묘, 江原道 江陵人 宣略將軍 南允文 등의,

> 세조가 일찍이 本府 陳田을 僧 信眉에게 하사하였는데 信眉는 學悅에게
> 給與하였고 學悅이 개간을 하면서 이 田土를 빙자하여 백성들의 水田 可種
> 70여 석의 전토를 탈취하였다.

란 기사를 들어 강릉의 本府陳田을 강릉 산산제언으로 보고 있는데, 여
기서 학열이 본부진전의 개간을 중심으로 可種 70여 석의 傍近民田을
탈취했다는 것은 곧 위의 인용문에 보이는 '並奪民田 可種五六十餘碩'
과 약간의 차이는 있으나 같은 내용인 것 같다. 다시 나아가서 성종 17
년 정월 記事官 韓昫가,

> 臣이 일찍이 강원도 강릉을 지날 때 이미 오래 전에 陳荒된 한 堤堰이 있
> 어서 父老에게 물었더니 곧 蒜山堤堰이라 하였다.36)

라고 계한 것을 보아도 강릉제언이 곧 산산제언임을 뒷받침하는 것이라
하겠다. 제언은 당시 조선왕조의 경제적 기초를 주었던 농업정책하에서
가장 비중이 큰 수리시설이었으므로 국가에서는 제언내의 개간경작을
여간 신중히 다루었던 것이 아니었다.37) 또한 기존의 제언을 決毀한 자

---

35) 註 34)와 同.
36) 『성종실록』 권187, 17년 정월 辛亥.

에게는 준엄한 형벌이 내려졌던 것이다.38) 그럼에도 불구하고 특히 상원사가 산산제언을 결훼하여 爲田耕作함을 국가에서 묵인했던 것은 상원사가 그만한 세력을 가졌던 것으로 볼 수 있으나, 또한 산산제언이 실질적으로 관개에 불합당하여 오랫동안 폐기되어 있었기 때문이라 하겠다. 제언사업을 거국적으로 장려한 당시에 산산제언이 폐기되어 있었다는 사실은 강릉지방의 입지조건으로 인한 산지농업이 발달되지 못했던 것이 그 원인이 아닐까? 산산제언과 같이 폐기된 지 오래된 제언은 침전물이 오랫동안 쌓여 있었던 관계로 대단히 비옥했기 때문에39) 산산제언의 경우도 일찍이 농민들이 그 일부를 개간경식하고 있었던 것을 상원사에서 사급 받아 전면적으로 개간하여 경작했던 것으로 보인다.

그러면 상원사에 의해 개간된 산산제언은 어떻게 경작되어 갔던 것일까?『성종실록』권104, 10년 5월 辛酉의,

> 老僧 學悅이 上院寺에 夷居하면서 艶陽寺 · 洛山寺 등에 제자를 分置하여 농장을 廣占하였다.

란 기사는 그 일모를 보여주는 것으로 노승 학열이 상원사를 중심으로 하여 농장을 광점하고 있었다는 것이다. 이 상원 · 낙산 양사의 광범한 농장을 구성하는 전지가 대략 다음과 같은 것이었음은 쉬 짐작이 간다.40) 우선 국왕으로부터 사급된 전지를 생각할 수 있으니 상원사가 수

---

37)『성종실록』권161, 14년 12월 丙申.
38)『경국대전』「戶典」, 田宅條에 "諸邑堤堰內外面 多植雜木 勿令決毀堤堰 及裨補所林藪內伐木耕田者 杖八十 追利沒官"이라고 있는 데서 알 수 있다. 또한 제언을 본격적으로 修築한 태종 이후 산산제언이 문제되었던 세조 · 성종 연간의 제언정책에서 제언의 決毀者에게 극형이 내려졌음을 알 수 있다.『세조실록』권17, 5년 8월 辛未 ;『세조실록』권37, 11년 11월 甲寅 ;『성종실록』권112, 10년 12월 壬子 ;『성종실록』권10, 2년 4월 乙卯 ;『성종실록』권21, 3년 8월 壬午 등에 잘 나타나 있다.
39) 조선후기에는 '冒耕'이라 하여 堤堰을 무너뜨려 경작한 사회현상이 많이 있었던 모양이다(李光麟,『朝鮮水利史研究』, 10쪽).

류사로 지정되면서부터 지급되어 온 200결의 전지와 낙산사에 사급된 洛山洞裏 30여 석의 可種地 등이었을 것이다(앞의 200결은 수륙사이므로 무세일 수 있다).

사급전과 아울러 농장구성의 중요한 요소로 陳地化한 산산제언의 개간을 생각할 수 있다. 그 밖에 병탈 또는 강점하였던 방근의 민전도 농장을 구성하는 큰 비중을 가졌을 것이니, 그런 실례로서 산산제언의 개간과 낙산동리 가종지의 경작에 즈음하여 상당한 방근민전이 약탈 되었던 것이다. 그리고 또 당시 상원·낙산 양사에 거주하고 있던 신미·학열 등은 그 사회적·세속적 세력으로 보아 상당한 개인재산을 소유하고 있었을 것이므로 그러한 재력과 세력으로 얼마든지 정식으로 전지를 매득하여 농장에 기탁시킬 수도 있었을 것을 생각해 볼 것이다. 설령 개인지출이 아니라도 신미나 학열이 있었던 상원·낙산 양사의 경제적 재력은 상당하였을 것이 분명한 것이니 그러한 재력을 가지고 얼마든지 전지를 매득하여서 농장을 확대시키는 한 구실을 하였음직하다.[41] 사실 승려들의 田地買占의 風은 당시 그리 희귀한 것이 아니어서 성종 21년 정월 庚午에 李守恭이 경연에서,

　　緇髡之徒들이 膏腴한 田地를 買占하고 있으니 이것을 회수하여 鄕校에 給與코자 한다(『성종실록』 권236).

40) 周藤吉之,「麗末鮮初における農莊について」『靑丘學叢』17, 1934 ; 旗田巍,「高麗時代の王室の莊園−莊·處−」『朝鮮中世社會史の硏究』, 1972 ; 宋炳基,「高麗時代의 農莊」『韓國史硏究』3, 1969.
41) 당시 승려들이 牛馬를 이용한 行販者가 있었던 것은 성종 20년(1489) 6월 平安道監司 李克墩이 "僧徒牽牛馬行販者 請皆禁之"(『성종실록』 권229, 20년 9월 丙辰)라고 啓한 데서 잘 알 수 있다. 국경지방 특히 평안도 商僧인 승려의 牛馬를 이용한 行販行爲는 영조 10년(1734) 6월 戊午에 "平安道商僧釋訓等 持錢帛載之牛 過昌城境"(『영조실록』 권38) 한 것과 같이 조선조 전시대를 통하여 이루어지고 있었다. 승려들의 商販行爲에 대하여는 다음 기회로 미루어 둔다.

라고 한 바와 같이 승도들이 매점한 膏腴之地를 몰수하여 鄕校에 사급
하고자 계한 일까지 있었던 것이다. 이와 같이 賜給·開墾·倂奪·强
占 그리고 매득한 전지로써 이루어진 상원·낙산 양사의 농장에도 고려
시대에 농장의 확정구역을 표시하기 위하여 세워 놓은 長生標와 같은
禁標가 요소요소에 세워졌을 것으로 보인다.

학열은 이러한 농장을 관리하기 위해서 위에 이끈 인용문에 의해서도
알 수 있는 바와 같이 사방에 제자들을 분견하였다. 성종 7년 6월 丁酉
에 持平 朴叔達이,

> 學悅이 일찍이 江陵堤堰을 決毁하여 田地를 만들었다. … 이 때 학열의
> 제자승 40세 이하 자들만 모두 환속시키면 곧 一鎭의 精卒을 충당할 수 있다
> (『성종실록』 권120).

라고 말한 것처럼 학열의 제자들은 40세 이하만 하더라도 1鎭의 정졸을
구성할 만한 것이었다. 농장관리자로서 分遣된 승들의 職名을 무엇이라
했는지는 확실치 않으나 조선 초 釋王寺 農莊의 경우엔 監守奴라 하였
다.[42] 상원·낙산 양사 농장의 경우엔 오직 승 弘智란 자가 학열의 위세
를 빙자하여 知事라고 호칭하면서 농장의 管理總責을 맡았던 것이 보일
뿐이다.[43]

다음 농장 내 농업생산자를 보건대, 성종 10년(1479) 5월 司憲府執義
金礪石 등이 올린 箚子에,

> 僧 弘智란 者는 學悅을 빙자하여 同城社에 있으면서 良民을 奴隷와 다름
> 없이 駈役하여 箕歛을 漁奪하고 利益을 모두 취한다.[44]

---

42) 『세종실록』 권27, 7년 3월 乙巳.
43) 金礪石 등의 箚子에 "僧弘智者 假威學悅 號稱知事 管幹艶陽 名曰 稼庫"(『성종
   실록』 권104, 10년 5월 辛酉)라고 보인다.
44) 『성종실록』 권104, 10년 5월 癸亥.

라고 보인다. 이것은 一般農莊의 경우와 다를 바 없이 良民을 동원하여
혹사시켰던 것으로서[45] 이들은 매우 혹사를 당했다는 것이다. 즉 승 홍
지가 학열의 세력을 빙자하여 양민을 노예와 다름없이 駈役하고 그 이
를 다 거두어 들였다고 했다. 이는 결국 무보수로 노동을 시켰다는 것이
려니와 이것이 현실적으로 그렇게 되기 위해서는 復戶의 특전이 주어졌
다 하더라도 적어도 다음과 같은 사실이 전제되었어야 한다. 즉 상원·
낙산 양사에 왕실을 배경으로 하는 치외법권적인 권력이 있었어야 한다
는 것이고, 또한 같은 말이 되겠지만 사원 자체에서 그마만한 힘이 있지
않았으면 안 된다는 것이다. 시실 이 양사는 이러한 전제를 충족시키고
도 남음이 있었다고 하겠다. 그러나 그렇다고 해서 과연 儒臣 金礪石의
말처럼 액면대로 받아들여 노예처럼 양민을 혹사했다고 볼 것인가? 여
기서 우리는 유신들의 이와 같은 말을 뒤집어서 볼 여유를 가져 보려고
한다. 억불을 일삼고 불자를 이단으로 몰아넣었던 당시인지라 억불의 한
형태로 불교교단에의 모함이 있었을 것이다. 김여석의 말대로 물론 심한
노동이 강요되기는 하였을 것이라 해도 低率이기는 하지만 어느 정도의
賃金이 지불된다는 관계에 놓여 있었을 것이다.[46] 특히 그들은 신도는
아니지만 고려시대의 사원전에 매달린 농민이 전통적·인습적인 사회경
제 기반을 아무리 유교국가가 되었다할지라도 그 울타리에서 그냥 이탈
되기는 어려웠을 것이다. 앞에서 김여석이 말한 '有同城社 駈役良民'의
양민은 곧 麗代 이래의 사회경제적인 기반에 서 있는 佃戶일 게다.[47]

---

45) 司憲府執義金礪石等上劄子 臣等竊惟蒜山之田 本是居民祖業 世祖特給上院寺僧
　　徒因此侵占民田 漁取民力(『성종실록』 권104, 10년 5월 辛酉)이라고도 보인다.
　　周藤吉之, 앞의 논문, 64쪽 참조.

46) 조선 초의 농장이나 私田 등은 병작반수가 관행이었다(深谷敏鐵,「朝鮮の土地
　　慣行·並作半收試論」『社會經濟史學』11-9, 1941).

47) 당시 승려들의 노동력도 대단했던 것이니, 세조 때 楡岾寺僧으로서 도첩을 사
　　급받은 자가 무려 46,590인이나 되었던 사실(『세조실록』 권35, 11년 正月 己巳)
　　과 戊寅(세조 4) 이래 檜巖寺와 楡岾寺의 役僧으로 도첩을 받은 자가 63,000여

이러한 노비·전호 등 농장 내 생산자들은 생산수단으로서 사원에서 소유한 牛馬 등을 이용하였던 듯하다. 즉 당시 승려들의 牛馬賣買 사실이 있었던 것으로 보아[48] 사원에서도 우마를 소유하였음을 짐작케 하여 주거니와 특히 성종 연간에 상원·낙산 양사의 농장관리 총책임자였던 弘智의 처사에 대해서 언급한 大司憲 朴叔蓁의 啓에,

> 私債를 거두어들이기 위하여 洛山寺僧 弘智가 閭里를 橫行하면서 사람과 家畜까지 奪取하였다.[49]

라고 있을 뿐만 아니라, 성종 10년 5월 戊午에도 사헌부가 啓達한 홍지의 죄상 가운데,

> 개·송아지·망아지 등을 寺內에서 並畜한 罪(『성종실록』권104)

라고 한 항목이 보임에서 상원·낙산 양사에서도 개와 우마를 소유하고 있었음을 알 수 있다.

이렇게 해서 경영된 농장의 막대한 수확량은 우선 상원·낙산 양사의 자체경비와 수용에 충당되었겠지만 그 잉여생산량은 장리의 원본이 되었던 것으로서 이에 대하여는 커다란 사회적 문제가 수반되었던 만큼 다음에서 절을 달리하여 논급키로 하겠다.

한편 산산제언의 개간경작을 다음의 두 가지 면에서 그 의의가 자못 컸던 것이라 할 것이다. 그 하나는 강원도지방의 농업발달에 크게 공헌했다는 사실이다. 즉 당시 강원도 등지에는 산악지대란 입지적 조건으로

인이며, 刊經都監과 懿廟에 부역으로 도첩을 받은 자가 그 배나 된다고 한 『성종실록』권176, 16년 3월 丁未의 기사 등으로 알 수 있다.
車文燮, 「朝鮮成宗朝의 王室佛敎와 僧役是非」『李弘稙紀念 韓國史學論叢』, 1969 ; 李鍾英, 「僧人號牌考」『東方學志』6, 1963.
48) 上聞僧徒減價買牛 來賣京中(『예종실록』권2, 즉위년 11월 壬戌).
49) 『성종실록』권117, 11년 5월 壬申.

말미암아 황무지가 매우 많았던 것으로서 강원도 등지의 신간전자에게
는 5년간 면세특혜를 주어 국가에서 정책적으로 황무지를 개간시켜 왔
던 것인데[50] 『세조실록』 권10, 3년 11월 甲子에,

> 戶曹에 傳旨하기를 江原·黃海道에는 膏腴可耕之地가 荒廢된 곳이 頗
> 多하니 明年부터 新墾田者에게 五年동안 收租치 말 것.

이라고 한 기사가 바로 이를 말해준다. 즉 강원·황해 등도의 고유한 가
경지가 황폐하게 된 것이 파다한데 명년부터 이곳의 新墾田者에게는 5
년간 수조치 않는다는 것이다. 이러한 여건에서 상원·낙산 양사가 진
지화한 산산제언을 개간·경작했다는 것은 당시 농업발달사상 그 의의
가 자못 크다고 아니할 수 없다.

또 다른 하나는 국방상 중요 역할을 담당했다는 사실이라 하겠다. 즉
당시 강원도 등지에는 지역적 특수성으로 인해 거주자가 매우 적었고 또
황무지의 개척이 늦어졌던 것이다. 그래서 병조에서는 국방상 많은 애로
를 느껴 세조 6년(1460) 4월에는 '新徙者'는 復戶 10년, '新墾田은 7년
동안 면세토록 하고 그 妻子가 비록 公私賤에 속해 있더라도 같이 入送
토록 하고 그 官主는 각각 10년 후 舊例에 따라 役使토록 하며, 만약
諸邑 소속의 노비이면 즉시 新徙之邑으로 移屬토록' 하는[51] 강원 등도
에로의 徙民條件을 啓했는데 국가에서 이를 받아들여 동년 11월에는 下
三道諸邑의 人戶 중 '取才入格者와 京軍士外의 諸邑軍士' 그리고 '良
民鄕戶 중에서 富實者'를 고르되, 慶尙道에서 2,500호, 全羅道에서
1,500호, 忠淸道에서 500호, 도합 4,500호를 平安·黃海·江原 諸道의
여러 閑曠地에 사민시키도록 하였다.[52] 아울러 그들에게는 앞으로 3년

---

50) 『세조실록』 권17, 5년 9월 庚寅.
51) 新徙者 復戶十年 新墾田免稅七年 其妻子雖係公私賤 並許入送 各其官主十年
　　後依舊役使 若諸邑奴婢 則移屬新徙之邑(『세조실록』 권20, 6년 4월 己巳).
52) 『세조실록』 권22, 6년 11월 辛巳.

간 군역의 부담도 면제시켰고 복호의 限年까지는 騎載迎送도 시키지 않는 특혜를 주었다.53) 이 때 산산제언이 위치한 강원지방에도 복호 12년과 면세 9년의 특혜를 주어 徙民으로 하여금 황무지를 개간시켰던 것이다.54) 그런데 산산제언은 이 때에도 개간되지 않았다.

산산제언이 상원사에 사급되기 바로 전년인 世祖 12년(1466)에는 강원도 각 지방에도 屯田을 설치하여 軍需에 충당하도록 했던 기록이,

> 上堂君 韓明澮와 都承旨 申㴐을 불러 江原道 平康 屯田事를 논의토록 하였다. 당시 州郡에 모두 屯田을 設置하고 있었다. 또한 閑廣之地에는 屯田을 別置하여 軍需에 충당토록 하였다.55)

라고 보인다.

이와 같이 강릉을 비롯한 강원도지방에 사민개간정책과 둔전정책이 진행되어 왔으나 산산제언은 사민의 개간이나 둔전의 설치대상에서 제외되어 있었다.56) 이러한 산산제언을 상원사에서 개간·경작했다는 것은 농업발달사에서 뿐만 아니라 둔전경영 등 변방에 중요 역할을 아울러 담당했다는 점에서 매우 의의가 있는 것이라 하겠다.

3. 제언으로서의 관리

상원사에 사급된 산산제언은 제언 본래의 使命인 水利灌漑보다도 개

---

53) 『성종실록』 권104, 10년 5월 戊午.
54) 李仁榮, 「李氏朝鮮 世祖 때의 北方移民政策」 『震檀學報』 15, 1947 ; 有井智德, 「李朝における復戶制の研究」 『史潮』 80·81, 1962.
55) 『세조실록』 권39, 12년 9월 乙亥.
56) 『성종실록』 권104, 10년 5월 己未에 사헌부에서, "蒜山堤堰內 久遠民田 各還其主 餘田及連谷營代田等 並屬屯田 以補軍資 …"라 하여 산산제언 내 민전 외는 둔전으로 개간하자는 기록이 보이듯 세조 12년 강원도 각 지방에 둔전을 설치할 때도 산산제언의 둔전설치문제가 논의되었을 것으로 보인다.

간경작에 그 목적이 있었음을 이미 말하여 온 바와 같다. 그러나 『예종
실록』 권4, 원년 3월 丁亥의,

> 僧 學悅이 貨殖에 專心하였다. … 本府 堤堰 내의 平民世傳의 70餘碩의
> 播種田을 빼앗아 耕作하였다. 이는 百姓들의 農業을 잃은 것만이 아니라 堤
> 下水田에 灌漑를 하지 못하게 되어 百姓들이 모두 원한을 품고 있다.

란 기사는 오래 廢毀되어 왔었다는 산산제언이 상원사에 사급된 후에도
其實은 수리에 대한 가치가 있었다는 사실을 시사해 준다. 그러므로 산
산제언이 상원사에 사급될 때 제언으로서 본래의 사명을 잃었다고는 했
지만 완전히 제언형태는 아니더라도 낙후된 사회의 토척한 강원도지방
에서는 그나마 수리가치가 중요한 제언으로서 그 일부가 관개에 이용될
수 있었던 것으로 여겨진다. 이러한 사실은 다음 『성종실록』 권68, 7년
6월 丁酉에,

> 持平 朴叔達이 啓하기를 … 學悅이 일찍이 江陵堤堰을 決毀하여 田地로
> 삼았다. 이 堤堰은 百姓들에게 利益이 甚大한 것이니 堤堰을 還築토록 요청
> 하였다. … 尹子雲이 啓하기를 臣이 일찍이 江陵을 지날 때 비록 그 堤堰을
> 親見은 못했지만 상세히 듣건대, 그 지역이 瘠薄하여 灌漑之力에 의존해야
> 됨으로 만약 堤堰을 復築하면 반드시 百姓들에게 利益이 될 것이다. … 上
> 曰 卿 등의 말이 진실일지라도 先王朝事를 개혁하기는 不可하다.

란 기사가 더욱 단적으로 그 상황을 알려주고 있다. 즉 유신 朴叔達과
尹子雲은 강릉지방의 입지적 조건을 고려하여 타지방보다 더욱 관개의
가치가 높은 산산제언의 復築을 주장한 데 대하여 성종도 제언복축의
타당성과 효과성을 인정하면서도 선왕이 사급한 것을 회수할 수는 없다
면서 산산제언의 복축상소를 일축하고 말았던 것이다.

　그러나 수리관개용으로서의 본연의 목적을 위한 제언의 필요성은 절
박하였는지 산산제언의 복축운동은 그 후에도 계속되었다. 즉 2년 후인

성종 9년(1478) 정월에 집의 이칙이 재청하고 있다. 즉 학열은 세조로부터 산산제언을 사급받아 방근의 민전까지 모두 병탈하여 자기 소유로 하고 있으며, 또한 灌漑之利를 專擅함으로써 民怨이 많다하여 제언을 복축하고 민원을 풀어 주자는 것이다.[57]

이처럼 유신들이 재차 제언을 수축할 것을 강청하였음에도 그 후 왕명에 의한 수축이 있었다는 기사는 보이지 않는다. 그러므로 성종이 제언수축의 타당성과 효과성을 시인하면서도 그러나 선왕에 의해서 일단 하사된 이 산산제언을 상원사로부터 다시 회수하여서까지 국가에서 제언을 수축할 수는 없다는 그 의도에는 여전히 시종일관 변함이 없었던 것 같다. 이칙이 재청한 성종 9년 정월 이후로는 그 이상 산산제언을 회수해서 제언을 수축하자는 논의는 없어졌다.

그러면 유신들은 이 산산제언 문제를 완전히 포기해 버렸을까? 제언수축의 문제만 하더라도 사실은 타당성있는 수축을 빙자하여 산산제언을 상원사로부터 합리적으로 회수하려는 데 그 본의가 있었던 것이라고 본다면 그럴수록 유자들의 동향에 궁금증이 가지 않을 수 없다.

여기서 필자는 다음과 같은 두 가지 사항을 지적하지 않을 수 없다. 즉 그 하나는 이칙의 수축재론이 있은 후로 다시는 논의가 없게 된 성종 9년(1478) 정월 이후부터 산산제언에 포함되어 탈취된 민전에 대한 논란이 대신 격조되어졌다는 사실과 그리고 또 하나는 익년인 성종 10년 6월에 상원사 측에서 산산제언의 수축이 있었다는 사실이다. 이 두 사실은 유신들의 수축론 종식과 서로 연관성이 있는 것으로 여겨진다.

산산제언을 중심으로 한 농장의 일부에서는 경작에 필요한 관개가 요구되었을 것이다. 그리하여 성종 10년 5월에 농장의 관리책임자였던 江陵 艶陽寺 僧 弘智가 타인의 麻田으로부터 인수해 문제가 있었다는

---

57) 江陵堤堰 世祖賜學悅 學悅盡倂其傍田爲已有 且專灌漑之利 民怨不貲 聖明之下 豈宜有此事耶 願復堤堰 以伸民寃(『성종실록』 권88, 9년 正月 戊辰).

등,58) 개간경작을 위한 자체 내의 관개를 상원사 측에서도 강구했음직
하다. 그러나 광대한 농장에 충족할 만한 관개는 그러한 開溝引水만으
로는 흡족치 못할 것도 당연한 일이다. 그러기에 유자들의 수축론도 없
지 않아, 상원사 측에서는 서둘러서 일부나마 제언을 수축하여 농장자체
의 관개를 다소나마 해결시키는 동시에 아울러 부근의 민전에까지 약간
의 혜택을 보여줌으로써 더 문제되지 않기를 의도했을 것이 아닐까? 재
론된 1년 후에 상원사 측에서 제언을 수축하였다는 것은 결국 유신들을
함구시킬 의도도 있었지 않았나 한다.

　이 수축에 대하여 右副承旨 蔡壽는 經筵에서,

> 　臣父가 일찍이 江原道 監司로 있을 때 臣이 歸觀時 上院寺와 洛山寺 사
> 이를 보았는데 越險數重하고 그 거리가 甚遠하여 輸材轉石하는 것이 居民들
> 의 役이어서 百姓들의 龜勉從事의 告勞가 불감당이라 學悅의 위협이 알만하
> 다고 하였다. 上曰 堤堰과 民田과의 거리를 조사하여 그 道路를 다시 考慮하
> 여 啓토록 하라.59)

고 하여 거민들을 강제로 동원하여 매우 혹사시켰던 것으로 지적하고 있
다. 당시 官有堤堰의 수축에 있어서도 농민을 동원할 경우 동원된 농민
들에게 수리사업에 대한 특별한 계몽을 하고 있으며,60) 水利施設로서의
제언을 본격적으로 수축한 태종 연간에는 농민의 强制動員對策으로 동
원된 농민에게 양식을 지급하면서까지 제언을 수축했으나,61) 상원사에
서 산산제언의 일부를 자체적으로 수축할 때는 위의 채수의 계에 의하면

---

58) 司憲府啓 江陵艶陽寺 依止僧弘智 他人麻田開溝引水罪 決杖一百還俗 當差奪
　　取田地 牛馬還主(『성종실록』 권104, 10년 5월 己未).
59) 『성종실록』 권105, 10년 6월 壬辰.
60) 농민을 동원할 경우 蒙利民이 아닌 자에게는 불평이 많았기 때문에 국가는 지
　　방관으로 하여금 농민들에게 堤堰에 대한 이득을 주지시키도록 했다(『성종실
　　록』 권184, 16년 10월 壬辰).
　　李光麟, 『李朝水利史研究』, 51~52쪽.
61) 『태종실록』 권30, 15년 11월 戊申.

蒙利權도 주지 않고 양식을 지급하지도 않으면서 완전히 강제로 농민을 동원했던 듯하며, 더욱이 제언의 石溝·木柄·木槽 등 資材用인 材木과 돌을 길이 험하고 거리가 먼 곳으로부터 거민을 동원하여 운반함으로써 그들에게 큰 고통을 주고 있었던 듯하다. 동원된 농민의 이러한 고통에 대해서 성종은 산산제언과 여기에 동원된 농민 자신의 소유 민전과의 거리를 조사·보고토록 하였는데 이는 蒙利可能 여부를 조사하여 동원된 농민들의 실태를 파악하는 한편 그 농민들의 민고가 과연 액면대로인지를 확인하려고 하였던 것 같다. 만약 이러한 필자의 추측이 맞다면 성종은 산산제언이 농민들의 관개에도 이용된 줄로 오인하고 있었음이 분명하다. 그 후 산산제언은 제언으로서의 기능은 완전히 소멸된 것으로 보인다. 오직 전지로서 이용된 듯하다.[62]

Ⅳ. 상원·낙산사의 농장확대에 따른 사회문제

상원·낙산 양사에서는 사원령 확대를 중심으로 마침내 커다란 사회문제를 일으키었다. 즉 상원사에서 사급받은 산산제언을 개간경작함에 있어서 제언 내외의 民田奪占問題, 낙산사에 洛山同裏 가종 30여 석의 기름진 땅인 수전 사급을 둘러싼 민전탈점문제, 낙산사에 특급된 노비문제, 낙산사 傍近의 舊路閉鎖問題, 낙산사 근해의 禁標設置 및 상원·낙산 양사의 長利와 商業問題 등은 억불을 일삼던 유신들에게 크게 문제되었던 것이다. 본 절에서는 이러한 사회적 제문제에 대하여 고찰해 보고자 한다.

---

62) 『新增東國輿地勝覽』「江陵」에 堤堰에 관한 기록은 없으며, 『輿地圖書』上, 「江陵」의 堤堰에 伐列堤堰, 死斤谷堤堰, 方洞堤堰, 味老里堤堰, 蕈池堤堰, 草柴堤堰, 泉洞堤堰, 南峴堤堰, 母山堤堰, 海南堤堰, 大老谷堤堰, 草豆等乙堤堰 등 12개의 제언이 있지만 산산제언은 보이지 않는다.

1. 토지겸병에 따른 사회문제

1) 是非의 계기

산산제언이 관개에 불합당하여 폐기되어 있던 것이 상원사에 사급되었음은 앞에서 본 바와 같다. 그런데 農本主義社會에 있어서 비록 입지적 조건이 불리한 강원도지방의 산산제언이나마 그것이 상원사에 사급되었음은 억불정책하의 유신들에게는 抑佛上疏의 좋은 구실이 되었던 것이다. 이 때 유신들이 벌린 시비의 계기가 된 것은 세조가 산산제언을 상원사에 사급할 때,

① 守令 등을 상원사승 학열이 협박하여 민전을 다소 濫占했다는 것.[63]
② 수령이 민전을 병탈하여 상원사에 量給했다는 것.[64]
③ 수령이 誤量으로 민전을 並給했다는 것.[65]
④ 학열이 산산제언의 傍近에 있는 民耕地를 국왕으로부터 賜給받았다는 사칭으로 민전을 奪占했다는 것.[66]

등이다. 그런가 하면 왕(성종)이 사승이 탈점했다는 민전을 상원사로부

---

63) 執義尹愨 … 又啓曰 蒜山之田 雖先王所賜 當初賜之之時 守令等見脅於學悅 多所濫占 是豈先王之本意耶 民之忿怨 固已久矣(『성종실록』 권105, 10년 6월 壬辰).

64) 大司諫金碏 持平崔漢俟 … 又啓曰 世祖朝僧人上言 蒜山堤堰 不能灌漑 請耕食 世祖特許之 其時守令並奪民田 而量給之 近者因其民上言 命還其田 自謂得蘇 曾未一年 又奪而與僧 臣恐民失其所矣(『성종실록』 권117, 11년 5월 丙申).

65) 大司憲鄭佸等上疏曰 蒜山堤堰 殿下初則以謂折給時 守令誤量民田並給之 命還其主而今則以謂 大王大妃啓 于世祖 而施納 以爲祈福之資 一朝移給平民 有違奉先之意 仍舊折給殿下之言 何前後之異耶 殿下又於經筵敎之曰 民初盜耕 法宜屬公 不可還給 假如盜耕 不必以盜耕之故 移給於僧也 況盜耕眞僞 未悉辨也 而强以民田與僧 此臣等之未解也(『성종실록』 권117, 11년 5월 辛丑).

66) 副提學李均等上疏曰 伏以蒜山堤堰事 連旬累月 論列不已 殿下獨堅執不許 臣等不知所以 世祖大王 以堤堰荒廢之地 賜上院寺 姦僧學悅 因而侵奪民田 以謂上之所賜 其是非之實 在成宗朝 已得辨決 …(『연산군일기』 권31, 4년 윤11월 己卯).

터 환주했다가 갑자기 제언 내의 그 민전이란 농민들이 도경한 곳이다
하여 재차 상원사에 사급함으로서 제언 내의 민전이 과연 도경지냐 하는
그 진위문제가 또한 유신들의 시비를 자아냈던 것이다.[67] 그러나 시비
의 계기를 만든 보다 더 근본적인 문제는 위의 여러 사실보다도 상원사
에 사급된 산산제언의 地籍이 없었다는 데 있다고 본다. 만일 산산제언
이 상원사에 사급된 지적이 있었더라면 사급에 대한 시비는 있었을지언
정 민전의 탈점 운운할 하등의 왈가왈부의 시비는 있을 수 없거늘 산산
제언의 지적이 없었던 것이 유신들의 시비가 전개될 핵심적인 계기가 되
었다고 할 수 있다. 즉 산산제언을 상원사에 사급하므로 말미암아 제언
방근의 민전을 사승이 침탈했다는 집의 李則의 啓에 대하여 성종은,

   … 世祖朝 賜給文案 其考啓.[68]

라 하였고 利民實多한 산산제언을 상원사에 賜給함은 크게 불가하다는
獻納 崔潘의 啓에 대해서도 성종은,

   … 先王豈奪民田而與之 其時文籍必在 戶曹顧謂 左副承旨 李瓊仝曰 其
   考以啓.[69]

라 했음에서 세조의 사급시 산산제언의 賜給文籍에는 지적도 있음을 알
것이다. 그러므로 유생들의 민전탈점의 시비 계기를 만든 것은 곧 사급
된 산산제언의 지적이 명시되어 있지 않았기 때문이라 하겠다.

2) 시비상황

산산제언의 지적을 둘러싸고 상원사승이 민전을 탈점했다는 유신들

---

67) 註 65·66) 참조.
68) 『성종실록』 권88, 9년 정월 戊辰.
69) 『성종실록』 권97, 9년 10월 甲午.

의 시비는 예종 원년(1469) 2월부터 시작되어 갔다. 즉『예종실록』권3, 원년 2월 乙卯에,

> 江原道 江陵사람 宣略將軍 南允文과 生員 金閏身 등이 作書하여 府人 金崙을 시켜 보내왔는데 그 略曰 … 世祖가 일찍이 본부진전을 僧信眉에게 賜給한 것을 信眉가 學悅에게 給與하였고 學悅은 開墾을 하면서 이 田土를 빙자하여 百姓들의 水田 可種 70餘 碩의 田土를 並奪하여 百姓들이 자못 嗷嗷하고 있다. … 생각하옵건대 殿下 不義의 富을 몰수하여 民心을 달래도록 하십시오. 王이 보시고 承政院에 시켜 推鞫하여 啓하도록 命하였다.

라고 한 기사가 바로 그것이다. 상기 인용문을 보면 宣略將軍 南允文 등이 세조가 상원사에 산산제언을 사급함에 따라 사승 학열은 개간을 빙자하여 제언의 주위민전을 탈점하였으므로 민원이 자못 높다하여, 탈점 민전을 회수함으로써 민심을 수습코자 주장한데 대해 예종은 承政院에 하명하여 그 作弊者를 鞫問 報告토록 하였다.

〈도표 1〉

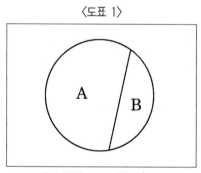

A+B=蒜山堤堰 / B : 學悅의 奪占民田
(70여 석의 播種之田)

그러나 그로부터 한 달 후에 승 학열이 본부제언 내의 平民世傳인 70 여 석의 播種之田 <도표 1> B부분을 탈취·경작함으로써 농민들의 실업을 초래하여 민원을 사고 있다는 강릉인 前尙瑞注簿 崔召南 등의 상

서가 있음을 보아[70] 상기 睿宗 원년 2월 왕의 하명은 이때까지 실행되지 않았던 것이다. 이러한 민전탈점의 시비문제는 예종의 왕위를 이어받은 성종대에 와서 본격적으로 논란되어 급기야 성종은 일단 회수하여 농민에게 환급하기에 이르렀던 것이다.

즉 성종대에 이르러서는 동왕 2년(1471) 11월 掌令 朴崇質의,

僧學悅 創上院寺 … 冒占(蒜山)堤堰 因奪傍近民田.[71]

이라 한 데서 시작되었다. 즉 장령 박숭질도 세조의 산산제언 사급을 부인하고 학열이 제언(<도표 2>의 A)을 모점하여 그 방근민전(<도표 2> B)까지 침탈했다고 하였다. 그로부터 2년 후인 성종 4년(1473) 10월에는 승인이 산산제언을 모점했다는 유신들의 주장에 대하여 왕은 '산산제언은 학열이 자점한 것이 아니고 세조가 사급한 것'이라 하여 이들의 주장을 봉쇄하고 말았다.[72]

〈도표 2〉

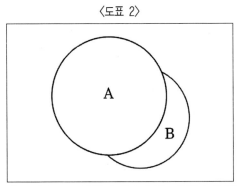

A : 蒜山堤堰 / B : 學悅이 奪占했다는 堤堰의 傍近民田
※ B의 면적을 朴叔達은 50~70석의 可種地, 鄭昌孫은 20~30여 석의 可種地라 하였다.

---

70) 『예종실록』 권4, 원년 3월 丁亥.
71) 『성종실록』 권13, 2년 11월 庚申.
72) (蒜山) 堤堰 世祖所賜 非學悅自占也(『성종실록』 권35, 4년 10월 庚申).

그 후로는 상원사에 산산제언이 사급된 사실을 부인하려는 유신들은 없었으며 그들의 시비 방향도 학열의 탈점민전에 집중되어 갔다. 즉 지평 박숙달은 학열이 산산제언의 방근에 있는 '가종 50~60여 석의 민전'(<도표 2>의 B)을 병탈했다고 주장하였으며, 한편 領事 鄭昌孫은 '가종 20여 석의 방금민전'(<도표 2>의 B)이 학열에 의해 並收된 것이라고 주장하였다.[73]

위의 諸事實은 <도표 1>과 <도표 2>를 미루어 보아 시비 당시 산산제언의 경작 상황에 대해 다음과 같은 추측을 가능케 한다. 즉 <도표 3>에서 A+B가 상원사에 사급된 산산제언이고, B는 산산제언 내의 방근민이 개간·경작한 곳이며, C가 사승이 탈점했다는 傍近民田이다.

〈도표 3〉

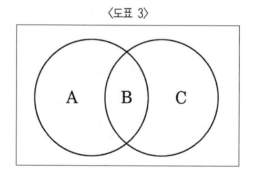

필자의 이러한 추측에 따라 상원사에서 산산제언을 개간하여 경작했다는 총면적 200여 석의 가종지를[74] <도표 3>의 A+B+C로 보면 결국 A는 B+C의 70여 석의 가종지를 뺀 130여 석의 가종지가 된다. 여기에서 유생들의 시비 대상이 된 탈점민전은 곧 70여 석의 가종지인 B+C 지역으로서 이를 본주에게 환급하자는 것이었다.[75]

---

73) 『성종실록』 권68, 7년 6월 丁酉.
74) … 蒜山堤堰也 初僧信眉受賜 因屬上院寺 占奪堤下民田殆盡 堤之內外 可種二百餘碩也(『성종실록』 권187, 17년 정월 辛亥).

그런데 성종 9년(1478)에는 집의 李則이 또한 學悅의 권세와 횡포를 고발함으로써 학열이 탈점한 제언의 방근민전을 환주토록 강력히 요구한 데 대해, 왕은 탈점민전 시비의 근본적인 계기가 되었던 세조대의 賜給文案을 고찰토록 지시하고 있는 사실로 보아[76] 산산제언 사급 당시의 그 경작 상황을 검토하겠다는 태도를 보이고 있으나, 그 후에도 司憲府를 비롯하여 유신들이 제언 내외의 탈점민전을 환주하자고 상소를 계속하고 있는 것으로 보아[77] 이 때도 별다른 결론을 얻지 못했던 것 같다. 그러다가 성종은 10년(1479) 6월에야 비로소 산산제언의 경작 상태에 대한 심증이나 얻은 듯,

> 蒜山堤堰內의 奪占한 民田을 其主에게 還給코자 한 것은 오래지만 先王의 所賜일 뿐 만 아니라 百姓에게 돌려준 후 百姓들이 오히려 寺田을 侵占할까 염려되어 실행을 못하였다. 今年에는 이미 付種하였으니 明年에 民田을 還給하겠다. 이로 인하여 寺田을 侵奪한 자는 僧侶들의 上疏를 듣고 科罪토록 하겠다.[78]

라고 하여 사승의 탈점민전 사실을 인정한 나머지 부종된 곡물을 추수한 명년에는 환주케 할 뜻을 밝히고, 환주 후에는 사승에 대한 보복으로 사전의 침탈이 없도록 경고까지 하고 있다.

그러나 1년 후인 성종 11년 5월 庚寅에,

> 蒜山堤堰을 이미 給民하여 耕墾토록 한 것을 또 다시 上院寺 僧人에게 還屬하였다(『성종실록』 권117).

란 기사가 보인다. 즉 산산제언이 성종 11년 5월 11일 현재에는 재차 상원사에 사급되었다는 것이다. 재차 상원사에 사급된 경위에 대하여는 6일

<hr>

75) 『성종실록』 권88, 9년 정월 丁卯.
76) 『성종실록』 권88, 9년 정월 戊辰 ; 『성종실록』 권97, 9년 10월 甲午.
77) 『성종실록』 권104, 10년 5월 戊午·辛酉·癸亥.
78) 『성종실록』 권105, 10년 6월 己亥.

후인 성종 11년 5월 17일 경연에서의 왕과 유신들과의 대담기사,

> 大司諫 金碏, 持平 崔漢侯 … 啓하기를 '世祖朝 僧人이 上言하기를 蒜
> 山堤堰이 灌漑에 不能하니 耕食토록 요청하여 世祖가 특별히 허락하였다.
> 其時 守令이 民田까지 侵奪하여 給與하였다. 近者에 百姓들의 이러한 上言
> 에 따라 그 田地를 還給하였는데 이렇게 되찾은 지 1년도 못되어 다시 奪取
> 하여 僧侶에게 給與하였으니 臣은 그 田地를 잃은 百姓들의 失望이 두렵습
> 니다' 上曰 … 여기 民田이란 堤堰 내의 盜耕한 것이다.[79)]

라고 한 데서 찾을 수 있다. '堤堰 내의 민전이란 곧 盜耕한 것이다'하여
다시 승려들에게 환급되었던 것이다. 이리하여 '제언 내의 민전이란 곧
도경한 곳이다'라고 성종이 그 태도를 명확히 밝힌 성종 11년 5월 17일
이후부터는 유신들의 시비도 현저하게 그 방향을 달리하게 되었던 것이니
즉 이전에는 제언내외의 민전탈점을 시비의 대상으로 삼았던 것을 이후부
터는 상원사승인과 土瘠民貧한 강원도농민의 생활 상황을 서로 비교·대
조함으로써 농민들에게 사급하여야 할 것을 호소하고 있음을 본다.[80)]

이렇게 열렬한 유생들의 상소에도 성종은 시종 선왕의 소사라 하여
회수하여 급민할 것을 반대하였다.[81)] 그런데 환주되었던 堤堰傍近의 민
전을 '堰內盜耕也'라 하여 농민으로부터 회수하여 給僧한 사실과 그 후
유신들의 給民主張을 계속 거절한 사실은 大王大妃(貞熹王后)의 명에
의해 이루어졌던 것임을 간과해서는 안 될 것이다.[82)]

그 후 얼마동안 잠잠하다가 성종 17년(1486) 정월에 이르러 夕講이
끝난 자리에서 또 이 문제가 재연되는데, 이 때 유신들의 回收給民 이유

---

79) 『성종실록』 권117, 11년 5월 丙申.
80) 『성종실록』 권117, 11년 5월 丙申.
81) 『성종실록』 권117, 11년 5월 庚寅·丙申.
82) 성종 11년 6월 辛亥에 司憲府大司憲 鄭佸 등. 司諫院大司諫 金碏 등의 上疏
"前日以大妃之命 奪蒜山民田以給僧 …"(『성종실록』 권118)이라고 한 것과 同
壬子에 역시 鄭佸·金碏 등의 啓한 "前日 蒜山堤堰 請還給民 則殿下 以爲大妃
命 屬於寺"(『성종실록』 권118)라고 한 데서 이러한 사실을 알 수 있다.

는 檢討官 兪好仁이,

> 蒜山堤堰 … 先王이 賜與한 것은 僧人이 耕食하고자 하여서였는데 지금
> 廢하고 不耕하고 있으니 百姓에게 給與하여 耕食토록 함이 옳다.[83]

라고 지적했듯이 산산제언을 상원사 승인들이 不耕하여 폐허화시키고
있다는 것이었다. 그러나 그 이듬해인 성종 18년(1487) 12월 戊辰에 大
司諫 申末舟 등과 王과의 對談,

> 江原道 蒜山堤堰 … 지금은 學悅이 이미 沒하고 그 무리들이 飽暖之具
> 로 삼고 있으니 吾民으로 하여금 이 田地를 돌려주어 耕作토록 함이 옳다.
> … 上曰 江原道 蒜山堤堰은 世祖大王이 施納한 것이므로 가볍게 고칠 수
> 없다. …(『성종실록』 권210).

라고 한 것을 보아 승려들이 경작하지 않고 있다는 것과는 달리 산산제언
을 중심하여 많은 문제를 일으켰던 학열은 사몰했는데 그 문도가 산산제언
을 경작하여 포난을 하고 있다는 것이다. 이 역시 왕은 '세조대왕이 시납한
것을 가벼이 고칠 수 없다'라고 하였다. 상기의 대사간 신말주와 왕과의
대담 내용으로 보아 우리는 또한 산산제언이 신미나 학열 개인에게 사급된
것이 아니라 상원사에 사급되어진 것이라는 사실을 확인할 수 있다.

　상기 인용문에서 볼 수 있듯이 성종 18년 12월까지도 사승이 침점했
다는 민전을 환주치 않고 있다. 그러나 성종 18년 12월 이후 성종 말년
사이에 승려들에 대하여 산산제언의 방근민전을 침탈한 치죄와 아울러
그 민전의 還主措置가 있었던 모양이다. 즉 연산군 4년 11월 癸丑에,

> 세조조에 蒜山堤堰內의 陳荒之地를 상원사에 賜給했는데 그 후 寺僧이
> 傍近民田을 侵占하여 성종조에 侵奪之罪로 다스려 그 전지를 백성들에게 환
> 급하였다(『연산군일기』 권31).

---

83) 『성종실록』 권187, 17년 정월 辛亥.

란 회고적인 기사가 이러한 사실을 깨우쳐 준다. 성종 말년에 이르러 산산제언에 대한 위와 같은 성종의 전격적인 태도변화는 성종 말년 제도정비정책의 일환이겠으나, 또 하나의 이유는 막후에서 크게 작용했던 정희대비의 승하라 할 것이다.[84]

그러나 산산제언을 중심으로 하여 사승의 방근민전을 탈점했다는 유신들의 시비는 여기서 끝나지는 않았다. 성종 다음의 연산군조에도 일어났던 것이다. 즉 전게한 『燕山君日記』권31, 4월 11월 癸丑에,

> 王命으로 蒜山民田을 上院寺에 還給하였다. 掌令 李世仁이 啓하기를 … 成宗朝 侵奪之罪를 다스려 그 田地를 百姓에게 還給하였는데 지금 寺僧이 그 田地를 또 奪取하여 橫暴가 莫甚하니 그 治罪를 요청하였다. 王曰 堤堰內의 田地가 만일 民田이라면 僧人이 어찌 奪占할 수 있는가? 비록 奪取코자 한다면 어찌 자신에게 告하지 않는가? 이것은 사실 先王朝에 그 寺僧에게 허가한 것인데 지금 증거할 만한 地籍이 없으므로 奸民이 나를 속이려고 한 것이다.

라고 한 기사로 보아 연산군은 그 4년에 산산제언을 상원사에 환급했다. 그럼으로써 사승들이 다시 민전을 탈점했던 모양이다. 그리하여 장령 이세인이 산산제언의 방근에 있는 민전을 침탈한 사승의 치죄를 요구하고 있다. 연산군은 이러한 시비를 벌리는 유신들의 주장이 기실은 성종 연간에 시비의 근본계기가 되었던 지적이 따른 사급문안이 없음에서 간민들이 무고한 것에 의한 것으로 간주했던 것이다.

이상의 시비상황을 개관컨대 탈점민전이란 산산제언이 상원사에 사급되기 전에 이미 진전으로 있을 때 방근민이 임의로 그 일부를 개간・경작하고 있었던 것으로서 제언을 상원사에 사급함으로 인하여 야기된

---

84) 세조비 정희왕후는 성종 7년까지 수렴청정했는데 성종 14년(1483)에 춘추 66세로 승하하였다. 호불의 정희왕후 승하는 성종의 불교정책에 많은 영향을 주었던 것이다. 특히 정희왕후의 수렴청정 시에는 '院相'을 여러 명 두어 고문으로 했던 것인데 院相의 조직・임무 등에 대하여는 金甲周, 「院相制의 成立과 機能」『東國史學』12, 1973 참조.

이 民耕地를 뜻하는 것으로 보인다. 즉 세조가 처음 사급할 때는 이러한 민경지를 고려치 않고 승인의 상언에 의해서만 사급한 듯하다. 그러나 승인은 이에 대하여 사전에 이 민경지까지 계산에 넣어서 개간·경작을 시도한 것이 아닌가 한다. 그러므로 탈점민전의 시비가 야기될 수 있는 모순을 사급 당시부터 내포하고 있었던 것이라 하겠는데 성종의 시종여일치 못한 태도도 이러한 모순에 기인한 것이라 생각된다.

한편 낙산사에 사급된 洛山同裏의 '膏腴한 水田인 可種 30餘 碩地'에 대해서도 다음의 두 가지 사유로 유신들의 시비를 자아냈다. 그 하나는 사급된 사사전을 본주에게 환급하자는 것이었다. 즉 성종 9년 7월 24일 경연에서 王과 崔潘과의 다음과 같은,

> 獻納 崔潘이 啓하기를 … 江原道는 多山少田한데 든건대 洛山洞裏에 可種 30餘碩의 膏腴한 水田이 있는데 世祖가 此寺에 盡屬토록 命하여 僧徒로 하여금 耕食케 하였으니 臣이 窃痛하여 本主에게 還給토록 애걸합니다. … 上曰 先王朝事 盡廢할 수 없다.[85]

라는 기사에서, 강원도는 지리적 여건으로 말미암아 土質이 불량하고 民耕食地도 부족한데, 그 중 제일 기름진 수전 '가종 30여 석지'를 낙산사에 사급함은 심히 부당하다 하여 그 환주할 것을 요청한 데 대하여, 성종은 '先王朝事'란 이유로 환주할 것을 거절했음을 알 수 있다.[86] 또 하나는 사급된 사전 외에 사승이 병탈한 민전을 환급하자는 것이었다. 즉 성종 9년 7월 24일 경연에서 도승지 孫舜孝와 王과의 대담,

> 僧徒가 민전을 탈취하여 耕食함을 들어 推問토록 요청하였다. 上曰 승도가 어찌 奪耕을 했겠는가. 반대로 僧田을 탈취했다는 인민으로부터 들은 바도 있으니 관찰사로 하여금 閱實以啓토록 명하였다.[87]

---

85) 『성종실록』 권94, 9년 7월 癸未.
86) 『성종실록』 권96, 9년 9월 丁亥에도 같은 내용의 기사가 보인다.
87) 『성종실록』 권94, 9년 7월 癸未.

라 한 기록과 성종 10년 5월 壬午에,

> 大司憲 朴敍蓁이 啓하기를 … 洛山寺 僧 弘智 … 그 전지를 賜給할 때
> 관리들이 學悅의 말만 偏聽하여 限外의 민전까지 합하여 施納하였음으로 백
> 성들이 惢心을 품은 지 오래이니 本主에게 환급하여 民怨을 풀어주기로 요
> 청하였다. 昌孫이 啓하기를 과연 限外之田이 많다면 本主에 還給하는 것이
> 편하다. 上曰 先王의 일을 이와 같이 고치는 것이 옳은가? 敍蓁 왈 단지 限
> 外之田은 환급하는 것이 곧 先王이 賜給한 뜻이 있으므로 吾民之怨도 서서
> 히 풀린다. 上曰 내가 斟酌하겠다(『성종실록』 권104).[88]

라고 한 두 개의 왕과 유신들과의 대담기록이 보인다. 위의 두 기록에서
찾아 볼 수 있듯이 민전탈점의 시비를 만든 계기는 낙산사의 사급 당시
관리 등이 學悅의 일방적인 말만 편청하여 민전을 賜給했다는 것이다.
이에 왕은 그 상황을 관찰사에게 조사하여 보고토록 했다가 결국 '先王
之事 如此遽改可乎'라 하여 還主할 것을 거절하고 있다.

또한 당시 불교계의 실력자이며 낙산사의 주인공인 학열은 진지를 賜
給된양 입안을 사칭하여 宣略將軍(西班從四品) 南允文의 전지를 盡奪
하였다는,

> 강원도 낙산사 僧 學悅이 陳地를 立案 받았다고 사칭하여 允文의 전지를
> 盡奪하였다.[89]

란 기사를 경시할 수 없다. 이는 남윤문의 상언에 의해 곧 회수・환주되
었지만[90] 抑佛社會에서도 승 학열은 서반 종사품인 선략장군의 전지를
병탈할 만한 왕실의 보호와 아울러 그마만한 세력가였음을 짐작함에서
당시 불교계를 재인식해야 되지 않을까 생각된다.

---

88) 『성종실록』 권104, 10년 5월에 壬申이 두 번 있거니와 후자는 분명히 壬午
이다.
89) 『성종실록』 권14, 3년 정월 辛亥.
90) 註 89) 참조.

농장확대를 중심으로 한 탈점민전의 시비상황을 이상에서 대략 살펴 보았다. 이미 보아온 바와 같이 이러한 시비는 산산제언 등이 상원·낙산 양사에서 회수당할 때까지 논란되었을 것으로 보인다.

2. 낙산사의 노비문제

낙산사의 노비문제가 또 그 당시 커다란 사회문제를 던져 주고 있었다. 사원노비는 세종 원년 11월에 僧徒의 음란을 이유로 일절 혁거되었다.[91] 그 후 세종 6년 4월에 이르러 불교교단의 정비 때에 京中의 禪敎兩宗 都會所에만 약간 명씩 量給했던 것이다.[92]

그러나 好佛의 군주인 世祖大王의 즉위는 조선사회의 불교계에 신기운을 주었던 것인데 특히 세조와 깊은 인연을 맺은 상원·낙산 양사에는 이미 보아온 바와 같이 광대한 사원령과 더불어 막대한 노비를 사급하기에 이르렀던 것이다.[93] 상원·낙산 양사에서는 이들 노비로 하여금 광점한 농장경영에 필요한 노동력과 또한 낙산사 근해의 禁標 내에서 捕魚와 海菜採集을 專擅하는데 필요한 노동력을 해결하였던 것으로 보인다.[94]

이러한 낙산사 노비는 세조가 非永傳으로 사급하였던 것을 성종이 영전시킴으로써 크게 사회문제로 발전하게 되었다. 즉 성종 11년 8월 6일 司憲府掌令 李仁錫이 啓한,

> 世祖大王이 洛山寺에 奴婢를 特給했는데 永傳之命은 없었다. 故로 지금 子枝를 推刷하여 殿下께서 永世不可라고 命을 傳해야 합니다. … 不聽.[95]

---

91) 『세종실록』 권6, 원년 11월 戊辰.
92) 『세종실록』 권24, 6년 4월 丁巳.
93) 세조는 원각사에 照剌赤 30구를 特賜하여 문제가 된 경우도 있다(김갑주, 『朝鮮時代 寺院經濟 硏究』 「圓覺寺의 照剌赤問題」 참조).
94) 『성종실록』 권120, 11년 8월 丙辰.
95) 『성종실록』 권120, 11년 8월 癸丑.

이라고 한 기록과 성종 11년 9월 4일 司諫 李世弼 등이 啓한,

> 先王이 비록 洛山寺 奴婢를 給與했더라도 永傳은 아니었는데 지금 永傳
> 토록 特命한 것은 不可하다.96)

라고 한 기록에서 볼 수 있듯이 세조가 非永傳으로 사급한 노비를 성종
이 영전시킴으로서 유신들이 그 불가를 들어 크게 문제삼게 되었다.

호불의 세조가 비영전으로 사급한 낙산사 노비를 성종은 어떤 연유로
영전을 시켰을까? 그 연유에 대하여는 직접적인 사료가 보이지 않지만
상원·낙산 양사는 당시 왕실과 깊은 인연을 맺고 있었고, 또 세조의 경
신을 받던 신미의 문도가 상원·낙산 양사에 거점을 이루고 있었다는
사실을 간과할 수는 없을 것이다. 그렇지만 보다 더 중요한 사유로서 신
불이 두터웠던 세조비 정희왕후가 막후에서 크게 작용했을 것임을 들지
않을 수 없다.97)

유신들이 낙산사 노비의 '永傳之命'을 문제삼아 논란을 벌린 것은 성
종 11년 8월 6일부터98) 성종 11년 9월 5일까지99) 만 1개월간이었다. 1
개월간에 걸쳐 연 20여 명의 유신들이 거론했던 것인데 이 때 거론한
'영전불가'의 이유를 살펴보면 다음과 같다. 첫째, 노비를 사찰에서 영전
케 하는 그 자체가 불가하다는 것이다.100) 사원에서 노비를 소유한다는
것은 억불사회에서는 있을 수 없는 일이다. 그럼에도 불구하고 영전까지
시켜서는 안 된다는 것이 유신들의 주장이었다. 둘째, 세조가 비영전으
로 사급했던 것을 왕(성종)이 영전시킴은 불가하다는 것이다.101) 호불하

---

96) 『성종실록』 권121, 11년 9월 辛巳.
97) 劉元東, 「李朝前期의 佛敎와 女性」『亞細亞女性研究』 6, 1968.
98) 『성종실록』 권120, 11년 8월 癸丑.
99) 『성종실록』 권121, 11년 9월 壬午.
100) 『성종실록』 권120, 11년 8월 乙卯·辛未·乙亥 등에 "洛山寺奴婢 不宜永傳"이
라고 있다.
101) 先王雖給洛山寺奴婢 非永傳也 今特命永傳 此甚不可(『성종실록』 권121, 11년 9

는 세조대왕도 비영전으로 사급한 낙산사 노비를 영전까지 시켜서는 안
되겠다는 것이다. 셋째, 선왕대에 혁거한 사사노비를 일시적인 사급은
고사하고 영전까지 시켜주는 것은 사원에 施納奴婢를 인정하는 전례를
만든다는 것이다.102) 특히 鄭昌孫은,

> 옛날 河崙이 我太宗을 도와서 寺社土民을 盡革한 것은 지금도 美法으로
> 稱하는데 그 時期 有司가 他事로 河崙을 탄핵할 때 太宗曰 崙이 大功이 있으
> 니 罪가 不可하다하였다. 寺社田民을 革去한 것이 利國의 功이 그렇게 컸던
> 것이다. 臣이 항상 崙이 비록 賢明하더라도 太宗과 같은 聖人을 만나지 않았
> 다면 능히 이와 같이 할 수 있었겠는가라고 생각하였다. 太宗이 革去하여 利
> 國이였는데 殿下는 반대로 永傳之命을 내린 것이 옳은 것인가?103)

라고 하여 태종을 도와 사사를 혁거한 하륜의 공을 높이 찬양하고 또 태
종의 사사혁거를 매우 훌륭한 처사라 하면서, 성종의 '洛山寺 奴婢의 永
傳之命'을 힐난하였다. 넷째, 낙산사에서는 노비를 사역하여 낙산사 근해
의 捕魚를 專擅함으로써 그 利로 치부하고 있으니 불가하다는 것이다.104)
　낙산사에서는 근해연안에 금표를 설치하여 海菜와 捕魚를 독점하고
있었다. 여기에 대하여는 項을 달리하여 논하기로 하겠다. 다섯째, 노비가
20세가 되면 正案이 이루어지는데 낙산사노비의 子枝가 20세가 되어 成
籍이 되면 정안이 이루어져 개정키가 어렵다는 것이다.105) 그런가 하면
이들(유신)은 낙산사노비의 비영전으로 회수된 奴婢子枝들의 행방까지

　월 辛巳).
　『성종실록』권120, 11년 8월 癸丑에도 같은 내용이 보인다.
102) 洛山寺奴婢 特命永傳 先王革寺社奴婢 而今若如此 則施納奴婢 恐從此始矣(『성
　　종실록』권120, 11년 8월 壬申).
103) 『성종실록』권120, 11년 8월 戊午.
104) 洛山寺僧 爲一道巨害 禁民採海 民尤苦之 海菜之類猶可也 至於禁人捕魚 使其
　　奴婢 專擅其利 轉販致富(『성종실록』권120, 11년 8월 丙辰).
105) 洛山寺奴婢 不可倂子枝永傳也 二十年方成正案 若已成籍 則恐難更改(『성종실
　　록』권120, 11년 8월 癸酉).

제시하였다. 즉 성종 11년 8월 丙辰에 執義 李德崇, 獻納 金成慶 등이,

> 洛山寺 奴婢의 永傳之命은 부당하니 그 子枝들은 本道諸邑에 分屬토록
> 하자고 청하였다(『성종실록』 권120).

라 하여 회수된 낙산사 노비의 자식들을 江原道 諸邑에 분속시키고자
하였다.

이러한 유신들의 낙산사 노비 영전불가 논의에 왕(성종)은 '不聽', '子
當斟酌', '吾當詳思處之' 등의 答으로 일관하다가 성종 11년 9월 5일에
侍講官 安琛이,

> 지금 洛山寺 奴婢의 永傳之命은 큰 잘못이다. 大臣이 말해도 商量해 보
> 자. 臺諫이 말해도 商量이라 하여 成命이 없으니 願컨대 殿下께서 용감하게
> 諫言에 따라 곧 永傳지명을 개혁하십시오.

라 하여 왕의 낙산사의 노비 영전지명에 대한 개정의 용단을 촉구하는
계문에 대하여 왕(성종)은,

> 내가 자세히 생각해 보았는데 永傳之命을 고치는 것은 不可하다.

라 하여 개정할 수 없음을 확언했던 것이다.[106] 그래서 都承旨 金季昌
이 '安琛은 낙산사 노비를 침탈하자는 것이 아니라 영전지명을 개정코
자 한 것이다'라는 안침의 주장에 대한 보충설명으로 성종의 단안을 촉
구했으나 왕은 '其子枝 後若繁盛 則當有以處之矣'라 함으로써 낙산사
의 노비 영전시비는 일단락되었다.[107]

하여간 불심이 돈독하고 호불의 군주인 세조대왕이 비영전으로 사급
한 노비를 비록 낙산사에는 왕실의 배경이 있었다 하더라도 유신들의 연

---

106) 『성종실록』 권121, 11년 9월 壬午.
107) 註 106)과 同.

쇄적인 강렬한 반대 상소에도 불구하고 성종이 영전까지 시켜 주었다는 것은 역사적 현실성으로 보아 '센세이셔널'한 사건이 아닐 수 없다. 이 낙산사 노비는 언제 회수되었는지 기록이 보이지 않지만 성종 이후의 왕조실록에 낙산사 노비에 대한 기록이 나타나지 않은 사실로 미루어 보아 성종 말년에는 제도의 정비에 따라 회수되었을 것으로 짐작된다.

3. 낙산사 傍近舊路의 開閉問題

상원·낙산 양사의 광대한 사원령과 막대한 노비를 둘러싸고 크게 사회문제로 대두되었지만, 또 한편 학열은 낙산사에 거주하면서 낙산사 옆에 가까이 있는 襄陽行 大路를 폐쇄하고 그 도로를 間道인 험로로 옮김으로써 유신들의 비난을 크게 샀던 것이다.

낙산사 구로 개폐의 문제는 성종 2년(1471) 11월 掌令 朴崇質이,

> 僧 學悅이 上院寺를 重創하여 … 또 洛山寺를 重創하고 大路가 寺刹에 가깝다고 그 大路를 옮겨 行者들의 苦痛이 甚하니 이 弊를 없애고 學悅을 배척하고 民生을 소생시키자.[108]

라고 계함으로써 처음으로 시작되었다. 이러한 불씨는 역시 낙산사 중창이 이루어진 후 세조대왕이 낙산사 방근의 구로 폐쇄를 허가한 데서 胚胎되었다.[109] 낙산사에서 구로를 폐쇄한 사유에 대하여는 성종 9년 7월 23일에 大司諫 安寬厚의 낙산사 구로 개통요구에 대한 왕의 답에,

> 舊路는 사찰과 거리가 멀지 않다. 그래서 襄陽에 往來하는 奉使가 耽妓留連하고 혹은 爇炬夜行하여 失火로 延燒之慮가 없지 않으며 만약 舊路를 復開하려면 내 먼저 革妓할 것이다.[110]

---

108) 『성종실록』 권13, 2년 11월 庚申.
109) 『성종실록』 권94, 9년 7월 丁亥.

라고 한 것과 성종 9년 7월 28일의 경연에서 낙산사 구로 개폐문제가
논의되었을 때 領事 盧思愼이,

> 臣이 世祖朝 扈從하여 보았는데 그 道路가 寺刹에 가깝기 때문에 그 길
> 을 막고 新路를 열었는데 新路도 廻遠함이 甚하지 않다.[111]

라고 한 것으로 미루어 보아, 구로가 낙산사와 가까운 거리에 있었기 때
문이었다. 즉 구로가 낙산사 가까이 있으므로 해서 양양에의 봉사왕래자
들이 '耽妓留連'하여 가장 정숙해야 할 사원 경내를 혼탁하게 하지나 않
을까 염려하고, 더욱 그들이 '爇炬夜行'함으로써 失火로 인한 延燒의 우
려를 내세웠던 것이다. 이러한 사정으로 폐쇄된 구로를 유신들이 다시
개통하자는 이유를 밝혀 주는 것으로서 다음과 같은 기사가 있다. 成宗
9년 9월 丁亥, 司憲府 執義 金春卿 등의 상소에,

> 洛山寺 … 이 사찰의 북쪽 舊路는 자고로 通行大路였는데 근래에 그 길
> 이 사찰과 가깝다하여 高險한 곳으로 新路를 열었는데 20여 리를 돌아가니
> 行者之苦가 말로 표현할 수 없다. 臣 등 竊恐컨대 무지한 백성들은 전하가
> 불교를 崇信한다고 할 것입니다. 洛山寺 하나가 백성에게 주는 害가 如此하
> 니 伏望컨대 전하께서 留心하시오(『성종실록』 권96).

라 한 것과 성종 9년 11월 정해에 弘文館 副提學 成俔의 상소에,

> 지금 洛山寺 때문에 道路를 移曲하여 人馬로 하여금 羊腸之苦를 감당할
> 수 없다(『성종실록』 권98).

라 한 것이 바로 그것이다. 즉 자고로 있어 온 대로인 낙산사 구로를 사
찰과 거리가 가깝다는 이유로 폐쇄하여 고험한 곳으로 신로를 개통하여
20여 리나 우회하게 하는 '移曲道路'로서 인마로 하여금 '羊腸之苦'를

---

110) 『성종실록』 권94, 9년 7월 壬午.
111) 『성종실록』 권94, 9년 7월 丁亥.

감당할 수 없게 했다는 것이다. 이처럼 절박한 民苦를 計上한 유신들의 낙산사 구로 개통에 대한 상소는 강렬하여 연일 계속되었다.112)

그러나 그 때마다 성종은 '不聽', '不可' 등으로 유신들의 요구를 거절했던 것이다. 다만 성종 9년 7월 28일에 열린 경연에서 낙산사 구로 개통 논의 때만은 좌우의 제신들에게 '何如'라 하여 그 상황을 묻고 있다.113) 이러한 왕의 물음에 대하여『성종실록』권94, 9년 7월 丁亥 기사에서 知事 李克培와 領事 盧思愼 그리고 持平 安璿 등의 答을 살펴보면 각각 다음과 같다.

> 이극배 : 낙산사문제는 신이 잘 모르지만 노사신이 자상하게 알고 있다. 그런데 선왕 때의 일을 하필 개혁하려고만 하는가?[臣未知洛山寺 盧思愼詳知之 然先王時事 何必改之]
> 노사신 : 신은 세조조 수행하여 현지에 가 보았는데 그 도로가 낙산사와 가깝기 때문에 폐쇄하고 신로를 개통한 것이며 그 신로도 심히 회원한 것은 아니다. [臣於世祖朝扈從見之 其道路近於寺 故塞之 而開新路 不甚廻遠]
> 안 선 : 노사신의 말은 전하로 하여금 구로를 개통하자는 臣言을 불종케 하자는 것이다. [思愼之言 欲使殿下 不從臣言也]
> 이극배 : 대간의 말에 따라 구로를 개통하는 것이 어떻겠는가? [開舊路 則從臺諫之言 何如]

이상과 같은 제신들의 의견을 종합해 볼 때 노사신이 다른 신하들과는 달리 오히려 낙산사의 처사를 비호하고 있다. 그 이유는 奈邊에 있었던 것일까? 생각건대 노사신은 譯經事業 등 세조의 호불정책 수행에 가장 많이 협조한 신하의 한 사람이다. 이러한 관계에서 당시 세조와 깊은 인연을 맺어 크게 발전하여 온 낙산사의 처사를 오히려 옹호했던 것이라 하겠다. 이처럼 논란된 낙산사 구로 개통문제도 끝내 성종의 반대로 해결되지 못하였다.114) 낙산사 구로의 개통문제 역시 전항의 노비문제와

---

112)『성종실록』권94, 9년 7월 癸未・丙戌・丁亥 및 권95, 9년 8월 癸丑・戊午.
113)『성종실록』권94, 9년 7월 丁亥.

아울러 성종 말년에야 해결되지 않았나 생각된다.

4. 낙산사의 근해 금표설치에 대한 문제

낙산사는 또한 세조로부터 傍近海上에 禁標設置의 特許를 받아 연안에서 100보까지의 해상으로 그 소유령을 확대해 갔다.[115] 이것이 당시 유신들에게 또 크게 문제되었던 것은 너무나 당연한 일이었다.

낙산사에서는 이미 보아 온 바와 같이 광대한 사원령을 소유하고 있었다. 그럼에도 연안에 금표를 설치하여 사원령을 확대해 간 이유가 어디 있었을까? 『성종실록』 권94, 9년 7월 癸未에,

> 洛山寺 … 沿海貧民들은 바다에서 재물을 얻어 사는 사람이 많은데 지금 此寺에서 백성들의 漁採를 금하고 있으니 백성들의 失業함이 심히 不可하다.

라고 한 것과 『성종실록』 권98, 동년 11월 丁亥에,

> 지금 洛山寺에서 백성들의 捕魚를 금하고 동해를 放生池로 삼고자 한다.

라고 한 기사에서 그 이유를 찾을 수 있다. 즉 낙산사에서 근해인 동해상에 금표를 설치하여 居民의 漁採를 금지하고 放生池로 만들기 위해서였다. 방생지는 살생금지계율에 따른 불사로서 고려시대에 널리 행해졌던 방생회의 장소이다. 그렇지만 우리는 금표설치의 이유로서 위의 방생회를 위한 방생지와는 아주 다르다는 것을 곧 알게 되었다. 성종 11년 8월에 執義 李德崇, 獻納 金成慶 등이 啓한,

---

114) 『성종실록』 권94, 9년 7월 癸未·丁亥 및 권98, 9년 11월 丁亥.
115) 『성종실록』 권94, 9년 7월 壬午.

洛山寺僧은 一道의 巨害인데 백성들의 採海까지도 禁하고 있으니 백성들의 더 큰 고통이다. 海菜之類는 可하다 하더라도 심지어 백성들의 捕魚까지 금하고 그 사찰의 노비로 하여금 그 利를 專擅하고 轉販 致富한다.[116)]

라는 기사에서 그 이유를 찾을 수 있다. 즉 방생회의 본뜻과는 달리 居民들의 採海와 捕魚를 禁하고 그 사찰의 노비로 하여금 그 이를 專擅하여 '轉販致富'하고 있다는 것이다. 곧 낙산사에서 채해·포어의 장소로 삼기위하여 금표를 설치했던 것이다. 수산자원이 풍부한 동해바다에 금표를 설치하여 어민의 출입을 금하고 또 더욱이 방생회를 열어 어족을 방생하고 다량의 먹이를 뿌려 주었다면 그곳은 황금어장이 되었을 것이다. 그런가 하면 낙산사에는 광범한 농장을 경영했지만 막대한 영전노비의 노동량은 많이 남아 쳐져 있었을 것이다. 이러한 여건으로 보아 처음에 방생지로 개발되었던 연안이 곧 낙산사 전천어장으로 변경되어 갔다고 생각된다.

또 한편 위의 이덕숭·김성경 등이 계한 사실을 뒤집어 생각해 볼 때 억불을 일삼던 유신들이 방생회의 본뜻과는 달리 낙산사의 처사를 꾸며서 불교교단을 모함한 것이 아닐지도 모를 일이다. 여기서 또 한 가지 주목을 끄는 것은 이들 유신들의 말을 액면 그대로 받아들인다면 극히 전근대적인 방법이었겠지만 낙산사는 조선시대의 수산자원개발에도 참여했다는 사실이다.

여하간 낙산사에서는 근해에 금표를 설치함으로써 성종 연간에 커다란 사회문제로 나타났다. 따라서 억불을 일삼던 유신들의 논란을 자아냈다. 유신들 간의 낙산사에서 설치한 금표설치문제는 성종 9년 7월 23일 이전에 이미 야기되고 있다.[117)] 성종 9년 7월 23일에 낙산사에서 설치한 금표설치문제에 대한 왕과 유신들의 논의상황을 『성종실록』 권94, 9

---

116) 『성종실록』 권120, 11년 8월 丙辰.
117) 『성종실록』 권94, 9년 7월 壬午.

년 7월 壬午의 기사에서 찾아보면 다음과 같다.

> 大司諫 安寬厚 : 신이 전일에 낙산사가 설치한 금표의 제거를 청했는데 지
> 금까지 아무런 조치가 없다. [臣前日 請洛山寺 … 除禁標 至今未
> 得聞命]
> 왕 : 낙산사가 설치한 근해의 금표가 백보에 불과하고 해수는 광대한데 하필
> 이면 그 백보 내에서 포어할 것이 무엇인가? [洛山寺 禁標 不過百
> 步 海水之廣 何必於百步內捕魚乎]
> 안관후 : 만약 거민이 흉년을 만나 기근이 들면 필히 해물을 채집하여 연명해
> 야 하는데 어찌 민가에서 가까운 곳을 두고 먼 곳에서 구할 것인가?
> [若歲凶民飢 則必採海而食 豈宜令民舍近而求遠]
> 왕 : 금표 내의 연안에 민가가 얼마나 되는데 광대한 창해에 생존하는 해물을
> 구하지 않고 하필이면 금지 내에서만 꼭 해물을 구하려고 하는가?
> [其禁標之內 民家幾何 必欲資海物而生 蒼海至廣 豈必於禁地乎]
> 都承旨 孫舜孝 : 해채할 만한 곳이 없어서가 아니라 사찰을 위해 금표를 설
> 치한 그 자체가 옳지 않다는 것이다. [非謂無他處也 爲寺設禁 於
> 義不可耳]

이러한 왕과 유신들 간의 대담에서 낙산사 금표설치에 대한 논의상황
을 짐작할 수 있다. 여기서 성종이 낙산사 측을 크게 보호하고 있음을
알 수 있다. 그리하여 그 익일인 24일의 經筵에서 崔潘이,

> 洛山寺 … 沿海貧民은 바다에서 재물을 얻어 사는 사람이 많은데 지금 此寺
> 에서 백성들의 漁採를 禁하고 있으니 백성들이 失業함이 심히 不可하다.[118]

라 하여 낙산사가 금표를 설치함으로 인하여 해물에만 생활을 의존하고
있는 연해 빈민들의 실업을 초래케 되었음을 거론하여 낙산사 처사를 공
격하였다. 이처럼 낙산사가 설치한 금표제거논의는 계속되어 갔다.[119]
그런데 성종 9년 7월 28일 경연에서 노사신이,

---

118) 『성종실록』 권94, 9년 7월 癸未.
119) 『성종실록』 권94, 9년 7월 丙戌.

嶺東의 땅 끝이 大海인데 백성들의 漁採를 어찌 此寺 앞에서만 하는가?
臣이 除去를 운위해도 백성의 弊는 적지만 先王 때의 일을 고친다는 것은 큰
일이므로 단호히 변경하는 것은 不可하다.[120]

라 하여 성종의 낙산사 보호대책에 동조하고 나섰다. 즉 영동의 땅 끝은
대해인데 백성들은 어채를 반드시 낙산사 앞에서만 해야 하는가? 금표
를 두어서 백성에게 끼치는 폐는 얼마 되지 않지만 금표를 제거함으로써
선왕 때의 일을 다시 고치는 것은 큰 문제인 만큼 결코 변경해서는 옳지
않다는 것이다. 앞에서 이미 언급한 바와 같이 노사신은 세조의 호불정
책에 공로가 많은 신하였다. 이러한 노사신의 동조하는 발언도 있고 하
여 성종은 끝내 낙산사의 처사를 옹호하였다.[121]

그러나 끈덕진 유신들의 금표제거상소는 계속되어 갔다.[122] 성종 9년
9월 정해에 사헌부 집의 김춘경이,

江原一道는 토지가 磽确하여 민생이 곤궁한데 濱海에 居住者는 且耕且
漁해도 역시 자급이 부족함으로 殿下가 撫恤하더라도 타 지방에 비해 더욱
軫念해야 한다. 洛山寺의 傍近之地가 土品이 膏腴한 데 또한 漁採之利까지
있는데, 지금 백성들의 耕墾을 금하고 漁採도 금하여 재물이 되는 것을 끊고
있으니 민생의 원망이 말로 다 할 수 없다(『성종실록』 권96).

라고 상소한 것도 그 하나였다. 즉 강원도의 입지적 조건과 도민의 처절
한 생활상을 들어 성종의 금표제거를 촉구했던 것이다. 그런데 김춘경이
지적한 '且耕且漁'하는 곤궁한 농어민도 크게 문제였지만 전게 최반이
지적한 바와 같이 생업을 전적으로 바다에만 의존하고 있는 영세어민에
게는 치명적인 문제가 아닐 수 없었던 모양이다. 이러한 상황에서도 낙

---

120) 『성종실록』 권94, 9년 7월 丁亥.
121) 盧思愼의 同調發言에 대하여 왕은 "澤梁無禁 爲僧寺而立標禁漁於國體何如 嶺
     東地濱大海 無處而不漁 只禁寺前 豈害於澤梁無禁之義乎"라 하였다(『성종실
     록』 권94, 9년 7월 丁亥).
122) 『성종실록』 권95, 9년 8월 戊午 및 권96, 9년 9월 辛酉·戊寅 등에 보인다.

산사에서는 집의 이덕숭이,

> 洛山寺僧은 一道의 巨害인데 백성들의 採海까지도 금하고 있으니 백성
> 들의 더 큰 고통이다. 海菜之類는 可하다 하더라도 심지어 백성들의 捕漁까
> 지 금하고 그 사찰의 노비로 하여금 그 이익을 專擅하고 轉販致富한다(『성종
> 실록』권120, 11년 8월 병진).

라고 지적했듯이 금표내의 바다에서 노비로 하여금 '捕漁採海'의 利를
專擅했던 것이다. 이 어장의 수익도 長利의 원본으로 큰 비중을 차지하
였을 것임은 물론이다.[123)]

5. 상원·낙산사의 장리문제

상원·낙산 양사에서는 농장과 어장에서 생산되는 막대한 잉여재원
으로 장리를 행하였다. 조선전기만 하더라도 승려의 장리활동은 일반화
된 현상이었다. 즉 『성종실록』권44, 5년 윤 6월 庚子에,

> 지금 宰相들은 其家의 富에 힘써 長貨利로서 백성들에게 穀布를 貸與해
> 주고 家貧하여 債務를 이행치 못하면 依勢作威하여 土田과 牛馬까지 劫奪
> 하니 그 侵虐之狀이 말로 표현할 수 없다. 宰相들의 有長利者는 모두 禁하고
> 宰相뿐만 아니라 僧人들이 長利로 侵民하는 者도 淸淨寡欲하는 것이 곧 僧
> 徒인 만큼 民害가 되는 것은 不可不禁해야 한다.

라는 李瓊仝과 安琛의 啓文에 잘 나타나 있다. 이들의 계문으로 보아
성종 연간에는 재상과 승도들이 거의 다 長利를 행하고 있었던 것이다.
더욱이 성종 3년 정월 15일에 大司諫 成俊 등이 時弊를 條陳한 데서

---

123) 낙산사 근해의 禁標가 언제 제거되었는지는 확실히 알 수 없다. 그러나 성종
이후 이 문제가 거론되지 않았던 사실로 보아 역시 성종 말년에 제거되지 않
았나 생각된다.

다음과 같이 승도의 장리문제가 지적되어 있다.

> 지금 巨刹은 모두 長利를 하고 있으며 名僧 역시 私蓄을 하고 있으니 秋
> 收를 당하여 徵督할 때는 百姓들의 衣服이나 牛馬까지도 奪取하며 財産이
> 란 것은 모두 찾아내어 掠取한다. … 원컨대 至今부터 寺刹 僧人의 長利는
> 一切痛禁하고 僧人의 求利도 門을 막는 것이 可할 것이다.124)

즉 요즘 거찰은 모두 장리가 있고 명승 역시 사축이 있다는 것이며,
따라서 추수에 당하여 징독할 때는 백성의 의복을 벗기고 우마를 탈취하
며 나아가 재산을 모두 찾아내어 약취하고 있으니 원컨대 사찰·승인의
장리를 일절 통금하여 승인의 구리지문을 막자는 것이다. 이와 같은 성
준 등의 조진에 대하여 왕(성종)은 '승도의 장리를 금하는 일만은 들을
수 없다[但 禁僧長利 不可聽也]'고 하였다. 곧 사찰·승도의 장리는 공
인되어 있었던 것이다. 이처럼 공인된 사찰·승도의 장리는 사회적 폐
단을 수반했기 때문에 많은 물의를 일으켰던 것으로 상원·낙산 양사에
서 더욱 심했던 것이다.

상원·낙산 양사가 행한 장리의 원본은 다음 두 가지 형태로 구성되
어 있었다. 그 하나는 농장에서 생산되는 농산물이 장리의 원본이 된 경
우이다. 성종 9년 정월 5일 執義 李則이 啓達한,

> 江陵堤堰은 世祖가 學悅에게 주었다. … 田土를 廣占하고 多殖貨財하여
> 富가 州府까지 이르고 無所不爲하니 이를 不可不 抑止해야 한다.125)

라고 한 것과, 성종 10년 5월 6일 집의 김여석이 올린 箚子에,

> 貨殖은 본래 寡欲者가 할 바 아니다. … 僧 弘智者는 學悅의 威勢를 믿
> 고 知事라 호칭하면서 艶陽寺를 管幹하면서 稤庫라 이름하였다. … 老僧學

---

124) 『성종실록』 권14, 3년 정월 壬子.
125) 『성종실록』 권88, 9년 정월 戊辰.

悅이 上院寺에 夷居하면서 艷陽·洛山寺에 弟子들을 分置하여 農莊을 廣
占하고 務殖貨財하니 僧徒들의 驕逸은 모두 學悅로 연유한 것이다.126)

라고 하는 기사로 보아 상원·낙산 양사를 거점으로 하여 농장을 경영한
학열이 그 잉여농산물로써 장리를 행했음을 쉽게 짐작할 수 있다. 김여석
의 차자에 '稼庫'란 것은 고려시대 長生庫와 같은 庶民金融機關이 아닌
가 한다.127) 또 그 하나는 상업을 통한 수익이 장리의 원본이 된 경우이
다. 성종 20년 6월 29일 平安道監司 李克墩과 왕과의 대담 가운데,

> 李克墩이 啓하기를 僧徒들이 牛馬를 끌고 다니면서 行販하는 자를 모두
> 禁止하고자 했는데 殿下께서는 僧徒들도 그 부모를 봉양해야 함으로 금지하
> 는 것이 옳지 않다고 하였다. 臣으로서는 비록 殿下께서 釋敎之心을 崇信한
> 다하더라도 그 崇信의 정도가 심해 간다면 臣은 마음이 切痛합니다. 僧人은
> 逃賦避役하고 棄國捐親하며 牛馬를 끌고 다니며 商販을 행하며 妻子를 기
> 르고 있으니 사람들이 僧侶되기를 즐거워함으로 軍額은 日減하고 平安道가
> 尤甚하니 不可不 禁해야 한다. 上曰 … 僧人商販을 禁하는 것은 不可하다.
> 僧侶 역시 吾民인데 어찌 禁할 수 있는가? 그 부모를 봉양할 수 없음이 아닌
> 가? 또한 어찌 餓死함이 可하단 말인가? 만일 此法을 세우려면 事體에 거리
> 낌이 있어 무리하면 역시 騷擾가 있을 것이다.128)

라고 한 데서 잘 알 수 있다. 즉 승려들이 부역을 도망하여 피역을 해
가면서 우마를 이용한 商販活動을 통하여 처자를 양육하고 있었다. 그러
므로 일반인들이 즐거이 승려가 되기 때문에 군액이 일감하고 있는데 특
히 평안도가 가장 심하여 금하지 않을 수 없다는 평안도감사 이극돈의
주장에 대하여 왕은 처자뿐 아니라 부모까지 봉양해야 하기 때문에 승려
들의 상판활동은 금할 수 없다고 하였다. 이러한 사실은 승려의 상판활동
이 공인되어 있었음을 뜻하는 것이다. 성종 연간에 승려의 상업행위의 공

---

126) 『성종실록』 권104, 10년 5월 辛酉.
127) 稻葉岩吉, 『釋稼』, 1936.
128) 『성종실록』 권229, 20년 6월 丙辰.

인은 상원·낙산 양사에서도 해당되었다. 즉 앞 項에서 이끌었던,

> 洛山寺僧은 一道의 巨害이다. … 禁人捕魚하고 그 노비로 하여금 그 이
> 익을 專擅하고 轉販致富한다.

라고 한 데서 노비들이 포어한 것을 '전판치부'한 것도 역시 낙산사의
상업행위를 뜻하는 것으로 해석된다. 또한 승려들의 상업활동에 이용된
상품으로는 이윤이 적은 농산물·수공품 등을 이용하지 않고 이윤이 많
은 우육·어물 등 부식품을 주로 취급하였다.[129]

　이상에서 상원·낙산 양사에서 행한 장리의 원본은 농장의 농산물과
상판을 통한 수입으로 이루어지고 있었음을 보았다. 한편 상원·낙산양
사에서는 면포를 장리의 원본으로 하였다. 즉 예종 원년 3월 江陵人 前
尙瑞注簿 崔召南이,

> 僧 學悅이 貨殖에만 專心하고 綿布를 많이 실어 觀察使로 하여금 諸邑
> 에 分投하여 民間에게 勒給하고 每一匹에 穀 2石 5斗를 갚도록 하고 期間안
> 에 督納하는데 貧乏하여 未償者는 그 利息을 또 계산한다.[130]

라고 지적한 데서 그러한 사실을 알 수 있다. 여기 학열이 장리를 행한
것은 상원·낙산 양사의 주인공이기 때문이다. 최소남이 지적한 바와
같이 장리 원본의 분배방법은 사찰에서 대량의 면포를 관찰사에게 먼저
보내고 관찰사는 제읍에 나누어 주어 억지로 민간에게 배부토록 하였다.
장리의 利息은 綿布 1필당 償穀 2석 5두였다.[131] 그 利息이 구체적으로

---

129) 『예종실록』 권2, 즉위년 11월 壬戌에 다음과 같은 기사에서 알 수 있다.
　　"上聞僧徒減價買牛 來賣京中 宰殺取利 且於漁場漁舶 主張專利".
130) 『예종실록』 권4, 원년 3월 丁亥.
131) 당시 長利의 利息으로는 『세종실록』 권99, 25년 2월 乙亥에 "本宮(內需司)長利
　　… 姑以十斗加息三斗 異於私家之例"라는 기록과 『성종실록』 권147, 13년 11
　　월 丙申에 "內需司長利 … 以私償貸十而息五 此則十而息三"이라는 기록에서
　　일반사채의 長利는 5할, 내수사의 長利는 3할이었음을 알 수 있다. 사원에서도

몇 할이나 되었는지 알 수 없지만 당시 사채의 5할보다 더 가혹했던 것
은 아니었을까? 그리고 위 인용문에서 '督納期間內에 가난하여 상환치
못한 자는 그 이식을 계산하여 취식케 된다'는 것을 보면 遲滯利息은
복리로 계산한 듯하다. 또한 최소남이 지적한 바와 같이 상원·낙산 양
사의 장리활동에 관청이 적극적으로 협조하였다. 이러한 사실은 관청과
사원과의 결탁을 뜻하는 것이라 하겠다. 따라서 사원의 경제적 부와 관
찰사의 권력이 결합되어 있었던 것으로 이는 곧 상원·낙산 양사에서는
관권을 배경으로 삼아 장리를 행하여 민간인의 자산을 수탈해 갔던 것이
라 하겠다.

　상원·낙산사의 장리문제는 그 폐단이 점차 확대되어 가서 성종 10
년에는 커다란 사회문제로 대두되었다. 성종 10년 5월 6일 사헌부 집의
김여석 등이 사원사채의 금지를 청한 차자에서,

　　　貨殖은 본래 寡欲者가 하는 일이 아닌데 僧徒들의 收歛之際에 閭里를
　　輩行하고 백성들의 재산을 찾아내고 백성들의 頭畜을 탈취하여 貽民들의 荼
　　毒이 猛虎보다 심하니 臣이 竊痛하다.[132]

라 했고, 성종 10년 5월 8일 司諫院 大司諫 成俔 등이 올린 箚子에도,

　　　臣 등이 伏聞컨대 司憲府에서 근래 僧 弘智의 不法事를 照律以啓하였다.
　　… 今 弘智 등이 洛山寺 근처에서 … 私債를 收歛할 때 閭里를 橫行하면서
　　民財를 수색하고 作弊가 多端한데 이것은 비록 弘智의 所爲라 하더라도 모
　　두 學悅이 시키는 바이다.[133]

라고 하였음을 보아 상원·낙산 양사에서 행한 장리의 폐단이 어떠하였
으리라는 것은 짐작할 수 있다. 특히 사채의 收歛時에 그 작폐가 대단하

　　　일반사채의 예와 같이 5할의 이식이었다고 하겠다.
132)『성종실록』권104, 10년 5월 辛酉.
133)『성종실록』권104, 10년 5월 癸亥.

였던 것으로서 심할 때는 猛虎와 같다고 했으니 말할 수 없이 참담한 민폐였던 모양이다. 그러나 성종은 장리의 폐단을 끝내 시정하지 않고 사찰장리의 공인상태를 그대로 유지하여 사원 측을 보호하였다. 그 후 상원·낙산 양사의 장리의 폐단은 더욱 심하여 성종 11년 5월에 이르러 학열의 제자로서 작폐의 장본인인 홍지가 벌을 받게 되었다. 이 때도 학열만은 논외로 취급되었다.[134] 성종 11년 5월 이후부터는 상원·낙산 양사의 전통적인 세력 기반으로 보아 양사의 장리가 곧 끝난 것은 아니라 생각된다.[135]

V. 상원·낙산사의 農莊廢止

산산제언을 중심으로 한 상원·낙산사의 농장은 성종 연간에 많은 문제를 야기했다. 이러한 농장을 구성했던 산산제언이 언제 상원사로부터 회수되었던 것일까? 제언을 회수하자는 논의는 성종 9년 정월 4일부터 시작되었다. 이날 掌令 朴叔達이 백성들에게 蒙利가 큰 산산제언을 세조가 학열에게 사급하여 백성들에게 손해를 주고 있음을 지적하고 그 회수를 주장했는데, 특히 그는 만일 이번에 회수하여 백성들에게 돌려주지 않으면 이것은 곧 奉佛에 젖는 결과가 된다고 하였다.[136] 그 후에도 유신들의 회수주장은 계속되어 갔다.[137] 그러나 성종은 산산제언의 회수

---

134) 성종 11년 5월 壬申에 경연에서 대사헌 朴叔蓁의 啓에 "以私債之故 洛山僧弘智 橫行閭里 奪人頭畜 本府照律以啓 學悅令勿論 弘智只贖"(『성종실록』 권117)이라고 있다.

135) 『예종실록』 권1, 즉위년 9월 丁丑 ; 『성종실록』 권14, 3년 정월 壬子.

136) 掌令 朴叔達이 다음과 같이 啓達하였다, "江陵有一堤堰 民蒙其利久矣 世祖以賜僧學悅 其民失利 至再上言訴之 上以先王所賜 不允 … 請以堤堰還民 … 今若不還奪給民 則是爲奉佛之漸矣"(『성종실록』 권88, 9년 정월 丁卯).

137) 『성종실록』 권95, 9년 8월 戊午 및 권97, 9년 10월 甲午.

논의가 일기 시작한 지 2년여 후인 성종 11년(1480) 5월 6일 戶曹에 다음과 같은 전지를 내렸다.

> 蒜山堤堰은 灌漑에 不合하여 廢棄된지 오래다. 당초 세조가 違豫하여 대왕대비의 청에 따라 上院寺에 祈福之地로 施納하였다. 만약 一朝에 백성에게 돌려준다면 奉先의 뜻에 어긋나니 前代로 사찰에 賜給한다.[138]

이는 산산제언을 賜給하게 된 경위를 설명하고, 堤堰을 회수하여 給民함은 '奉先之意'에 어긋난다는 것으로서 제언을 회수할 수 없다는 것이다. 이러한 성종의 단안에 兩司를 비롯한 유신들은 크게 반발하여 산산제언의 회수주장을 연일 상소했으나 왕은 끝내 듣지 않았다.[139]

그 후 수년간은 잠잠하다가 성종 17년(1486) 정월 4일에 재연되었다. 즉 記事官 韓昫의 성종 17년 현재 僧人이 경작하지 않고 있다는 이유로 산산제언을 許民耕食시키자는 것이었다. 이에 성종은 한구의 주장을 당연하다고 하면서도 선왕의 所賜이기 때문에 빼앗을 수 없다고 하여 거절하였다.[140] 그래도 제언의 회수주장은 점점 가열되어 갔다.[141]

그러나 성종은 그 18년 12월 3일에 "江原道 蒜山堤堰은 世祖大王이 시납한 것이기 때문에 輕改할 수 없다"고 하여 유생들의 회수주장을 막았던 것이다.[142] 그렇지만 성종 18년 12월 3일 이후부터 성종 말년까지에는 산산제언이 일단 회수되어졌던 것 같다. 즉 『燕山君日記』 권31, 연산군 4년 11월 癸丑에,

> (A) 왕명으로 蒜山民田을 上院寺에 還給했다. 掌令 李世仁이 啓하기를 世祖朝 蒜山堤堰 內 陳荒地만을 上院寺에 賜給하였다.

---

138) 『성종실록』 권117, 11년 5월 乙酉.
139) 『성종실록』 권117, 11년 5월 己未·戊戌·乙亥·庚子·辛丑.
140) 『성종실록』 권187, 17년 정월 辛亥.
141) 『성종실록』 권203, 18년 5월 辛亥.
142) 『성종실록』 권210, 18년 12월 戊辰.

(B) 其後 寺僧이 傍民之田을 侵占하여 成宗朝 侵奪을 罪로 다스려 其田地
　　를 백성에게 還給하였다.

라고 한 기사에서 알 수 있다. 그런데 위의 사료 (B)부분만을 본다면 成
宗朝에 사승이 민전의 侵奪治罪로서 산산제언의 傍近에 있는 侵奪民田
만을 회수하여 還民한 것처럼 보인다. 그러나 (A)부분에서 연산군이 재
차 蒜山民田을 상원사에 환급했다는 사실을 고려해 볼 때 (B)부분은 성
종조에 사승이 침탈한 산산제언의 방근민전뿐 아니라 제언 전체를 회수
했던 것이라 해야 할 것이다. 상기 인용문에서도 지적되어 있듯이 산산
민전이란 산산제언 내 진황지지이기 때문이다. 결국 성종 말년에 회수된
산산제언이 다시 연산군 4년 11월에 상원사에 환급된 것이다.[143) 그 후
산산제언이 언제 상원사로부터 회수되었는지는 확실히 알 수 없다. 그러
나 연산군 11년 12월 사원전을 완전히 혁거할 때[144) 이 산산제언도 상원
사로부터 회수되었을 것으로 생각된다. 요컨대 산산제언을 중심으로 구
성된 상원·낙산사의 농장은 연산군 11년에 폐지되었던 것이라 하겠다.

VI. 결　어

　이상에서 필자는 조선전기에 上院寺와 洛山寺가 산산제언을 중심으
로한 농장을 소유하게 된 그 경위와 농장의 경영형태 그리고 농장을 둘

---

143)『연산군일기』권40, 7년 3월 乙丑에 "傳曰奉恩寺 依奉先寺例 給王牌 此慈順王
　　大妃之命 非予素意"란 기사로 보아 산산제언을 상원사에 再賜給한 것도 연산
　　군의 자의라기보다는 궁중세력의 영향이 아닌가 생각된다.
144)『연산군일기』권60, 11년 12월 乙丑.
　　연산군의 불교정책에도 궁중세력이 크게 작용했으리라 생각되지만 연산군 11
　　년 12월에 寺田革去措置도 연산군 10년 소혜왕후(덕종비)의 승하 이후에 취한
　　조치가 아닌가 한다.

러싼 여러 가지 사회문제를 고찰하였다. 여기서 우리는 抑佛社會로 알려진 조선전기에도 상원사·낙산사 등과 같이 왕실과 특수한 관계에 있는 사찰은 불교의 전성기였던 고려사회에서나 찾아볼 수 있었던 특수한 사원경제체제를 이루어 갔던 것을 알게 되었다. 이를 요약하면 다음과 같다.

① 세조는 왕실과 깊은 인연을 맺은 상원사에 강릉의 산산제언을 사급하였다. 상원사에서는 성종 연간을 통해서 사급받은 산산제언을 제언 본래의 사명과는 달리 개간하여 경작하였다. 이는 농장으로 발전시켜 갔기 때문에 당시 억불을 일삼던 유신들의 비판의 대상이 되었지만 한편 강원도의 입지적 조건으로 보아 농업발달사상 및 둔전경영상 사원이 기여한 사실은 다소나마 인정되는 것이다.

② 세조는 또한 상원사의 주인공이었던 信眉의 문도들이 거점을 이루고 있던 낙산사를 세자(덕종)의 祈福寺刹로 삼아 많은 특권을 주었다. 즉 비옥한 토지와 아울러 많은 노비를 사급했고 낙산사 傍近의 舊路를 閉鎖케 했으며, 심지어 낙산사 방근의 연해에 금표를 설치케 하여 어장을 독점케 했던 것이다. 이러한 사실들은 성종연간에 크게 논란되었지만 성종은 끝내 낙산사의 특권을 인정해 주었다. 더욱이 낙산사에 사급된 노비는 세조가 非永傳으로 사급한 것을 영전까지 시키는 특혜를 인정하고 있었다.

③ 상원사와 낙산사에서는 위와 같은 諸特權으로 막대한 부를 축적하여 갔다. 이러한 사원 경제는 곧 국가의 공인하에 長利를 행함으로써 크게 사회문제로 대두되었다.

④ 상원사에 사급된 산산제언을 비롯하여 낙산사에 特給된 토지·노비 그리고 낙산사의 구로폐쇄문제와 연해의 금표설치문제는 성종 말년에 일단 정리된 것으로 이해된다.

제3장

조선전기 사원전의 성격

Ⅰ. 서 언

공양왕 3년(1391)에 실시된 科田法은 조선왕조의 경제기반이 되었으며, 이는 새로 출범한 조선정부의 사원경제정책이기도 하였다. 즉 ① 사원전은 능침전·창고전·궁사전·군자시전·늠급전 그리고 향리·진척·역리·군장잡색전 등과 같이 원래의 규정된 결수에 과·부족이 있는 것은 원래의 규정대로 복구한다. ② 누구나 사원·신사에 토지를 시납할 수 없으며 위반자는 죄로 다스린다. ③ 공사천·공상·매복맹인·무격·창기·승니 등은 그 일대는 물론 자손에게도 受田을 허락하지 않는다.[1]

이러한 과전법의 사원전에 대한 규정은 고려말에 사원에서 병탈한 전지나 신도들이 투탁한 전지 등 확대되어 갔던 사원전을 회수하여 원래 규정된 전지만을 소유토록 하였다. 또한 승려들의 개인 소유전지는 일절 인정치 않는다는 것이다. 요컨대 조선개국 초의 사원전은 고려시대에 지

---

1) 『고려사』 권78, 「食貨志」 1, 田制.

급한 각 사원의 원래 전지의 결수만을 면세전으로 인정한다는 것이다. 승려 개인 소유전지는 인정하지 않았다.

위와 같이 과전법에 의해 정리된 사원전은 왕조교체 후에 排佛을 기본이념으로 삼았던 주자학자들의 탄압의 대상이 되어 2차에 걸쳐 제한 정리되었다(제1장 참조). 이러한 사원전이 조선왕조의 기본법전인『경국대전』에 규정됨으로써 그 성격이 드러나게 되었다. 즉, 寺田을 '各自收稅'의 전지로 규정하여, 세를 관에 납부하지 않고 세액을 자기의 수입으로 삼도록 하였다.[2] 그런데 '각자수세'의 寺田은 分給收租地였다. 당시의 사원전은 분급수조지만을 뜻하는 것은 아니었다. 사원농장과 같은 면세의 경우도 있었고(제2장 참조), 일반 민전과 같은 自耕有稅의 경우도 있었다. 본고에서는 조선 초에 사원전이 정리되어 간 양상을 살펴보고『경국대전』에 등재된 사원전의 규정을 면밀히 검토하여 사원전의 성격을 규명해 볼 것이다. 이러한 연구를 통하여 조선전기의 사원경제의 추이와 불교계의 동향을 이해하는 데 도움이 될 것으로 믿는 바이다.

Ⅱ. 개국 초 寺院田의 정리와 그 성격

고려 말의 사원전이 과전법에 의해 정리되었음은 앞에서 언급하였다. 그러나 왕조교체 후에도 상당한 寺位田이 인정되고 있었던 것은, 태종 3년(1403) 현재로도 "本朝의 五敎 兩宗의 土田 藏獲이 모두가 옛날 그대로여서 다만 前朝의 폐습을 이어 받아 因循未革하고 있다"[3]라고 한 것으로 알 수 있다. 이러한 규모의 사위전이 조선정부의 불교탄압의 일환으로 크게 정리되어 갔다.[4] 제1차 사위전의 정리는 태종 6년(1406)에

---

2) 『經國大典註解』「戶典」諸田.
3) 『태종실록』권5, 3년 6월 壬子.

단행되었다.5) 그 경위는 다음과 같다. 태종 원년 정월, 門下府郎舍의 時務上疏 중에 "승도들이 師教를 배반하고 利慾에만 이끌린다는 이유로 五教 兩宗을 혁파하고 寺社의 토지·노비를 모두 屬公시켜 승니의 爭利心을 두절시키자"6)라고 한 것이 발단이 되어 윤 3월 大司憲 柳觀이 "불교는 윤리를 어지럽게 하여 유해할 뿐이고, 재용을 허비하여 도움이 없으니 오교 양종을 혁파하고 나아가 사원 토지를 모두 군수에 속하게 하며, 사원노비는 관부에 分隷시키자"7)라고 제의하였다. 이와 같은 제의에 대해 태종은 불교종파와 사원전 등에 대한 개혁의 필요성을 인정하면서도 태상왕의 好佛로 차마 혁거할 수 없다고 하였다. 2년(1402)에는 의정부 등 정부 주요기관의 동의를 얻은 書雲觀에서 고려 이래 사원과 寺社田民의 증가에 따른 폐해를 통박하고 나섰다. 즉 "고려조 500년 동안 군신들이 불교를 독신한 나머지 大伽藍을 창건하여 願堂으로 삼고, 민전을 시납한 것이 대대로 증가하여 사원이 수천에 이르고 승려도 수만에 이르러 국고가 크게 줄어들었다"는 것을 이유로 그 폐해를 통론하고 부국강병론을 들어 慮備兵食이 급선무인 만큼 密記付 70寺 외 京外各寺의 土田을 軍資에 영속시키고 노비는 各司와 州郡에 분속시키자는 요청이었다. 태종은 書雲觀의 이와 같은 제의를 받아 들여서 곧 '密記付裨補寺社' 70寺와 그 밖에 常住僧 100명 이상의 사원을 제외하고 모든 사원의 수조지는 영구히 폐지하고 그 收租는 軍資에 충당토록 조치하였다.8) 그러나 태종 2년 4월 密記付 외 寺社田의 혁거조치는 불과 4개월 만에 태상왕

---

4) 李相佰, 「儒佛兩教 交代의 機緣에 관한 一研究」『韓國文化史研究論攷』, 1947 ; 韓㳓劤, 「麗末鮮初의 佛教政策」『서울大論文集 人文社會科學』6, 1957 ; 韓㳓劤, 「世宗朝에 있어서의 對佛教施策」『震檀學報』25·26·27, 1964 ; 有井智德, 「李朝初期における收租地としての寺社田」『朝鮮學報』81, 1976 ; 김갑주, 「朝鮮初期 寺院田 槪觀」『朝鮮時代 寺院經濟研究』, 1983.

5) 제1장 참조.

6) 『태종실록』권1, 원년 정월 甲戌.

7) 『태종실록』권1, 원년 윤3월 辛亥.

8) 『태종실록』권3, 2년 4월 甲戌.

의 뜻에 따라 실시되지 못하였다.[9] 그 후 태종 5년 11월에 주지들의 寺
婢 간음사건을 계기로 寺社정비의 논의가 일어나 본격적인 정비작업이
시작되어, 그 이듬해 3월에는 의정부의 啓請에 따라 前朝의 「密記」에 등
재된 '裨補寺社'와 外方各官의 「踏山記」에 등재된 寺社에 한하여 수조
지를 賜給하기로 하는 대개 다음과 같은 내용의 개혁을 단행하였다.[10]

① 新·舊都 各寺內에서 禪·敎 各 1寺에 각기 200結, 기타 各寺에는
  100結씩 절급한다.
② 各道 界首官의 禪·敎 중 1寺에 100結, 各官의 읍내에 있는 資福寺는
  20結, 읍 외의 各寺는 60結씩 절급한다.
③ 이 때 정리에 따른 공인사원의 定數는 조계종 등 242寺로 규정한다.
④ 定數 외의 寺社田地는 軍資로 이속시켜 船軍의 粮餉에 충당하고 그 노
  비는 모두 典農寺에 소속시켜 각기 舊居에서 屯田에 종사케 한다.

이상과 같은 태종 6년의 제 1차 사위전의 정리에 따라 공인된 사원전
은 대폭적으로 감축되었던 것이니, 태종 자신이 "이미 寺社의 田·民을
혁거하고 겨우 그 1/10을 남겼다"고 할 정도였다.[11] 결국 과전법에 규정
된 사원전이 배불을 지향하는 조선정부로부터 가장 혹독하게, 그리고 가
장 우선적으로 정리의 대상이 되었던 것이다.[12]

제 2차 사원전의 정리는 세종 6년(1424)에 단행되었다. 즉 세종 6년
3월에 집현전과 성균관 유생들의 寺社田 정비상소가 계속되었다. 이에
세종은 僧人이 거주할 수 있는 일정한 寺社만을 두고, 혁거된 寺社田은
殘留寺社에 量宜合屬시키도록 하였으며, 유명무실의 各官 資福寺는 혁
거토록 하였다.[13] 그러나 세종의 본격적인 사사전의 정리는 1개월 후인

---

9) 『태종실록』 권4, 2년 8월 乙卯.
10) 『태종실록』 권11, 6년 3월 丁巳.
11) 『세종실록』 권6, 원년 12월 庚辰.
12) 金泰永, 「科田法 체제에서의 收租權的 土地支配關係의 변천」 『朝鮮前期 土地
  制度史 研究』, 1983.
13) 『세종실록』 권23, 6년 3월 乙丑.

6년 4월에 이루어졌다. 즉 불교의 종파를 선·교 양종으로 통합하는 등 예조의 상소로 다음과 같이 정리하였다.[14]

① 전국의 불교종파를 선종과 교종으로 통합하고, 그 兩宗에 각기 18寺씩의 사원을 배속하게 한다.
② 선종소속의 18寺에 4,250結, 교종소속의 18寺에 3,700結 등 寺社田을 배정하고 각 사찰에는 500結에서 150結의 收租地를 배당한다.
③ 여타의 寺社田은 모두 속공한다.

이상과 같은 세종 6년의 제2차 사위전의 정리에 따라 정부로부터 공인된 사사전은 7,950결로 축소되었다. 태종과 세종이 이렇게 혹독하게 사사전을 정리하게 된 것은 국가재원의 확보를 위해 취해진 조치라 할 것이며,[15] 나아가 왕권을 강화하는 데 그 이유가 있었다고 하겠다.[16]

이상에서 조선초 태종과 세종의 사원전의 정리과정을 살펴보았다. 조선초에 비록 사원전이 축소 정리되었다하더라도 일부이긴 하지만 수조권적 분급지를 국가로부터 배정받고 있었다는 사실로 미루어 보아 고려시대와 같은 특권적 사원경제체제를 제한적이나마 인정하고 있었음을 알 수 있다.

Ⅲ. 『經國大典』의 사원전의 유형과 그 성격

조선왕조의 기본법전인 『경국대전』이 완성 반포됨으로써 모든 제도와 함께 田制도 일단 정비되었다. 그런데 『경국대전』「戶典」諸田條에 그 지배관계상 반드시 규정해 두어야 할 전지, 즉 국가기관이나 公處에

---

14) 제1장 참조.
15) 韓㳓劤, 앞의 논문 참조.
16) 김갑주, 앞의 책, 30~36쪽 참조.

절급한 전지 가운데 직접 국가에 대해 세를 내지 않은 전지만을 다음과
같이 수록해 놓았다.[17]

① 官屯田·馬田·院田·津夫田·氷夫田·守陵軍田은 곧 自耕無稅이다.
② 國行水陸田·祭享供上諸司柴田·內需司田·惠民署種藥田은 모두 無稅
이다.
③ 寺田·衙祿田·公須田·渡田·崇義殿田·水夫田·長田·副長田·急走田
은 各自收稅한다.
④ 기타.[18]

상기의 ① ‘自耕無稅’의 田이라 함은 公田으로서,[19] 국가수조지인 민
전과는 다른 官·驛·院·津·氷庫·陵 등과 같은 국가기관의 직속지
로서 이들 각 기관에 종사하는 자들이 국가에 세를 바치지 않고 自耕取
食하는 토지라는 것이다.[20]

② ‘無稅’의 田이라 함은 受田者가 국가에 대하여 무세라는 것이
다.[21] 즉 國行水陸社의 位田이나 祭享供上의 諸司柴田, 內需司의 田
地, 惠民署의 種藥田 등은 이들 각 기관에서 取食하되 국가에 대하여는
무세라는 것이다.[22]

17) 金泰永, 앞의 책, 117~120쪽 참조.
18) ④에는 職田·賜田의 세금에 관한 규정과 國屯田에 관한 규정이 포함되어 있
지만 사원전과는 직접 관계가 없기 때문에 제외하였다.
19) 『經國大典註解』「戶典」, 諸田條에 “皆公田也”라 하였다.
20) 『經國大典』을 制定할 당시에는 이미 ‘租’와 ‘稅’의 구분이 없어졌다고 하였다
(千寬宇, 앞의 책, 218쪽).
21) 千寬宇는 無稅田은 ‘耕作者로부터 並作半收하여 그 전부를 차지하되 國庫에
대한 稅도 없는 것’이라 하였고(앞의 책, 202쪽), 李成茂는 無稅田은 ‘王室直屬
地로 왕실의 노비를 시켜 경작하되 稅가 없는 토지’라 하였다(『朝鮮初期兩班
研究』, 1980, 284쪽).
22) 金泰永은 無稅田은 “국가에 대하여 無稅하였다는 사실은 자명하다” 하고, “그
러나 그것들이 과연 반드시 당해기관의 소유지였다고 단언할 수 있을 것인가”
하고 국행수륙전의 절급에 관한 사료를 예시하여 분석하고 “국행수륙전만은
일반 사원전과 마찬가지로 절급된 분급수조지였다” 하고, “다만 그것은 왕실

③ ‘各自收稅’의 田이란 일반 민전에 설정된 수조지로서 각기 사원·守令·州縣이나　驛·渡承·崇義殿監·水夫·驛長·副驛長·急走者들이 국가에 납부할 稅를 각자가 스스로 收食하는 전지란 것이다.23) 한편『경국대전』에는 국가 수조지인 일반 민전에 대하여는 收稅만을 규정해 두었다.24) 그 稅는 곧 貢法에 따라 규정된 結當 20~40斗였다.

이상과 같은『경국대전』의 규정을 토대로 사원전의 유형을 검토해 보도록 하자. 그것은 곧 조선전기 사원전의 성격을 규명하는 일이기도 하기 때문이다.

1. ‘各自收稅’의 사원전

일반 민전에 설정된 수조지로서 국가에 납부할 稅를 각자가 스스로 收食하는 전지, 즉 ‘各自收稅’로 규정된 전지에 ③에서 볼 수 있듯이 衙祿田·公須田·渡田·崇義殿田·水夫田·長田·副長田·急走田 등과 함께 사원전이 포함되어 있다.25) 여기 포함되어 있는 ‘各自收稅’의 사원전은 결국 사찰의 수조권만을 국가가 공인하는 사원의 位田이다. 태종과 세종대를 거치면서 2차에 걸쳐 정리된, 즉 선종 소속의 18寺에 4,250결, 교종 소속의 18寺에 3,700결의 사원전을 뜻하는 것이다. 이러한 ‘各自收稅’의 사원전은 好佛의 군주 세조대에 상당히 확대되었다. 세

의 안녕을 기원하는 수륙제의 비용으로 쓰일 재원이었으므로 일반 사원전과는 달리 무세전으로 규정되었다”라고 하였다(앞의 책, 119쪽). 여기서 김태영은 모든 사원전을 분급수조지로 인식하고 있다. 사원전의 여러 가지 유형을 전혀 고려해 보지 않았던 모양이다.

23)『經國大典註解』「戶典」諸田條에 “皆民田也 民田而稅不納於官 使應食之人 各自收之也”라고 있다.

24)『經國大典』「戶典」收稅.

25) 본고에서 寺田·寺社田·寺位田·寺院田 등은 각기 다른 뜻이 아니며 같은 내용으로 사용하였다.

조 10년(1465) 2월에 福泉寺에 행차했을 때, 쌀 300석, 노비 30구와 함께 전지 200결을 사급하였고,[26] 11년(1466) 4월에는 圓覺寺에 전지 300결을 사급하였다.[27] 세조대에 상당히 확대된 '각자수세'의 사원전은 유교적 소양을 지닌 성종 연간에는 신진 사림을 중심으로 하는 臺諫의 집요한 사원전 혁파 주장에도 불구하고 정희대비 등 대비들의 요청으로 왕실의 기복을 위한 사원의 운영비 충당을 위해 그대로 유지되어 갔다.[28] 성종의 親政이 시작된 후인 성종 9년(1478) '각자수세'의 사원전을 공인받고 있는 사원은 43寺이며, 折受地는 9,910여 결에 이르렀다.[29]

성종의 친정 이후 사원전의 혁거를 주장하던 유생들은 이제 사원전稅의 경우도 功臣田·職田 등의 경우와 같이 '官收官給'할 것을 주장하고 나섰다. 『성종실록』 권95, 9년 8월 戊午條에,

> 左副承旨 金升卿이 啓하기를 … 功臣田과 職田은 이미 官收를 命했는데 특히 寺社田만은 僧徒들이 自收토록 하고 있어서 제멋대로 날뛰고 있으니 그 田主는 어떠한 罪입니까? 上曰 寺院田을 어찌 官收할 수 있느냐? (知事) 洪應이 이르기를 功臣田 職田은 이미 官에서 稅斂하고 있는데 寺院田만은 유독 官收가 不可합니까? (不聽)

라고 한 기록에서 알 수 있다. 즉 공신전과 직전은 성종 9년 8월 현재, 이

---

26) 『세조실록』 권32, 10년 2월 辛亥.
27) 『세조실록』 권35, 11년 4월 壬午.
28) 『경국대전』 「戶典」 諸田條에 "職田 寺田 則每一結 官收二斗"라 하여, 寺田은 職田과 함께 '各自收稅'하여 결당 2두씩을 국가에 납입토록 되어 있었다. 그런데 『예종실록』 권1, 즉위년 10월 辛丑에 "戶曹啓 … 且新定大典 寺社田 賜田 每一結 摘出十八負三束 以當國用稅米之入 其摘出之田屬國用 凡收稅並限翼年二月 從之"라고 한 것으로 보아, 원래는 寺社田과 賜田의 경우 매 1결당 18부 3속을 적출하여 그 稅米를 國用으로 사용토록 했던 모양이다.
   한편 '各自收稅'할 때 사찰에서 濫徵을 염려하여 『經國大典』 「戶典」 雜令條에 寺田稅에 "寺田稅 高重收納者 許佃夫告司憲府治罪 其濫收物還主 元田稅沒官"으로 규정하고 있다.
29) 『성종실록』 권96, 9년 9월 丁亥.

미 官에서 稅斂하고 있으니 사원전도 官收하자는 것이다. 공신전과 직전
은 1개월 전인 9년 7월부터 '官收官給'이 이루어졌다.[30] 寺院田稅의 官收
주장은 15년 8월에도 계속되었다. 이러한 주장에 대하여 성종은,

> 너희들의 말이 틀린 것이 아니며 승려들의 遊手遊食도 모르는 바 아니다.
> 또한 승려들이 국가에 무익하다는 것도 어찌 모르겠는가! 단지 祖宗朝의 일
> 을 변경코자 하는 마음을 견딜 수 없음이니 너희들이 어찌 내 뜻을 알지 못
> 하느냐?[31]

라 하여 승려들은 遊手遊食의 무리로서 국가에 무익하다는 것을 인정하
면서도 祖宗朝의 일이라 변경할 수 없음을 밝히고 있다. 그러나 성종 23
년(1492)에 찬수된 『大典續錄』 권2, 「戶典」 諸田에,

> 寺社田稅는 京畿에서는 賜田과 職田例에 의거하여 京倉의 米豆로 환급
> 하고 遠道는 所在官의 軍資米豆로 환급한다.

라고 하였듯이 성종 23년에는 이미 寺社田稅가 '官收官給'으로 변해 있
었다. 사사전세를 京畿의 경우, 賜田 職田의 예에 따라 京倉米豆로 환급
하고 遠道의 경우, 所在官의 軍資米豆로 환급한다는 것이다. 결국 '각자
수세'의 사원전이 성종 15년 8월 이후부터 23년 사이에 '官收官給'으로
변경되었던 것이다.

다음으로 연산군의 치세동안 불교탄압의 강화로 사원전은 완전히 회
수되었다. 즉, 연산군의 치세를 거치면서 왕의 사치와 낭비로 국가재정
은 극도로 악화되었다. 그리하여 11년(1505)에는 전국의 사원전을 완전

---

30) 『성종실록』 권94, 9년 7월 己卯, "京畿觀察使李繼孫啓曰 頃承下旨 職田功臣 田
   別賜田之稅 或云令民自納京倉 而官給爲便 或云納于京倉與納于田主之家民弊
   無異 仍舊爲便 於斯二者民孰爲便 臣令諸邑 問民情願 皆欲自納京倉 戶曹據此
   啓 諸田之稅 使民竝草價自納京倉 依祿俸例頒給 從之". 이와 같은 내용으로 보
   아 職田・功臣田 등은 성종 9년 7월에 '官收官給'으로 바꾸어 갔다.
31) 『성종실록』 권169, 15년 8월 戊午.

히 회수하였다.[32) 그러나 반정으로 즉위한 중종은 즉위 초에 水陸社 內願堂 등 일부 사찰에 한하여 位田을 환급하였다.[33)

명종대에는 문정대비의 興佛로 선·교 양종과 僧科가 복설되었다.[34) 그리고 內願堂의 명목으로 사원이 급격히 증가되어 공인사찰만도 395 寺나 되었다.[35) 따라서 사위전도 급격히 팽창해 갔으며,[36) 그 과정에서 민전의 濫奪이 크게 자행되기도 하였다.[37) 그러나 명종 20년(1565) 4월에 대비가 세상을 떠나자 불교는 다시 탄압을 받아 그 다음해인 21년에 陸寢寺 외의 사위전은 모두 박탈당하고 말았다.[38)

이상에서 살펴 본 바와 같이 상당히 축소된 범위의 전지로서 ‘각자수세’의 사원전이 유지되어 오다가 성종 말년에 ‘관수관급’으로 변경되어 갔다. 그 후 이러한 사원전이 존폐를 거듭하다가 명종대에 대비의 興佛로 크게 확대되었다. 그러나 대비가 서거한 후 명종 21년(1566)에 다시 사원전은 혁거되고 이후 陸寢寺의 경우만이 그 위전을 유지해 갔던 것이다.

2. ‘無稅’의 사원전

國行水陸社의 位田을 국행수륙전이라 하여 祭享供上의 諸司菜田·

---

32) 『연산군일기』 권60, 11년 12월 乙丑, “領議政柳洵等啓 … 寺社田 爲先王先后 而置者外 皆令屬公 … 傳曰 寺社田 雖爲先王先后置之 亦可竝革也”.
金泰永은 “同 11년에는 사원전으로 先王先后를 위해서 절급한 것 이외에는 모두 屬公한다는 조처를 취하였다”고 하였다(앞의 책, 123쪽).
33) 『중종실록』 권1, 원년 10월 丁卯, “傳曰水陸陵寢等寺 亦爲祖宗也 其位田還給” 및 중종 원년 10월 庚午, “傳曰前革除水陸寺 陵寢寺 內願堂位田 還給”이라 했다.
34) 『명종실록』 권10, 5년 12월 甲戌.
35) 『명종실록』 권13, 7년 정월 庚戌.
36) 『명종실록』 권17, 9년 8월 乙未.
37) 『명종실록』 권25, 14년 11월 丙子.
38) 『명종실록』 권33, 21년 7월 癸卯, “陵寢寺則仍舊施行 內願堂田地 則移屬內需司”.

內需司의 田地·惠民署의 種藥田 등과 함께 국가에 대하여 '無稅'의
전지로 규정하였다(② 참조). 즉 이들 각 기관에서 取食하되 국가에 대
하여 '無稅'의 전지라는 것이다. 성종 9년 8월 대사헌 金紐가 사원전의
혁파를 요청한 다음과 같은 기록이 있다.

> 某寺의 水陸田이 幾結이며 모사의 僧位田이 기결이여서 총 9,900여 결인
> 데 신이 호조로부터 듣건대 문묘는 無田인데, 어찌 사원전이 이와 같으며 문
> 묘는 도리어 一頃의 田地도 없다는 것인가?[39]

위의 기록에서 寺田이 수륙전과 승위전으로 구분되어 있음을 본다.[40]
여기의 승위전이 (ㄷ)의 '각자수세'의 사원전을 뜻하는 것이며, 수륙전이
'무세'의 사원전이라 할 것이다.

국행수륙사에 '무세'의 전지를 분급하게 된 것은 매년 춘추 二季에
국가에서 遣使降香하여 일정한 사찰에서 年例的으로 設行하던 水陸齊
의 경비를 충당하기 위한 것이었다.[41] 이러한 국행수륙제는 국초부터
시작되었다. 『태조실록』 권7, 4년 2월 戊子에,

> 上命으로 관음굴·견암사·삼화사에 수륙제를 설하여 每 春秋에 常式으
> 로 하였다. 이것은 前朝 王氏를 위함이었다.

라는 기록에서 알 수 있는 바와 같이 태조 4년(1395)부터 前朝 王氏의
명복을 빌기 위해 觀音窟·見巖寺·三和寺 등 3寺에서 매 춘추마다 수
륙제를 設行토록 했던 것이다. 그 후 왕실의 안녕을 기원하기 위하여 수
륙제는 계속되었다.[42]

39) 『성종실록』 권95, 9년 8월 戊午.
40) 『성종실록』 권145, 13년 윤8월 庚寅, "戶曹啓 今年失農 穀種不可不備 京外寺社
　　水陸位田 僧人位田 結卜多少 …"이라 있는 것으로 보아, 寺田이 水陸田과 僧
　　位田으로 구분되어 있음이 확실하다.
41) 尹武炳, 「國行水陸齊에 대하여」 『白性郁博士頌壽記念 佛敎學報文集』, 1959.

국행수륙사에 어느 정도의 규모로 '무세'의 사원전이 折給되었는지는 확실히 알 수 없다. 그러나 세종 6년 4월, 불교종파를 선·교 양종으로 통합하고 사원전을 축소·정리했을 때 국행수륙전의 折給樣相이 다음과 같이 보인다.

> 예조계에 … 지금 중외사사에 거승·정액전지를 분속토록 하였다. … 개성 관음굴에는 원속전 45결에 지금 105결을 가급하고 수륙위전 100결을 절급한다. … 양주 진관사에는 원속전 60결에 지금 90결을 가급하고 수륙위전 100결을 절급한다.[43]

개성 관음굴의 元屬田은 45결이었는데 이 때 새로 105결의 사원전을 加給하고 다시 국행수륙전 100결을 절급하였으며, 양주 진관사에는 원속전이 60결이었는데 이 때 새로 90결의 사원전을 가급하고 다시 국행수륙전 100결을 절급한다는 것이다. 여기 원속전과 가급전은 모두 과전법에 규정된 분급수조지로서의 사원전이었으며, 이는 곧 앞 절의 '각자수세'의 사원전이었다. 그런데 이 때 새로 절급된 국행수륙전은 다만 왕실의 안녕을 기원하는 수륙제의 비용으로 사용될 재원이었으므로 '각자수세'의 사원전과는 달리 '無稅'의 전지로 규정되었던 것이다.[44] 또한 국행수륙사가 태조 대에 관음굴·견암사·삼화사 등 3사였던 것이 이 때에 관음굴과 진관사로 축소·교체되었다.

세종 6년 4월, 종파의 통합과 사찰의 위전을 정리했을 때 관음굴과 진관사만이 수륙사로 지정되었더니, 수일 후에는 강릉의 상원사가 수륙

---

42) 國行水陸齊의 設行에 대하여는 『陽村集』에 상세히 설명되어 있다.
   『陽村集』권22,「跋語類」水陸儀文跋 ; 권27,「跋語類」水陸齊疏 ; 권28,「跋語類」觀音窟行水陸齊疏.
43) 『세종실록』권24, 6년 4월 庚戌.
44) '各自收稅'의 寺田은 收稅하여 그 중에서 결당 2두씩을 국가에 납입하게 되어 있었다(『經國大典』「戶典」諸田條, "職田 寺田 則每一結官收二"). 그러나 국행수륙전은 그러한 부담이 없었다.

사로서 革除된 것이 未便하다 하여 全州의 景福寺를 혁거하고 대신 상
원사를 다시 수륙사로 지정하게 되었다. 이 때 상원사의 원속전은 140결
이었는데 60결의 전지가 가급되었다.[45] 이와 같이 '무세'인 수륙사전은
연산군 11년(1505)에 모든 사원전이 회수될 때 같이 회수되었던 것으로
보인다. 그러나 반정으로 종종이 즉위하자 극히 제한된 수륙사전이 능침
사의 위전과 함께 환급되기도 하였다.[46]

3. '免税'의 사원농장

조선전기에 있어 정부의 탄압으로 그 위전이 크게 축소·정리되었음에
도 불구하고 일부 사찰에서는 농장을 경영해 가기도 하였던 것이니, 곧
'면세'의 사원농장이다. 농장은 원래 면세의 특권을 가지고 있었기 때문이
다.[47] 사원농장에 대하여는 이미 필자가 상원사와 낙산사의 농장을 중심
으로 고찰한 바 있다.[48] 중요부분을 요약하여 정리해 보면 다음과 같다.

숭불의 군주 세조는 13년에 왕실의 원찰인 상원사에 강릉의 蒜山堤
堰을 사급하였다.[49] 상원사에는 이미 세종 6년 4월에 국행수륙사로 지
정되면서 200결의 전지가 절급된 바 있다. 그리고 덕종의 祈福寺인 낙
산사에는 세조 때에 낙산사 傍近의 可種 30여 석의 고유한 水田을 사급
하여 승려들이 耕食하도록 하였고,[50] 예종 원년에 경상도 三嘉田 200결

---

45) 『세종실록』권24, 6年 4月 癸酉, "禮曹啓 江原道江陵上院寺 乃水陸社 革除未便
請革敎宗屬全羅道 全州景福寺 於上院寺 元屬田 一百四十結 加給六十結 恒養
僧一百 從之".
46) 『중종실록』권1, 원년 10月 庚申·庚午.
47) 제2장 참조.
48) 제2장 참조.
49) 『세조실록』권44, 13年 11月 戊子, "傳旨戶曹 賜江陵府蒜山堤堰 于慧覺尊者信
眉 眉時住江陵臺山上元寺 故有是命". 여기 上元寺는 江陵 五臺山에 있음에서
上院寺를 의미하고 있다.

을 收稅田으로 절급하였다.[51] 그런데 당시 상원사에는 세조의 존숭을
받는 高僧 信眉가, 낙산사에는 信眉의 弟子 學悅이 거주하고 있으면서
兩寺에 사급된 수세전을 제외하고 상원사에 사급된 산산제언을 중심으
로 농장을 경영해 갔던 것이다. 세조가 사급할 당시의 산산제언은 이미
灌漑가 불능하여 승려들의 경식을 위해 사급하였다.[52] 승려들은 堤堰만
을 개간·경작할 뿐 아니라 그 주변의 민전까지 倂奪하여 농장으로 운
영하였다. 성종 10년 5월 司憲府執義 金礪石이,

> 노승 학열이 상원사에 이거하면서 염양사와 낙산사에 이르러 제자를 분치
> 하여 농장을 광점하였다.[53]

라고 지적한 데서 그 농장의 모양새를 읽을 수 있다. 즉 노승 학열이 상
원사에 夷居하면서 艶陽寺와 洛山寺까지 제자들을 分置하여 농장을 廣
占하고 있다는 것이다. 이 때 분치된 제자승 중에서 40세 이하만을 모두
환속시키더라도 한 鎭戍軍의 精卒이 된다고 하였으니[54] 그 규모가 대단
했던 모양이다. 또한 학열의 제자승 중 농장의 총 책임자는 弘智로서 知
事라 호칭하였다.[55] 농장 내 농업생산자는 성종 10년 5월 執義 金礪石
이 올린 箚子에,

> 승 홍지란 자가 학열을 빙자하여 동성사에 있으면서 양민을 노예와 다를
> 바 없이 구역하여 수익을 빼앗아 이익을 모두 취한다.[56]

---

50) 『성종실록』권94, 9년 7월 癸未, "江原道多山少田 開洛山洞裏有水田膏腴者 可
    種三十餘碩 世祖令盡屬此寺 而使僧徒耕食 …".
51) 『예종실록』권4, 원년 3월 丁未, "戶曹啓洛山寺收稅田 請以慶尙道 三嘉縣田 二
    百結折給 從之".
52) 『성종실록』권117, 11년 5월 丙申.
53) 『성종실록』권104, 10년 5월 辛酉.
54) 『성종실록』권68, 7년 6월 丁酉, "學悅嘗毀江陵堤 而爲田 … 弟子僧四十歲 以
    下者盡令還俗 則可充一鎭精卒矣".
55) 『성종실록』권68, 7년 6월 丁酉, "僧弘智者 假威學悅 號稱知事".

라고 지적한 것으로 보아 일반 농장의 경우와 다를 바 없이 양민을 동원했던 것인데 이들을 마치 노예처럼 혹사시켰던 모양이다. 그리하여 생산된 이익은 모두 거두어 들였던 것이다. 이렇게 하기 위해서는 승려들이 큰 세력을 갖지 않고는 불가능한 일이다. 성종 9년 정월, 執義 李則이,

> 학열의 기세가 심히 성하여 감사가 입경하면 반드시 이 승을 먼저 방문하고 수령은 하루 한 번씩 문후한다.[57]

라고 지적한 것으로 보아 농장주 학열의 기세는 대단했던 모양이다. 감사가 입경하면 반드시 학열을 먼저 방문하며 수령은 매일 한 번씩 문후한다니 말이다. 농장의 잉여생산물은 사채로 이용하여 더욱 사원자산을 불려 나갔다.[58]

상원·낙산사의 농장은 성종 말에 유신들의 회수주장에 따라 일단 회수되었다가 연산군 4년에 자순왕대비의 명에 따라 다시 사찰에 환급되었다.[59] 그러나 연산군 11년 12월, 전국의 사원전을 모두 혁거했을 때 산산제언을 중심으로 한 상원·낙산사의 농장도 완전히 회수된 것으로 보인다.[60]

4. '自耕有稅'의 사원전

조선왕조의 불교탄압으로 사원전은 대폭적으로 축소·정리되어 '각자수세'의 사전과 '무세'의 수륙사전만이 면세의 특권을 갖게 되었다.

---

56) 『성종실록』 권104, 10년 5월 癸亥.
57) 『성종실록』 권88, 9년 정월 戊辰.
58) 『성종실록』 권117, 11년 5월 壬申, "以私債之故 洛山寺僧弘智 橫行閭里 奪人頭畜".
59) 『연산군일기』 권31, 4년 10월 癸丑 ; 권40, 7년 3월 乙丑.
60) 『연산군일기』 권60, 11년 12월 乙丑.

즉 태종 6년에 사원전을 정리했을 때 242寺에 한하여 사원전이 사급되었으며, 공인된 242寺 외에 사원에는 柴地 1·2결만이 양급되었을 뿐이다.[61] 그러나 세종 6년에 종파통합과 함께 사원전을 정리했을 때는 36寺에 한하여 7,950결의 전지만이 절급되었다. 태종 때에 공인에서 제외된 사원에게 양급되었던 1·2결의 시지마저 세종 6년에 모두 몰수되었던 것이다. 그런데 공인에서 제외된 사원들은 곧 폐망한 것은 아니었으며 이들 사원들은 이제 승려 자신들의 경제활동을 통하여 민전과 같이 전세를 부담하는 전답을 조성해야 하였다.[62]

승려들은 원래 교리상으로 경제활동을 하지 못하게 되어 있었다. 그러나 대승불교의 흥기 이후 "一日不作이면 一日不食이라"[63]고 하는 승려의 경제규범이 나타나 경제활동을 하는 것이 원칙으로 되어 있었다. 그러나 승려의 경제활동은 僧伽의 共有財의 경제행위만을 용인했던 것이지 개인소유는 여전히 금지되어 있었다. 그런데 조선초의 역사적 추세는 승려가 전답을 소유하지 않을 수 없게 하였다. 즉 과전법에서는 승려 개인이 전답소유를 일절 인정하지 않았다. 그러나 과전법이 붕괴해 가는 과정에서 전지의 상속이 일반화되었고 특히 과전법에 금지되었던 전지의 매매가 세종 6년 이후 공인되었다. 또한 『경국대전』에 승려의 전지소유를 금지한다는 규정이 없다. 이와 같은 여러 가지 상황을 고려해 볼 때 세종대 이후 특히 숭불의 군주 세조대 즈음에는 승려들이 전지를 소유할 수 있었던 것이 확실한 것으로 보인다. 『성종실록』권203, 18년 5월 戊午에,

---

61) 『태종실록』 권11, 6년 3월 丁巳.
62) 千寬宇는 조선전기의 寺田이 정책적으로 정리되었지만, 반면에 개인소유의 민전과 같은 私田을 별도로 조성해 갔다고 하였다(『近世朝鮮史硏究』, 194~185쪽).
63) 百丈懷海禪師의 『百丈淸規』.

승도들이 私田을 광점하여 자기 소유로 하고 있으며 서로 전하기까지 하
는데 국가에서는 거기에 따라 역을 면해주고 있으니 사원전은 날이 갈수록
많아지고 驕僧은 날이 갈수록 부유해진다.

라는 기록으로 보아 성종 18년(1487)경에는 승려들이 전지를 소유하는
것은 일반적인 현상이었다.[64]

승려들이 전지를 소유하게 된 경위는, 첫째 승려들이 전지를 매득하
여 소유하게 된 것이다. 『성종실록』 권236, 21년 정월 庚午에,

(盧)思愼이 대답하여 이르길, (李)守恭의 계한 바는 승도들이 사사로이 전
지를 매득하여 농사를 업으로 삼는 자를 지적하는 말이다. 이수공이 이르길,
緇髡之徒들이 고유한 땅을 매점하고 있으니 신은 이것을 회수하여 향교에 급
여하고자 함이다.

라는 기록에서 볼 수 있듯이 승려들은 자신들이 전지를 매득하여 소유했
던 것이다. 둘째, 승려들이 민전을 강탈하여 소유한 경우도 있었다. 『세
조실록』 권37, 11년 9월 辛未에,

근래 승도들이 옛날의 사원전이라 모칭하여 민전을 강탈하는 자가 파다하다.

라고 한 기록에서 볼 수 있듯이 승려들은 옛 사원전을 冒稱하여 민전을
강탈하여 소유하였다. 태종과 세종 양대에 걸쳐 많은 양의 사원전이 회
수되었음을 앞 장에서 보아왔다. 이 때 회수된 사원전을 호불의 세조가
등장하자 승려들이 이미 회수된 사원전을 되찾는다는 의미로 고사원전
이라 모칭하여 민전을 강탈했다는 것으로 보인다. 셋째, 성종 2년 8월에
광평대군부인 신씨가 노비 730여 구와 전지 70여 결을 불사에 시납하여

---

64) 『중종실록』 권16, 7년 7월 庚寅, "傳曰 頃者儒生金尙友 陳言寺刹奴婢田地 已令
屬公矣 令方搜括僧人充軍之時 若僧人有自己田地 則彼亦王民 豈可屬公乎 其
止之"라고 한 것으로 보아, 중종 7년경에도 승려들의 전지소유는 일반화되었
음을 알 수 있다.

사원전을 조성하기도 하였다.[65] 요컨대 승려들은 전지를 매득하거나 강탈하여 소유하였던 것이며, 시납을 통하여 사원전을 조성하기도 하였다.

이와 같이 조성된 승려의 소유전지는 앞에서 인용한 사료에서 볼 수 있듯이 '業農僧侶'에 의해 직접 경작되었다.[66] 승려들의 노동력은 조선왕조의 개국 초부터 경복궁·창경궁 등 국가의 大役에 役僧으로 참가함으로써 이미 인정되어 있었던 것이다.

특히 호불의 세조 때는 楡岾寺와 檜巖寺의 重修, 懿陵·刊經都監 등 營繕사업에 승려들을 대대적으로 동원하였다. 이 때 부역의 대가로 약 6만여 명에게 度牒을 지급하였다.[67] 세조 말년까지는 무려 14만 4천여 명에게 도첩이 지급되었다.

성종 때에도 창경궁 역사에 無度牒僧을 동원하여 시비가 있었으며[68] 중종 때에는 安行梁·蟻項의 開鑿, 犬項의 防塞工事·築城·造船, 심지어 造紙 등 잡역에까지 승려를 동원하였다.[69]

명종 때에도 각 도의 관방 요새에 성을 수축하거나 公廨 修理 등을 하는 곳에 승려를 동원하여 부역케 하였다.[70]

이러한 정황으로 보아 승려들의 집단적 노동력은 조선전기부터 이미 대단했음을 알 수 있다.[71] 그런데 조선전기에 있어서 승려의 전지 소유

---

65) 『성종실록』권11, 2년 8월 丁巳, "司憲府掌令洪貴達來啓曰 廣平大君夫人申氏 將奴婢七百三十餘口 幷前所生田七十餘結 施納佛寺 …".
　　廣平大君夫人申氏의 노비·전지의 佛寺施納으로 상당한 논란이 일어났다(金甲周, 「士林勢力 대두의 背景에 대한 一考察——成宗의 佛教政策을 中心으로—」 『考古歷史學誌』 7, 1991).

66) 『성종실록』권236, 21년 정월 庚午 ; 권203, 18년 5월 戊午, "臣等竊以謂凡寺田 一切革去 業農之僧 並令充軍 則僧徒戢而軍額增矣".

67) 『세조실록』권28, 8년 4월 己巳.

68) 車文燮, 앞의 논문 참조.

69) 李鍾英, 「僧人號牌考」 『東方學志』 6, 1963.

70) 『泛虛亭集』권3, 韓國文集叢刊 26.

71) 『세종실록』권57, 14년 11월 丁卯, "工曹啓 … 太祖愛護僧徒 而營景福宮則役 之 太宗營昌德宮而又役之 大役則役之 祖宗舊例也 … 國有大役 則役僧徒 載在

는 사원과 別産으로 이루어졌다고는 보기 어렵다. 국가에서 공인한 사찰만이 수조권적인 위전을 소유할 수 있었으며, 공인에서 제외된 여타 사찰은 전지의 소유가 공식적으로 인정되어 있지 않았기 때문에 승려가 전지를 소유했던 것이다. 성종 18년 5월, 大司諫 李德崇 등의 다음과 같은 상소에 그러한 사실이 잘 나타나 있다.

　　승도들이 사전을 광점하여 자기 소유로 하고 있으며 서로 전하기까지 하는데 국가에서는 거기에 따라 역을 면해주고 있으니 사원전은 날이 갈수록 많아지고 교승은 날이 갈수록 부유해진다.[72]

즉 승려들이 사전을 광점하여 자기 소유로 했기 때문에 寺田이 날로 많아졌다는 것이다. 더욱이 성종 21년 정월 庚午에 왕과 유신들 간의 다음과 같은 대담에서 명확하게 나타나 있다.

　　(이)수공이 계하기를 모든 사사전은 다 빼앗아서 향교에 분급하여 유생들의 朝夕之供을 돕도록 하자고 청하였다. 상 왈, 사사전은 모두 先王朝가 특사한 것이니 일조에 빼앗는다는 것은 불가하다. 수공이 이르기를 선왕께서 특사한 것이 아닌 것도 있다. 상 왈, 선왕의 所賜가 아니라면 곧 내가 급여했단 말인가? 내가 즉위하고는 이러한 일이 없었다면서 좌우를 돌아보면서 물었다. 思愼이 대답하여 이르기를, 수공의 소계는 승도들이 사사로이 전지를 매득하여 업농하는 자를 지적한 말이다. 수공이 이르기를, 緇髡之徒가 膏腴之地를 매점한 것을 회수하여 향교에 급여코자 함이다. 克增이 계하기를 승인이 비록 스스로 업농하더라도 공부·요역은 편호와 모두 같으니 무슨 이름으로 몰수하여 향교에 급여한단 말인가?[73]

六典".
　　車文燮, 「朝鮮 成宗朝의 王室佛敎와 僧役是非」, 『李弘稙回甲紀念 韓國史論叢』, 1969.
72) 『경국대전』에는 노비와 함께 전지의 시납이 금지되어 있었다(「刑典」 禁制). 그러나 17세기 이후부터 寺社의 전지시납이 가능하였다(제3부 참조).
73) 『성종실록』 권236, 21년 정월 庚午.

여기서 승려들이 사사로이 전지를 매득한 것도 寺社田의 일종이라는 것을 알 수 있다. 또한 선왕이 특사한 사사전을 제외하고 승려들이 매득한 사사전만을 회수하여 향교에 급여하자는 것이다. 그리고 승려들이 매득한 사사전은 貢賦徭役을 모두 부담하는, 즉 '自耕有稅'의 사원전임을 지적하고 있다. 결국 조선전기에 있어서 승려소유의 전지는 곧 승려 자신이 소속된 사찰의 위전이라는 뜻이다. 임진왜란 직후인 선조 27년 3월, 비변사의 啓에,

> 충청도의 사찰 40여 곳의 위전이 모두 공한지로서 무용지물이 되어 혹은 간민이 모점하여 가을이 와서 수확한 것이 모두 개인에게 들어간다.[74]

라고 한 것도 같은 뜻으로 해석된다. 즉 충청도 사찰 40여 처의 위전이 곧 '자경유세'의 사원전인 것이다. 면세의 특권을 누린 사찰은 몇몇의 특수사찰의 위전을 제외하고 이미 회수되었던 것이다.

Ⅳ. 결 어

조선왕조의 창업을 주도한 집권유생들은 억불정책의 일환으로 일부 사찰만을 지정하여 수조권적 분급지로서의 사원전을 지급하였을 뿐이다. 공인 사찰에서 제외되어 수조권적 분급지를 지급받지 못한 많은 사원들은 승려들의 경제활동을 통하여 승려 개인이 전세를 부담하는 사원전을 조성해야만 하였다. 이러한 승려들이 조성한 전지는 곧 해당 사찰의 사원전이었다. 그 후 『경국대전』이 반포되어 사원전도 몇 개의 성격으로 나뉘게 되었다. 즉 공인사찰에 대하여 수조권적 분급지인 '각자수세'의 사원전이 있고, 국행수육사의 위전인 국가에 대하여 '無稅'의 사

---

74) 『선조실록』 권49, 27년 3월 己卯.

원전이 있어 이들이 『경국대전』에 실리게 되었다.

한편 호불의 세조와 특별한 관계에 있던 상원·낙산사의 경우는 '면세'의 사원농장을 경영하여 불교국가였던 고려시대에도 그 유례를 찾기 힘든 특권적인 사원경제체제를 엿볼 수 있다. 田稅를 부담하는 민전과 같은 성격의 '자경유세'의 사원전은 승려들의 풍부한 노동력에 의해 자연스럽게 조성되어 갔다.

제2부
조선후기 승력의 산업활동과 사유전답

제1장 승력의 산업활동
제2장 승력의 사유전답

제1장

승려의 산업활동

I. 서 언

선조 25년(1592)에 발발한 임진왜란으로 인하여 불교계는 僧軍을 조직하여 왜적의 격퇴와 築城을 하는 등 많은 군사적 활동을 통하여 호국불교로서 그 진가를 발휘하게 되었다. 따라서 임진왜란 직후의 불교는 호국불교로서 종교적인 지위가 뚜렷이 인식되어 있었다.[1] 이러한 영향은 다음 왕인 폐왕 광해군 때도 계속되어 갔다. 더욱이 광해군은 僧 性智를 酷信한 나머지 성지의 건의에 따라 광해군 8년(1616) 봄에 慶德·慈壽·仁慶宮을 造營케 되었고, 이 토목공사에 동원된 승려들로 하여금 滿城이 되었다고 했으니[2] 당시 불교 교세가 상당하였음을 짐작하고도 남음이 있다. 급기야 반정으로 즉위한 인조는 즉위 초에 "城中의 禁僧은 조종조의 법에도 있다"는 반정공신들의 주장도 있고 하여 곧 京城中에는 禁僧함이 옳다는 조치가 내려졌다.[3] 인조 원년 5월 승려의 경성 입성

---

1) 安啓賢, 「朝鮮前期의 僧軍」 『東方學志』 13, 1972.
2) 『인조실록』 권1, 원년 3월 丁未.

금지령이 내려져 억불의 조짐이 보이는 듯했지만 남한산성의 축조와 병자호란의 발발로 승군의 역할이 자못 컸던 것으로서 불교계에 대한 정책적인 변화는 별로 없었던 것이다. 효종조 역시 불교계에 대한 특별한 조치는 보이지 않는다. 그러나 현종은 즉위 초부터 억불정책을 감행하였다. 즉 동왕 원년 12월에는 양민의 爲僧을 금하고 이미 僧尼가 된 자도 일일이 환속시키도록 하였으며, 還俗之敎를 어기는 자는 科罪토록 하였다.4) 또한 동왕 2년 정월에는 성 내의 慈壽院과 仁壽院 등 尼院을 혁파하고 자수원에 봉안한 列聖의 位板도 모두 埋安토록 하였다.5) 현종의 이러한 일련의 억불조치는 마침내 조선 불교사상 기념탑적 존재로 알려진 白谷禪師의 抗疏인 「諫廢釋敎疏」를 유발하게 되었다.6) 백곡선사의 「간폐석교소」로 말미암아 현종의 억불정책은 많은 수정을 보게 되어 그 만년에는 오히려 奉國寺를 창건하는 등 信佛의 현상까지 나타나게 되었다. 숙종조 역시 유생들의 억불상소는 계속되었으나 북한산성의 축성 등 국역에 승군이 동원되기도 하여 불교의 교단적인 위치는 유지되어 갔던 것이다.

이와 같은 역사적 상황에서 승려들은 현종 10년 6월 廣州府尹 沈之溟이,

> 병자호란 때 힘을 얻은 것은 승군이 최고였다. … 臣이 지난해 北西兩門을 건립할 때 民丁이 3日 할 일을 僧軍은 하루도 미치지 않았다. 그것은 僧人이 赴役을 하게 되면 사력을 다하기 때문이다.7)

라고 지적하였듯이 승려 한 사람은 민정 한 사람의 3배 이상에 해당하는 노동력을 보유하고 있었다. 승군이 이처럼 훌륭한 노동력을 보유한 이유

---

3) 『인조실록』 권2, 원년 5월 丙申.
4) 『현종실록』 권3, 원년 12월 庚子.
5) 『현종실록』 권4, 2년 정월 乙卯.
6) 金煐泰, 「李朝代의 佛敎上疏」 『佛敎學報』 10, 1973.
7) 『현종실록』 권17, 10년 6월 辛巳.

는 僧人이 부역케 되면 사력을 다하기 때문이라 하였다. 원래 고려 이래
사원의 노동력이란 사원노비의 노동력을 말하거니와 조선 초기 사원노비
의 혁거로 사원의 노동력은 각 관아에 흡수되었던 것임은 주지의 사실이
다. 사원노비 혁거 이후에도 특히 조선 중기 이후에 사원이나[8] 승려 개
인이[9] 노비를 소유했던 경우도 있었지만 임진왜란 이후 사원의 노동력
이란 대부분이 승려 자신의 노동력으로 해석된다. 廣州府尹 沈之溟이 지
적한 것처럼 풍부한 승려의 노동력은 주로 전투나 축성 등 군사적 활동에
동원되었지만 군사활동 외에도 광해군의 仁慶宮 조성 시에는 曳石,[10] 斫
伐[11] 등 주로 중노동에 동원되었고, 토목공사에 畵僧으로 참여하기도 하
였으며,[12] 築堰하는 일에도 동원되었던 것이다.[13] 임진왜란 때는 가야산
해인사에서 弓箭을 造作하였고[14] 공주 계룡산사에서는 銅鐵制의 卜竹
을 鑄立하는 등[15] 武器類도 승려들의 노동력에 의해 제조되었던 것이다.
또한 가장 힘든 銀鑛에 승군이 동원되기도 하였다. 즉 인조 3년에 국가에
서 필요로 하는 採銀을 위하여 端川 銀鑛에 端川・利城・北靑・洪原
등지의 승군이 동원되었던 것이다.[16] 또한 주로 군인이 동원되는 둔전경
영에도 승군이 참여하였다.[17]

　위에서 우리는 군사활동 외에도 토목공사를 비롯하여 무기제조・채

---

8) 선조 28년 6월 癸丑에 "且義嚴所訴 江原・咸鏡・平安等道 寺社奴婢 身貢位田
　所出依願收用"(『선조실록』 권64)이라고 한 데서 알 수 있다.
9) 숙종 4년 2월 癸丑에 "且命賢在西邑 有僧兄弟訟爭奴婢者 命賢誘以兩邊不當屬
　公之後 不載官案 作爲己物 且受通引之奴 而除其役 今其奴得賢爲名者是也"(『숙
　종실록』 권7)라고 있다.
10) 『광해군일기』 권126, 10년 4월 丁巳 및 권166, 13년 6월 丁巳.
11) 『광해군일기』 권157, 12년 10월 乙巳.
12) 『광해군일기』 권101, 8년 3월 丁亥.
13) 『備邊司謄錄』 제27책, 현종 9년 11월 초6일.
14) 『선조실록』 권48, 27년 2월 己巳.
15) 『선조실록』 권120, 32년 12월 癸未.
16) 『인조실록』 권8, 3년 2월 丁酉.
17) 『선조실록』 권67, 28년 9월 戊子.

은·둔전경영 등 주로 집단적인 노동력이 요구되는 국가적 사업에는 반
드시 승려의 노동력이 참여하고 있음을 살펴보았다. 이처럼 막대한 노동
력을 보유한 승려들은 사원경제의 유지·발전을 위하여 사원을 중심으
로 종종의 산업활동을 전개하여 갔던 것이다. 따라서 필자는 승려들의
사원 중심의 산업활동에 주목하여 조선후기 사원경제의 구조적인 한 측
면을 고찰해 볼 것이다. 이러한 작업을 통하여 조선후기의 사회경제 동
향을 이해하는 데 도움이 될 것으로 기대하는 바이다.

Ⅱ. 부석사의 미투리[18] 생산과 상업

조선시대와 같은 봉건적인 경제구조하에 있어서 미투리는 피복과 함
께 가장 기초적인 생활필수품의 하나였다. 따라서 봉건적인 경제사회에
있어서 미투리 생산은 자급자족의 농민수공업으로 가장 보편화하였으며
나아가 농민의 부업적인 가내수공업으로 발전해 갔던 것이다. 당시 사원
의 승려들에게도 미투리 생산은 일반화되어 있는 자급자족하는 수공업
이었다. 또한 승려들은 자급자족하는 외에 人情의 정표로서 상납하는 선
물로 미투리를 생산하기도 하였다. 즉 임진왜란 때 경성의 양반 吳希文
이 충청도 임천에 피난생활 때 선조 29년(1596) 정월 초 10일, 임천 香
林寺 僧 敬淳이 마른 고사리[乾蕨]·도라지[姑梗] 그리고 常紙 1束과
함께 繩鞋 1部를 보내준 사실이 있고,[19] 이듬해인 선조 30년(1597) 5월
초 9일, 역시 吳希文이 강원도 평강에서 피난하고 있을 때 圓寂寺 僧이
芒鞋 2部를 來呈한 바 있다.[20]

---

18) 본고에서 麻鞋·芒鞋·繩鞋 등을 일일이 구별치 않고 다같이 '미투리'로 지칭
   키로 하였다.
19) 『瑣尾錄』 제4, 「丙申日錄」 정월 초 10일.
20) 『瑣尾錄』 제5, 「丁酉日錄」 5월 초 9일.

한편 사원에서 생산한 미투리는 내수사나 각 관아에 상납할 공물의 대상이 되기도 하였다. 예컨대 강원도 長安寺의 내수사에 진상물은 잣[栢子]·버섯[石茸]·木物을 비롯하여 白鞋·常鞋가 포함되어 있고[21] 또한 관아에 상납될 圓寂寺 생산의 미투리 일부가 官敎에 의해 吳希文家에 공급되기도 하였다.[22]

평강 부석사의 미투리 생산은 진상품·관수품 등을 생산한 長安寺나 圓寂寺의 입장과는 달리 대량의 주문생산으로 발전해 간 것이 크게 주목을 끈다. 따라서 본 장에서는 부석사의 미투리 생산을 중심으로 하여 당시 승려 商賈活動의 일면을 고찰해 보기로 하겠다.

부석사의 미투리 산업이 대량의 상품생산으로 발전해 갔음은 선조 33년(1600) 吳希文의 「庚子日錄」 7월 26일,

> 金億守가 전일에 入縣하였다. … 그가 오는 길에 浮石寺에서 숙박하였는데, 吳希文이 전에 浮石寺에 보낸 貿鞋木 4疋을 그 寺僧들이 億守便으로 돌려보내 왔으나 그 연고를 알지 못하였다. 竊聞컨대 貿鞋商人이 浮石寺에 많이 몰려들어 반드시 높은 가격으로 미투리를 팔고자 함이었다. 德奴가 돌아온 후 그러한 사실을 상세히 알았다. 내가 上京時 貿鞋하여 가서 留京時 糧餉과 필요한 경비로 충당코자 했는데 이번에 이러한 계책이 실패로 돌아가고 다른 좋은 방책이 없으니 고민이다.[23]

라고 한 기록에 잘 나타나 있다. 여기서 오희문이 미투리 貿入條로 미리 부석사에 송부한 貿木 4疋이 반환되어 왔다는 사실, 외지의 貿鞋常人이 부석사에 多集하여 미투리 가격이 등귀했다는 사실,[24] 그리고 오희문이

---

21) 李能和, 『朝鮮佛敎通史』 下篇, 「輿地勝覽」 寺社 事蹟, 782~783쪽.

22) 「丁酉日錄」 10월 초 10일, "圓寂寺首僧 來獻繩鞋一 芒鞋三 乃除例納官鞋也"(『瑣尾錄』 제6).

23) 『瑣尾錄』 제7, "金億守 前日入縣 … 又來時 歷宿浮石寺 則前送貿鞋木四疋 其寺僧等還付億守而送之 未知其故也 竊聞貿鞋常人多集其寺云 必欲踐售而然也 然德奴來後 可知其詳矣 余亦上京時 貿鞋而去 以爲留京粮 及課費之具 而今未此計 他無可爲之策 可悶可悶".

부석사로부터 貿鞋計劃이 실패되자 상경 시 경비충당을 위한 다른 대책
이 없음을 고민하고 있는 사실 등을 알 수 있다. 요컨대 오희문이 부석사
로부터 무혜상업을 시도하고 있음을 알 수 있다. 선조 33년 7월 26일의
위와 같은 사실이 있기 이전에 이미 오희문이 부석사로부터 무혜상업행
위를 전개하여 갔던 것이다. 즉 1개월여 전인 동왕 33년(1600) 6월 19일,
오희문은 私奴 德奴로 하여금 正木 5疋로 부석사로부터 芒鞋 485개를
貿入 상경케 하여 상업활동을 시켰던 일이 있다.25) 이 때 德奴가 경성에
서 芒鞋 485介를 木 10疋과 교환하여 만 1주일 후인 6월 26일에 돌아왔
다.26) 결국 오희문은 正木 5疋로 貿入한 芒鞋 485개를 경성에서 꼭 2배
인 木 10疋에 판매한 폭리를 한 셈이다. 이 때 德奴가 경성에서 어떠한
방법으로 미투리를 판매했는지는 확실히 알 수 없지만 당시 봉건적인 조
선시대의 상업구조로 보아 경성의 객주에게 공급하고 換木해 왔을 것임
은 쉬이 짐작되는 바이다.27) 오희문의 私奴 德奴는 『瑣尾錄』여러 곳에
서 보이듯이 여러 지방의 場市를 순행하면서 皮郎笠이나 正木으로 魚物
을 貿入하여 판매하는 등 상업에 종사하는 전형적인 행상인이었다.28) 따

---

24) 「庚子日錄」7월 26일의 본문에는 "… 必欲賤售而然也"라고 있다. 즉 싸게 팔고
   자 한다는 것인데 이러한 해석으로는 전후의 문맥으로 보아 타당치 않다. 오희
   문가와 부석사와의 특별한 관계임을 감안하더라도 그렇다. 따라서 오희문의
   필본이 인쇄될 때 '踐'이 '賤'으로 誤記된 것으로 생각된다. '踐'은 '踐猶升也'
   라는 뜻이 있다. '踐段借爲善'인 뜻이 있음으로 踐售는 오른 가격 또는 좋은
   가격으로 판다는 뜻으로 해석된다(諸稿轍次著, 『大漢和辭典』권10).
25) 德奴載芒鞋上京 正木五疋 於浮石寺 貿芒鞋四百八十五介載去(『瑣尾錄』제7, 「庚
   子日錄」6월 19일).
26) 德奴等自京還來 … 但載去芒鞋 換木十疋 而二疋則計母主糧次 其餘八疋持來
   而其中三疋最不好矣(『瑣尾錄』제7, 「庚子日錄」6월 26일).
27) 劉元東, 『李朝後期 商工業史研究』, 韓國研究院刊, 1969, 56~57쪽.
28) 吳希文의 私奴인 德奴로 하여금 상업활동을 시키고 있는 예는 다음과 같다.
   ① 「丁酉日錄」5월 20일, "乃昨日德奴 自通川入縣 渠則以鐵原場市 見後來云
      所持皮郎笠 不能貿魚 還持來云"(『瑣尾錄』제5).
   ② 「戊戌日錄」11월 15일, "德奴入縣 因此往通川 欲貿魚物而來 正木一疋半給
      送 使之貿魚也"(『瑣尾錄』제5).

라서 德奴는 負商이기도 하였다.29) 이와 같이 오희문은 私奴인 德奴를
상업에 종사케 함으로써 많은 이익을 얻었던 것이다. 이러한 상업에 대한
관심이 곧 부석사에서 생산하는 미투리를 貿入하여 上京商賈케 할 계획
으로까지 발전된 모양이다. 요컨대 부석사는 미투리를 부업적인 가내수
공업의 경지를 넘어서 대량의 상품으로 생산해 갔던 것이다. 부석사가
언제부터 대량의 상품으로 생산해 갔는지는 확실히 알 수 없다. 그러나
① 임진왜란으로 인하여 모든 경제체제가 붕괴된 상태하에서 부석사의
사원경제도 핍박하게 되었을 것이라는 점, ② 부석사가 京都로부터 2일
半程의 거리의 위치에 있는 79間이나 되는 대가람이라는 점,30) ③ 임진
왜란이 막 끝났기 때문에 전투에 참여했던 승군들이 부석사에 많이 모여
들었을 것이라는 점, ④ 선조 29년 당시 芒鞋價가 수배나 인상되었던
점31) 등을 고려해 볼 때 부석사의 미투리 상품생산은 임진왜란 이후 본
격적으로 이루어진 것이 아닌가 추측된다.

　미투리 생산에 필요한 노동력은 부석사의 승려가 담당했던 것이며, 미
투리 제조는 특별한 기술이 요구되지 않는 단순수공업이기 때문에 老幼
구별없이 모든 승려가 공동으로 참가한 것으로 생각된다. 그리고 미투리
생산에 필요한 재료 즉 삼·모시·노 등은 부석사에서 자체적으로 생산하
여 충당해 갔겠지만 대량의 상품으로 생산해 내기 위해서는 농가로부터 수
집하지 않으면 안 되었을 것이다. 한편 貿鞋商人들이 삼·모시·노 등을
부석사에 공급하여 미투리를 생산토록 한 의탁생산의 형식도 있었을 것이
다. 왜냐하면 오희문의 「己亥日錄」 9월 초 2일 부석사 僧 法熙가 전일에
生麻를 수거해 가서 芒鞋 2部를 來呈해 온,

---

③ 「戊戌日錄」 12월 초9일, "德奴上京 載乾銀魚四同 欲賣於畿內場市 歲前還
　　來矣"(『瑣尾錄』 제6).
29) 劉元東, 앞의 책, 59쪽 참조.
30) 부석사는 평강현 고암산에 위치한 79간이나 되는 대가람이며 경도로부터 약
　　2일 반정의 거리에 있다(『輿地圖書』 上, 「江原道 平康縣」).
31) 『선조실록』 권71, 29년 정월 乙未.

> 부석사 승 法熙가 芒鞋 2部를 來로해왔다. … 그것은 前日에 급히 生麻
> 를 受去해 갔기 때문이다(『瑣尾錄』 第7).

라고 한 기록에서 잘 나타나 있다. 이와 같은 의탁생산의 경우 노동의
대가는 지불되었겠지만 상품의 생산이라고는 볼 수 없다.

  부석사의 미투리 상품생산은 그 대가를 선불로 하는 주문생산으로 출
발하였다. 즉 위에서 인용한 「庚子日錄」 7월 26일 기록 중 '前送貿鞋木
四疋'이라고 한 데서 간취되거니와 이러한 사실은 같은 해(庚子年) 4월
초 4일,

> 부석사 승 雪雲이 芒鞋 一部를 바치기 위해 來謁하였다. 또한 승 太玄이
> 織席 一葉을 來納하였는데 이것은 前日에 짠 값으로 豆 2두를 보냈다(『瑣尾
> 錄』 제7, 「庚子日錄」).

라고 한 기록과 翌年(辛丑年) 2월 19일,

> 부석사 승 法熙와 太玄이 芒鞋를 바치기 위해 來謁하였는데 前日에 콩
> (豆)을 보냈던 것으로 貿來한 것이다(『鎖尾錄』 제7, 「辛丑日錄」).

라고 한 기록에서 芒鞋와 織席의 대가로 콩[豆]을 미리 보내주고 있는
데서 더욱 명확하게 알 수 있다. 이처럼 부석사의 미투리 생산은 상품으
로서는 주문생산의 형식으로 시작되었다.

  그 후에 미투리의 수요가 급격히 증가해지자 완전하지는 못하더라도
시장상품의 생산형식으로 발전해 갔던 것이라 하겠다. 결국 부석사의 미
투리 생산체제는 주문생산의 형식에서 시장상품생산의 형식으로 전환해
갔던 것이다. 그렇지 않고서야 부석사에서 그 절과는 특별한 관계에 있
었던 吳希文家와의 인연을 고려해 볼 때 미투리 주문조로 미리 보내 온
木 4疋을 반환할 리가 없었을 것이다.[32] 또한 위의 「庚子日錄」 7월 26
일 기록에서 볼 수 있듯이 미투리 상인이 부석사에 많이 몰려 왔다는

사실과 좋은 가격으로 그들 상인에게 미투리를 판매하려고 하는 사실 등
은 부석사의 미투리 생산이 시장상품생산의 형식으로 전환케 한 동기가
되었던 것이며, 오희문의 貿鞋木 4疋을 반환해야 할 이유가 되기도 하였
다. 요컨대 부석사가 그 절과 특별한 관계에 있던 오희문가와의 결별의
위험을 무릅쓰고 주문생산에서 상품생산을 지향하게 된 동기는 미투리
수요가 급증하여 그 가격이 폭등한 데 있었다. 이 때 미투리 가격이 폭
등하고 있었던 것은 『선조실록』 권71, 29년 정월 乙未에,

> 비변사 啓曰 국가의 禍가 막대한 것은 민심이 동요한 것이다. … 京城과
> 閭巷 간에 人心이 동요하고 訛言이 百出하고 物價가 騰涌하며 심지어 馬匹
> 과 芒鞋의 값은 前日의 數倍이다.

라고 한 기록에서 알 수 있듯이 선조 29년 정월 현재 芒鞋의 가격은 馬
匹의 경우와 같이 전일의 數倍가 인상되어 있었다.[33] 이처럼 급증하고
있던 미투리의 수요에 공급하기 위하여 貿鞋商人들이 부석사에 운집했
던 것은 자명한 사실이다.

부석사에 모여 들었던 무혜상인들이 어디에 거주하는 어떠한 성질의
상인들인지는 명확히 알 수 없지만 부석사의 지리적인 위치로 보아 철원
을 중심으로 활동하는 부상단소속의 행상이 아닌가 추측된다. 그 속에는
오희문의 사노 德奴처럼 경성의 객주와 연결되어 있는 무혜상인도 포함
되어 있었을 것으로 보인다.

그리고 위의 「庚子日錄」 7월 26일 기록에서 부석사로부터 무혜계획
이 실패되자 상경계획에까지 차질을 우려한 양반 오희문의 상업관을 엿

---

32) 부석사와 오희문가와의 관계는 오희문의 日錄인 『瑣尾錄』에 잘 나타나 있다.
33) 당시 모든 물가가 폭등하고 있었던 것은 李晬光이 "頃在先王朝 癸巳甲午年間
    新經倭寇 木綿一匹直米二升一馬價不過三四斗 飢民白晝屠剪 … 訖乙未乃止
    翌年丙申豊稔 綿布一匹直米三四十斗 豆則五六十斗 …"(『芝峰類說』 권1, 「災
    異部」 饑荒)라고 지적한 데서 잘 나타나 있다. 木綿價는 무려 20배나 騰貴했다
    는 것이다.

볼 수 있다. 유교 중심인 조선봉건사회의 양반유생들은 崇本抑末하는
경제사상을 가졌었다. 그러나 양반 오희문은 비록 피난시절이라 하더라
도 사노 덕노로 하여금 많은 상업활동을 전개하고 있었음은 위에서 수차
보아 온 바와 같다. 심지어 충청도 임천 피난시절인 선조 27년 3월 11일
에는,

> 밤부터 큰 비가 온다. … 家人이 今日 시장에 팔기 위해 떡을 쪄 놓았는
> 데 비로 인해 出市를 못하게 되어 아이들이 먹어 치웠으니 五升의 쌀을 허비
> 하였다. 어처구니없구나(『鎖尾錄』 제3, 「甲午日錄」).

라고 기록한 데서 家人이 떡[蒸餅] 장사를 계획했던 사실을 오희문이
적고 있다. 뿐만이 아니라, 부석사로부터 무혜계획이 실패되자 일주여
일 후인 8월 초 3일에는 安峽에 있는 白丁家로부터 柳器貿入의 계획까
지 실패했음을 다음과 같이 기록하고 있다.

> 昨日 德奴가 木端을 가지고 安峽의 白丁家에 柳器를 貿入코자 보냈는데
> 얻지 못하고 空還하였다. 芒鞋와 柳器 등 물건을 貿入하여 상경해 팔아서 그
> 이익으로 生計의 비용으로 삼으려 했는데 모두 팔 것을 얻지 못하였으니 고
> 민이다(『鎖尾錄』 제7, 「庚子日錄」).

오희문은 상업활동을 위해서는 상품구입처의 京鄕을 구별하지 않았고
사원이든 白丁家이든 가리지 않았으며, 구입상품이 芒鞋이든, 柳器이든,
魚物이든 구별하지 않았다. 철저하게 영리만 추구하여 갔던 것이다.

이상에서 강원도 평강에 위치한 부석사의 미투리 수공업이 부업적인
가내수공업으로부터 사원 중심의 수공업으로 발전하여 대량의 시장상품
으로 계발되었음과 그 유통과정을 고찰하였으며, 부석사가 생산한 미투
리 상업에 참여한 양반 오희문의 상업관을 살펴보았다. 유감스러운 것은
부석사 승려들이 미투리 상품을 생산하여 얼마나 많은 수익을 얻었으며,

그 수익으로 어떻게 사원경제를 운영해 갔는가를 사료의 부족으로 알 수 없다는 것이다.

Ⅲ. 남한산성 내 사원의 供御物을 중심으로 한 승려의 산업활동

강원도 평강 부석사에서는 수공업에 참여하여 미투리를 대량으로 생산하여 갔고 생산된 미투리를 상품으로 계발하여 갔던 사실을 앞 절에서 보아 왔다. 본 절에서는 남한산성에 있는 사원에서 진상한 供御物을 중심으로 승려들의 산업활동을 고찰해 보고자 한다.

남한산성은 축성과정부터 대량으로 승군이 동원되었으며 축성과 아울러 開元寺·漢興寺·國淸寺·長慶寺·天桂寺·玉井寺·東林寺·望月寺·靈源寺 등 9개의 사원을 창건한 바 있고 산성수비의 일부도 승군이 담당하고 있었던 것은 주지의 사실이다. 위와 같은 남한산성의 9개 사원은 군량비축 등 창고의 기능도 아울러 하였지만 주로 산성을 수비하는 승군의 거처로 창건되었던 것이다.

병자호란 당시 인조가 남한산성에 被圍되고 있을 때 성 내의 몇몇 사원의 승려들이 供御物을 別貢의 형식으로 진상한 다음과 같은 몇 개의 사료를 볼 수 있다.

(A) 開元寺의 승 三印이 牛馬 각 一頭씩을 바쳤는데 王이 犒軍토록 명하였다(『인조실록』 권33, 14년 12월 辛卯).
(B) 城中이 被圍된지가 오래되어 供御諸物이 俱乏하였는데 漢興寺 승 希安이 白紙 40권과 山蔬·蘿葍菜 각 一石씩을 바쳐왔는데 종이는 備局에 賜給하여 日用紙로 하고 蔬菜는 王子·大臣·駙馬에게 分賜토록 命하였다(『인조실록』 권33, 14년 12월 甲午).
(C) 승 浩悅이 淸蜜을 바쳐왔다(『인조실록』 권33, 14년 12월 甲午).

위의 3개의 사료를 통하여 남한산성내에 있는 開元寺에서 牛馬를 養
畜하고 있었다는 사실과 漢興寺에서 白紙·산나물[山蔬]·무나물[蘿
葍菜] 등이 생산되었다는 사실, 그리고 성 안의 9개 사원 중 어느 한
사원에서 淸蜜을 생산하고 있었던 사실을 알 수 있다. 사료 (A)에서 알
수 있듯이 牛馬 각 1두씩을 헌납한 開元寺의 牧畜은 당시의 사회경제적
여건으로 보아 광범한 목장규모는 아니더라도 남한산성 내의 입지적 조
건으로 보아 牛馬 각 몇 두씩을 사원의 農幕에서 양축한 것으로 생각된
다. 開元寺가 남한산성 守備僧軍의 통솔자인 僧大將의 거주 사원임을
감안하면 성 외의 다른 사원에서 僧大將에게 기증한 牛馬를 상납한 것으
로도 볼 수 있지만, 또한 승대장의 거주 사원임에서 그 정도의 牛馬는
양축했을 것으로 믿어진다. 사료 (B)·(C)에서 白紙 40권과 산나물[山
蔬] 1石, 무나물[蘿葍菜] 1石 등과 淸蜜을 진상하고 있음을 본다. 이들
의 진상물이 주로 漢興寺를 비롯한 성내의 각 사원에서 생산되었음은 물
론이다. 그러나 남한산성 내의 각 사원에는 그 당시 여러 지방의 승려들
이 모여들었기 때문에 성외의 사원으로부터 수집하여 진상했을 수도 있
을 것이다. 만약 성외의 사원으로부터 이러한 물건들을 수집했을 경우에
는 남한산성이 被圍되기 전에 이미 수집해 놓았던 것이겠지만 被圍 중
供御諸物이 俱乏했었다는 사료 (B)의 뜻을 새겨 볼 때 피위 중에 성내
사승들이 구핍한 供御諸物을 염려한 나머지 성 밖에서 이러한 물건을 수
집하여 진상했던 것으로 볼 수도 있다. 왜냐하면 남한산성이 피위되어 있
는 중에도 漢興寺 僧 希安 등이 白紙 등 여러 物産을 진상했던 바로 그
날에 僧人 景雲이 江都로부터 돌아왔다는 기록으로[34] 보아 승려들의 성
밖 출입은 가능했던 것으로 보이기 때문이다. 僧人 景雲이 왕비를 비롯
하여 왕자 등이 피난하고 있던 江都에서 돌아왔다는 사실은 모종의 연락
등 첩보활동이었겠지만 성 밖의 사원으로부터 진상물을 수집해 왔을 경

---

34) 僧人景雲 還自江都(『인조실록』 권33, 14년 12월 甲午).

우도 있었을 것이다. 하여간 漢興寺僧 希安 등이 진상한 白紙 등은 성
내외를 고사하고 사원에서 승려들에 의해 생산된 물건들임은 틀림없는
사실이라 하겠다.

白紙 등 사찰의 제지업은 봉건적인 조선왕조의 경제사회에서 전형적
인 사원 수공업이었다.[35] 사찰의 제지활동에 대하여는 절을 달리하여
논하기로 하겠다.

漢興寺에서는 산나물[山蔬]과 무나물[蘿薥菜]도 생산하여 진상하였
다. 山蔬의 경우 어떤 유의 산나물인지 또는 어떤 방법으로 채취했는지
는 알 수 없지만 선조 29년 충청도 임천의 향림사에서 고사리[乾蕨]·
도라지[桔梗] 등이 생산되었던 사실로 미루어 보아[36] 고사리·도라지
등을 포함하여 여러 가지 사원의 특산물이라 해도 좋을 것이다. 사원에
서는 으름[木通實]·머루[山葡萄]·紅柿 등 山果實도 채취하였다.[37]
이러한 산과실이 성내사원의 진상물에 포함되었는지는 알 수 없으나 남
한산성이 피위된 시기가 과실이 보관되기 어려운 한 겨울이기 때문에 산
과실은 포함되지 않았다고 보는 것이 옳을 것이다.

蘿薥菜나 淸蜜 등은 예나 지금이나 일반화된 사원의 생산품이라 하
겠다. 사원에서 생산된 山蔬·蘿薥菜·山果實 등이 사원승려들의 수요
에 충당되어 자급자족해 갔을 것이며 차츰 진상물로 생산하여 갔던 모양
이다. 나아가 사원의 부업으로 場市에 販賣取息하여 사원경제에도 기여
했던 것은 아닐까?

이상에서 병자호란 중 인조가 남한산성에 피위되어 있을 때 성 내의
사원에서 供御한 여러 물건을 중심으로 당시 사원의 생산품을 일별하였

---

35) 李光麟,「李朝後半期의 寺刹製紙業」,『歷史學報』17·18합집, 1962.
36) 香林寺僧敬淳 送乾蕨 桔梗 及常紙一束 繩鞋一部(『瑣尾錄』제4,「丙申日錄」
　　정월 초10일).
37) 雲谷寺主持僧法蓮 因持木通實一筒 山葡萄一筒 紅柿三十餘介呈納(『瑣尾錄』
　　제4,「乙未日錄」8월 21일).

다. 이러한 진상물이 어떻게 생산되었는지, 그러한 생산품을 중심으로 어떻게 사원경제가 운영되어졌는지는 확실히 알 수 없다 다만 국왕이 적군에 피위된 지 오래되어 供御諸物이 구핍된 상황에서 성내의 사원에서 위와 같은 여러 供御物을 진상하고 있다는 데 그 중요한 의의를 찾을 수 있다고 하겠다.

Ⅳ. 승려의 製紙活動

승려들은 紙物을 수공업으로 생산하여 산업활동을 전개해 가기도 하였다. 원래 승려들의 지물생산활동은 불경인출을 위한 중요한 수공업이었다. 그러나 임진왜란으로 경제질서가 무너진 조선후기의 승려의 제지작업은 단순히 불경인출을 위한 사찰의 자급자족의 형태로 진행되어진 것은 아니었다. 국가 등 각 기관의 수요에 공급하기 위하여 승려의 제지작업이 진행되어 갔던 것이다.[38] 즉 임진왜란 때 軍援 등 明에 대한 외교문서용으로 사용될 表箋·咨文紙의 紙品이 추악하여 사대외교용으로 사용할 수 없기 때문에 僧人 중 善造紙者를 募入하여 製紙토록 했던 일이 있었다.[39]

조선후기에는 재정의 확보를 위한 '以地出役'으로의 세제개혁이 있었음은 주지하는 사실이다. 이와 같이 대동법이 실시되었음에도 불구하고 紙貢만은 여전히 계속 지방군현에서 상납하도록 결정되었던 것이다.[40]

---

38) 李光麟, 「李朝後半期의 寺刹製紙業」『歷史學報』 17·18합집, 1962.

39) 『선조실록』 권78, 29년 8월 戊申.

40) 대동법 실시 이후 현종 초년부터 紙貢만은 지방군현에서 상납키로 결정하였다 가(『備邊司謄錄』 제21책, 현종 3년 10월 초2일) 숙종 26년부터 국가수요량의 반은 지방군현에서, 그리고 그 반은 貢人에게 청부하여 충당토록 하였다(『備邊司謄錄』 제51책, 숙종 26년 정월 21일).

따라서 대동법 실시 이후 각 지방군현에 배당되는 지물은 전적으로 사찰에서 부담해야 하였다. 즉 각 사찰의 승려들은 지방관아의 부과로 중앙에 상납할 지물을 계속 제조해야 하였으며, 지방관아에 所用되는 지물까지도 제조해야 하였다.[41] 또한 영남과 호남지방의 경우, 각 사찰이 군영에 소속되어 지물을 상납하기도 하였다.[42] 이처럼 조선후기의 전국의 사찰은 마치 국가가 수요로 하는 지물생산소라 할 수 있을 것이며[43] 당시 승려들은 훌륭한 紙匠으로 인정되었던 것이다. 『정조실록』 권38, 17년 12월 丁丑에,

> 備邊司에서 啓하기를 種楮는 본래 僧業인데 三南의 사찰이 모두 凋弊되어 승도들이 散亡하였으므로 楮田이 황폐하였다. 그러므로 그 일을 계속 하기에는 流弊가 이미 오래다.

라는 기록에서 알 수 있듯이 비변사에서도 지물의 원료인 닥나무 재배는 본시 僧業이었다고 하였다. 이러한 말은 제지작업은 곧 승려들의 본업이란 뜻이라 하겠다. 지물제조의 입지적 조건이 첫째, 지물의 원료인 닥나무[楮]가 풍부해야 하며 둘째, 지물의 원료를 거름[抄造]에 있어 물이 깨끗하고 맑아야 할 것이다. 그렇다면 산간 협곡에 위치한 사찰이야말로 다량의 품질이 좋은 지물을 생산하는 입지적 조건으로 적격이었을 것이다.

한편 사찰에는 지물제조를 위한 시설물을 설치해야 하였다. 즉 사찰마다 지물의 원료인 닥나무의 껍질을 벗기고, 섬유소를 분해하기 위하여 절구로 찧는 石臼를 설치해야만 하였고,[44] 그 원료를 용해하고 거르기 위한 木桶을 설치해야만 하였다. 이러한 시설물은 규모가 어느 정도 큰 사

---

41) 『備邊司謄錄』 제201책, 순조 11년 3월 19일.
42) 『備邊司謄錄』 제59책, 숙종 34년 2월 30일.
43) 李光麟, 앞의 논문 참조.
44) 梁山 通度寺 聖寶博物館에 紙物製造에 사용되었던 石臼가 아직도 남아 있다. 그 규모가 길이가 2.73m, 넓이가 2.01m, 깊이가 0.45m나 되는 것으로 보아 당시 통도사의 제지작업이 대단했던 것임을 짐작할 수 있다.

찰이라면 전국 어느 지방이든 설치되어 있었던 것으로 생각된다.[45] 이러한 제지시설물을 이용하여 각 사찰에서는 어느 정도의 지물을 생산했는지는 확실히 알 수 없다. 그러나 현종 11년 현재, 전라도의 경우 매년의 捧納紙가 大刹이 80여 권, 小刹이 60여 권이었음을 고려해 볼 때[46] 각 사찰의 제지량이 상당이 다량이었음을 짐작하기에 어렵지 않다. 그리고 승려의 제지작업에 있어서 닥나무 등 제지원료는 군영으로부터 공급받아 제조했던 경우도 있다. 『備邊司謄錄』제122책, 영조 27년 2월 29일,

> 右沿岸 각 읍의 5·6사찰이 統營으로부터 生楮 10,000근, 生麻 15,000근을 공급받아 熟正하여 納付토록 하였는데 楮로 造紙하는 것은 승려에게 熟正토록 하는 것이 可하나 麻는 戰船에 쓰이는 것인 바 다시 받아서 布防軍으로 熟正토록 하는 것이 당연한데 승려를 시키는 것은 천만부당한 것으로 이야말로 큰 僧弊이다.

라고 한 기록에서 알 수 있듯이 統營으로부터 15,000근의 生楮를 공급받아 제조하여 상납했던 것이다. 그러나 "種楮는 본시 僧業이다"라고 한 비변사의 啓言처럼[47] 승려들의 자급으로 제지산업이 진행되어 갔던 것이 당시의 일반적인 현상이라 하겠다.

조선후기 승려의 제지작업은 이미 앞에서도 언급한 바와 같이 주로 국가 등 각 기관의 수요에 공급하기 위하여 이루어졌던 것이다. 이러한 승려의 제지작업이 활발하게 진행되어 가기 위해서는 각 관아나 군영으로부터 적당한 紙價가 지불되어야 했다. 그러나 각 관아나 군영으로부터 적당한 가격은 지불되지 않았다. 時價의 3분의 1 정도가 지불되었을 뿐이다.[48] 따라서 승려들은 紙役을 가장 煩重한 부담의 하나로 느끼게 되

---

45) 지물의 주산지는 삼남지방이었지만 주산지가 아닌 영변의 묘향산 사찰에까지 木桶이 설치되었던 것이다(『정조실록』권16, 7년 10월 丁亥).
46) 『현종실록』권18, 11년 10월 辛卯.
47) 『정조실록』권38, 17년 12월 丁丑.
48) 『備邊司謄錄』제169책, 정조 10년 7월 24일.

었으며[49] 지물제조의 사찰은 殘敗를 면할 수 없게 되었던 것이다.[50] 결국 종이를 만드는 승려들은 지방관이나 군영으로부터 가렴주구를 당했다는 이야기이다. 특히 對淸事大에 따른 조공품으로 淸에 조달되는 지물이 전적으로 삼남지방의 사찰승려에 의해 제조되었기 때문에 삼남지방의 승려들은 더욱 극심한 가렴주구를 당했던 모양이다. 즉 현종초 白谷 處能이 「諫廢釋敎疏」에서,

> 佛道는 陵遲를 당하고 僧政은 浩穰한데 編戶는 齊民과 똑같이 하고 있다. 兩西지방에는 軍籍者가 많으며, 삼남지방에는 官의 徵發에 응하는 자가 많은데 中國에 貢獻하는 紙楮는 모두 승려들로부터 나온다. 上司에게 雜物의 進納도 모두 갖추어야 하고 그 외에 百役을 萬般으로 督索하며 衙門은 纏退하고 官令은 繼續되며, 忙迫하여 失期라도 하면 곧 囚繫를 당하고, 창졸간에 罔措라도 하면 곧 채찍질을 당한다.[51]

라 지적한 데서 저간의 사정을 이해할 수 있을 것이다.[52] 즉 淸에 헌납하는 紙楮之貢이 모두 승려로부터 나온다는 것이며 그에 따른 폐단이 대단했다는 것이다.

이상에서 살펴 본 바와 같이 조선후기 승려의 제지작업은 주로 관에 공납을 위해 추진되어 갔던 것이다. 따라서 관아나 서리의 가렴주구의 대상이 되었을 뿐이며,[53] 사원경제의 경영을 위해서는 크게 도움이 되지 못했던 것 같다. 그러나 『備邊司謄錄』 제170책, 정조 11년 정월 초 1일,

---

49) 효종 5년에 特進官 李時昉이 전라도의 列邑寺院의 紙役의 고통을 상소하였다 (『備邊司謄錄』 제17책, 효종 5년 5월 초4일).

50) 『備邊司謄錄』 제102책, 영조 13년 12월 초 2일.

51) 『白谷集』 권1, 「諫廢釋敎疏」 中.

52) 인조 27년 정월부터 3월까지 3개월 동안 淸에 조달된 공물은 白綿紙가 13,300 권, 霜華紙가 290권이었으며, 앞서 歲幣・冬至 등 使行의 方物로 9,000권을 바쳤던 것이다(『備邊司謄錄』 제13책, 인조 27년 3월 28일). 對淸朝貢에 대하여는 全海宗, 「韓中朝貢關係綜考」 『震檀學報』 29・30, 1966 참조.

53) 李載昌, 「朝鮮時代 僧侶甲契의 硏究」 『佛敎學報』 13, 1976.

松商輩들이 각 사찰에 屯聚하여 方物紙를 潛買하여 육지로 柵門에 들어
가 하나의 關市를 열었다. 松商을 엄금하고 있는데 潛越之患이 없지 않아 保
存之地를 하기 위함이다. 白綿紙는 모두 事大物種인데 朝家의 前後顧恤이
한두 가지가 아니지만 恒常 充數하는 데는 남음이 있으니 價本의 귀함이 이
지경에 이르렀다.

라고 한 기록과 『同謄錄』 제172책, 同王 12년 정월 초8일,

松商輩들이 승도들과 체결하여 方物中 最優者를 택하여 潛買하고 또한
別壯紙·雪花紙物을 구하여 육지로 柵門에 들어가 關市를 열었다. 實로 前
頭에 生事之意로 각별히 嚴禁하는 뜻을 該道에 分付하였던 것이다. 영호남
의 승역을 減給하는 것과 松商에게 紙物潛賣하는 것도 전후에 奉承한 傳旨
를 關飭한 것도 한 두 번이 아니니 그 弊가 오직 臺諫에 의함이니, 곧 呼籲에
이르렀다.

라고 한 기록에서 알 수 있듯이 정조 연간에는 製紙僧과 당시 대표적인
私商 松都商人이 연결되어 있었음을 본다. 즉 松商이 사찰에 가서 紙物
을 구입하여 중국대륙에 수출하고 있었던 것이다. 이러한 사실은 당시 승
려의 제지활동이 사원경제에 기여하고 있었다는 증거이기도 한 것이다.[54]
　요컨대 조선후기 승려의 제지활동은 주로 국가 등 諸機關에 소용되는
紙物을 비롯하여 對淸貢物의 생산을 위해 추진되었지만, 한편으로 松商
과의 연결을 통하여 고갈된 사원경제를 일으키는 데 一助가 되었을 것
이라 하겠다.

V. 契의 조직을 통한 승려의 산업활동

조선후기에 이르러 사원경제는 극도로 고갈되어 갔으며, 또한 이 무

---

54) 劉元東, 『韓國近代經濟史硏究』, 一志社, 1977, 282~290쪽.

렵 사원은 관아나 서리의 가렴주구의 대상이 되어 궁핍의 도는 더욱 심
해갔다. 결국 승려들은 신분적으로나 경제적으로 최악의 지경에 도달했
던 것이다. 따라서 당시 승려들은 이와 같은 어려운 상황에 놓여있는 사
원경제를 타개하여 사원을 유지하는 방안을 강구해야만 하였다. 그리하
여 그들은 托鉢·祈禱·田地의 개간 등을 통해 수입을 얻는 외에도 앞
절에서 이미 밝힌 바와 같이 미투리·제지 등 수공업을 비롯하여 누룩
만들기, 심지어 품팔이까지도 서슴지 않았던 것이다.[55] 그러나 이러한
승려 개인적인 수입으로 사원을 유지·운영해 가는 데는 많은 어려움이
있었을 것이다. 따라서 승려들은 사원의 보사행위를 위해 개별적인 소량
의 수입을 한 곳에 鳩聚하여 다량의 재화로 불리어야 할 필요성을 느꼈
던 것이라 믿어진다. 이와 같은 사원경제적 상황이 당시 사원을 중심으
로 한 계조직의 유행을 보게 된 소이라 하겠다. 그러므로 조선후기 사원
을 중심으로 조직된 계는 사찰에 전답과 재화 등을 헌납하여 사찰의 재
산을 증대시켜 어려운 사원경제를 타개하기 위한 일종의 사설금융기관
의 성격을 띠고 있었던 것이다.[56]

　조선후기 사원을 중심으로 하여 조직되었던 계는 甲契·魚山契·彌
陀契·地藏契·羅漢契·七星契·涅槃契·成道契·誕辰契·都宗
契·私宗契·書廳契·判廳契·佛享契·積善契·慈悲契·龍華契·
念佛契·南月僧契·누룩契 등 20여 종이나 되었으며[57] 큰 사찰에는 10
여 종 이상의 사원계가 동시에 조직되어 있었던 것으로 짐작된다. 이러한
20여 종의 사원계 중에서 신도들을 대상으로 계금을 鳩聚하여 그것을 本
으로 삼아 그 利息으로 當該殿閣의 불사경비를 충당함으로써 보사행위

---

55) 高橋亨, 『李朝佛敎』, 779쪽.
56) 李載昌, 「朝鮮時代 僧侶甲契의 硏究」 『佛敎學報』 13, 1976.
57) 사원계의 고대적 형태로서는 신라시대의 功德寶·占察寶, 고려시대의 父母忌
　日寶·佛名經寶·廣學寶·佛寶·金鐘寶·般若經寶 등이 있었다(李載昌, 앞의
　논문 참조).

를 전개해 갔던 것으로 彌陀契·地藏契·羅漢契·七星契·涅槃契 등
이 있었다(梵魚寺의 경우). 이와는 달리 승려들만이 구성원이 되어 계금
을 구취하여 보사행위를 목표로 조직되었던 계는 甲契·都宗契·私宗
契(門中契)·魚山契·書廳契·判廳契 등이 있었다(梵魚寺의 경우).58)

〈표 3〉 승려들로 구성된 계(梵魚寺의 경우)

No	契名	구성원의 자격
1	甲契	동갑 또는 비슷한 연령의 승려들
2	都宗契	입실한 승려들
3	私宗契(門中契)	동일 문중의 승려들
4	魚山契	지전직을 맡은 승려들
5	書廳契	서기직을 맡은 승려들
6	判廳契	장례시 상여를 메는 승려들

　　<표 3>에서 알 수 있듯이 이들 계는 구성원의 자격이 승려들이어야
되었고 또한 그 목적이 다같이 보사행위에 있었던 것이다. 그러나 보사
행위의 정도에 있어서는 甲契가 으뜸이었다. 즉 전답을 매입하여 사찰에
시납한 예가 갑계 외에는 드물었던 것이다.59) 다시 말하여 사찰에 전답
의 헌납에서 가장 그 기여가 컸던 것이 갑계였던 것이다. <표 2>에서
알 수 있듯이 범어사의 경우 전답헌납을 비롯하여 租錢 등을 헌납하였
으며 심지어 祖師들의 眞影까지 新造했던 것으로 갑계의 보사행위가 대
단했던 것임을 짐작하고도 남음이 있다. 이와 같이 승려들이 보사행위를
목표로 契金을 鳩聚하여 조직한 갑계 등은 사유재산제도가 크게 발달하
기 시작하고 승려의 사유전답이 인정되었던 17세기 후반부터 이미 유행
되었을 것으로 생각된다.60)

---

58) 범어사 소장문서에 의함.
59) 李載昌, 앞의 논문 참조.
60) 李載昌은 사원의 甲契가 대략 16세기 말에서 17세기 초에 걸쳐 등장하기 시작
　　하여(초기단계) 18세기 후반 사원보수를 주로 하는 단계를 거쳐(제2단계) 19세
　　기 후반부터는 전답과 金錢納寺를 주로 하는 곳으로 진전되었다고 하였다(제3

다음으로 승려들로 구성된 사원계가 구체적으로 어떻게 운영되어 갔는지 살펴보기로 하자.[61]

첫째, 구성원의 자격은 <표 3>에서 알 수 있듯이 범어사의 경우, 갑계는 동갑의 승려들로 구성되는 것이 원칙이지만 승려 수가 많지 않은 사찰의 경우 비슷한 연령층으로 구성되었던 것이라 하겠다. 범어사의 경우 子・午年마다 조직하여 6년 차의 동갑으로 조직했던 것이다(<표 4> 참조). 都宗契와 사종계는 연령이 무시된 채 法緣을 중심으로 조직되었다고 하겠으며, 魚山契・書廳契・判廳契 등은 職役을 중심으로 조직되었던 것이라 하겠다.

〈표 4〉 甲契補寺碑에 나타난 補寺實績(梵魚寺)

No	補寺壇名	設立年日	契員數	補寺內容
1	丙子甲契補寺壇	1863년 8월	29인	阿彌陀佛碑新堅, 元曉義湘両大和尙眞影新造, 十王居彩를 위한 入畓 500斗
2	戊子甲契補寺壇	1874년 正月	11인	獻畓 127斗地, 錢 700両 納寺
3	甲午甲契補寺壇	1880년 4월	16인	立畓 170斗地, 佛器 59點 納寺
4	庚子甲契補寺壇	1891년	12인	獻畓 256斗落, 錢 670両, 獨聖閣新造 100両, 元曉義湘両祖師眞影 90両, 持殿石函
5	戊午甲契補寺壇	1905년 春	26인	入畓 81斗, 錢 1,500両 納寺, 八相殿重修, 內院禪會, 極樂地藏契 各 100両
6	丙午甲契補寺壇	1910년 4월	15인	觀音殿麻旨畓 30斗 5刀, 寺中入畓 127斗地, 錢2,800両
7	甲子甲契補寺有功壇	1915년 11월	14인	畓 84斗落, 金 100圓, 租 35石
8	庚午甲契補寺壇	1916년 冬	13인	畓 79斗落, 金 800圓
9	甲子甲契補寺壇	1920년 冬	14인	畓 295斗落, 華嚴經 1秩
10	丙子甲契補寺壇	1928년 5월	19인	獻畓 50斗, 金 500圓
11	壬子甲契補寺壇	1941년 4월	13인	入畓 47斗地, 入金 440圓
12	甲午甲契補寺壇	1947년 5월	38인	獻畓 70斗地, 獻金 500圓

단계). 앞의 논문 참조.
61) 僧侶甲契의 운영에 대하여는 李載昌의 앞의 논문 참조.

둘째, 계원의 수는 계 자체가 집단성을 띠고 있음에서 상한은 없다고
보아야 할 것이며, 하한은 있다고 해야 할 것이다. 범어사 갑계의 경우
하한이 10인 이상이었음을 알 수 있다(<표 4> 참조).

셋째, 任員으로는 계를 대표하는 契長과 원금의 관리와 그것의 대여
및 이식의 징수 등 실무를 담당하는 有司가 있었을 것이다. 통도사 갑계
의 겨우 계장격인 갑장이 있었으며62) 그 밑에 임기 1년의 윤번제로 소
임(有司格)이 2명이 있어서 사무를 담당했던 것이다.

넷째, 契金의 관리에 대하여 살펴보자(梵魚寺와 通度寺의 甲契의 경
우). 契金은 契發足時 일시에 불입해야 하였다. 따라서 계원은 넉넉한
자기 재산의 소유자라야 되었다. 여타 승려계가 法緣 또는 職役을 중심
으로 조직될 경우 넉넉한 자기 재산은 문제가 되지 않았을 것으로 보인
다. 일시에 불입된 계금은 所任들이 맡아서 자금을 필요로 하는 사람에
게 대여하고 일정한 기일이 되면 원금과 함께 이자를 회수하여 재회전시
켜 갔던 것이다. 대부의 대상은 승려와 속인이 포함되었으며 대부이식은
연리 3~5分이었다.63) 이와 같이 자금을 증식해 가면 수년이 경과하는
동안 원리금 합계가 그들이 당초 목표했던 액수에 도달하면 이것으로 전
답 등을 매입하여 잔여자금과 함께 전부 사찰에 헌납했던 것이다. 갑계
외의 여타 승려계도 계금의 규모는 작았을지 모르나 자금증식방법은 동
일했던 것으로 보인다. 단지 목표자금의 규모도 소액이었을 것으로 보아
전답 등의 매입보다는 금액을 헌납했던 것으로 생각된다. 다섯째, 계의
존속 연한은 범어사의 경우, 갑계는 당초 예정한 목표액에 도달할 때까
지 계속되어 갔다. 따라서 일정한 존속 연한은 없었지만 일반적으로 5~
6년에 끝났던 것이다.64) 그러나 법연을 중심으로 조직된 都宗契와 私宗

---

62) 通度寺의 甲長은 계원 중에서 선출된 대표자가 아니라 선행된 甲契에서 모신
　 일종의 고문격이라 하였다(李載昌, 앞의 논문 참조).
63) 梵魚寺 甲契의 경우 年利 3分, 通度寺 甲契의 경우 年利 5分이었다(李載昌, 앞
　 의 논문 참조).

契는 그 성격으로 보아 일정한 존속 연한이 없다고 해야 할 것이며, 또한 職役을 중심으로 조직된 魚山契·書廳契·判廳契 등은 그 직역이 계속될 때까지 존속되어 갔다고 해야 할 것이다. 끝으로 승려계의 기능은 범어사의 경우, 갑계는 계원 간의 친목도 도모하였으나 주목적은 철저하게 補寺 위주였음을 <표 4>에서 짐작되는 바이다. 그러나 여타 승려계는 그 구성원의 자격으로 보아(<표 3> 참조) 보사도 도모하면서 계원 상호간의 친목을 위주로 했던 것이 아니었나 싶다.

이상에서 조선후기에 계를 조직하여 보사행위를 영위해 가는 승려들의 경제적 활동을 간략하게 살펴보았다. 당시 승려들의 계조직활동은 역사적 의의가 사뭇 컸던 것으로서, 첫째, 조선불교 및 사찰유지의 중요한 경제적 기반이 되었던 것이며, 둘째, 승려들의 상호부조정신이 더욱 배양되고 단결을 도모하게 되어 포교조직을 정비하고 나아가 강화시켜 갔던 것이다. 셋째, 당시 탐관오리의 착취에 허덕이는 농민에게 농자금으로 계금이 융자되어 그들의 활로를 개척해 주는 서민금융기관의 구실을 했던 것과 같이 사회보장사업에도 이바지했다는 사실이다.

VI. 결 어

임진왜란의 발발로 조선의 정치·경제·사회·문화 등 모든 면이 크게 혼란해진 가운데 불교계는 오히려 그 위치가 부각되어졌다. 그렇지만 당시 국왕들의 불교정책은 일정한 방향없이 무질서하게 시행되어 갔다. 인조는 즉위 초에 승려의 도성출입을 금했는가 하면 남한산성의 축조와 수비 등 승군을 크게 이용하기도 하였다. 현종은 즉위 초부터 승려의 환속을 권하고 도성의 尼院을 철폐하는 등 적극적인 방법으로 억불을 단

---

64) 李載昌, 앞의 논문 참조.

행한 것이 유명한 백곡선사의 「諫廢釋敎疏」를 유발하기까지 하였다. 白
谷禪師의 「諫廢釋敎疏」는 현종의 억불정책을 好佛로 전환해 놓았다.
이처럼 혼란된 사회적 위치에서 불교는 민중을 교화하는 하나의 신앙으
로 굳건히 유지 발전하여 갔다. 이러한 사회적 상황에서 사원에서는 사
원승려의 자급자족과 공물의 상납을 위하여 여러 가지 산업을 일으켜야
만 했다. 漣川의 圓寂寺에서 미투리를 생산했던 것도 이러한 필요에서
이루어진 경우라 하겠다.

平康 浮石寺의 사정은 좀 상이하다. 浮石寺는 미투리를 대량으로 생
산하여 상품으로 발전시켜 갔다. 즉 浮石寺의 미투리 수공업은 유교적
인 봉건경제체제하에서 부업적인 가내수공업의 경지를 넘어서 사원을
중심으로 한 분업적 수공업으로 발전해 갔다. 결국 부석사 승려들이 상
공업 중심의 이용후생을 가장 먼저 실천해 간 것이라 하겠다.

사원에서는 미투리 수공업뿐만이 아니라 제지수공업·목축·채소·
과실·산채·산과실 등 광범하게 생산하여 자급자족해 갔다. 뿐만 아니
라 공물의 대상이 되기도 했고 부업으로 場市에 판매하여 사원경제를
영위해 갔다. 특히 남한산성내의 사원에서는 병자호란 때 인조가 남한산
성에 被圍되어 교통의 두절로 供御物이 구핍되었음을 알고 牛馬·白
紙·山蔬·蘿菖菜·淸蜜 등을 진상하여 공어물에 충당되었다. 이와 같
이 국가가 위기에 처해 있을 때 사원 승려들은 경제적으로도 크게 기여
하고 있었다. 한편 사원에서는 국가에 수요되는 지물의 공납을 위해 제
지수공업을 진행시켜 갔으며 이러한 작업을 통하여 사원의 유지경비 일
부가 충당되기도 하였고 특히 승려 간의 계 조직을 통하여 고갈된 사찰
의 운영비가 마련되었고 나아가 사원위전답을 조성하기도 하였다. 그것
뿐만 아니라 때에 따라서는 願堂을 빙자하여 방납활동도 하여 갔던 것
이다.65)

---

65) 『인조실록』 권6, 2년 8월 乙未 ; 劉敎聖, 「李朝 貢人資本의 硏究」『亞細亞硏究』

사원승려들은 유교적인 봉건경제체제하에서 이상과 같은 방법으로는 곤궁한 사원경제를 바로 이끌어간다는 것이 무리임을 깨달은 모양이다.[66] 그리하여 일반인들이 무관심했던 도서지방까지 산업활동을 전개해 갔던 것이다. 즉 일본으로부터 울릉도가 '永續朝鮮'이란 공문을 받아온 東萊人 安龍福 등과 같이 일본에 다녀온 順天의 승려 雷憲·勝淡·連習·靈律·丹責 등이 그 주인공들이다.[67] 안용복 등이 울릉도에 왕래하게 된 동기도 雷憲 등 승려들의 인도로 이루어졌음은『숙종실록』 권30, 22년 9월 戊寅에,

> 備邊司에서 安龍福 등을 推問컨대 龍福은 본래 東萊에 살았는데 어머니를 보기 위해 蔚山에 갔다가 雷憲 등을 만나서 頃年에 울릉도에 왕래하였다는 이야기를 들었다. 또한 本島에는 海物이 豊富하다는 말에 마음이 움직여 드디어 같이 乘船하였다. 寧海의 蒿工 劉日夫 등과 같이 出發하여 本島에 도착하였다.

라고 한 기록에 잘 나타나 있다.

위의 사료에서 보이듯이 승 雷憲 등은 근년에 울릉도에 왕래한 경험이 있고 또한 이들이 울릉도에 해물이 풍부한 사실을 말한 점으로 보아 수년 전부터 울릉도의 해물을 중심으로 산업활동을 진행해 갔던 것으로 짐작된다. 승려들이 어떠한 형태로 해물산업을 진행시켜 갔는지는 지금으로서는 구체적으로 알 길이 없지만 승려들의 산업의식이 확대되어졌

7-4, 1964 ; 韓佑劤,「李朝後期 貢人의 身分」『學術院論文集 人文社會科學』5, 1965.

66) 당시 사원에서는 피폐한 사원경제를 바로 잡기 위하여 비상한 조치를 취했다. 예컨대 해남 대흥사에서는 보사청을 설치하여 운영함으로써 사원경제를 경영해 갔다(제3부 제1장 참조).

67) "東萊人 安龍福 興海人 劉日夫 寧海人 劉奉石 平山浦人 李仁成 樂安人 金成吉 順天僧 雷憲 勝淡 連習·靈律·丹責 延安人金順立等 乘船往鬱陵島 轉入 日本 國伯耆州 與倭人相訟後 還到襄陽縣界 江原監司沈枰 跥囚其人等 馳啓 下備邊司"(『숙종실록』권30, 22년 8월 壬子)라는 기록에서 알 수 있다.

기 때문에 이처럼 능동적으로 島嶼 등 특수한 지역에서 특수산업인 水産 부분까지 산업활동을 전개시켜 가지 않았나 추측되는 바이다.

요컨대 조선후기 사원승려의 산업활동은 대단했던 것으로서 미투리·白紙 등 사원수공업을 비롯하여 山菜·山果實·農產物·淸蜜 심지어 牧畜까지도 확대되어 있었으며 나아가 島嶼 지방의 수산업에까지 승려의 산업활동은 확대해 갔던 것이다. 이러한 승려의 산업활동은 피폐해간 조선후기의 사회경제계에 많은 영향을 끼쳤다고 하겠다.

제2장
승려의 사유전답

Ⅰ. 서 언

조선왕조와 같이 농업을 근본으로 하는 봉건적 경제구조하에 있어서는 부의 기본형태가 곧 토지를 소유하는 것이었다. 사찰도 사원경제를 경영하기 위하여 부를 추구해 가야만 하였으며, 따라서 사찰마다 사위전답을 조성하고 그것을 증대시켜 가야만 하였다. 그러나 사찰전답의 지나친 확대는 급기야 척불운동을 유발하였고, 나아가 共認寺院의 제한과 함께 사원전을 정리하게 하는 계기가 되었다. 즉 1406년(태종 6)에 사원전이 5·6만 결이나 회수되어 졌고, 1424년(세종 6)에는 선·교 양종으로의 종파통합과 아울러 36寺의 공인사찰에만 사위전 7,950결을 배정하였다.[1] 이 때 공인에서 제외된 수많은 여타 사찰은 곧 혁파된 것은 아니며, 이들이 사원

---

1) 조선 초기의 불교정책에 대하여는 韓㳓劤이 「麗末鮮初의 佛敎政策」(『서울대論文集 人文社會科學』 6, 1957)과 「世宗朝에 있어서의 對佛敎政策」(『震檀學報』 25·26합병호, 1964)에서 抑佛의 입장에서 상세히 다루어졌다. 또한 필자도 제1부 제1장에서 왕권강화라는 측면에서 사원전이 정리되었음을 다룬 바 있다.

경제를 경영하기 위해서는 전세를 부담하는 민전과 다를 바 없는 사위전
을 조성해야만 하였다.[2] 요컨대 조선초의 사위전은 면세지로 공인된 사위
전(소위 私田)과 민전과 다를 바 없는 전세를 부담하는, 즉 公認外寺位田
(소위 公田)이 있었던 것이다.[3] 好佛의 군주 세조는 면세지로 공인된 사
위전을 확대시켜 주기도 하였으며[4] 사원전을 '각자수세'의 전답으로 규정
하여 보호해 주기도 하였다.[5] 그 후는 군왕의 교체에 따라서 면세지로 공

---

2) 千寬宇는 조선전기 寺田이 정책적으로 정리되었지만 반면에 개인 소유의 민전
   과 같은 私田은 별도로 조성되어 갔음을 지적하여 많은 교시를 주고 있다(『近
   世朝鮮史硏究』, 194~195쪽).
3) 조선시대 토지제도는 고려시대의 경우와 같이 "普天之下 莫非王土"(『春秋左傳』
   昭公篇 및 『孟子』萬章 上篇)라고 하는 왕토사상으로 이해되어 왔다. 그러나
   이러한 왕토사상은 토지국유론에 의거한 동양의 전통적이며 관념적인 주장이
   며, 실제 조선왕조의 토지소유형태는 원칙적으로 사유제였다(千寬宇, 『近世朝
   鮮史硏究』, 149쪽).
4) 세조 10년 福泉寺에 노비 30구와 함께 田 200결을, 동왕 11년 원각사에 田 300
   결을 사급하였으며, 동왕 13년에는 산산제언을 상원사에 사급하기도 하였다
   (제1부 제2장 참조).
5) 『경국대전』에 寺位田은 衙祿田・公須田・渡田・崇義殿田・水夫田・長田副長
   田・急走田 등과 함께 '各自收稅'하는 田畓으로 규정되었다(「戶典」, 諸田). 이
   때 사찰에서 濫徵을 염려하여 그 금지를 『經國大典』「戶典」雜令에 다음과 같
   이 규정하였다.

   寺田稅 高重收納者 許佃夫告司憲府治罪 其濫收物還主 元田稅沒官

   여기 寺位田은 公田・私田의 구별이 없어졌다 하더라도(千寬宇, 앞의 책, 20
   쪽) 공인된 寺位田에 한한 것으로 보아야 한다. 왜냐하면 성종 11년 壬申에 前
   正言 丁克仁이 兩宗所屬의 寺社가 전라도 2,000, 경상도 3,000, 충청도 1,500,
   강원・황해도 각각 1,000, 영안・평안도 각각 1,000, 경기・경산 1,000 등 1만
   여라고 한 사실로 미루어 보아 이들 사찰의 위전이 모두 '各自收稅'하는 전답
   으로 보기는 곤란하기 때문이다. 그러나 이 때 丁克仁이,

   常時朝夕 及冬夏安居之費 皆出於民 維彼髡首 金玉其居 逸樂其身 不蠶而衣不
   耕而食(『성종실록』 권122)

   이라고 한 것으로 보아 공인 외 寺位田이라 하더라도 自耕하지 않고 竝作을 시
   킨 경우라 하겠다. 한편 『經國大典』에 "私奴婢田地 施納寺社巫覡者 論罪後其
   奴婢田地屬公"(「刑典」禁制)이라 하여 寺社에 노비와 전지의 시납을 금하였다.

인된 사위전이 제한되기도 하였으며,[6] 반면에 확대되기도 하였지만,[7] 전
세를 부담하는 공인외의 사위전은 여전히 계속 유지되어 갔던 것이다.

임진왜란과 병자호란 등 양대 전란을 겪은 조선후기에 이르러서는 집
권 유생들은 전쟁·흉년 등으로 고갈된 재정의 확보를 위하여 '以地出役'
을 원칙으로 하는 세제개혁을 단행하였다. 이와 같은 '이지출역'의 세제개
혁에 따라 稅源을 찾는 한 방법으로 1663년(현종 4)에 전국의 사위전이
완전히 회수되어진 것으로 전하여 온 것이 종래의 일반적인 견해였다.[8]
그러나 1720년(숙종 46) 海州 神光寺의 위전이 4結 17負 5束,[9] 1741년

---

6) 연산군은 11년(1505)에 전국의 寺位田을 완전히 회수하였으며(『연산군일기』 권
60, 11년 12월 乙丑) 반정으로 즉위한 중종은 즉위 초에 王牌 있는 水陸社(寺)·
陵寢寺·內願堂 등 일부 사찰에 한하여 사위전을 환급하였다(『중종실록』 권1,
원년 10월 庚午 및 권26, 11년 11월 癸未).

7) 문정대비는 폐지했던 선·교 양종과 僧科를 復設하였으며, 寺位田에 대해서도
면세조치를 하였다(『명종실록』 권17, 9년 8월 乙未). 이 때 공인 사위전이 아닌
공인 외의 사위전도 면세의 대상이 되었던 것일까? 즉 명종 7년(1552) 정월 庚戌
에 持音·住持를 抄擇하여 공적으로 파견한 사찰이 395사였다(『명종실록』 권
13). 이러한 사실은 세종 6년(1424) 4월에 공인된 36사가 약 130년간에 11배로 증
가되었음을 말하여 주는 것이다. 성종 초 전국의 사찰이 1만 여라 하였던 것으로
보아(註 5 참조) 1만 여 사찰 중 명종 7년 정월 395사가 공인된 것으로 생각되기
때문에 공인 사찰이 세종초보다 11배의 증가로 볼 수 있다. 그러나 단순히 이렇
게만 보아 넘길 때 조선전기 불교교단의 사회적 위치를 오도하고 있다는 빈축을
면하지 못할 것이다. 즉 필자는 태종 6년 전국의 공인 사찰이 242사였음을 보아
왔다. 세종 6년에 공인된 36사는 태종이 공인한 242사에서 선택되었을 것이며,
따라서 36사는 오늘날 본산사찰처럼 인근의 소사찰을 末寺의 형식으로 흡수한
사찰연합의 형태로 보아야 하지 않을까? 즉 태종 연간에 공인된 242사는 세종
6년에 공인된 36사를 포함하여 실질적으로 공인과 다를 바 없는 위치였다고 보
아야 할 것이다. 이렇게 이해하는 것이 세종의 종파통합의 의도와도 부합되는
것이 아닐까? 결국 태종 연간에 공인된 242사가 명종 7년에 이르러 395사로 증
가한 것이 아닐까? 한편 명종 7년 2월 辛丑에 선종소속 20, 교종소속 39(『명종실
록』 권13)라 하여 선·교양종의 사찰이 59사였음을 밝히고 있다. 이것이 세종 6
년의 본산사찰 36사가 59사로 증가되어진 것은 아닐까? 요컨대 명종 초 사위전
에 대한 면세조치는 공인 사찰 395사에 한하여 이루어진 것이라 하겠다.

8) 高橋亨, 『李朝佛敎』, 990~991쪽.

9) 『朝鮮金石總覽』 下, 海州 神光寺事蹟碑.

(영조 17) 金山 黃岳山 直指寺의 位田이 30結[10) 등이었다는 사실은 조선
후기 사위전의 소유형태를 재검토하지 않을 수 없게 하였다.

한편 1719년(己亥, 숙종 45)에 작성된 全羅道 完山郡 薍田面量案에
楸洞坪 學字畓,

| 第九 北犯 | 參等
梯畓 | ⋯⋯⋯⋯ | 臺負
捌束 | ⋯⋯⋯⋯ | 起主僧聖俊[11) |

이라고 한 기록이 보인다. 즉 18세기 초에 승려 聖俊이 畓 1負 8束을
사유하고 있었다는 것이다. 따라서 필자는 조선후기 승려의 사유전답에
주목하여 특히 '이지출역'의 세제개혁으로 토지에 대한 경제적 비중이
전례없이 높아져 간 시기이며, 또한 활발한 민간경제의 伸張期라 할 수
있는 17세기부터 18세기 전반까지의 기간 동안 승려가 전답을 사유하게
된 역사적 배경의 하나라 생각되는 사위전의 소유형태와 승려 전답사유
의 사회적 배경을 검토하고 나아가 승려 사유전답의 조성과 그 전승에
대하여 고찰해 보고자 한다. 이러한 작업을 통하여 조선후기 사원경제의
윤곽이 밝혀질 것이며, 따라서 당시 불교교단의 사회경제적인 위치를 이
해하는 데 도움이 될 것으로 생각된다.

Ⅱ. 승려의 전답사유의 역사적 배경

1. 조선후기 사위전의 소유형태

조선시대의 불교교단은 임진왜란 동안 승군을 조직하여 왜적을 격퇴

---

10) 『朝鮮金石總覽』 下, 金山 黃岳山 直指寺事蹟碑.
11) 金容燮, 『朝鮮後期農業史研究』 Ⅰ, 83쪽.

하고 축성을 하는 등 군사적 활동으로 호국불교의 진가를 발휘하여 위기에 처한 조국을 구하는 데 크게 이바지하였다.[12] 이러한 일련의 승군활동은 임진왜란 이후 정치·경제·사회 등 제반체제의 혼란과 짝하여 사위전을 확대시켜 가는 하나의 계기가 되었던 것이다. 즉 명종의 배후에서 섭정했던 好佛의 문정대비가 동왕 20년(1565)에 서거하자 능침사만을 남기고 모든 사위전을 모두 推刷하여 軍資에 보충하도록 조치되었으나[13] 이 조치는 잘 이행되지 않았으며,[14] 오히려 임진왜란과 광해군의 混政 등에 편승하여 사위전은 더욱 확대되어 갔다.

당시 사위전은 면세지로 공인된 사위전과 민전과 같은 전세를 부담하는 사위전의 구별이 있었다. 따라서 당시 면세지로 공인된 사위전의 확대는 궁방전의 확대, 官屯·軍屯田의 확대, 권세가의 전답 私占 등과 함께 면세지로서 대토지 점유 경향의 실태를 말하여 주는 것이라 하겠다.[15]

반정으로 즉위한 인조는 廢朝의 弊政을 개혁하는 일이 당면한 과제였다. 그 중에서도 누적되어 온 패정의 고갈을 극복하는 것이 가장 급한 작업이었다.

---

12) 安啓賢, 「朝鮮前期의 僧軍」『東方學志』13, 延世大學校 東方學研究所, 1972 ; 崔永禧, 「義兵의 蜂起와 그 性格」『史學研究』8, 1960 ; 金永鍵, 「壬辰倭亂과 遺日 使節」『黎明期의 朝鮮』, 1948.

13) 『명종실록』권33, 21년 7월 癸卯.

14) 그로부터 약 30년 후인 선조 27년(1594) 2월 己巳에 慶尙右道 總攝僧 信悅에게 명하여 각 寺位田에 麥種을 뿌리도록 했던 일(『선조실록』권48), 같은 해 3월 己卯에 領議政 柳成龍의 건의에 따라 충청도 40여 사의 位田을 수년의 鍊兵 동안 訓鍊都監에 盡屬토록 했던 일(『선조실록』권49) 등의 사실로 보아 명종말의 회수조치는 이행되지 않았던 것이라 하겠다. 물론 이러한 사실은 명종 말에 일단 회수되었다가 선조 초 어느 시기에 다시 사급된 것으로 볼 수도 있다. 그러나 명종 말 과거장에서 타인의 名紙를 약탈하였다던지 代作 등이 일어나 200年來의 國家公道가 하루아침에 무너졌다고 한 사실과(『명종실록』권33, 22년 8월 丙戌) "儒業이 흥하면 異端은 자연 쇠약하게 될 것이다"라고 한(『선조실록』권5, 4년 3월 丁卯) 선조의 대불교태도 등으로 보아 寺位田이 명종 말에 회수된 바 없이 계속 유지되어 온 것이라 할 것이다.

15) 韓㳓劤은 대토지점유경향의 실태를 ① 宮房田 확대, ② 官屯·軍屯田의 확대, ③ 권세가의 私占 등을 들었다(『朝鮮後期의 社會와 思想』, 18~33쪽).

<표 5> 임진왜란 전후의 田結 비교

시기 도별	임진왜란 전(1590년경, 結)	광해군 3년(1611, 結)
全 羅	440,000	110,000
慶 尙	430,000	70,000
忠 淸	260,000	110,000
黃 海	110,000	61,000
江 原	28,000	11,000
京 畿	150,000	39,000
咸 鏡	120,000	47,000
平 安	170,000	94,000
계	1,708,000	542,000

※ ① 『增補文獻備考』 권148, 「田賦考」 8에서 적성함.
　② 磻溪 柳馨遠은 임진왜란 전의 전결이 1,515,500여 결이라 하였다. <표 6> 참조.

　<표 5>는 이 때의 절박한 재정상태를 잘 말하여 준다. 즉 임진왜란 전 전국의 전결이 170만 8천 결인 데 비하여 광해군 3년에는 54만 2천 결이었다. 인조는 곧 면세지 정비에 착수하였다. 동왕 원년(1623)에는 一邑에 수십 처나 되는 권세가의 農所인 '陣'을 혁파하였고[16] 또한 梨峴宮・壽進宮 등 諸宮家가 점유하고 있는 漁箭・田場 등을 정비하였다. [17] 그러나 인조의 이와 같은 일련의 경제조치는 구두선에 그쳤던 것이며, 실제 시행되지는 못하였다.[18] 동왕 4년에 양사에서 宮家의 願堂을 托稱하여 多占한 면세의 사위전을 비롯하여 諸宮家・各衙門 소속의 海澤・魚鹽・田結免稅 등과 그들이 橫占한 山林柴場까지도 혁파하자

---

16) '陣'은 인조 원년 3월 丁未에 모두 혁파하였다(『인조실록』 권1). 그러나 인조 4년 8월 庚子에 다시 '陣'의 혁파가 있었던 것으로 보아(『인조실록』 권14) 인조 원년의 혁파조치는 실행되지 않았던 것이라 하겠다.
17) 諸宮家所占의 漁箭・田場 등을 반정 후 일절 혁파하였었지만 수년이 못되어 다시 복고되었다고 하였다(『인조실록』 권18, 6년 6월 癸巳).
18) 인조 2년 7월 丁卯, 政院의 啓에 "革罷諸宮勢家免稅而有勿施之敎 … 八道士民 得聞免稅田 革罷之令 而終無革罷之處 則民謂國家如何 爾等徒知革罷之爲美 而不識其間曲折矣"(『인조실록』 권6)라고 있는 데서 잘 알 수 있다.

고 제의하였지만 聽納되지 않았다는 데서 저간의 사정을 잘 알 수 있다.[19] 요컨대 인조는 조선왕조의 대부분의 왕들이 그러했듯이 고갈된 재정을 극복하기 위하여 閑曠地의 開墾, 隱結·漏結의 색출, 면세지의 혁파, 생산력의 증대 등 근본적인 문제의 해결책은 강구치 못하고, 오직 국가기관이나 개인 생활의 검약을 통하여 부족한 재정을 보충하려는 미봉책에 그쳤던 것이다. 즉 반정 초에 먼저 裁省廳을 설치하여 百事를 簡約하게 하고, 심지어 祭享·御供의 進上 方物도 모두 裁革토록 하였으며, 朝廷을 비롯하여 監營·兵營·水營과 列邑 등의 경비를 節用토록 하였고, 백성으로부터 징수하는 각종의 잡물도 量宜裁減토록 하였다.[20]

인조 초에는 궁방전과 함께 면세지인 사위전이 결코 회수된 바 없다.[21] 인조가 재정적 압박을 감내하면서도 면세지 정리에 이처럼 미온적이었던 것은 아마도 반정공신들의 민심안정을 도모코자 함이 아닌가 싶다.[22] 즉 인조는 즉위 초에 이괄의 난을 맞았으며, 未久에 後金의 入

---

19) 『인조실록』 권12, 4년 3월 己未.
20) 啓曰 國家乘積弊病民之極 反正之初 首設裁省廳 講究損上益下之策 百事悉從簡約 至於祭享御供進上方物 並皆裁革 庶幾少紓民力 兩屯膏莫展 漁汗猶反京外之民 未蒙至治之澤 況値逆變卒起 都城失守蓄積哀痛 回鑾之後 益盡儉約之道 經費之需 旣減又減朔膳日供三分去二 縉紳朝列 不遵冠帶 向之十者爲一文者爲尺苟 可以省費 而崇儉者 無所不用其極 庶追大布大帛之遺意 夫朝延者 四方之本也 朝廷之省費崇儉 旣如是則四方大小臣工 爲表率字牧之任者 寧可不聞訊 而觀感乎 如監兵水營 一應該用 民間應納者 色目數爻 不無可省可減之物 與其照舊准徵 謾難濫用 或爲下吏偸食之資 或爲窮乏得我之費 無寧量出爲入裁損節用 以爲殘民 一分之惠 仰體聖上如傷之意乎 方伯閫帥旣如此 而又爲明諭列邑 凡宮中應捧雜物 以至柴炭燁草之徵者 並令量宜裁減 以除民弊 備將各營各邑 減過名目 及仍存實數明白 造册送于觀察使 以憑轉報本司 不許刻縱未便之意 下諭于八道監兵水使處 使之着實擧行 宜當敢啓 答曰依啓(『備邊司謄錄』제3책, 인조 2년 4월 8일).
21) 함경도 고원에 있는 梁泉寺의 位田이 반정 초에 회수되어 大同廳에 許屬되었다는 『현종실록』 권9, 5년 10월 丁丑의 기록이 보인다. 이것은 양천사의 경우만이 해당되는 것이지 모든 사위전이 회수되어 속공되었다는 것은 아닌 것이다. 인조 초에는 사위전이 회수된 바 없었던 것이다.
22) 인조반정 초 서인집정기인데도 남인 李元翼을 최초의 수상(영의정)으로 임명

寇를 맞게 되었다. 따라서 민심이 심히 흉흉하였다. 이러한 민심을 안정
시키기 위해서는 비록 護佛은 하지 않더라도 불교교단이 소유한 사위전
을 박탈하여서까지 불교인 등 민심의 자극을 굳이 유도할 필요는 없었을
것이다.

국고의 고갈로 인한 재정의 궁핍은 인조 5년(1627)에 발발한 정묘호
란으로 그 극에 달하였으며, 급기야 隱結·漏結의 방지 등 稅源을 찾기
위한 양전사업이 동왕 12년에 下三道에 한하여 실시되었다. 1611년(광
해군 3)의 54만 2천 결(<표 5> 참조)에서 1635년(인조 13)에 138만 7천
여 결로 약 3배의 전결을 세원으로 확보하였다(<표 6> 참조).[23]

인조 12년 갑술양전 당시 왕패가 있는 특수사찰을 제외하고는 사위전이
원칙적으로 면세의 대상이 될 수 없었던 것이다. 예컨대 靈光 佛甲寺의 佛
垈 등이 갑술양전에서 누락되었던 사실로 짐작할 수 있다. 즉 불갑사와 같
이 널리 알려진 사찰의 垈地가 그 지방의 양전 책임자인 別有司와 지방관
아 사이에 사전협의하의 묵인없이는 누락될 수 없었을 것이며, 이러한 사
실은 佛垈 등이 면세의 대상에서 제외되었기 때문에 관아의 묵인하에 양

한 것은 민심 수습을 위한 조치였다(成樂熏, 『韓國黨爭史研究』『韓國文化史大
系』 Ⅱ.政治經濟史, 288~289쪽). 姜周鎭, 『李朝黨爭史研究』, 1971 참조.

23) 千寬宇는 『增補文獻備考』 「田賦考」(2)를 출전으로 하여 인조 12년(1634) 전국
의 전결이 1,537,494결이며, 下三道 전결이 895,886결이라 하였다(『近世朝鮮史
研究』, 一潮閣, 1979, 244쪽). 『文獻備考』 「田賦考」(2)에는 인조 12년 전국의 전
결에 대한 기록이 보이지 않으며 「同田賦考」(1)에 下三道 전결이 895,886결이
라고만 기록되어 있을 뿐이다. 그리고 <표 6>에서 알 수 있듯이 임진왜란 전
이나 숙종조의 경우를 비교해 보더라도 인조 12년의 전결이 그렇게 많다는 것
은 이해할 수 없다. 특히 다음 <표>에서 알 수 있듯이 삼남지방의 전결을 비
교해 보면 인조 13년의 경우가 제일 적은 데서도 전국의 전결이 그렇게 많다는
것이 이해되지 않는다.

시기 구분	임진왜란 전	乙亥(인조 13)	己亥(숙종 45)
三南地方	1,009,719-27-8	895,492-45-4	969,145
餘他道(五道)	505,875-27-8	491,443-31-2	426,188

※ 結-負-束.

안에 누락시켜 비공식적으로 면세케 하였던 것으로 보인다.[24]

한편 면세지의 공인에서 제외된 사위전을 소유한 여타 사찰 중 일부 는 宮房과 연결하여 願堂으로 지정받아 그들의 비호를 얻어 비공식적으 로 사위전을 유지하여 갔던 것이다.[25] 이러한 편법이 가능했던 것은 세 력 있는 궁방의 호불경향이라 생각되지만,[26] 불교교단의 입장에서 볼 때, 승군의 군사적 활동과 승려들의 紙役 등 경제적 역할이 크게 인정되 었던 것임을 지적하지 않을 수 없다.[27]

궁방의 願堂을 빙자하여 또는 官의 묵인하에 누락시켜 면세로 유지 해 온 일부 사위전은 현종초의 억불정책에 밀려 거의 정리되었던 것이 다.[28] 1665년(현종 6) 5월 鄭之益이 찬한 江西寺(黃海道 白川) 사적비에,

> 今上 卽位 4年에 寺刹 소속의 藏獲과 位田은 모두 本司에 還收하였지만 이 사찰(江西寺)만은 累廟에 걸쳐 御席을 進獻한 功으로 光廟以來로 所給田 民을 특별히 傳敎하여 還收치 않고 둔다.

---

24) 『佛甲寺事蹟記』에 포함되어 있는 「己亥量田時上書草」를 쓴 量田別有司 李萬 晟도 官의 묵인하에 비공식적으로 면세하는 방편으로 누락시켰을 것으로 추측 하였다(『增補校正 朝鮮寺刹史料』(上), 224~227쪽).

25) 제3부 제1장 참조.

26) 조선후기 宮房의 願堂은 新王이 즉위할 때마다 논의되었지만 쉽게 혁파되지 않았다. 즉 현종은 그 원년에 名禮宮願堂을 제외하고는 모두 혁파하였으며(『현 종실록』 권2, 원년 4월 丁亥) 또한 숙종 말 왕세자(경종)의 聽政 첫날에 宮家願 堂을 혁파토록 하였다(『숙종실록』 권60, 43년 8월 壬午). 정조 역시 즉위 초에 願堂의 폐를 금한 일이 있다(『정조실록』 권1, 즉위년 6월 癸丑). 그러나 願堂은 근절되지 않고 계속 유지되어 갔던 것이다.

27) 현종 10년 廣州府尹 沈之溟이 "丙子得力 僧軍爲最"라 지적한 사실이라든지(『현 종실록』 권17, 10년 6월 辛巳) 병자호란 시 남한산성 피위 시 城內居僧들이 供 御物로 牛馬・白紙・山蔬・蘿薥菜・淸蜜 등을 진상하여 인조를 비롯한 侍臣 들과 적과 대치중인 군사들의 사기를 크게 진작시켰다(제2부 제1장 참조).

28) 현종 4년 경기지방의 양전사업으로 면세지를 찾아내는 작업에서 寺位田이 많 이 정리되었던 것이다. 즉 畿甸의 전결이 난 후에 크게 감축되어 行用之數가 근 72,980여 결인데 이 때 증가된 전결이 무려 25,410결이나 되었다(『현종개수 실록』 권10, 4년 12월 己未).

라고 한 기록에서 이러한 사실이 짐작되는 것이다.[29] 즉 현종 4년(1663) 전국의 사찰위전이 사찰노비와 함께 모두 회수되었으며 白川의 江西寺만은 累廟 동안 御席의 進獻之功으로 왕의 特敎로써 光廟이래 所給田民을 그대로 유지할 수 있었다는 것이다. 高橋亨은 이 때 전국의 사위전이 완전히 회수되었다고 하였지만[30] 江西寺의 경우와 같이 御席의 進獻之功을 비롯하여 紙物 등 供御物을 진상한 공으로 또한 陵寢寺刹 · 水陸社 · 願堂 등 王牌 있는 사찰들은 여전히 사위전을 소유하였던 것이라 해야 할 것이다. 따라서 현종 4년의 사위전 정리는 곧 세종이 동왕 6년에 종파통합과 함께 사위전을 정리한 것과 같은 경우라 생각된다. 이 때 면세지인 사위전을 회수당한 여타 사찰은 세종 6년의 경우와 같이 전세를 부담하는 사위전을 조성해 갔던 것이다.[31]

〈표 6〉 전국 전결수

年代 (出典) 道別	임진왜란 전 (『磻溪隨錄』 권6, 田制攷說 下)	癸卯(선조 36, 1603). (左同)	乙亥(인조 13, 1635). (左同) (『인조실록』 권31, 13년 7월 壬申)	己亥(숙종 45, 1719). (『增補文獻備考』 권142, 田賦考 2)
忠淸	252,503-55-8	240,744-47-9	258,461-49-8 (258,460-78-5)	255,208- · -
全羅	442,189-7-2	198,672-51-2 (時起)	335,305-59-3 (335,305-49-3)	377,159- · -
慶尙	315,026-64-8	173,902-9- (時起)	301,725-36-3 (301,725-36-3)	336,778- · -
京畿	147,370-16-3	141,959-93-3…	→141,959-93-3	101,256- · -
江原	34,831-37-5	33,884-85-…	→33,884-85-	44,051- · -
黃海	106,832-70-8	108,211-50-3…	→108,211-50-3	128,834- · -
咸鏡	63,831-90-1	54,377-89-7…	→54,377-89-7	61,243- · -
平安	153,009-13-1	153,009-13-1…	→153,009-13-1	90,804- · -
計	1,515,594-55-6	491,443-31-4 (下三道除外)	1,386,935-76-8 (1,386,934-95-5)	1,395,333- · -

※ 結-負-束.

29) 본문은 『李朝佛敎』, 990~991쪽에서 재인용한 것이다.
30) 高橋亨, 앞의 책, 990~991쪽.
31) 제3부 제2장 참조.

특히 숙종 연간에 북한산성의 축성과 남북한산성 防番制 실시[32] 國用의 寺刹製紙 등으로[33] 불교교단은 사회적으로 공인되었으며, 따라서 사찰에서는 승려들의 전답의 買得을 비롯하여 불사에 施畓이 이루어져 <표 7>에서 볼 수 있듯이 각 사찰마다 사위전답을 소유하고 있었다. 이와 같은 사위전답은 그 후에도 유지되어 조선 말까지 변화없이 계속되어 갔던 것이다.[34]

〈표 7〉 사찰별 位田畓

사찰	位田畓	출전	비고
心源寺	99負 5束	黃州心源寺事蹟碑(朝鮮金石總覽下)	숙종 35년 현재
神光寺	4結 17負 5束	海州神光寺事蹟碑(朝鮮金石總覽下)	숙종 46년 현재
直指寺	30結	金山黃岳山直指寺事蹟碑(朝鮮金石總覽下)	영조 17년 현재
佛甲寺	27結 81負 1束	靈光郡 母岳山佛甲寺古蹟	영조 23년 현재

이상에서 조선후기 사위전의 소유형태를 간략하게 살펴보았다. 곧 조선후기 사찰에서 조성했던 사위전답은 원칙적으로 공인된 면세지는 아니었다.[35] 그러나 사액사찰의 사위전답만은 예외였다. 즉 '列聖朝胎封守護之地' 및 '御製奉安之所' 등의 사찰에 割給한 位田과[36] 義兵僧將 惟政의 影堂을 모신 密陽의 表忠祠 復田 5결은 면세가 공인되었던 것이다.[37]

---

32) 禹貞相, 「南北漢山城 義僧防番錢에 對하여」 『佛敎學報』 1, 1963.

33) 李光麟, 「李朝後半期의 寺刹製紙業」 『歷史學報』 17·18합집, 1962.

34) 제3부 제1장 참조.

35) 숙종 44년 宮家를 비롯하여 各衙門 등 國典所載外는 전후의 매득전답을 無論하고 免稅之規는 혁파되었으며(『備邊司謄錄』 第71冊, 숙종 44년 2월 27일) 『大典通編』 「戶典」 諸田條 면세전 14종에 寺位田은 포함되어 있지도 아니하다.

36) 『萬機要覽』 「財用」篇 免稅.

37) 『영조실록』 권47, 14년 2월 辛亥.

2. 승려의 전답사유의 사회적 배경

승려들은 교리상으로 원래 경제행위가 일절 금지되어 있었다.[38] 어떠한 생산활동에도 참여할 수 없을 뿐 아니라 수도생활을 해나가는데 필요한 최소한도의 생활자료 외에는 무소유가 원칙이었다. 그러나 대승불교가 홍기되자 출가자인 승려들도 경제행위에 관여할 수 있게 되었으며, 특히 대승불교가 중국에 전파된 이후 '一日不作이면 一日不食'이라는 禪家의 淸規가 생기게 되었다.[39] 곧 승려들도 생산활동에 참가하게 되었지만, 단지 僧伽의 공유재의 경제행위만을 용인할 뿐이지 개인 소유는 여전히 금지되어 있었다.[40] 따라서 승려 개인은 교리상으로 전답을 사유할 수 없었던 것이다.

또한 조선초기까지만 하더라도 교리상으로는 물론이거니와 법제상으로도 금지되어 있었다. 즉 조선왕조 개창의 경제적 배경이 된 과전법 (1391, 공양왕 3년 반포)에,

> 公私賤口·工商·賣卜盲人·巫覡·倡妓·僧尼 등은 자신이나 그 자손에게도 受田을 불허한다(『고려사』 권78, 「食貨志」 1, 田制).

라 규정하여 승려는 公私賤口·工商·賣卜盲人·巫覡·倡妓 등과 함

---

38) 승려들의 경제활동에 대한 佛典上의 이론은 李載昌의 「佛敎의 社會·經濟觀」 『佛敎의 國家·政治 思想硏究』, 116~118쪽 참조.
39) 百丈懷海禪師의 『百丈淸規』.
40) 승려의 개인소유가 그 후 남방불교에서는 上衣·下衣·大衣 등 3衣와 鉢盂一器, 針, 盧水囊, 帶, 剃刀 등 8가지, 북방불교에서는 위의 3衣와 針, 盧囊, 尼師壇(坐服) 등 6가지의 소지품만이 허용되었다. 만일 그 이상의 물품을 소유할 때는 '拾墮'(沒收)당하였다. '拾墮'란 규정 외의 물자소유가 발견될 때 그 比丘는 물자를 4명 이상의 동료 앞에 내놓고 스스로 참회하는 것이다(李載昌, 「佛敎의 社會·經濟觀」 『佛敎의 國家·政治·思想硏究』, 122쪽).

께 그 일대는 물론 그 자손까지도 受田을 금하였던 것이다. 곧 승려 개
인의 사유전답은 일절 인정치 않았다. 그러나 과전법이 붕괴해 가는 과
정에서 토지의 상속이 일반화되고[41] 특히 세종 이후 과전법에 금지되었
던 토지매매가 공인되었으며,[42] 또한 『경국대전』에 승려의 전답사유 금
지 규정이 보이지 않은 사실 등으로 보아 승려도 세종 이후 특히 好佛의
세조조경에는 전답을 사유할 수 있었던 것이라 하겠다. 즉 당시 각종의
시주를 비롯하여, 공인된 '승도의 공납청부' 등은[43] 승려의 전답 사유를
가능케 할 수도 있었기 때문이다. 그러나 조선전기까지는 승려가 사찰과
는 별도로 전답을 사유하였다는 기록은 보이지 않는다. 승려의 無私有
原則은 당시까지도 지켜졌던 것이다.

효종 8년(1657)의 雜令에,

> 전답을 소유한 승려가 身死 후에 田土는 諸族屬에게 귀속한다(『新補受教
> 輯錄』「戶典」).

라는 기록이 보인다. 위의 教令은 전답을 사유한 승려가 身死 후 그 田土
는 諸族屬에게 귀속된다는 승려 사유전답의 상속규정으로서, 17세기 이후
부터는 승려의 전답 사유가 공적으로 인정되고 있었던 것임을 확인하여 주
고 있다. 佛典上으로 금지되어 있는 승려의 전답 사유가 17세기 이후부터
어떠한 이유로 사유하게 되었던 것일까? 첫째, 17세기 이후부터 민간경제
가 크게 신장되어 사유재산제가 강화되어진 것이 그 한 가지 이유라 하겠
다. 즉 민간경제가 신장됨에 따라 승려 개인의 사유재산이 형성되어 갔으

---

41) 과전법에도 公田에 대하여는 상속·세습을 금하지 않았으며 그 후에는 토지의
   상속이 일반화되었다. 따라서 『경국대전』에 토지의 상속을 공인하였다(『經國
   大典』「刑典」私賤 및 「戶典」田宅).
42) 세종 6년 이후 토지매매가 공인되었으며 『經國大典』「戶典」賣買限, 田宅 등
   과 「刑典」私賤 등에서 토지매매의 공인에 관계된 기록이 보인다(千寬宇, 앞의
   책, 177~179쪽).
43) 田川孝三, 『李朝貢納制の研究』, 385~428쪽.

며 그들의 사유전답 역시 사찰위전과는 別産으로 유지되어 갔다는 말이다.

둘째, 대동법 등 '以地出役'으로의 세제개혁이 승려의 전답사유를 가능하게 하였을 것이다. 즉 '이지출역'으로의 세제개혁은 세원을 토지에 집중시켰다. 따라서 세원을 찾기 위하여 인조 12년(1634) 삼남지방의 갑술양전과 현종 4년(1663) 경기지방의 癸卯量田을 실시하였다. 이 때 願堂 등 공인 사찰을 제외한 여타 사찰의 位田이 회수되었던 사실은 앞 절에서 언급하였다. 그리하여 사찰위전을 면세지로 소유할 수 없게 된 여타 사찰은 위전의 납세자를 승려 개인으로 하여 전답을 소유하여 갈 경우도 있었을 것이다.

셋째, 승려들의 활발한 승군활동과 紙役 등 僧役의 사회적 비중이 높았던 것이 승려들에게 전답을 사유토록 하였을 것이다. 즉 당시 승려들의 군사적·경제적 부담은 그들의 사회적 지위에 비하여 너무나 과중한 것이었다. 따라서 그들의 군사적·경제적 부담을 해결할 기본자산으로 사유전답을 장만하여 갔을 것이다.[44] 요컨대 면세지로서 공인 사위전이 매우 제한되었고, '이지출역'의 세제개혁으로 세원이 전답에 집중되었으며, 또한 승려들의 군사적·경제적 비중이 높아 갔던 위에 17세기 이후 활발한 민간경제의 신장추세에 따라 승려의 사유전답이 조성되어졌다고 해야 할 것이다.[45]

Ⅲ. 승려의 사유전답 조성

승려의 전답사유는 불전으로 금하고 있었지만 민간경제의 伸張期인

---

44) 승군의 활동은 앞에서 누누이 언급하였다.

45) 『인조실록』 권24, 9년 2월 丁未, 磻溪 柳馨遠도 승려는 巫覡·優倡 등과 함께 전답을 소유해서는 안 된다고 하였다(『磻溪隨錄』 권1, 「田制」 上). 이러한 사실은 승려들이 이미 전답을 소유하고 있었기 때문에 지적한 것으로 여겨진다.

17세기 이후부터는 그 금지 규정을 무시하고 전답을 소유하게 되었던 역사적 배경을 앞 절에서 살펴보았다. 이러한 승려들의 전답 사유는 비록 제한된 양안이기는 하지만 18세기 초에 작성된 義城 龜山面量案과 全州 亂田面量案에 잘 나타나 있다. 즉 <표 8>에서 알 수 있듯이 의성 귀산면양안의 경우 僧侶起主가 7.5%, 전주 완전면양안의 경우 僧侶起主가 4.2%로서 승려의 전답사유가 상당한 부분을 차지하고 있었다.[46]

〈표 8〉僧侶起主의 비교

양안	총 기주 수 (명)	승려기주 수 (명)	백분비	비고
義城龜山面量案 (庚子量案)	736	56	7.5(%)	1720년(숙종 46)
全州亂田面量案 (己亥量案)	1,205	51	4.2(%)	1719년(숙종 45)

승려의 전답사유가 17세기 이후부터 이미 일반화되었지만 구체적으로 17세기 어느 때부터 그들이 전답을 사유하게 되었던 것일까?[47] 현재 양안에서 승려기주를 처음 찾아 볼 수 있는 기록은 영광 불갑사의 양안이다.[48] 즉 1658년(효종 9) 僧 應天이 佛甲面 差盤坪 闕字丁 第39 梯畓

---

46) 金容燮, 『朝鮮後期農業史研究』(1), 90쪽. 金容燮은 승려가 起主로 되어 있는 경우 승려 소유의 전답과 가까운 사찰의 승려로 추정하고 있다. 이러한 사실은 실질적으로는 사위전이면서 양안에는 승려 개인명의로 기재된 것처럼 이해한데서 나온 추정이 아닌가 한다. 그러나 이 때 사위전과 승려개인의 소유전답과는 별개였으며, 또한 출가승려가 꼭 고향이 가까운 사찰에 입적했던 것도 아니며 특히 숙종 원년 5월 丁卯에 "尹鑴曰自前僧徒 不入於戶籍而今則宜令其本鄕入籍 略有統轄 上曰似好依爲之"(『숙종실록』권3)라고 한 기록에서 알 수 있듯이 승려들은 본원(사찰) 중심으로 입적된 것이 아니라 本鄕 중심으로 입적되었음을 고려해 볼 때 당해 사찰의 位田을 승려명의로 기재된 것처럼 이해되어서는 안 될 것이다.

47) 高橋亨은 승려의 私産制를 昭和 4년(1929) 현재부터 100년 이전으로 소급될 것으로 보고 승려의 사산제의 전제를 '僧侶別房制'로 보고 있다(『李朝佛敎』, 1031 ~1036쪽). 따라서 승려의 전답사유도 승려의 사산제 발달과 같은 시기로 보고 있는 것 같다.

15負 8束을 불갑사에 시납한 것과 그 익년(효종 10) 僧 淨林이 丁山面 越川坪 念字丁 第30 圭畓 15負 8束을 역시 불갑사에 시납한 것이다.[49] 이러한 사실은 僧 應天과 淨林이 효종 9년과 10년 이전부터 각각 전답을 사유하고 있었던 것임을 뜻한다. 敗政의 고갈을 극복하기 위하여 인조 12년(1634) 삼남지방의 양전사업이, 현종 4년(1663) 경기지방의 양전사업이 각각 이루어졌음을 우리는 앞 절에서 말한 바 있다. 이 때 陵寢·御供 등 王牌 있는 특수사찰을 제외한 여타 사찰의 위전은 모두 정리되었음을 앞에서 보아 왔다. 따라서 승려의 전답사유가 사위전과는 別産으로 형성되어 갔을 것임을 짐작한 바 있다. 그러면 승려들이 소유한 전답은 어떻게 조성되어졌던 것일까?

첫째, 승려 자신이 閑荒地를 개간하여 자기의 소유전답으로 했을 것이다. 즉 조선후기는 閑曠處의 경우 起耕者가 곧 소유주가 될 수 있었기 때문에[50] 사찰 주변의 閑曠處를 승려가 개간하여 경작한 사실은 흔히 있었을 것이다.

둘째, 승려 자신이 전답을 매득하여 자기소유의 전답으로 했을 것이다. 즉 당시 승려들은 '미투리' 생산을 비롯한 여러 상품과 농산물 등을 생산하는 산업활동에 적극적으로 참여하고 있었기 때문에[51] 전답을 매득할 수 있는 자본을 가지고 있었던 것이다. 특히 商僧이 錢帛을 소[牛]에 싣고 국경을 넘나들면서 상업활동을 전개하다가 定配를 당하였다는 『영조실록』권38, 10년 6월 戊午에,

---

48) 영광 불갑사의 양안을 중심으로 한 사위전답 관계는 제3부 제2장 참조.
49) 『經國大典』에 寺社에는 노비와 함께 전지의 시납이 금지되어 있었다(「刑典」 禁制). 그러나 17세기 이후부터 寺社의 전지시납이 가능했던 것은 역시 민간경제 신장의 영향이라 할 수도 있다. 반대로 사유전답의 佛寺施納이 가능했던 것이 민간경제의 신장을 촉진했던 것은 아니었던가 생각되기도 한다.
50) 『續大典』「戶典」田宅.
51) 제1부 제1장 참조.

평안도 商僧 釋訓 등이 錢帛을 소에 싣고 昌城 경계를 지나다가 소가 갑자기 넘어져 강에 추락하였다. 이것을 淸人이 구원하였는데 錢은 禁物이기 때문에 淸人 등이 자못 嚇喝하였다. 府使 申漫이 牛酒와 糧饌을 뇌물로 꾀어 드디어 그 돈[錢]을 돌려받았다. 道臣이 이러한 사실을 듣고 지방관이 변방수비를 엄격히 하지 않은 죄를 청하였는데 上이 大臣과 諸宰에게 詢問하였더니 모두들 申漫이 공을 세웠으니 죄를 줄여 주는 것이 마땅하다고 하였다. 드디어 申漫은 重推토록 하되 파면은 면해 주었으며 僧人은 定配토록 하였다.

라고 한 기사는 당시 승려의 상업형태와 자본규모를 이해하는 데 커다란 도움을 주고 있다. 즉 평안도의 商僧 釋訓 등이 錢帛을 소[牛]에 싣고 昌城地方의 변경을 지나다가 소가 갑자기 강에 跌墜하여 淸人이 구원하였는데 錢은 禁物이므로 淸人 등이 嚇喝하여 왔다는 것이다. 그리하여 府使 申漫은 牛酒 糧饌을 뇌물로 꾀어 드디어 그 돈[錢]을 돌려받았는데 道臣이 이러한 사실을 듣고 인하여 지방관 변방수비의 不嚴之罪를 청하였는데 上(王)이 大臣과 諸宰에게 詢問하였더니 모두들 부사 신만이 공을 세워 절죄토록 함이 마땅하다고 하였다는 것이다. 그리하여 부사 신만은 重推토록 명하고 파면되지 않았으며 僧人 釋訓 등은 정배토록 하였다는 것이다. 이러한 승려들의 상업활동은 역시 그들의 전답매득을 가능하게 한 것이라 생각된다.[52]

셋째, 승려가 부모 혹은 法師로부터 상속으로 전답을 지급받아 자기 소유로 했을 것이다. 즉 조선시대 노비·전답 등 재산상속은 分財에 있어서 다소의 양적 차이는 있었지만 남녀에게 모두 상속되는 것이 일반화되어 있었다.[53] 또한 승려들은 그들의 법사로부터 法畓을 상속으로 지

---

52) 승려의 상업활동에 대하여는 다음 기회에 別稿에서 논해 볼 작정이다.

53) 崔在錫은 17세기 중엽까지는 철저하게 남녀구별이나 長次의 차별없이 균분되었으며, 17세기 중엽부터 18세기 초엽까지는 '男子均分 女子差別', '長男優待 女子差別', '長男優待 其他均分' 등 신분적 차등 상속이 급증하여 18세기 중엽 이후부터는 이러한 경향이 일반화되었다고 하였다(「朝鮮時代 相續制에 관한 연구」, 『歷史學報』 53·54합집, 1972).

급받는 경우가 17세기 말엽부터는 법적으로 인정되어 있었다.[54] 따라서
승려가 부모나 법사로부터 상속으로 전답을 지급받아 사찰위전답과는
別産으로 승려의 사유전답을 소유해 갔던 것이라 하겠다.[55] 넷째, 승려
가 출가 전에 소유했던 전답을 출가 후에도 그대로 소유하였던 경우라
하겠다. 요컨대 승려들은 개간·매득·상속 및 출가 전의 소유전답 등
을 통하여 사유전답을 조성해 갔던 것이다.

Ⅳ. 승려의 사유전답의 전승

17세기 후반부터는 승려들도 전답을 자유로이 사유할 수 있었던 사실
을 우리는 앞 절에서 보아 왔다. 그런데 당시의 승려들은 금혼의 계율에
따라 상속할 직계자손이 있을 수 없었다. 따라서 승려의 사유전답은 법
손에게 상속되든지 혹은 사찰에 시납될 수밖에 없었을 것이다. 이와 같
은 승려의 사유전답의 전승을 막기 위하여 국가에서는 승려 사유전답에
대한 分財의 법적 기준을 마련해 주어야 하였던 모양이다. 그리하여 효
종은 그 8년(1657)에 敎令으로,

> 전답을 사유한 승려가 사망한 후에 田土는 諸族屬에게 귀속되고 雜物은
> 諸弟子에게 傳承된다(『新補受敎輯錄』「戶典」雜令).

---

54) 『新補受敎輯錄』「戶典」雜令(현종 15년 敎令).
55) 영광 불갑사의 「양안」에, 영조 14년 僧 敏式이 師僧 元奎를 위하여 佛甲面 毛
山坪 來字丁, 12부 7속을, 영조 10년 僧 再明이 師僧 英信을 위하여 南竹面 大
里坌坪 律字丁, 5부 8속을 각각 시답한 기록이 있다. 즉 제자승의 시답을 통하
여 법사승이 전답을 소유했던 경우도 있었다고 해야 할 것이다. 그러나 이 경
우는 법사승의 명복을 빌기 위하여 제자승이 법사승과 유관한 사찰에 시답하
였던 것이라 생각된다(제3부 제2장 참조).

라고 하는 分財 기준을 마련하였다. 즉 전답사유의 僧人이 사망 후 그 전답은 諸族屬에게 귀속되고 잡물은 諸弟子에게 전수된다는 것이다. 승려의 사유전답은 사찰에는 일절 귀속될 수 없었으며 제자에게도 오직 잡물만을 전수토록 하여 간접적이나마 승려 사유전답을 사원경제와 구별하려고 하였던 것 같다.56) 상기 교령에 諸弟子란 諸上佐를 뜻하는 말이며, 諸上佐 중 및 상좌에게 주로 잡물이 전수되었던 것이라 하겠다. 또한 諸族屬이란 어느 범위까지를 지칭하는 것인지 확실히 알 수 없지만 동성친족과 이성친족(모계 친족)의 구별 없이 혈연관계에서 인척(affinity)이면 모두 포함되는 것으로 확대하여 해석해야 할 것이다.57) 효종 8년의 승려 유산에 대한 분재기준은 승려의 사유전답이 사원에 귀속될 수 없도록 하여 사원의 위전이 되는 것을 막자는 의도에서 마련되었겠지만 이때는 이미 승려뿐만이 아니라 일반인까지도 사찰에 시답이 이루어지고 있었던 것이다.58) 한편 다음에 즉위한 현종은 즉위 초부터 양역의 확보라는 구실 아래 불교교단에 대한 강력한 탄압을 감행하였다. 즉 동왕 원년에 양민의 爲僧을 금하고 이미 僧尼가 된 자를 일일이 환속시키도록 하였으며 환속령을 어기는 자는 과죄토록 하였고,59) 동왕 2년에 慈壽·仁壽 兩 尼院을 철폐하고, 慈壽院 女僧 56명 중 40세 이하인 자 29명, 仁壽院 女僧 48명 중 40세 이하인 자 22명, 도합 51명을 환속시켰다.60) 현종 초의 이와 같은 억불조치는 한국불교사의 신화적 존재로 전하고 있는 백

---

56) 효종은 즉위 초에 억불을 단행하였다. 즉 즉위년 10월에 諸宮家의 願堂을 금하였으며(『효종실록』 권2, 즉위년 10월 甲寅) 즉위년 6월에는 불교를 도교·무격 등과 함께 '三風'이라 하여 금하였다(『효종실록』 권1, 즉위년 6월 丙申).

57) 崔在錫, 「朝鮮時代의 養子制와 親族組織」 『歷史學報』 86, 1980. 영광 불갑사 「양안」에 시답 이유로 밝힌 친족관계를 보면 삼촌·외숙·처남 등이 포함되어 있다. 즉 친가·외가·처가가 모두 포함되어 있다(제3부 제2장).

58) 제3부 제2장 「靈光佛甲寺의 量案硏究」, 당시 官撰記錄에는 사원에의 施田畓記事가 잘 보이지 않는다.

59) 『현종실록』 권3, 원년 12월 庚子.

60) 『承政院日記』 제166책, 현종 2년 정월 16일.

곡선사의 「諫廢釋敎疏」를 유발케 하였다.[61] 또한 현종 초의 계속된 흉
년과 癘疫은 사회적 혼란을 더 한층 심화시켜 갔으며[62] 양민은 今年賣
田·明年賣宅하는 국역부담으로[63] 民困을 이기지 못하여 출가를 결심
케 하는 등[64] 더욱 山寺를 번창하게 하였다.[65] 결국 현종 초의 억불정책
은 이러한 사회적 변화로 인하여 수정되지 않을 수 없었던 것이다. 즉
승려 사유전답의 分財問題만 하더라도 현실과 너무 괴리가 있는 효종
8년의 分財 기준을 승려사회의 현실과 어느 정도 부합되는 내용으로 바
꾸어야 할 필요성을 느꼈을 것이다. 따라서 현종은 그 15년(1674)에 교
령으로,

> 僧人田畓은 四寸以上의 친족이 있으면 上佐와 더불어 절반을 分給하고
> 上佐도 없고 四寸者도 없으면 屬公하되 그 전답을 本寺에 仍給하여 僧役을
> 돕는다(『新補受敎輯錄』「戶典」雜令).

라고 하는 분재기준을 마련하였다. 즉 승인전답은 4촌 이상의 족친이 있
을 때는 그 상좌와 같이 절반씩 분급하고, 상좌도 없고 4촌 이상의 족친
도 없을 때는 속공토록 하고, 그 전답은 本寺에 仍給하여 僧役을 돕도록
한다는 것이다. 여기서 상좌만 있고 4촌 이상의 족친이 없을 때, 또는
상좌가 없고 4촌 이상의 족친이 있을 때는 어떻게 分財가 되는 것인지

---

61) 金煐泰, 「李朝代의 佛敎上疏」, 『佛敎學報』 10, 1973.
62) 현종 원년(庚寅)과 2년(辛卯)인 庚辛年間에 1國의 死亡이 殆近百萬이라 한 것
　으로 당시 사회상황이 어떠하였으리라 한 것을 짐작할 수 있다(『숙종실록』 권
　29, 21년 11월 丁酉).
63) 『현종개수실록』 권12, 5년 11월 辛丑.
64) 『현종개수실록』 권11, 5년 10월 乙酉 ; 『현종실록』 권16, 10년 정월 戊戌.
65) 현종 8년 충청도 連山의 勉學 金宷는 "列邑山中의 大刹에는 一寺 중 僧徒가
　數十百人"이라 하였고, 그들이 下山爲俗하면 10만의 軍兵을 一朝에 얻는다고
　하였다(『承政院日記』 제210책, 현종 8년 윤4월 10일). 이러한 실정을 감안하여
　備局에서 爲僧者를 '收丁錢給度牒法'을 제정코자 하였다(『備邊司謄錄』 제28
　책, 현종 10년 12월 22일).

의문이다. 승려가 上佐 없는 경우는 드문 일일 것이다. 그렇다면 4촌 이상의 족친이 없을 때는 上佐分을 제외한 절반은 속공시켜 본사에 잉급하여 僧役을 돕도록 한다고 해야 하지 않을까? 본사란 전답을 소유한 승려가 소속된 사찰을 일컫는 것이며, 僧役이란 주로 僧軍과[66] 紙役[67]이라 하겠다.

上記 현종 15년의 승려전답에 대한 분재기준은 그 족친을 4촌까지로 제한하여 僧侶私産이라 하더라도 지나친 확산을 금하였고, 특히 승려전답이 사원에 시납되는 것을 금하고 있으면서도 상좌에게 상속을 인정했던 사실, 그리고 無上佐・無四寸族親일 경우 屬公시켰다 하더라도 本寺에 경작권을 인정함으로써 공전을 합리적으로 경작하여 사원경제를 경영해 갔다는 그 자체에 의의가 크다고 하겠다. 또한 법사와 상좌 간의 雜物傳授(효종 8년의 分財基準)에서 볼 수 있는 관념적인 연계관계에서 師僧 소유전답의 절반을 분급받게 되는 상좌와의 경제적 연계로 발전되어졌다는 사실은 불교교단 내부의 연계의식의 커다란 변화를 뜻하는 것이라 하겠다.

특히 당시가 민간경제의 신장기임을 감안하여 볼 때 개인 사유의식의 성장이란 점에 더 큰 의의를 찾을 수 있을 것이다.

---

66) 승군을 동원하여 축성하는 경우는 앞에서 이미 지적하였다. 그리고 인의대비葬 때 山陵役에 동원된 수만도 경기 50명, 충청도 150명, 황해・원양・평안・함경도 각 100명, 전라・경상도 각 800명, 도합 2,200명이나 되었고(『현종개수실록』 권28, 15년 3월 丁卯), 현종이 승하했을 때 山陵의 赴役僧이 8道에서 僧軍 2,650명이나 되었으며(『숙종실록』 권1, 즉위년 8월 戌牛), 江都墩臺設築時에는 전라도에서 2,800명, 충청도에서 1,800명, 강원도에서 500명, 함경도에서 400명 등 도합 5,500명의 승군이 동원되었던 것이다(『備邊司謄錄』 제35책, 숙종 5년 정월 13일).

67) 당시 1년 봉납의 白綿等紙만도 大刹이 80여 권, 小刹이 60여 권이나 되었으며(『현종실록』 권18, 11년 10월 辛卯), 영남 법화사의 경우 校書舘에 1년 所納의 白紙가 2塊나 되었다(『備邊司謄錄』 권71, 숙종 44년 윤8월 초6일). 현종대 白谷處能의 「諫廢釋教疏」에도 僧役을 중국에 貢獻하는 紙楮를 비롯하여 雜物進納과 그 외에도 其餘百役으로 督索萬般이라 하였다(金煐泰, 앞의 논문 참조).

이상에서 승려 사유전답의 공적인 분재기준을 살펴보았다. 여기서 한 가지 고려되어야 할 점은 사유재산제가 확립된 상태에서 재산상속의 경우 반드시 공적인 분재기준에 의거하여 상속되어졌던가 하는 문제이다. 즉 처분권이 있는 재산 소유자가 임의로 분재시키지는 않았던가 하는 것이다. 결국 승려의 사유전답은 공적으로 지정된 전답상속자인 족친보다도 실질적으로는 그 상좌나 자기 소속의 사찰에 시납한 것으로 보아야 할 것이다.

V. 결 어

17세기의 조선후기는 '以地出役'의 세제개혁으로 능침사찰·願堂 등 특수 사찰을 제외한 여타 사찰의 위전답은 모두 속공시켰다. 여타 사찰의 위전답이 속공되었다는 것은 수조권이 속공되었다는 것이며, 경작권만은 여전히 당해 사찰에 주어졌던 것이다. 즉 조세를 부담하는 사위전답은 여전히 유지되어 갔으며, 이러한 사위전답은 18세기 초부터 더욱 크게 조성되어 갔던 것이다. 한편 17세기 후반부터는 사위전과는 별도로 佛典으로 금하고 있는 승려의 사유전답이 합법적으로 조성되기 시작하였다. 즉 임진왜란 등 큰 전란으로 사회적 혼란이 계속되고, '以地出役'의 세제개혁으로 면세사위전이 정리되어졌으며, 따라서 승려들의 한광지 개간, 상업활동에서 얻은 자본으로 전답매득, 부모 또는 법사로부터 전답상속, 출가 전의 사유전답 등을 통하여 17세기 후반부터 승려의 사유전답이 크게 조성되었던 것이다. 승려의 사유전답이 이처럼 확대되어 가자 승려전답의 사찰에의 귀속을 금하기 위하여 그 상속을 법률로 규정하였다. 즉 승려들의 사유전답은 1657년(효종 8)부터 諸族屬에게 상속되어 상좌나 사찰에는 일절 귀속될 수 없게 하여 사원경제를 축소시킴으로써 불교세력을 억압하려 하였던 것이다.

그러나 흉년·여역 등 천재지변으로 사회적 혼란은 더욱 심화하여 현종 초의 강력한 억불정책에도 불구하고 불교교단은 더욱 번창하여 갔으며, 곧 1674년(현종 15)부터는 승려의 사유전답도 그 상좌가 4촌 이상의 족친과 절반씩 상속받게 되었다. 즉 승려의 사유전답은 상속관계에 있어 俗家爲主에게 佛家 위주로 전환하여 감으로써 불교교단의 사회적 위치가 강화되어 갔던 것이라 하겠다. 요컨대 17세기는 정치·경제·사회 등 모든 분야에 있어서 변혁을 가져 온 전환의 시기로서 특히 사유재산제의 강화와 함께 승려 전답사유의 보편화와 그 法孫으로의 상속인정으로 불교교단조직의 강화를 가져 왔으며, 또한 개인 중심의 경제의식이 강화되어진 시기라 하겠다.

제3부
조선후기 사원의 보사활동과 사위전

제1장

보사활동 연구
—海南 大興寺의 補寺廳을 중심으로—

Ⅰ. 서 언

임진왜란과 병자호란을 겪은 조선왕조는 전란의 상처가 아물기도 전에 당쟁의 격화·국고의 고갈·민심의 이탈 등 큰 진통을 겪어야 했다. 설상가상으로 흉황의 계속과 癘疫의 倂發은 조선후기의 사회를 극도의 혼란으로 이끌어 갔다. 이러한 사회현실은 불교교단에도 직접·간접으로 크게 영향을 끼쳐 왔다. 광해군 8년 11월 西學生 朴慶俊 등의 억불상소에서,

> 세상에서 군역을 謀避하려는 자는 모두 승려가 되기를 원한다.[1]

라고 지적했던 것처럼 승려가 많이 증가하기도 하였다. 반면에 승려들은 국가의 大役事가 있을 때마다 노동에 동원되는가 하면, 또 현종 12년

---

1)『광해군일기』권109, 8년 11월 己丑.

10월 執義 申命圭 등이,

> 백성의 徭役 중에 白綿 등 紙役이 막중한데 각 읍에서는 모두 僧寺에 責
> 辨시키니 僧力이 유한한데 偏侵이 옳지 않다.[2]

라고 지적했듯이 白綿紙 등 지방 관아의 誅求를 당해야 했다. 이와 같은
상황에서 사원경제는 크게 위축되어 갔던 것이다. 더욱이 현종 4년의 사
원 位畓 회수는 사원경제의 치명적인 도괴를 초래케 했던 것이다.[3] 이
처럼 극한적인 위기를 맞은 불교 교단은 자활책을 강구하지 않으면 안
되었다. 그 가운데 한 방법이 願堂이란 이름으로 각 궁방과 연결하는 것
이었다. 그러나 海南 大興寺의 사정은 좀 상이한 바 있다. 즉 해남 대흥
사는 도괴되어 가는 사원경제를 바로 이끌기 위하여 補寺廳을 설치하여
운영해 갔던 것이다.[4] 따라서 필자는 조선후기 해남 대흥사의 사원경제
의 실태를 파악하고, 나아가 보사청의 성립과 그것이 해남 대흥사의 사
원경제에 기여하는 과정을 고찰하여 봄으로써 어려운 처지에 놓여 있던
조선후기에 있어서의 사원경제에 대한 일단의 이해를 도모코자 한다.

Ⅱ. 조선후기 불교교단의 사회적 위치

조선왕조는 임진왜란과 병자호란으로 큰 타격을 받게 되었다. 이 타
격은 회복할 수 없는 혼란을 야기했다. 즉 정치·경제·사회 전반에 걸

---

2) 『현종실록』 권18, 11년 10월 辛卯.
3) 제1부 제2장에서 이미 밝힌 바 있듯이 현종 4년 사원전답의 회수조치도 御席
　 의 進獻之功을 비롯하여, 紙物 등 供御物의 進上之功으로, 또한 능침사찰, 수
　 륙사, 願堂 등 왕패 있는 사찰의 位田畓은 인정했던 것이다.
4) 해남 대흥사의 前住持 朴暎熙長老로부터 補寺廳 納米册 2권, 補寺廳畓庫册 1
　 권, 大芚寺中 畓庫册 1권 등 해남 대흥사의 사원경제에 관한 몇 가지 자료를
　 입수하였다. 이러한 자료들을 통하여 본고가 이루어진 것임을 밝혀 둔다.

쳐 파탄을 초래했었다.5) 그 위에 지배계층인 유생들의 당쟁은 점점 격화
되어 갔으니, 이는 유교적 관료체제의 혼란을 가져 왔고 나아가 국가기
강의 문란을 초래하여 사회는 더 한층 어지럽게 되어 갔다. 이러한 사회
적 상황에서 권문세가나 토호들의 착취는 서민들의 부담만을 더욱 가중
시키어 드디어 捨家離農하는 유민으로 만들었다.

전란으로 인한 전국적인 초토화와 유민의 격증은 사회적 혼란과 함께
국가재정을 고갈시키어 큰 위협을 주게 되었다. 그 위에 거듭되는 흉황
과 疾疫은 조선후기의 국가사회를 크게 위협하여 갔다.

이러한 현실에서도 도탄의 위기에 놓여 있는 불교교단은 국가로부터
막중한 임무를 부담해야만 하였다. 즉 첫째, 전란 때는 승군이 전투에 동
원되어야 하는 일이었다.6) 선조도 임진왜란 다음해인 왕 26년 備忘記에,

惟政의 승군은 용감하기를 비교할 것이 없다[惟政僧軍 勇敢無比].7)

라고 했던 것을 보면 전투에서 승군의 활동이 국가적으로나 사회적으로
크게 인정되었던 것임을 알 수 있다.8) 둘째로, 築城하는 일을 승군이 주
로 담당하였다.9) 守城하는 일까지도 승군이 맡게 되는 경우가 많았던
것이다.10) 인조 2년 7월 평양성을 축성하였을 때 2朔을 기한으로 강
원·황해 양도 승군 200명과 충청도 승군 200명을 동원했던 것인데, 이
때 그 粮資까지도 승려들에게 自擔을 시켰던 것이다.11) 셋째, 궁궐 등

---

5) 韓㳓劤,「18世紀에 있어서 韓國社會 經濟面에 대한 一考察」『서울대논문집 人
   文社會科學』7, 1958.
6) 安啓賢,「朝鮮前期의 僧軍」『東方學志』13, 1972.
7)『선조실록』권42, 26년 9월 己未.
8) 승군의 활동은 신라시대나 고려시대에도 대단했던 것이다.
   李弘稙,「羅末의 戰亂과 緇軍」『韓國古代史의 硏究』, 1971 ; 李基白,「高麗別
   武班考」『金元博士回甲記念論叢』, 1969.
9)『선조실록』권61, 28년 3월 甲戌.
10) 禹貞相,「南北漢山城 義僧防番錢에 대하여」『佛敎學報』1, 1963.
11) 備邊司請 發忠淸道 僧侶 二百名 自備粮資 限二朔 築平壤城 上從之. 平壤城役

여러 營繕事業에 승군을 주로 동원하였다. 광해군 9년 3월 인왕산 밑 離宮을 조성했을 때 繕修都監의 啓에,

　　이전부터 大役이 있으면 곧 外方의 승려들을 소집하여 부역케 한 것이 예이다[自前有大役 則外方僧人 招集赴役例也].12)

라고 했던 사실을 보면 營繕事業에 승군이 동원되는 것이 상례였던 모양이다. 이 때 승군은 주로 먼 산에서 나무를 베어 운반해 온다든지13) 浮石所에서 석재를 떠내는 일14) 등 아주 고된 작업을 담당했던 것이다. 넷째, 국장 시 陵役에도 승군이 동원되었다.15) 이때도 糧資는 승군 자비로 하고 陵役을 맡았던 것이다.16) 다섯째, 無主屍 埋葬事를 승군이 맡았던 것이다.17) 여섯째, 史庫의 守直役을 승군이 부담했던 것이다.18) 인조 23년 6월 廣集緇徒하여 赤裳山城을 守直케 한 것이 한 예이다.19) 이

　　活大 以一道民力 勢難完畢於冬防之前 故本司曾請發 江原 黃海兩道 僧軍二百
　　限二朔赴役 而此亦不足 故有是請也(『인조실록』 권6, 2년 7월 己酉).
12) 『광해군일기』 권113, 9년 3월 丙戌.
　　광해군 13년 2월 仁慶宮 始役時에는 각 도의 승군 1,500명을 동원하였다(『광해
　　군일기』 권161, 13년 2월 癸卯).
13) 『광해군일기』 권157, 12년 10월 乙巳.
14) 『광해군일기』 권126, 10년 4월 癸丑, 丁巳.
15) 『인조실록』 권12, 4년 4월 癸巳 ; 『인조실록』 권46, 23년 5월 丙申 ; 『효종실록』
　　권8, 3년 정월 乙亥.
　　현종 15년 3월 인선대비 葬 때는 경기 50명, 충청 150명, 황해·강원·평안·
　　함경 각 100명, 전라·경상 각 800명, 도합 2,200명이나 동원하였으며 糧資도
　　자비로 했던 것이다(『현종개수실록』 권28, 15년 3월 丁卯).
16) 『현종실록』 권22, 15년 3월 丁卯 ; 『숙종실록』 권1, 즉위년 8월 戊午, 『숙종실
　　록』 권61, 44년 2월 己亥.
17) 임진왜란 때 사망한 中外의 死屍骸骨을 일일이 埋置케 하였으며(『선조실록』
　　권43, 26년 10월 壬午) 현종 12년 혹심한 기근과 질병으로 많은 無主屍가 생겨
　　서 승군을 동원하여 매장케 했던 것이다(『현종개수실록』 권25, 12년 11월 己未).
18) 『인조실록』 권19, 6년 7월 丁丑.
19) 全羅監司 睦性善 請於赤裳山城 多造寺刹 廣集緇徒 以爲緩急 必守之地 從之
　　(『인조실록』 권46, 23년 6월 癸丑).

상과 같은 여섯 가지 외에도 각 사찰의 승려들은 각 궁방이나 지방 관아에 많은 공물을 상납해야만 했다.[20] 이처럼 막중한 임무가 승려에게 부과된 대가로 국가에서는 禪科나 도첩을 급여하기도 하였고[21] 공명첩을 급여하기도 하였다.[22]

이와 같은 막중한 부담에도 불구하고 승려의 수는 더욱 증가되어 갔다. 따라서 현종은 원년 12월에 양민의 削髮爲僧尼者의 환속지교를 내리게 되었다.[23] 그렇지만 현종 연간의 계속되는 기근과 여역은 많은 양민들로 하여금 어지러운 속세를 떠나게 하였다. 더욱 가중되어 간 군역의 부담은 양민의 削髮爲僧을 재촉해 갔다. 『숙종실록』 권31, 23년 5월 丁酉에,

> 양민의 아들들이 군역을 謀避하여 다투어 모두 삭발 입산하였다[良民之子 謀避軍役 爭皆削髮入山].

라 한 기사와 『영조실록』 권61, 21년 5월 甲申에,

> 한 남자아이가 태어나기만 하면 百役이 疊至함으로 거개가 심산으로 달아나서 승려 되기를 원함으로 十室九空의 탄식을 하게 되니 八路가 모두 그러하였다[而一男纔生 百役疊至 故擧皆走入深山 願爲僧徒 十室九空之歎 八路皆然].

라고 한 기사는 저간의 사정을 웅변해 주고 있다. 영조 13년(1737) 현재 사원의 僧徒는 크게 번성하여 영남 一道에만도 大刹이 300여 소나 되었으며, 각 사찰마다 승려가 4, 5백 명에 이르렀다고 하였다.[24] 요컨대 조

---

20) 李光麟, 「李朝後半期의 寺刹製紙業」 『歷史學報』 17·18합, 1962.
21) 『선조실록』 권 43, 26년 10월 壬午.
22) 『현종개수실록』 권25, 12년 11월 己未.
23) 『현종실록』 권3, 원년 12월 庚子.
24) 『영조실록』 권45, 13년 9월 丙申.

선후기의 불교교단은 국가로부터 막대한 재물과 노동력을 착취당하는 어려운 처지에 놓여 있으면서도[25] 영조조인 18세기 중엽까지는 승려 수가 매우 번성했던 것이다.

이러한 역사적 현실 속에서 사원에서는 사원경제의 운영난을 타개해 나가는 묘책이 강구되어야만 하였다. 그 한 방법이 사원에 願堂을 설치하여 각 궁방과 연결하는 것이었다.[26] 즉 승려들은 원당을 가짐으로써 願主의 힘을 빌려 관부의 苛斂을 방지하고 관력의 간섭을 배제할 수 있었기 때문에 사원경제를 유지해 갈 수 있었던 것이다. 그리하여 조선후기 사원경제의 고갈, 승역의 浩繁과 겨누어 원당도 일익 증가해 갔다.[27] 이처럼 원당의 수가 증가되어 가자 곧 유생들은 규탄의 대상으로 삼았다. 즉 사원에서 宮家의 원당을 托稱하여 위전을 광점하고 있으면서도 면세의 혜택을 받고 있다는 것이다.[28] 이와 같이 각 사원에서는 원당을 빙자하여 면세지를 확보함으로써 사원경제를 유지하여 갔던 것이다.[29] 현종은 즉위 초에 원당의 정비·혁파를 단행하였다. 즉 현종은 그 원년 4월에 明禮宮의 원당을 제외한 모든 원당을 혁파하였다.[30] 그러나 숙종

---

25) 조선후기 승려들에게 가장 큰 부담은 紙役과 義僧防番錢이었다(제5부 제2장 참조).

26) 정조 즉위년 6월 癸丑에 大司諫 洪檍의 다음과 같은 啓에서 당시 사찰의 원당 설치의 동기를 찾아 볼 수 있다.
"各道寺刹之稱 以願堂者 不如刱於何時 而近益寢廣殆遍城中 此雖出於僧徒之 積因宮役 依藉保存之計 而至於私奉位版 擅行享祀 則其爲褻瀆莫甚於此 請一 並禁斷 各營邑侵漁僧徒之弊 亦爲嚴飭"(『정조실록』 권1).

27) 願堂이란 願主를 위하여 죽은 사람의 畵像이나 위패를 모시고 명복을 빌며 願主의 다복장수를 기원하는 법당인데 신라시대부터 설치되어 왔으며 고려· 조선시대를 거쳐 계속되어 왔던 것이다(『韓國史』 「近世後期篇」, 乙酉文化社, 485쪽).

28) 『인조실록』 권12, 4년 3월 己未 ; 『효종실록』 권2, 즉위년 10월 甲寅.

29) 승려들은 면세의 혜택에만 만족치 않고 원당을 빙자하여 作氣를 부리는 경우가 있었다.
"舒川郡守 李衮 … 且郡境 有千方寺 今又爲宮家之願堂 僧徒作氣 人不敢近淸 明之世 豈宜如此"(『효종실록』 권9, 3년 12월 乙巳)라고 한 데서 알 수 있다.

23년 정월 금강산 楡岾寺의 원당설치문제를 비롯하여[31] 영조 5년 10월 報恩 獅子庵의 원종 원당문제[32] 등을 고려해 볼 때 현종의 원당 정비 · 혁파 조치도 실효를 거두지는 못했던 모양이다. 그리고 정조 즉위 초에 각 도의 '願堂之弊'를 금했지만[33] 동왕 2년과 6년에 각각 원당문제가 다시 논의되었던 사실을 보아[34] 정조 연간에도 원당은 혁파되지 않았던 것이다.

이상에서 살펴 본 바와 같이 조선후기의 불교교단은 형식적으로 계속 억불을 당해가면서 현실적으로 각 궁방의 배경 아래 꾸준히 교세를 유지 · 확보해 갔던 사찰도 있었고, 또 여타 사찰은 종교 본연의 교화력으로 그 명맥을 유지해 갔던 것이다.

Ⅲ. 해남 대흥사의 유래

해남 대흥사는 전라남도 해남읍 남쪽 30리 지점에 雜樹와 동백이 울밀하여 盛林滿山하고 紅綠이 常時하여 葉脫之秋가 없다는 두륜산에 자리잡고 있다.[35] 이 유서깊은 고찰은 지금부터 1550여 년 전 백제 久爾辛王 7년(426) 丙寅 백제 승 淨觀尊者가 창건한 사찰이다.[36] 백제시대

---

30) 『현종실록』 권2, 원년 4월 丁亥.
31) 금강산 楡岾寺에 宣廟 · 仁廟 · 顯廟의 원당을 설치하여 크게 물의를 일으켰던 것은 다음 기록들에서 알 수 있다. 『숙종실록』 권31, 23년 정월 甲子 ; 권46, 34년 9월 甲申 ; 권57, 42년 5월 辛未.
32) 『영조실록』 권24, 5년 10월 壬寅 · 甲辰.
33) 『정조실록』 권1, 즉위년 6월 癸丑.
   震檀學會編, 『韓國史』 「近世後期」篇, 485쪽 註 1)에서 정조의 '禁各道願堂之弊' 조치를 정조 원년으로 誤記를 하고 있다. 이것은 정조 즉위년의 조치였다.
34) 『정조실록』 권6, 2년 7월 丁未 ; 권13, 6년 6월 丁卯.
35) 『輿地圖書』 下, 전라도 해남현 산천.
36) 대흥사의 창건 연대에 대하여서는 몇 가지 문제점이 있지만 「挽日庵實蹟」(『輿

부터 유래해 온 해남 대흥사는 불교가 본격적으로 발전해 갔던 통일신라
시대나 불교의 전성기였던 고려시대까지도 그 寺勢는 지극히 미약했던
모양이다. 다산 정약용도 대흥사 屬庵인 挽日庵이 梁 武帝 天監 7년 戊
子, 백제 무령왕 8년(508)부터 康熙 14년 乙卯, 조선 숙종 원년(1675)까
지 1,167년간이나 중수되지 않았음을 지적하였다.[37] 이는 곧 해남 대흥
사의 사세를 의미하는 것이라 하겠다. 조선왕조는 건국 초부터 불교교단
에 대한 억압정책의 일환으로 많은 사원을 정리하였다. 태종 6년 3월 불
교교단의 전반적인 정비를 거쳐 태종 7년 12월에는 88개의 사찰을 諸州
의 자복사로 대체하였다. 그 후 세종은 왕 6년 4월에 불교종파를 선종과
교종 양종으로 통폐합함과 아울러 전국에 36사찰만을 공인하기에 이르
렀다.[38] 태종 6년 3월의 사찰 정리 때는 특정 사찰의 명칭이 나타나있지
않기 때문에 그 행방은 알 수 없다.[39] 태종 7년 12월 88사의 자복사를
대체할 때는 현재 해남 대흥사 주변의 長興의 迦智寺, 靈岩의 道岬寺,
耽津(康津)의 萬德寺, 道康(康津)의 無爲寺[40] 長興의 金藏寺 등이 포함
되어 있었다.[41] 그러나 해남 대흥사는 누락되었으며, 세종 6년 4월 선종

猶堂全書』 補遺二, 佛敎條, 景人文化社)에 "古記曰 宋文帝元嘉三年丙寅之歲
(百濟久爾辛王, 卽位之七年) 百濟僧 淨觀尊者 創建是庵 名之曰挽日"이라 한
기록과 李能和의 『佛敎通史』 上, 651쪽에 "大興寺 百濟久爾辛王 七年丙寅 靜
觀尊者 初開局建庵"이라 한 기록, 그리고 光武 11년 丁未 6월의 대흥사 대웅전
중수기에 "宋元嘉 三年 丙寅 靜觀尊者 開局"이라 한 기록 등으로 미루어 보아
대흥사도 백제 久爾辛王 7년 丙寅에 창건된 것으로 생각된다. 여기 淨觀尊者
와 靜觀尊者는 淨과 靜이 音通으로 보아 동일인으로 볼 것이다.
37) 「挽日庵實蹟」(『與猶堂全書』 補遺二, 佛敎條, 景仁文化社).
　　茶山은 「挽日庵實蹟」에서 "自天監戊子 至康熙乙卯 其間 一千一百九十八年
也"라 하여 1,198년간이라고 하였지만 1,167년의 착오이다.
38) 제1부 제1장 참조.
39) 모르기는 하지만 해남 대흥사도 태종 6년 3월 寺社 정비 때 '前朝密記付裨 補
寺社及外方各官踏山記付寺社'의 郡縣禪敎 중 一寺로 해남군에서 공인되었던
것이라 하겠다(제1부 제1장 참조).
40) 『輿地圖書』 下, 전라도 강진의 郡名이 道武·道康·耽津·陽武·冬音 등으로
나타나 있다.

속사 18사, 교종속사 18사 도합 36사찰로 정리했을 때도 물론 해남 대흥
사는 제외되었다.[42] 이처럼 해남 대흥사는 조선전기까지만 해도 그 사
세는 그리 탐탁치 못한 설정이었다.

해남 대흥사가 그 위치를 드러내기 시작한 것은 임진왜란 때부터라
하겠다. 즉 왜적은 선조 25년(1592) 4월 13일에 부산을 상륙하여 동년
5월 3일에는 경도에 입성하고 그 후 북진을 계속해 갔다. 이 누란의 위
기에 직면한 조국의 운명을 구하기 위하여 도처에서 의병과 의승이 분연
히 일어나 많은 전공을 세웠음은 주지의 사실이다. 이 때 승장인 雷默堂
處英이 義僧軍을 일으킨 곳이 해남 대흥사였다.[43] 대흥사에서 起兵한
승장 뇌묵당 처영이 승군을 거느리고 도성수복의 길에 오른 權慄 將軍
에게 호응하고 있음은 安啓賢이 「朝鮮前期의 僧軍」을 논한 데서 이미
밝힌 바 있다.[44]

권율의 행주대첩에서도 승장 처영이 이끄는 승군의 활약은 매우 컸던
것이다. 요컨대 해남 대흥사는 임진왜란 때 호남 의승군의 진원지였기
때문에 역사적인 사찰로 등장하게 되었던 것이다. 또한 선조 40년에는
서산대사의 衣鉢을 이곳에서 모시게 됨으로써[45] 玩虎 尹佑가 大芚志에
서 '大芚者 我東 禪敎之宗院也'라고 지적했듯이 해남 대흥사는 조선불
교의 宗院이 되었던 것이다.[46] 그 후 정조 12년(1788)에는 서산대사의

---

41) 태종 7년에 지정된 諸州의 자복사는 제1부 제1장 참조.
42) 제1부 제1장 참조.
43) 安啓賢, 「朝鮮前期의 僧軍」『東方學志』13, 1972.
44) 註 43)과 同.
45) 雷默堂 處英이 그의 스승 서산대사의 유언에 따라 서산대사의 衣鉢을 해남 대
   흥사에 모시게 되었다. 이 때 서산대사의 遺誡은 다음과 같다.
   一則寄花異草四時光景 布帛菽栗一旦久不泯 北有月出撐極天柱 南有達摩盤結
   地軸 東之天冠 西之仙隱 屹然相對海岳五衛 洞府深邃 此則萬歲不朽之地也 一
   則王化千里緩急 未瞽 俺之功績雖無可稱 聖主殊恩 憑此觀感則後世豈無樹 風聲
   警愚俗之道乎 則處英及諸弟子 皆在南方 此及宗統所歸也(高橋亨, 『李朝佛敎』,
   378쪽에서 재인용).
46) 玩虎 尹佑鑒定 兒菴惠藏 留授의 『大芚志』 상·하권이 대흥사 전주지 박영희

제향을 모시는 표충이란 사액을 받게 되었다.[47)]

위에서 우리는 해남 대흥사의 유래를 간단히 살펴보았다. 즉 해남 대흥사는 백제시대 창건 이래 뚜렷한 발전을 해오지 못하다가 임진왜란 때 호남 의승군의 진원지로 시작하여 선조 40년 서산대사의 의발을 모시게 되는 것이 계기가 되어 조선불교의 종원이 되었고 이후 계속하여 조선시대 불교교단의 중심적인 사찰이 되었던 것이다.[48)]

Ⅳ. 보사청 설치 전의 해남 대흥사 위전

임진왜란의 발발로 부각되기 시작하여 선조 40년 서산대사의 의발을 모시게 되는 것을 계기로 조선불교의 종원으로 등장하게 된 해남 대흥사는 이 당시 많은 사위전답을 소유하고 있었던 모양이다. 보사청의 실체를 좀 더 잘 이해하기 위해서는 보사청 설치 전의 대흥사의 사위전답을 고찰해 보는 것도 徒勞는 아니라 믿는다.

사원경제의 바탕이 되는 사찰위전은 조선전기까지는 공인되어 있었다.[49)] 그러나 廢佛의 군주 연산군의 즉위는 조선전기의 사원경제 운영에 큰 타격을 주었다. 즉 연산군 11년 12월에 사찰위전을 완전히 혁거하였다.[50)] 그 후 명종대에 수렴청정을 맡은 문정대비의 호불로 사원경제는 일시 되살아난 듯했지만, 동왕 20년 문정대비의 서거 후 동왕 21년에는 억불정책이 강행되어 사찰위전도 전면 혁거되었음은 주지하는 사실

장로가 소장하고 있다.
47) 『大芚寺志』表忠祠因起, 『朝鮮佛教通史』上, 560쪽.
48) 순조시대 草衣意恂이 대흥사에 주재하게 되어 茶山 丁若鏞에게 豫習을 받게 되고 秋史 金正喜 등과 교유하게 되어 해남 대흥사는 불교의 종원 외에 실학과의 관계가 있다.
49) 『經國大典』 「戶典」 諸田에서 寺位田은 각자 수세하는 전답으로 규정되었다.
50) 제1부 제1장 참조.

이다. 그 후 임진왜란은 조선왕조의 경제질서를 완전히 파괴하였다. 농
촌사회는 붕괴되어 민심은 극도로 불안하게 되었다. 이러한 상황에서 호
국창의의 기치 아래 뇌묵당 처영의 의승군이 발기되어 경도수복의 대업
을 안고 권율 장군을 도와 행주대첩을 이루었다는 기쁜 소식은 불안에
빠진 농민들의 마음을 사로잡기에 충분했을 것이다. 이로 인해 불안에
빠진 많은 농민들이 삭발위승하여 처영의 기병지인 해남 대흥사로 들어
오는 이가 많았을 것이다. 또 그렇지 못한 일부 농민들은 경작하던 전답
을 호국의 道場인 대흥사에 시납해 왔을 것이다.51) 장차 뇌묵당 처영이
全羅左道 摠攝을 맡게 되었으며, 선조 40년에는 서산대사의 衣鉢을 本
寺에 모시게 됨으로써 이러한 현상은 계속되었던 것이라 하겠다. 이렇게
하여 조선불교의 종원이요, 호국의 道場인 해남 대흥사는 많은 전답을
사위전으로 소유하게 되었던 것이라 하겠다.

정부에서도 전후 고갈된 국가재정의 확보책으로 선조 37년부터 양전
사업을 실시하였다.52) 선조 말에 실시한 양전사업에서는 승려들의 의승
군 활동의 공을 인정했던 탓인지 사원위전은 잠정적으로나마 인정되었
던 것으로 보인다. 그러나 인조 12년 삼남지방의 갑술양전 시에 왕패있
는 특수 사찰의 위전은 제외되었지만 여타 사찰의 위전은 거의 회수되었
던 것이다.53) 효종 연간에는 흉황이 계속되어 전란의 후유증은 점점 심
해져 농촌사회는 극도로 쇠잔해 갔다. 이처럼 혹심한 흉황과 병발되는
여역은 조선후기의 경제적 파탄을 더욱 촉진해 갔다. 이러한 경제적 파
탄을 막기 위하여 현종은 왕 4년에 다시 경기지방에 한하여 양전사업을
시작하였다.54) 현종은 경기지방의 양전사업을 추진해 가는 과정에서 면

---

51) 조선전기에 개인의 寺刹施畓은 엄격히 금지되어 있었다(『經國大典』「刑典」禁
制). 그러나 왜란으로 혼란해진 사회상태에서는 농민들의 민전이 상당수 사찰
에 시답되었을 것이다.
52)『萬機要覽』「財用篇」田結.
53) 제2부 제2장 참조.
54) 註 52)와 同.

세전 정리의 일환으로 전국의 사찰위답 중 공인 외의 전답은 전부 관부에 환수했던 것이다.[55]

현종 4년 사원위답의 정리 때는 불교의 본산인 해남 대흥사의 경우도 별다른 자료가 없는 점으로 미루어 보아 사위전의 정리에서 제외되지는 않았던 모양이다. 따라서 해남 대흥사의 사원경제도 다시 위축되어 갔을 것으로 추측된다. 현종 4년 사위전답의 정리에서 대흥사의 위전답도 회수되었겠지만, 임진왜란 이후부터 비공식적으로 인정되어 온 대흥사의 사위전답이 회수되기까지의 대흥사의 사위전답은 어떠한 규모로 형성되었으며 또 어떻게 운영되어 갔던 것일까?

이 시기의 사원위답 臺帳으로 보이는 한 권의 畓簿가 있다.[56] 이 답부를 통하여 당시의 해남 대흥사 사위전답을 검토해 보기로 하자. 이 대장은 蠧蚛의 피해가 극심하여 표지의 글자는 완전히 마멸되어 없어진, 오래된 책이다. 이 책의 작성 연대가 언제인지는 직접 알 수 없지만 조선초기 해남 대흥사의 사세로 보나 대장에 개록된 사원위전의 규모로 보아 사원위전이 공인되었던 조선전기의 위답대장으로 보기는 어렵다. 또한 조선후기의 대흥사 전답대장이 있는 것으로 보아 그 때의 대장으로 보기도 곤란하다. 그렇다면 결국 이 대장은 사위전답이 묵인되어 가던 선조 말부터 사원위답이 정리되어진 인조 12년 갑술양전 이전의 어느 시기에 작성 되었을 것으로 보인다. 그런데 이 대장 뒷표지 이면에 '年

---

55) 江西寺(黃海道 白川)「事蹟碑」에 다음과 같은 기사가 있다.
　　今上卽位之四年 大凡寺刹所屬藏獲及位田盡還本司 而此寺則其有累廟御席進獻之功故自光廟以來所給田民 特下傳敎因存不還(康熙四年乙巳五月鄭之益撰)『朝鮮金石集帖』(高橋亨,『李朝佛敎』에서 재인용).
　　즉 累廟의 御席 進獻之功으로 江西寺만을 제외하고는 모든 사찰 소속의 藏獲과 位田을 모두 회수하였다. 강서사 사적비문을 撰文한 鄭之益은 인조 25년 10월 성균관 直講으로 재직 시「爲人無形 體制詭異」란 諫院의 지탄을 받아 遞差된 바 있다(『인조실록』권48, 25년 10월 甲申).
56) 이 책 역시 해남 대흥사 전주지 박영희 장로의 소장이다.

丙申'이란 기록이 보인다. 이 年丙申이 대장의 작성 연대를 표기한 것인지 확인할 수 없다. 그러나 임진왜란 직후 대흥사에 많은 位施畓이 일시에 크게 형성되었을 것임을 우리는 위에서 이미 보아 왔다. 대흥사에서는 갑자기 많은 사위답을 갖게 되어 관리의 편의를 도모코자 선조 29년 丙申에 대장으로 작성했던 것은 아닐까? 이 책은 가로 30.5㎝(1尺) 세로 49.5㎝(약 1.6尺)나 되며 지질이 두터운 창호지를 맞붙여서 1장으로 하여 兩表紙를 합하여 50장인데 그 두께가 3.5㎝나 되는 아주 육중해 보이는 책이다. 이 책은 행정구역의 面 단위 별로 기록되어 있고 대장의 일면에 7열로 나누어져 字別 斗落으로 표시되어 있는데, 이 거대한 장부의 지질이나 양식 그리고 필체가 전후 동일한 점으로 보아 이 책은 동시에 완성된 것이 틀림이 없을 것으로 짐작된다.

선조 29년 丙申에 작성되었을 것으로 믿어지는 이 대장을 중심으로 당시 대흥사 사위전답의 행방 등을 살펴봄으로써 사원전답의 성격이 파악될 것으로 믿는다. 사원전답의 구성은 거의 施納田으로 되어 있고, 간혹 '寺中買得田'으로 되어 있다. 시납전인 경우 그 施納主는 比丘僧·平信徒·邑內 念佛契員 등이며 멀리 古今島 道岩里 신도까지 포함되어 있다. 시납주는 대부분 비구승들인데 이들은 新剃錢 형식으로 전답을 시납했던 것은 아닌가 한다. 평신도들의 시납 이유도 확실히 알 수 없지만 망부모의 명복을 기원하기 위하여, 또는 전란에 관군 혹은 의병으로 동원된 남편이나 아들의 무운을 기원하기 위하여 시납했던 것은 아닐까?

사위전답의 변화를 가져 온 것으로 보이는 전답대장에 부기된 내용에서 사위전답이 처리된 몇 가지 과정을 엿볼 수 있다.

첫째, 전답을 寺中에서 賣用했던 경우이다. 즉 主 比丘 文信의 '裳畓 參斗'를 乙亥年(인조 13, 1635)에 寺中에서 매용했다는 기록이 있다. 전답을 사중에서 매용하게 된 동기는 ① 改金時 경비 충당을 위하여 매용

했던 것이 가장 많다. ② 사세가 심난하여 방매했던 것이다. 즉 慈隱島
孫氏와 李赫奉 소유의 '深畓 陸斗卄五卜'을 丙午(선조 39, 1606) 2월에
'寺勢爲難 故放賣'한 것과 比丘 伊贊의 '五字畓 肆斗'를 丙午(선조 39,
1606) 2월 '寺勢極難 故放賣用'한 것을 보면 선조 39년(1606) 丙午에는
대흥사가 극심한 경제적 곤란을 당하고 있었던 모양이다. 병오년 외에는
그와 같은 표현을 사용한 기록이 보이지 않는다. 을해년(인조 13, 1635)
에 口糧 부족으로 放賣했다는 기록은 보인다. 병오년의 사세 심난은 그
이듬해 선조 40년(1607) 서산대사의 의발이 이곳에 모셔지는 것을 계기
로 호전되어 갔던 것은 아닐까? ③ 寺中의 稅米懲色 때문에 방매했던
것이다. 즉 主 朴率奉의 '仕畓 貳斗'를 戊申(선조 41, 1608) 정월 '寺中
稅米懲色 故事不得放賣'한 기록이 보인다. 시납자가 일반 신도인 듯한
데,57) 稅米懲色이 심하여 부득이 방매했다는 것이 당시 사찰위전을 이
해하는데 중요한 자료라 생각된다. 선조 41년 戊申은 전후의 재정난이
극심한 시기였다. 이 재정난을 타개하기 위한 한 방법으로 임진왜란 이
후부터 잠정적으로 인정되어 오던 사위전답에까지 稅米懲色한 것은 아
니었을까? 여하간 당시 대흥사의 사위전답은 면세지로 공인된 전답은
아니었다고 할 것이다. ④ 서산대사의 의발을 모시는 법회의 경비를 지
출키 위하여 방매했던 것이라 하겠다. 즉 主 崔成弼·崔夏立 등의 '流
畓 肆斗'를 丁未(선조 40, 1607) 4월에 '大寺公議後 放賣 寺中加用'했
던 것인데, '流畓 肆斗'를 公議 후에 放賣한 선조 40년 丁未는 서산대사
의 의발을 대흥사에 모신 해와 일치되기 때문이다.

　둘째, 전답을 시납주에게 還去해 주었던 경우이다. ① 主 崔德烈의
'澄畓 參斗'를 최덕열 자신이 매식하였고, ② 主 李愛善의 '取畓 參斗'
를 壬辰(효종 3, 1652)에 그 아들이 매식하였으며, ③ 主 李贊의 '傷畓

---

57) 승려인 경우 모두 법명을 사용하였다. 그래서 법명이 아닌 일반성명은 신도로
　　보는 것이 합당할 것이다. 더욱이 이 책이 사원에서 작성되었기 때문에 그렇게
　　보아도 무방할 것이다.

參斗'를 甲戌(인조 12, 1634)에 其姪인 永伯이 매식하였다. 여기서 ①은 主 최덕열 본인이 매식하였지만 ②, ③은 그 子 또는 姪이 각각 매식했던 것인데, 이들이 매식한 연대로 보아 시답주는 이미 작고한 후 그 子 또는 姪이 매식했던 것이라 하겠다. 결국 이들은 정당한 상속권자로 볼 수 있을 것이다,

셋째, 전답을 탈취나 盜去를 당했던 경우이다. ① 主 金榮宗의 '嚴畓 壹斗五升'을 己丑(인조 27, 1649)에 그 孫이 奪去食하였고, ② 主 金喆伊의 '仕畓 貳斗'를 甲寅(광해군 6, 1614)에 그 子가 奪取食했던 것이다. 이 경우 역시 시답주가 작고한 후 대흥사로부터 그 아들 또는 손자가 탈거식했던 것으로 보아야 할 것이다. 여기의 아들·손자는 역시 상속권자가 아니었을까? 둘째 경우의 상속권자는 사찰의 동의를 얻어 賣食했던 경우라 하겠고, 셋째 경우의 상속권자는 사찰의 동의없이 강제로 빼앗아 매식했던 것으로 볼 수 있을 것이다. 또한 ③ 主 金善鶴의 '覆畓 貳斗'를 그 손자 仁順이 盜賣食하였고, ④ 主 李貴守의 '天畓 參斗'를 손자 永伯이 盜賣食했던 것인데 모두(③, ④) 손자들이 도매식했던 것이다. 이들은 모두 정당한 상속권자로 보기는 어려운 일이다. 정당한 상속권자가 아닌 그 손자들이 자기 조부모가 시답한 정황을 알고 사찰 승려를 사기하여 탈거 도매식했던 것은 아닐까?

이상에서 해남 대흥사의 사위전답 대장을 통하여 사위전답의 변화과정을 몇 가지 살펴보았다. 즉 당시의 사위전답은 시납주가 누구이던 일단 사위전답이 되면 사찰에서 賣用할 수 있었던 것이다. 사찰에서 매용하는 경우는 사원의 公議에 쫓았을 것이며, 평신도가 시납주인 경우는 본인이나 상속권자에게 상의가 있었던 것으로 보아야 할 것이다. 왜냐하면 전답을 시납주가 환거해 갈 수도 있었기 때문이다. 사원위답을 환거해 가는 경우, 그 시납주가 거의 평신도였고, 또 그 아들·손자·조카 등이 賣食·奪去食·盜賣食했던 사위전답도 그 시납주가 평신도였음

을 고려해 본다면 평신도가 시납한 사위전답은 임진왜란 후의 노동력 부
족으로 노동력이 풍부한 해남 대흥사에 그 경작권만을 양도했던 것으로
볼 수 있지 않을까 생각된다. 이는 앞에서 제시한 '寺中稅米懲色 故事
不得放賣'라고 한 기록과도 관련되기 때문이다.

사찰에서 賣用, 시납주에게 還去 등 몇 가지의 변화를 제외하고도 대
부분의 대흥사 사찰위답은 현종 4년 공인 외의 사원전답이 정리되기 전
까지는 계속 유지되어 갔던 것이라 하겠다. 이 시기의 해남 대흥사의 사
위전답이 어떻게 경작·운영되어 갔는지는 확실히 알 수 없다. 다만 당
시 해남 대흥사의 많은 유휴 노동력이 있었을 것으로 보아 대흥사가 승
려들을 동원하여 직접 경작해 갔던 것으로 보인다.

V. 해남 대흥사의 보사청 설치·운영

1. 보사청의 설치와 혁파

해남 대흥사의 보사청은 강희 39년 庚辰 정월, 즉 1,700년(숙종 26) 정
월에 처음으로 설치되었다.[58] 그러나 보사청의 설치 논의는 강희 39년 庚
辰, 즉 숙종 26년 이전에 이미 있었던 것임은 『補寺廳 納米册』(1)에,

    ① 嘉善大夫 光卞 米 壹百斗. 癸亥 十二月 日 畢納 寺中曾用.
    ② 嘉善大夫 尙贊 米 壹百斗. 戊辰 三月 十四日 畢納 寺中曾用.
    ③ 嘉善大夫 天特 米 壹百斗. 己巳 三月 二十四日 畢納 寺中曾用.

---

58) 『補寺廳 納米册』 권1, 첫 면에 康熙三十九年 庚辰 正月 「補寺廳米 捧上記」라
    고 한 것과 『補寺廳 納米册』 권2, 첫 면에 "康熙三十九年 庚辰正月 日 始設補
    寺廳 册改案于乾隆四十七年 壬寅 仲夏日 寺主"라고 한 기록으로 보아 알 수
    있다. 『補寺廳 納米册』 권2 중 편의상 첫 권을 『補寺廳 納米册』(1)이라 하고 改
    案된 책을 『補寺廳 納米册』(2)라 지칭한다.

이라고 한 기록 등에서 알 수 있다. 즉 보사청이 설치된 숙종 26년 이전인 숙종 9년(癸亥) 12월에 嘉善大夫 光卞 스님이 米 100두를, 숙종 14년(戊辰) 3월에 嘉善大夫 尙贊 스님이 米 100두를, 숙종 15년(己巳) 3월에 嘉善大夫 天特 스님이 米 100두를 각각 필납한 것을 寺中에서 일찍이 사용했다는 것이다. 이와 같은 사실로 보아 보사청은 숙종 26년 훨씬 이전부터 설치 논의가 있었던 것으로 보아야 한다. 즉 효종과 현종 연간의 계속적인 흉황과 기근·여역은 대흥사의 사원경제에 막심한 피해를 주었을 것이며, 더욱이 현종 4년 공인 외 사위전답의 회수는 결정적인 타격을 주었을 것이다. 이처럼 사원경제의 곤궁을 느낀 대흥사 측에서는 사원경제의 보완책을 강구하게 되었을 것이다. 따라서 대흥사의 보사청 설치 논의는 공인 외 사위전답이 완전히 회수된 현종 4년 이후부터 곧 일기 시작했다고 보아야 할 것이다. 또 보사청 설치 초기에 가장 많은 납미를 했던 것으로 보아 보사청 설치 이전에 그 일부분을 납미했던 것으로 보아도 무방할 것이다 요컨대 해남 대흥사의 보사청은 공인 외 사위전답이 완전히 회수된 현종 4년 이후부터 설치의 논의가 되어 오다가 숙종 26년 정월에 비로소 설치되었던 것이라 하겠다. 그 후 건륭 47년 壬寅, 정조 6년(1782)에 보사청 납미책이 개안되었던 것이라 하겠다.[59]

　숙종 26년(1700) 정월에 설치되어 운영되어 온 대흥사의 보사청이 언제 혁파되었는지는 확실히 알 수 없다. 그러나 정조 6년(1782)에 보사청 납미책이 개안되었던 점으로 보아 정조 연간까지는 보사청이 계속되었다고 하겠다. 또한 道光 3년 癸未(순조 23, 1823) 10월에 중수된 보사청의 「畓庫冊」이 있다. 이는 道光 3년 10월, 즉 순조 23년 10월까지는 보사청이 운영되고 있었음을 뜻하는 것이다. 또 순조 23년 10월에 중수된 『補寺廳 畓庫冊』의 본문에 상하좌우로 무질서하게 보사청 전답의 행방을 부기해 놓은 것이 있다. 여기 나타난 干支는 순조 23년(1823) 10월

---

59) 註 58)과 同.

보사청 답고책이 중수된 이후의 연대임이 틀림없을 것으로 보인다. 즉 보사청에서 순조 28년(戊子, 1828)에 전답을 매득했다는 사실(廳中買得)과 헌종 13년(丁未, 1847) 2월과 고종 13년(丙子, 1876) 11월에 寺中 公議에 의거하여 전답을 방매했다는 사실(據公議放賣) 등으로 미루어 보아 보사청은 고종 13년(1876)까지는 계속 운영되어 갔음을 알 수 있다. 그러나 고종 13년 현재 그 행방이 기입되지 않은 것은 계속 보사청의 전답으로 남아 있다고 보아야 하기 때문에 이 보사청은 고종 13년 이후까지도 계속 유지되어 갔던 것으로 보아야 할 것이다. 그 후 이 보사청이 언제 혁파되었는지는 알 수 없지만, 明治 44년(1911, 일제침략시대) 6월 사찰의 재산 정리를 목적으로 발표한 사찰령이 실시될 때까지는 혁파되지 않았던 것으로 보인다.[60] 요컨대 해남 대흥사의 보사청은 1700년(숙종 26) 정월에 설치되어 1911년(일제침략시대) 6월에 혁파되기까지 212년간이나 유지되어 있었던 것이다.

대흥사에 보사청이 설치된 이유는 어디 있었을까? 이미 살펴보아 온 바와 같이 임진왜란과 병자호란을 겪은 조선후기는 정치·경제·사회 등이 극도로 어지러운 시기였다. 그 중에서도 경제생활은 가장 처참한 것이었다. 즉 기근과 여역이 극심하여 유민이 격증하였고 이는 곧 농촌 사회를 급속히 붕괴시켜 갔다.[61] 이 처참한 사회적 현실은 농민들로 하여금 속세에 환멸을 느끼게 하여 조용한 山寺를 동경하게 했을 것이다. 더욱이 명승들이 모여 법회를 열어 인생의 무상함을 설파하고 나아가 심오한 불법의 철리를 강론하는 道場인 이곳 해남 대흥사에 많은 僧俗이 모여들었을 가능성은 충분했을 것이다. 현종 4년 사위전답을 회수당했던 대흥사로서는 모여든 많은 승속으로 인하여 식량의 부족을 초래했을 것이며, 장차 사찰을 보존 유지하는 데도 큰 곤란을 느끼게 되었을 것이

---

60) 대흥사 전주지 박영희 장로도 한일합방 후 寺內總督 때 사찰령이 발표될 때까지는 이 보사청이 존속되었다고 증언하였다.

61) 金甲周, 「朝鮮後期의 養戶」『歷史學報』 85·86, 1980.

다. 부족한 식량을 공급하고 나아가 사찰의 유지경비를 조달하기 위하여 뜻있는 승려들이 논의하여 승려 각자의 부담으로 사원자활의 방도를 도모하게 되었을 것이며 그 결과 일종의 사금융기관인 보사청이 설치되었던 것으로 보인다.

대흥사의 자활을 목적으로 설치된 보사청은 사찰의 유지비 부담과 승속의 식량 공급을 주로 담당했던 것 같다. 그러나 정조 6년(1782)에 작성된 대둔사 중『답고책』에 그 시납주가 보사청으로 기록되어 있는 점으로 보아 사위전답 조성에도 보사청이 참여했던 것이다. 사찰의 유지경비, 승속의 양식공급, 사위전답의 조성 등 외에도 사찰 부담의 각종 국역, 징세, 관아의 주구 등에 대비하여 보사청이 설치되었던 것으로 믿어진다. 또한 상시 기민과 여역의 극심으로 진휼곡 부담의 일익을 맡았을 가능성도 있는 것이다. 이것은 불교의 근본사상인 자비사상과도 일치되기 때문이다. 요컨대 해남 대흥사의 보사청은 조선후기의 사회·경제적 환경에서 위축된 사세를 일으켜 세우고, 나아가 불교교세의 확대 발전을 도모코자 한 데 그 설치 동기가 있었다고 하겠다.

2. 보사청의 운영

조선후기의 혼란된 사회환경 속에서 위축된 사세를 만회하고 나아가 불교교세의 확대·발전을 도모하기 위해 설치된 대흥사의 보사청은 처음에는 납미를 중심으로 운영되어 갔다. 그 후 차츰 전답을 조성하여 납미와 전답을 아울러 운영해 갔던 것이다. 편의상 보사청에의 납미실태와 전답 중심의 보사청 운영으로 나누어 고찰해 보도록 하자.

1) 보사청에의 납미실태

『보사청 납미책』(1)은 가로 25.5cm, 세로 40.5cm이고 앞 뒤 양표지를 제외하면 본문이 기록되어 있는 것은 50면이다. 앞뒤 각 면마다 납미자의 명단이 기록되어 있는데 일면이 縱으로 4열식 기록되었고 다만 뒷부분에서 4면째는 5열, 뒷부분 3면에서 1면까지는 6열로 작성되어 있다. 따라서 납미 총인원은 196명이었다. 이것은 숙종 26년(1700)부터 정조 6년(1782)『납미책』이 개안될 때까지 83년간의 납미현황인 것이다. 83년 동안에 납미인원이 196명이라면 그리 많은 숫자라고는 할 수 없다. 이러한 사실은 다음에서 알 수 있듯이 보사청의 구성원 신분이 상당히 제한되어 있었기 때문이라 하겠다. 다음 수개의 항을 예(A~O)로 하여 보사청의 구성과 납미 상황을 검토해 보기로 하자.

A. 嘉善大夫 光卞 米壹百斗 癸亥(숙종 9, 1683) 十二月 日 畢納 寺中會用.
B. 曾經住持 雪坦 米參拾四斗 辛巳(숙종 27, 1701) 正月 二十二日納.
　　　　　　　　米拾壹斗 壬午(숙종 28, 1702) 二月初 十日納.
C. 曾經住持 雪欣 米八斗五升 庚辰(숙종 26, 1700) 十一月 二十五日納.
D. 曾經住持 尙明 米四十斗 辛巳(숙종 27, 1701) 二月 二十五日納.
E. 嘉善大夫 尙贊 米壹百斗 戊辰(숙종 14, 1688) 三月十四日 畢納 寺中會用.
F. 通政大夫 道演 米貳拾斗 庚辰(숙종 26, 1700) 三月初五日納.
　　　　　　　　米捌拾斗 庚辰(숙종 26, 1700) 十一月 二十五日.
G. 通政大夫 印元 米五拾斗 庚辰(숙종 26, 1700) 三月 二十日納.
　　　　　　　　米五拾斗 庚辰(숙종 26, 1700) 十一月 二十五日 畢納.
H. 通政大夫 演學 米五拾斗 乙酉(숙종 31, 1705) 三月 二十五日納.
　　　　　　　　米五拾斗 戊戌(숙종 44, 1718) 三月 十五日畢納.
I. 前行判事 天捧 米參拾斗 辛巳(숙종 27, 1701) 二月十五日 納故.
J. 曾經住持 尙琳 米四拾壹斗 庚辰(숙종 26, 1700) 二月 十七日納.
　　　　　　　　米玖斗 庚辰(숙종 26, 1700) 十一月 二十五日畢納.
K. 曾經住持 宗漢 米貳拾五斗 庚辰(숙종 26, 1700) 十二月 二十日納.
　　　　　　　　米貳拾五斗 辛巳(숙종 27, 1701) 二月 二十四日畢納.

L. 前行判事 演商 米二十五斗五升 癸巳(숙종 39, 1713) 二月 十三日納.
M. 通政大夫 應習 米伍拾斗 辛亥(영조 7, 1731) 三月 日納.
　　　　　　　　米四十斗 丁巳(영조 13, 1737) 三月 日納.
N. 嘉善大夫 再悟 米伍拾斗 戊戌(숙종 44, 1718) 元月 日.
　　　　　　　　米貳拾斗 庚子(숙종 46, 1720) 元月 日.
　　　　　　　　米拾斗 辛丑(경종 1, 1721) 畢納.
O. 通政大夫 快侃 米肆拾斗 庚申(영조 16, 1740) 二月 日納.
　　　　　　　　米肆拾斗 乙丑(영조 21, 1745) 二月 日畢納.
　　※ 연대는 필자가 기입한 것임.

　　상기 자료에서 볼 수 있듯이 납미자, 즉 보사청 구성원의 신분은 지극
히 제한되어 있었다. 嘉善大夫(從二品), 通政大夫(正三品 堂上官), 曾經
住持, 前行判事 등 4職帖에 한하여 구성원이 될 수 있었던 것이다.『납
미책』(1)에 기록된 직첩별 인원수는 <표 9>와 같다.

〈표 9〉 보사청 구성원의 직첩별 인원수

직　첩	嘉善大夫	通政大夫	曾經住持	前行判事	計
인원수	76	81	35	4	196

　　嘉善大夫와 通政大夫는 공명첩으로 승려들에게 주어졌던 직첩이다.
어떠한 경우에 공명첩이 승려들에게 지급되었던 것인가를 다시 살펴보
기로 하자.
　　첫째, 임진왜란 중에 군량 募取를 위해 공명첩이 발행되어 승려들에
게도 給帖되었다.[62] 이 때 발행된 공명첩이 무려 10,134매나 되었던 것
으로서[63] 그 폐단 또한 많았던 모양이다.[64] 이 때 공명첩의 종류나 帖價
가 얼마나 되었는지는 알 수 없지만, 당시 급박한 경제 사정으로 보아
고가는 아니었을 것으로 보인다.

---

62)『선조실록』권85, 30년 2월 壬申 ; 권111, 32년 4월 癸丑.
63)『선조실록』권130, 33년 10월 己卯.
64)『선조실록』권130, 33년 10월 癸酉, 己卯.

둘째, 흉황과 기근을 당하여 진휼청 설치를 위한 貿粟費 확보를 위하여 賣爵給帖했던 것이다.[65] 즉, 현종 4년 9월 삼남지방의 大飢를 계기로 공명첩을 발행하기 시작하여 현종 연간에 계속 발행되어 갔다.[66] 현종 4년 9월에는 僧人의 通政價가 쌀 8석으로 결정되었다.[67] 숙종 16년 11월에는,

> 이 해의 기근으로 設賑을 위해 嘉善·通政·同知·僉知·判官·別坐·察訪·主簿·僉使·萬戶·護軍·司直 그리고 僧人嘉善 通政 등 공명첩을 2만 장이나 만들어 八路에 分送하여 許賣토록 하였다.[68]

라고 했던 것처럼 대대적으로 공명첩을 발행했던 것이다.[69]

셋째, 陵役의 승군 赴役者에게 공명첩을 給帖했던 것이다. 즉 영조 33년 5월에 왕비 서씨 승하 시와 대왕대비 김씨 승하 시에 來赴한 승군들에게 통정첩을 사급하였다.[70]

위의 몇 가지 보기에서 승려들에게 사급된 공명첩은 嘉善과 通政에 한하여 사급되었음을 우리는 알 수 있다. 승려들에게 공명첩을 사급했던 예는 정조대에도 계속되었다.[71] 이처럼 승려들에게 당시 공명첩이 사급될 기회는 상당히 많았던 것이다. 보사청 납미자는 이러한 과정을 통하여 가선첩·통정첩을 얻은 승려들과 前行判事를 포함한 曾經住持들로만 구성되었다.

---

65) 『현종개수실록』 권9, 4년 9월 乙亥 ; 『현종개수실록』 권23, 11년 8월 己酉 ; 『현종실록』 권20, 13년 9월 辛丑.
66) 註 65)와 同.
67) 『현종개수실록』 권9, 4년 9월 乙亥에 "… 老職爲通政者 六十以上 米納四石七十以上 三石 八十以上二石 以通政而陞嘉善者二石 … 僧人通政 八石 …"이라 한 데서 알 수 있다.
68) 『숙종실록』 권22, 16년 11월 丁酉.
69) 『경종실록』 권12, 3년 4월 壬申.
70) 『영조실록』 권89, 33년 5월 丁丑.
71) 『정조실록』 권12, 5년 12월 內戌 ; 권16, 7년 10월 戊寅.

보사청 납미자의 1인당 납미 부담량은 보사청 설립 초에는 100두가 기준이었다. 즉 사료 A·E·F·G·H의 경우 100두의 납미를 필납이라 하였다. 100두를 부담한 이들은 모두 가선대부나 통정대부로서 이미 공명첩을 받은 승려들이었다. 이들에 비해 曾經住持나 前行判事는 경제 사정이 여의치 못했던 모양이다. 즉 사료 B의 45두, C의 8두 5승, D의 40두, I의 30두, J·K의 50두, L의 25두 5승 등의 납미 상황이 이러한 사정을 말해 주고 있다. 사료 J·K의 50두 납미를 필납이라 했던 것으로 보아 이들 중경주지나 전행판사들은 가선대부나 통정대부가 부담하는 100두의 절반인 50두가 기준이었던 모양이다. 절반밖에 안 되는 납미량이지만 이들이 거의 필납을 못했던 것으로 보아 그들의 경제사정이 매우 어려웠음을 알 수 있다. 가선대부나 통정대부의 경우도 보사청 설치 초의 100두 부담에서 차츰 80두로 감해져 갔다. 즉 사료 N·O의 경우 80두 필납이라고 한 데서 알 수 있다. 어느 해부터 이들의 납미량이 80두로 감해졌는지는 확실히 알 수 없으나, 납미한 해의 간지로 보아 대략 숙종 말부터 영조 초로 보인다. 요컨대 보사청 구성원의 1인당 납미량은 보사청 설립 초에 있어서 가선대부·통정대부는 100두, 중경주지나 전행판사는 그 절반인 50두였다. 그 후 그 부담량은 차츰 감소해 갔던 것이다.

납미 기간은 고정되어 있지 않았던 모양이다. 사료 A·E·F·G·J는 당해년에 전량을 납미하였다. 그러나 전체적으로 보아 2~3년 동안에 납미하는 경우가 대부분이었다. 경제사정이 여의치 못하여 납미치 못했던 경우도 있지만 자기 부담량은 장기간에 걸쳐서라도 꼭 납미했던 것 같다. 즉 사료 H의 경우 乙酉(숙종 31)에 50두, 戊戌(숙종 44)에 50두를 납미하여 필납했다. 무려 13년간의 기간을 소요했던 것이다. 사료 M의 경우도 辛亥(영조 7)에 50두를 납미, 丁巳(영조 13)에 40두를 납미하여 6년간 90두를 내고 있다. 이때에 필납했다는 기록이 없지만 납미 기준이 80두로 감소해지는 과도기로 보아 필납으로 해석해야 될 것이다. 가선대부나 통정대부인 경우 퇴거나 작고 외에는 필납치 않았던 경우가 거의 없었다는 사실을 감안할 때 위의 사실(M)은 더욱 뚜렷해진다.

정조 이후부터는 보사청 납미자의 신분이나 부담량 등에 큰 변화를 가져왔다. 이러한 사실을 알려주는 자료가 곧 정조 6년 壬寅에 개안된 보사청 『납미책』(2)이다.72) 보사청 『납미책』(1)이 숙종 26년(1700)부터 정조 6년(1782)까지 83년간인데, 보사청 『납미책』(2)는 숙종 26년(1700)부터 철종 1년(1850)까지 151년간의 납미자가 기록되어 있다. 『납미책』(2)의 총면수 69면 중 36면까지는 『납미책』(1)의 내용이 그대로 기록되어 있다. 『납미책』(1)이 83년 동안에 196명의 납미자가 기록되어 있는데 비해, 『납미책』(2)는 151년 동안에 414명의 납미자가 기록되어 있어서 68년 동안에 218명이나 증가했음을 알 수 있다.

이처럼 후기에 내려오면서 오히려 납미자가 더 증가해 갔던 것은 보사청의 구성원인 납미자의 문호가 크게 확대되었기 때문이라 할 것이다. 즉 보사청 설치 초기에 그 구성원이 가선대부, 통정대부, 증경주지, 전행판사로 제한되었던 납미자가 후기에 와서는 일반 승려들도 구성원으로 참여하게 되었기 때문이다.

보사청 구성원의 납미 부담량도 보사청 설치초의 100두에서 숙종 말 영조 초 전후의 80두로 감소되었다가 후기에 이르러서는 일정량의 기준도 없이 원납미 형식으로 발전해 갔던 것이라 하겠다. 즉 12두 7승, 4두 9승, 15두 1승 등 다양하게 소량씩을 각각 납미하였다. 후기에는 보사청에 전답이 소유되어 있었음을 고려할 때 납미 대신에 전답을 내 놓을 수도 있음직하다.

이상에서 대흥사 보사청의 납미책을 중심으로 보사청의 실태를 대략

---

72) 『補寺廳 納米册』(2)는 『補寺廳 納米册』(1)과 똑같은 규모로 작성되었다. 다만 책 (1)의 1면이 4열인 데 비하여 책 (2)는 1면에 6열로 기록되어 있을 뿐이다.

살펴보았다. 다음으로 납미를 중심으로 형성된 보사청의 재산은 어떻게 관리·운영되었던 것일까? 현재의 자료를 가지고 확실히 알 수 없다. 다만 도광 3년 癸未(순조 23, 1823) 10월에 중수된 보사청『답고책』제일 후면에 冊 重修時 '都監 馨欣', '書記 馨赤', '掌務 贊嵩' 등이란 기록으로 보아 보사청에 이와 같은 상설 임직원이 있어서 보사청의 재산을 관리·운영해 갔던 것은 아닌가 한다.

2) 전답 중심의 보사청 운영

대흥사의 보사청은 현종 4년 사위전답의 회수로 위축된 사원경제의 보완을 위해 설치되었던 것임을 앞에서 이미 지적한 바 있다. 따라서 원래의 보사청은 납미를 중심으로 운영되어 갔음을 전 항에서 살펴보았다. 그러나 시대가 지나고 왕위가 교체됨에 따라 사위전답이나 보사청의 재산 형태에도 많은 변화를 가져 왔던 것이다. 즉 1782년(壬寅, 정조 6) 7월에 작성된『大芚寺中 畓庫册』에,

○ 主補寺 似畓 肆斗落   ○ 主補寺 盡畓 參斗落

이라는 기록이 보인다. 상기의 기록은 보사청이 대흥사의 위전답 조성에 참여하였음을 뜻하는 것이다. 이 보사청은 어떠한 경위를 통하여 전답을 소유하게 되었던 것일까? 첫째, 앞에서 보아 온 바와 같이 보사청 구성원의 납미로 전답을 매득하여 대흥사 위전답으로 조성되었을 것이다. 둘째, 앞에서 이미 지적했듯이 보사청 구성원의 납미량이 점점 감소되어 갔고, 심지어 납미량이 1인당 10여 두 전후에 머물고 있음을 보아 왔다. 이러한 경우 납미 대신에 전답을 보사청에 내놓을 수도 있었던 것이라 하겠다. 이렇게 조성된 보사청 소유의 전답이 대흥사 畓庫형성의 일익을 담당했었다. 즉 보사청 소유의 전답이 보사청 독자적으로 답고를 형성할

때까지는 대흥사 답고 소속으로 유지되어 갔던 것이라 하겠다.

그러면 보사청 답고는 언제쯤 형성되었던 것일까? 구체적인 자료가 없어서 확실히 알 수는 없지만 보사청 답고책이 중수된 순조 23년(1823) 이전에는 이미 형성되어 있었던 것이다. 순조 23년 이전 어느 시기에 보사청의 답고가 형성되었던 것일까? 이 이해를 돕기 위하여 우리는 대둔사 중『답고책』을 검토할 필요를 느낀다. 대둔사 중『답고책』은 그 표지에 '壬寅 七月 日'이라고 있어 壬寅年 7월에 작성되었음을 알 수 있다. 그러나 어느 壬寅인지 알 수가 없다. 그런데 보사청『납미책』(1) 39면에,

> ○ 嘉善大夫 學英　米 肆拾參斗 乙酉 二月 納(乙酉 : 영조 41, 1765)
> 　　　　　　　　　米 參拾柒斗 丁亥 八月 納(丁亥 : 영조 43, 1767)
> ○ 嘉善大夫 仁學　米 捌拾斗 甲申 二月納(甲申 : 영조 40, 1764)

이라고 한 기록에서 가선대부 학영과 인학이 나란히 80두씩을 납미했다. 그리고 1782년(건륭 47)에 개안된 보사청『납미책』(2)의 36면까지는 개안 전의『납미책』(1)과 동일한 내용이었다.『납미책』(2)의 27면에 역시,

> ○ 嘉善大夫 學英　米 捌拾斗 乙酉年 納.
> ○ 嘉善大夫 仁學　米 捌拾斗 甲申年 納.

이라고 한 기록은『납미책』(1)의 39면의 납미자와 꼭 같은 사람들이다. 그렇다면 상기 두 사람은 보사청 납미책이 개안된 1782년(건륭 47) 壬寅 이전에 이미 살고 있었던 사람들이다. 한편 이들이 나란히 전답을 대둔사 답고에 시납하였다. 즉 대둔사 중『답고책』4면에,

> ○ 主 學英 錄畓 肆斗落　○ 主 仁學 錄畓 參斗落

이라고 한 기록이 보인다. 상기 자료로 보아 이들이 전답을 시납한 시기가 언제인지는 확실히 알 수 없다. 그러나 이들이 보사청에 납미했던 시

기로 보아 역시 보사청 납미책이 개안된 1782년(건륭 47) 이전에 대흥사에 시납된 전답임을 확실시된다. 1782년 이전 어느 시기에 시답되었던 것인지 확실치 않지만 이들이 납미했던 시기가 영조 40년대임을 감안할 때 시답시기도 영조 말부터 정조 초로 봐야 하지 않을까? 그렇다면 대둔사 중『답고책』은 이들이 전답을 시납한 이후에 이루어진 것으로 볼 수 있기 때문에 정조 초 이후 작성된 것으로 볼 수 있을 것이다. 따라서 정조 이후부터 순조 23년까지의 干支 壬寅은 정조 6년에 해당된다. 이 壬寅은 보사청『납미책』(2)가 개안된 1782년 壬寅과 일치되는 것이다. 곧 대둔사 중『답고책』은 정조 6년 7월에 작성되었던 것이다.

현종 4년 사위전답 회수 후 사원위답은 합리적으로 인정되지 않았다. 그러나 사승들의 사전을 기부하는 형식으로, 일반신도들의 개인 소유의 전답을 시납하는 형식으로, 승려들이나 일반신도들의 각종 계를 통하여 시납한 전답 등으로 암암리에 사원답고를 형성하여 사원경제를 운영해 갔던 것이다.[73] 대흥사의 경우는 위의 여러 가지 방법 외에도 보사청의 전답이 또한 시납되었던 것이다. 이렇게 형성되어 온 대흥사의 답고가 공개적으로 이루어진 것은 정조의 호불정책에 기인한 것으로 생각된다. 즉 王 6년에는 대둔사(대흥사)의 답고의 관리를 위하여 답고책까지 작성되었던 것이라 하겠다. 정조 6년에 대둔사 중『답고책』에 등재되어 있는 전답들은 현종 4년 이후부터 대흥사에 조성되어 온 전답들이라 하겠다.[74]

정조 6년(1782) 7월에 작성된 대둔사 중『답고책』의 내용을 검토해 보기로 하자. 먼저 답고를 구성하고 있는 전답주와 두락 수는 <표 10>과 같다.

---

73) 당시 승려들의 전답사유가 공인되어 있었으며, 또한 승려나 일반인이 佛寺에 시납하는 경우도 예사였다(제2부 제2장 참조).

74) 숙종 이후부터는 寺位田이 공인되어 있었기 때문에 각 사찰마다 시납·매득 등의 방법으로 사위전을 조성해 갔던 것이다(제3부 제2장 참조).

〈표 10〉 大芚寺 중 답고 구성표

답 주	두 락	백분비	비 고
僧 侶	398斗落	71.39	白蓮堂 외 93명
平信徒	47斗落	8.43	金正伯 외 13명
補寺廳	38斗落 5升	6.81	
淸風寮	12斗落	2.15	
燭 契	10斗落	1.79	
甲 契	9斗落	1.61	
佛粮契	8斗落	1.43	
佛位契	21斗落	3.77	
三聖庵	5斗落	0.90	
寺 位	5斗落	0.90	
碧眼殿	4斗落	0.72	
계	557斗落 5升	100.00	

즉 승려 94명이 398두락, 평신도 14명이 47두락, 보사청이 38두락 5
승, 淸風寮 12두락, 燭契 10두락, 甲契 9두락, 佛粮契 8두락, 佛位契 21
두락, 三聖庵 5두락, 寺位 5두락, 碧眼殿 4두락, 도합 557두락 5승이었
다. <표 10>에서 보이듯이 승려와 평신도를 제외하고는 모두 사위전답
을 조성하기 위하여 특별히 조직된 기구이거나 각종의 계들이란 사실이
다. 그리고 승려들이나 평신도들이 대흥사 위전답 조성에 참여했던 이유
는 주로 佛粮을 위해서라 하겠다. 나아가 개인의 求福과 死去한 사람의
명복을 기원하기 위하여 시답했던 경우도 있었을 것이다.

대둔사 중 답고에 보사청 소속의 전답이 38두락 5승으로 당시 사위전
답 전체의 6.81%에 해당하는 전답이었다. 보사청의 전답이 이처럼 대둔
사 중 답고에 포함되어 있는 한, 보사청은 독자적인 답고를 형성할 필요
가 없었던 것이다. 따라서 보사청 답고책은 대둔사 중 답고책이 이룩된
정조 6년(1782) 7월 이후부터 보사청 답고책이 중수된 순조 23년(1823)
10월 이전까지 사이에 형성되었음이 분명하다. 추측컨대 호불의 정조왕
대에 대둔사 중 답고책을 王 6년에 이룩하고, 나아가 곧 이어서 보사청
의 답고책이 형성된 것은 아니었을까? 그리하여 순조 23년(1823) 10월

에 중수되어 보사청이 혁파되는 일제시대(1911)까지 지속되어 갔던 것으로 볼 수 있다.

그러면 정조 6년 이후부터 순조 23년 이전까지의 사이에 형성되었을 대흥사 보사청의 답고가 어느 정도의 규모였는지, 또는 어떠한 형태로 운영되어 갔었는지는 현재의 자료로서는 알 길이 없다. 다만 보사청의 구성원이 완전히 승려중심이었기 때문에 평신도들은 일절 참여하지 않았을 것이라는 점, 그리고 보사청은 사원경제를 돕기 위한 일종의 사금융기관이기 때문에 원칙적으로 납미 중심으로 운영되었고, 따라서 보사청의 답고는 큰 비중이 되지 못했을 것이라는 점 등을 짐작할 따름이다.

순조 23년(1823) 10월에 중수된 보사청 답고책에 나타난 전답의 현황은 <표 11>과 같다.

〈표 11〉 보사청 답고의 현황(순조 23년 10월 현재)

면 별	필지	두락		결부	백분비	비고
禾山面	19(6)	62斗落 4斗	(19斗落)	2-24-3(・-59-・)	41.46(10.91)	
三寸面	5	24斗落		1-・-3	19.04	
縣一面	3(2)	15斗落	(9斗落)	・-69-8(・-41-8)	12.90 (7.73)	
縣山面	5	21斗落		・-46-・	8.50	
玉泉面	2	10斗落		・-11-・	2.03	
계	34(8)	132斗落 4升	(28斗落)	4-51-4(1-・-8)	100.00(19.96)	

※ 結-負-束.
※ ( ) 안은 고종 8년까지의 減少量.

상기 <표 11>에서 알 수 있듯이 순조 23년(1823) 10월, 보사청 畓庫 重修時의 전답은 34필지 132두락 4승으로 4결 51부 4속이었던 것이 고종 8년(1871)에는 26필지 104두락 4승, 3결 50부 6속으로 감소해 갔던 것인데, 감소의 이유는 대부분 公議에 의하여 방매처분했던 것이다.

보사청의 전답을 포함한 대흥사의 위전답은 승려들의 노동에 의해 경작되어 갔을 것이다. 조선후기의 승려들은 국가의 大役에는 대부분 참여

하고 있었다. 이러한 국역 동원으로 승려들의 노동관은 전시대와는 너무
나 많이 변화하였다. 현종 10년 6월, 왕과 廣州府尹 沈之溟과의 다음과
같은 대담은 당시 승려들의 노동관을 잘 표현하고 있다.

> 沈之溟이 이르기를 병자호란 때의 得力은 승군이 최고였다. 僧人의 소망
> 은 단지 金玉貫子에 있으니 만약 그들 중 문자를 이해하는 자를 택하여 승군
> 으로 差定하여 大刹에 入處토록 하면 반드시 이익이 있을 것이다. 신이 지난
> 해 北・西 兩門을 건립할 때 民丁의 3일의 役이 승군의 1일의 역에 미치지
> 못 하였다. 이러한 것은 승인이 부역하게 되면 사력을 다하기 때문이다. 上께
> 서 이르길 "승인은 한 배 더 加護하는 것이 옳다"고 하셨다.[75]

즉 광주부윤 심지명이 병자호란 때도 승군에서 얻은 힘이 제일 컸음
을 전제하고 "民丁의 三日之役이 승군의 一日之役을 미치지 못한다"고
하였다. 특히 승려들이 부역에 임하면 사력을 다하여 노동한다고 지적한
것은 당시 승려들의 노동관을 단적으로 표현했을 것이라 하겠다. 이러한
사실은 대흥사 전주지 박영희 장로도 승려들은 "울력 간다면 아파 누었
던 중[衆]도 일어난다"라고 증언한 것과도 매우 일치되는 것이다.[76] 요
컨대 대흥사 보사청의 전답은 사위전답과 함께 승려들의 공동노동에 의
해 경작 운영해 갔으며, 생산량은 곧 佛粮 등 사원경제 운영에 충당되었
을 것이다.

VI. 결 어

조선후기는 임진・병자 등의 전란 이후 계속되는 당파싸움, 흉황과

---

75) 『현종실록』 권17, 10년 6월 辛巳.
76) 대흥사 전주지 박영희 장로의 이 말은 확실히 설득력이 있는 말이라 하겠다.
   그리고 僧房에는 役服이 승려마다 있었다고 하였다.

여역의 연속 등으로 재정은 고갈되어 갔고 민심은 이완되어 갔다. 이러한 사회적 현실은 많은 농민들을 山門을 찾게도 했던 것이다. 이 때 서산대사의 衣鉢을 모시게 된 해남 대흥사는 혼란된 사회 속에서도 寺勢를 만회코자 보사청을 설치·운영하여 위기에 처한 사원경제를 바로 세워갔다. 보사청을 통하여 대흥사는 사원경제가 다시 활기를 찾게 되고 사세가 확대되어 가기도 하였다. 이와 같이 해남 대흥사의 보사청 설치 운영은 한국 사원경제사의 중대한 변화를 의미하거니와 조선후기의 사원경제를 이해하는 데 큰 비중을 갖는다고 생각된다.

한편 해남 대흥사는 보사청 설치 운영 외에도 각종의 계를 통하여 사원경제를 운영해 갔다. 즉 燃燈契·燈燭契·佛粮契·茶毘契·冥府殿獻畓契 등 여러 종류의 계가 조직되어 있었다. 하기야 각종 계의 조직 운영은 당시의 일반적인 현상이었다. 조선후기 대흥사가 이처럼 활발하게 사원경제를 운영해 갈 수 있었던 것은 寺僧들의 적극적인 경제난국의 타개책과 호불의 정조대왕의 등장이라 할 수 있을 것이다. 또한 정조 12년에 표충사의 사액을 받게 되었던 것도 대흥사 사세 회복에 커다란 계기가 되었을 것이다. 이리하여 해남 대흥사는 막대한 재산을 소유하게 되었다. 즉 순조 9년(1809) 대흥사의 屬庵인 挽日庵 중수 시 대흥사가 "新剃鐥 3만량을 부담하고 나머지는 檀越로 충당했다"는 기사에서 대흥사의 재정적 실력을 짐작할 수 있다.[77]

---

77) 「挽日庵實蹟」(『與猶堂全書』 補遺二, 佛敎 景仁文化社).

제2장

사찰의 양안 연구
─靈光 佛甲寺의 양안을 중심으로─

Ⅰ. 서 언

17세기를 전후한 조선왕조는 旱害·飢餓·癘疫 등의 연속과 왜란·호란 등의 외침이 겹쳐 정치·경제·사회 등 전반에 걸친 국가체제가 파탄지경이 되어 있었음은 주지하는 사실이다. 특히 경제체제의 파탄은 국고의 고갈을 초래케 하였으며, 따라서 집권유생들은 보다 더 구체적인 재정의 확보책을 강구해야 하였다. 곧 전세제도의 개혁을 비롯하여, 대동법과 균역법의 실시 등 수취체제에 대한 일련의 개혁이 이루어져 갔다. 이러한 수취체제의 개혁은 세원을 토지에 집중시키는 '이지출역'으로의 세제개혁을 뜻하는 것으로 양호·방납·족징 등 잡다한 폐해를 제거하여 농민을 보호하고, 나아가 봉건왕조의 경제기반을 확보하려는데 그 목적이 있었다. 그러나 재정의 확보를 위한 '以地出役'으로의 세제개혁은 그 후 계속되는 정치기강의 문란·토호의 횡포, 서리의 작간 등으로 인하여 오히려 제거하려고 했던 양호·방납 등의 피해를 더욱 조장하여 봉건적인 조선왕조의 생산을 담당하고 있는 농민의 생활을 극도로 혼란케 하였다. 뿐만 아니라 농촌사회의 계층 간의 분화를 더 한층 심화·촉진시켜 가기도 하였다.[1] 이와 같은 사회경제적 상황하에서 국가나 왕실로부터 아무런 비호를 받지 못하면서, 반면에 각종의 토목공사 등에 동원되는가 하면, 紙役 등 막대한 부담만을 지고 있던 승려들은 농민 이상의 경제적 위기를 맞이하게 되었다. 결국 각 사원에서는 파탄의 위기에 직면한 사원경제를 바로 이끌어 가기 위하여 특별한 자구책을 찾아야만 하였다. 즉 특정한 궁방과 연결하여 그 願堂으로 지정받는 것도 사원경제를 유지해 가는 한 방법이었다. 또한 해남 대흥사의 경우 보사청을 설치·운영하여 위기에 처한 사원경제를 유지해 가기도 하였다.[2]

한편 전국의 公認寺位田畓은 1663년(현종 4)에 회수·속공케 되었던 것으로 알려져 오고 있지만,[3] 그로부터 약 1세기가 경과되지 못한 18세기 전반에 이르러서는 각 사원에 자유롭게 사위전답이 조성되어 사원경제가 경영되어 갔다. 예컨대 1741년(영조 17) 현재, 金山 黃岳山의 直指寺가 사위전답 30결을 소유하고 있었으며,[4] 靈光 母岳山의 佛甲寺도 1747년(영조 23) 현재, 사위전답 27결 81부 1속을 소유하고 있었던 것이다.

---

1) 金甲周, 「朝鮮後期의 養戶」(『歷史學報』 85·86, 1980). '以地出役'의 '役'의 개념을 숙종조 副司直 李寅燁이 '田役'·'身役'·'族役'이란 말로 모든 국역을 표현하였듯이(『승정원일기』 제410책, 숙종 29년 3월 15일) 서민이 부담하는 모든 경제적 의무를 총칭한 것으로 사용하였다. 金錫亨은 조선 초기의 경우 군역만을 국역으로 보았다(金錫亨, 「李朝初期 國役編成의 基底」 『震檀學報』 14, 1941).
2) 제3부 제1장 참조.
3) 高橋亨, 『李朝佛教』, 990~991쪽.
4) 『朝鮮金石總攬』 下, 「金山 黃岳山 直指寺事蹟碑銘」 『朝鮮金石總攬』 編纂者는 本碑를 숙종 7년(1681)에 立碑한 것으로 보고 있다. 그러나 本碑는 裏面記錄에서 알 수 있듯이 숙종 7년(1681) 和尙 呂祥이 刊刻타가 중지하였던 것을 周甲이 지난 영조 17년(1741) 和尙 泰鑑이 완성했던 것이다. 따라서 金山 黃岳山 直指寺의 사위전답 30결의 기록도 그 裏面의 기록인 것으로 보아 영조 17년 현재의 사위전답으로 보는 것이 옳을 것이다.

조선후기에 시행된 일련의 세제개혁은 모든 세원을 토지에 집중시켰기 때문에 당시 토지소유관계를 밝히는 일은 조선후기 봉건적 경제구조를 이해하는 데 중요한 작업이라 할 것이다. 이 분야는 이미 선학의 노력으로 그 실체가 다소 밝혀져 있기는 하다.[5] 그러나 사찰의 양안을 통하여 사위전답의 조성과정과 사위전답의 양전문제 등에 관하여는 아직까지 연구된 것이 없다. 따라서 필자는 1747년(영조 23) 현재 27결 81부 1속의 사위전답을 소유한 영광 모악산의 불갑사의 양안을 중심으로 당시 사원의 토지소유형태를 밝혀 볼 것이다. 이러한 작업을 통하여 조선후기 사원경제의 일모가 조명될 것이며, 나아가 사회경제적 측면에서 본 불교계 동향의 일단이 밝혀질 것이다. 또한 조선후기의 양안에서 아직까지 미진하였던 起主懸錄問題, 垈地 등 제문제 등이 본고에서 논구하게 됨에 따라 조선후기의 전답소유를 중심으로 한 사회경제사를 이해하는 데 일조가 될 것으로 기대하는 바이다.

Ⅱ. 자료의 검토

본고에서 다루게 될 자료는 1747년(영조 23) 10월 현재, 27결 81부 1속의 사위전답을 소유했던 영광군 모악산의 불갑사 양안이다.[6] 자료의 검토에 앞서 불갑사의 유래를 간단히 살펴보기로 하자.

불갑사는 전라남도 영광군 모악산에 위치한 유서 깊은 고찰로서 특히 뜰 앞에 있는 동백나무는 심히 기이함이 있다는 사찰이다.[7] 이처럼 절경

---

5) 金容燮,「量案의 硏究」·「晋州奈洞里大帳의 分析」『朝鮮後期農業史硏究』(1), 一潮閣 ; 周藤吉之,「朝鮮後期의 田畓文記에 關つる 硏究」『歷史學硏究』7-7·8· 9, 1937. 특히 金容燮, 앞의 논문에서 필자는 많이 啓發되었음을 말해 둔다.
6) 양안이란 田畓臺帳으로서 원래 某郡量案, 某面量案, 某洞量案, 某宅量案(개인양안)이라 불리어지는 것이 통례이다. 따라서 본고에서는 불갑사가 현재 가지고 있는 양안이 其寺가 소유하고 있던 位田畓臺帳임으로 불갑사양안이라 칭한다.

의 자리에 위치한 불갑사가 언제, 누구에 의하여 창건되었는지를 확실히
알 수 없다. 단지 불교가 백제에 처음 전래된 4세기 말경에 창건되어진
사찰로 추측되어 올 뿐이다.[8] 그 후 통일신라 원성왕 원년(785)에 중창
이 이룩되었으며,[9] 14세기 중엽 고려 공민왕 초에 王師 覺眞尊者에 의
하여 三刱이 이룩되었다.[10] 이 때 불갑사의 규모는 승방이 70여 개, 廊
寮環이 400여 주, 樓高가 90척, 수백 인이 앉을 수 있는 법당 등 500여
간이나 되는 사세가 매우 왕성했던 거찰이었다.[11]

  고려 말엽 사세가 매우 왕성했던 불갑사가 조선조 태종 6년 3월 각
寺의 居僧과 토지·노비를 제한 정리할 당시에는 속전 60결, 노비 30구,
常養僧 30員이 배당된 각 관의 읍 외 각 寺에 포함되었던 사찰로 보인

---

  7) 『新增東國輿地勝覽』 권36, 靈光郡 「佛宇」條.
  8) 「佛甲寺古蹟記」에는 初經營을 "想在羅濟之始 漢魏之間 而飛鳥過空往事烟沈
     則果未知某世而某年執爲而執傳之耶"라 하였다. 그런데 불갑사에 현존한 金堂
     의 용마루[屋脊] 중앙에 위치하고 있는 佛塔身이 印度의 南方佛敎像이라 전하
     여, 백제 침류왕 원년(384) 백제불교의 初傳者 胡僧 麻羅難陀에 의하여 창건된
     것이 아닌가 추측되고 있다(『增補·校正 朝鮮寺刹史料』上, 220~223쪽).
  9) 「佛甲寺古蹟記」 및 「佛甲寺重修勸施文」(위의 사료 上, 217~220쪽).
 10) 「佛甲寺古蹟記」(위의 사료 上)에는 고려 충렬왕조 王師 覺眞尊者가 三刱한 것
     으로 기록되어 있다. 그러나 覺眞 復丘가 王師로 기용된 것은 공민왕 원년
     (1352)이었다(李達衷 王師大曹溪宗師, 「中略」, 「贈諡覺眞國師碑銘」, 『東文選』
     권118). 물론 覺眞 復丘가 王師로 기용되기 전에 三刱한 것을 이렇게 기록했을
     수도 있을 것이다. 그러나 왕사로 기용됨으로써 그 중창작업이 용이하였을 것
     으로 미루어 보아 覺眞 復丘가 기용된 공민왕 초에 三刱한 것으로 보는 것이
     옳을 것이다.
 11) 註 9)와 同.
     이 때 覺眞尊者는 호남에 三甲을 중창하였다고 하였다. 즉 신라 문무왕 원년
     (661)에 창건된 전라남도 영암 월출산에 위치한 도갑사(『輿地圖書』下, 全羅道
     靈巖)가 그 하나요, 창건연대 미상의 전라남도 보성 중봉산에 위치한 봉갑사
     (『輿地圖書』下, 全羅道 寶城)가 둘이요, 영광 불갑사가 그 셋이다. 3甲中에서
     佛甲寺가 第一이라 하였던 사실은 불갑사가 그 만큼 名刹이었음을 뜻하는 것
     이라 하겠다(불갑사에 현재 보관 중인 필사본 「母岳山 佛甲寺記」 참조). 여기
     3甲이 모두 '甲'과 '岬'을 混稱하여 사용되어 왔으나 본고에서는 '甲'字로 통일
     하여 사용하기로 한다.

다. 즉 태종 6년 3월에 '前朝密記付裨補寺社' 및 '外方各官踏山記付寺
社' 내에 新舊都에는 오교양종 각 1寺, 外方牧府에는 선교 각 1寺, 군현
에는 선교 중 1寺를 量留토록 조치했던 것인데, 고려 말 불갑사의 寺勢
로 보아 영광군 제일의 거찰로서 '군현에 선교 중 1寺'로 불갑사가 지정
되었을 것이기 때문이다.12) 만일 이 때 불갑사가 '군현에 선교 중 1사'
로 지정되지 않았을 경우, 당시 불갑사의 사세나 그 경관을 추측하여 보
건대 그 익년(태종 7) 12월에 대신 지정된 山水勝處의 자복사 88사에는
포함되어야 할 것이다. 그러나 태종 7년 12월에 지정된 88사의 자복사
에 불갑사가 포함되어 있지 아니하였다.13) 이러한 사실은 그 전년(태종
6)에 이미 불갑사가 각 군현에 선교 중 1사로 지정되었던 것임을 더욱
확실하게 하는 것이라 하겠다.

　태종에 이어 즉위한 세종은 동왕 6년 4월에 불교종파를 선교양종으로
통합함과 함께 공인 사찰 36사를 지정하였다. 이 때 불갑사는 공인 사찰
36사에서 제외되었다.14) 결국 불갑사도 왕실의 특별한 보호를 받게 되
는 몇몇 사원을 제외한 여타 사찰과 마찬가지로 조선전기에는 그 사세가
크게 위축되어 갔던 것이다.

　16세기 말엽 왜구의 침입으로 불갑사는 餞日菴만을 남기고 모든
堂·殿·菴이 탕진되고 말았다. 그리하여 浮屠 法稜이 곧 중수한 것이
4刱이 되었다. 즉 부도 법릉이 발원하여 재목을 모아 殿宇를 중수했던
것이다. 이 때 불갑사의 규모는 법당과 불전이 5, 房舍가 11, 庵·堂이
12개 등으로15) 고려 말엽 3刱 당시의 불갑사와는 너무나 대조적으로 초
라한 사찰로 전락했던 것이다. 그 후 숙종 20년(1694) 僧 海稜이 조금씩
의 경비를 募祿하여 법전을 개조했던 것이 5刱이 되었다.16)

---

12) 제1부 제1장 참조.
13) 제1부 제1장 참조.
14) 제1부 제1장 참조.
15) 앞의 「佛甲寺古蹟記」 참조.

이상에서 고찰해 온 바와 같이 영광 불갑사는 유구한 유래를 가진 거
찰이었다. 이 불갑사에 보관되어 있는 양안은 조선후기 사회경제사, 특
히 사원경제사의 연구를 위한 매우 희귀한 자료로서, 당시 사위전답의
연구에 그리 흔하게 볼 수 없는 중요한 자료라 생각된다. 불갑사의 양안
은 현재 같은 사찰에 보존되어 온 영광군 모악산 「佛甲寺古蹟」이라 題
한 책자(필사본)에 첨기되어 있다. 즉 상기 책자는 ① 李達衷이 應製한
「覺眞國師碑錄」이 8面,[17] ② 영조 17년(1741) 陽城後人 進士 李萬錫이
記한 「佛甲寺古蹟記」가 8面, ③ 영조 원년(1725) 廣州後人 李孝宇가 序
한 「母岳山佛甲寺記」가 8面,[18] ④ 숙종 45년(1719)에 작성된 量田別有

---

16) '全羅南道 靈光郡 「佛甲寺創設由緒」에는 崇禎後 甲戌 顯宗 時 海稜師가 5刱을
한 것으로 기록되었다(『增補・校正 朝鮮寺刹史料』上, 262~263쪽). 그러나 崇
禎後 甲戌은 숙종 20년(1964)이며, 현종 연간에는 甲戌이란 干支조차 없다. 따
라서 위의 「佛甲寺古蹟記」및 「母岳山佛甲寺記」에 의거하여 僧海稜이 5刱한
것은 숙종 20년으로 보았다. 그리고 위의 「同寺創設由緒」에 따르면 6刱은 肅
宗時 庚申에 采隱師가 맡았던 것으로 기록되어 있으나, 肅宗時 庚申年은 숙종
8년으로, 5刱한 숙종 20년보다 12년 앞이란 모순이 생긴다. 뿐만 아니라 불갑
사 양안이 작성된 영조 23년 10월 현재의 時任住持가 采隱師였음을 고려해 볼
때(불갑사에 보관 중인 필사본으로 된 靈光 母岳山 「佛甲寺古蹟」참조) 영조조
庚申, 즉 영조 16년(1740)에 6刱을 하였던 것이라 해야 할 것이다. 또한 영조
41년(1765)에 晴峯師가 7刱을 하였고, 고종 7년(1870)에 雪寶師가 8刱을 하였으
며, 일제하인 1938년 雪醍師가 9刱을 한 것으로 전하여 온다. 영조 16년(1740)
采隱師의 6刱은 확실히 알 수는 없지만 약 30년 전인 숙종 38년(1712) 8월 暴雨
로 불갑사의 일부가 漂沒되었던 것을 중창한 것은 아니었을까? 즉『숙종실록』
권52, 38년 8월 癸酉에 "全羅道 靈光等邑 大小公廨 寺刹漂沒 人物多渰死"라는
기록에서 이러한 추측을 하게 한다.

17) 불갑사에 보존 중인 靈光郡 母岳山 「佛甲寺古蹟」에는 「覺眞國師碑銘」을 李齊
賢이 應製한 것으로 기록되었지만 同碑銘은 李達衷이 應製하였으며, 李齊賢이
奉命謹書하였던 것이다. 한편 覺眞國師는 曹溪 第13代 宗師이며 固城郡人으로
判密直右常侍文翰學士 承旨 李尊庇의 아들이다. 許興植, 「高麗時代의 國師・
王師制度와 그 機能」『歷史學報』67, 1975.

18) 淸에게 항복한 후에도 조선왕조는 계속 明의 崇禎年號를 사용하여 오다가 인
조 15년 2월에 淸兵에게 敎書를 被奪당한 문건 이후 이때부터 大小의 문서에
淸의 崇德年號를 사용하도록 했지만(『인조실록』권34, 15년 2월 戊戌) 그래도

司19) 廣州後人 李萬晟의 「己亥量田時上書草」 7面, ⑤ 영조 23년(1747)
10월에 작성된 「佛甲寺位施畓 等數·長廣·卜數·犯標·量時各區別秩」
82면 등 도합 5개 항 113면과 앞·뒤의 표지 4면을 포함하여 118면으로
구성되어 있다.20) 상기 5개 항으로 구성되어 있는 『佛甲寺古蹟』 중에
제5항 82면이 곧 본고의 자료가 될 불갑사 양안이다.

불갑사 양안은 1747년(영조 23) 10월, 불갑사에서 당시 時任住持 采
隱禪師의 주도로 작성되었으며21) 그 내용은 종래부터 소유되어 온 불갑
사 사위전답과 1658년(효종 9)부터 1747년(영조 23)까지 만 90년간에 걸
쳐 불갑사에 조성된 사위시답이 등재되어 있다. 따라서 불갑사 양안(이

사적으로는 계속 明의 崇禎年號를 사용했던 것은 주지의 사실이다. 그런데 영
조 17년에 「佛甲寺古蹟記」를 쓴 陽城後人進士 李萬錫이나, 영조 원년 「母岳山
佛甲寺記」를 序한 廣州後人 李孝宇는 연호를 각각 "崇禎記元後 … 崇禎紀元
後再度 …" 등으로 기록하여 여기서도 유생들의 숭명관을 엿볼 수 있다. 그러
나 불갑사양안에는 淸의 연호를 사용했는데 이것은 私量案이라 하더라도 公薄
의 성격을 띠고 있기 때문이라 생각된다.

19) 조선후기 量田時에 양전업무를 추진하기 위하여 邑에는 '田吏', 村에는 '田監'
을 각각 두었다. 이 '田吏'를 '面書員'이라고도 하였고, '田監'을 '別有司'라고
도 하였다(『與猶堂全書』 5, 「經世遺表」 권7, 22쪽 및 『牧民心書』 권14, 49쪽,
景仁文化社 影印本).

20) 위의 ①항은 『增補·校正 朝鮮寺刹史料』 上, 213~217쪽에, ②항은 『同寺刹史
料』 上, 220~223쪽에, ④항은 『同寺刹史料』 上, 224~227쪽에 각각 등재되어
있다. 그러나 ③항과 본고의 기본 자료가 될 ⑤항은 『同寺刹史料』에 누락되어
있다. 한편 불갑사에 보존되어 있지 않은 「佛甲寺重修勸施文」이 『同寺刹史料』
上, 217~220쪽에 등재되어 있다. 「同勸施文」이 언제 누구에 의해 작성되었는
지는 확실히 알 수 없지만 그 내용으로 미루어 보아 정유왜란 후 浮屠 法稜의
4冊 이후 이루어진 것으로 보이고, ②항 「佛甲寺古蹟記」에 "我朝睡隱 姜先生
所撰法陵(陵은 稜의 誤記인 듯하다) 比丘勸軸也"라는 기록으로 보아 睡隱 姜
先生이 작성했음을 알 수 있다.

21) 영조 원년(1725) 廣州後人 李孝宇가 序한 「母岳山佛甲寺記」와 同王 17년(1741)
陽城後人 進士 李萬錫이 記한 「佛甲寺古蹟記」 등이 모두 佛甲寺僧인 采隱禪
師의 요구에 의하여 작성되었음을 각각 밝히고 있는 사실로 보아 采隱스님이
時任住持 있는 동안 불갑사는 고려 말 王師 覺眞尊者의 卓錫 이후 寺勢가
가장 활발했던 시기라 하겠다.

하 本 量案이라 칭함) 작성의 기준이 된 양안은 숙종 46년에 작성된 庚子量案이라 하겠다. 즉 본 양안이 작성된 영조 23년 이전에 삼남지방의 양안사업은 인조 12년(甲戌)에 始量되었으며, 숙종 46년(庚子)에 개량되었기 때문이다.22) 다시 말하여 본 양안은 종래부터 불갑사에 소유되어 온 위전답과 효종 9년부터 숙종 45년까지 불갑사에 조성된 위시답은 인조 12년의 甲戌量案이 기준이 되어 전래 또는 조성되었던 것이 숙종 46년 경자양안으로 재편성되었을 것이며, 숙종 46년 경자양안이 작성된 이후부터 영조 23년 본양안이 작성될 때까지 조성된 사위전답은 경자양안이 기준이 되어 작성된 것이라 하겠다. 요컨대 본 양안은 경자양안을 기준으로 하여 영조 23년에 작성된 불갑사의 私量案이다. 다음에서 본 양안 數個의 筆地를 예로 하여 그 구성형태를 살펴보기로 하자.

○ 佛甲面 龍頭里坪 調字丁

No.26 第十六 東三等 南長一百二尺 十五負七束 二方道西同人畓 量朴男
時寺位 乾隆 己未 丁有光處買 文二丈 北五月畓 直畓
東廣二十二尺

○ 佛甲面 孤山坪 號字丁

No.41 第五十六 道越西 東長一百二十四尺 二十二負六束 二方丘 量靈允
時寺 位雍正 戊申 金業中爲三寸僧靈允 納佛粮 文一丈 三等直畓
南廣二十六尺 二方道

○ 佛甲面 寺洞坪 伐字丁

No.101 第十七 南一等 南長三十尺 三負 三方道 量時文殊殿畓
畓 直田 東廣十尺 北寺位畓

○ 生谷面 石別坪 器字丁

No.148 第四十一 東二等 東長四十二尺 十負三束 東永每畓南同人田
直畓 南廣二十九尺 西甘金田 北川 量斗星 時三寶 雍
正 己未 金太坤納 佛粮 文三丈

---

22) 『萬機要覽』 財用篇 「量田訣」.

상기 4筆地에서 당시 일반양안의 양식이 본양안에 그대로 준용되어 있음을 볼 수 있다. 즉 面別·坪別·字別의 양전 원칙이 그대로 적용되어 있고, 또한 第十六·第五十六·第十七·第四十一 등은 양전단위(字別) 내의 地番으로서 필지의 순서를 표시하고 있는 것이다. 東·道越西·南 등은 양전의 방향을 표시한 것이며, 三等·二等·一等 등은 전답의 등급을 나타낸 것이다. 그리고 直畓·直田 등은 方畓·梯畓·圭畓·句畓 등과 같이 전답의 형상을 표시하고 있는 것이다. 東長一百二十四尺·南廣 二十六尺·南長 三十尺·東廣 十尺 등은 지형의 실제 거리를 量案尺으로 측량하여 표시한 것이며, 十五負七束·二十二負六束·三負·十負三束 등은 앞의 지형의 실제 면적을 등급별로 계산하여 얻은 전답의 등수별 넓이 곧 結負로서 전결에 대한 조세부과의 기준이 되는 것이다.[23] 그 다음에 二方道·西同人畓·北五月畓이라 한 것은 전답의 인접 동·서·남북 지역을 표시한 4標이며, 量朴男·量靈允·量文殊殿垈, 量斗星 등은 양전 당시 전답의 소유주(기주)로서 양안에 懸

---

23) 『續大典』「戶典」量田條에 "凡田並用一等尺打量(二等以下尺度在原典而今不用) 各等遞降 解作結負(一等一負以 二等八五 三等單七 四等五五 五等單四) 六等二五解之每等一負減一束五把一等尺實積爲十負則二等田爲八負五束至六 等田爲二負五束餘此一等尺滿一結則以二等八五空一三等七空一一四等五 五空七乘之自合原典各等尺數六把未滿則棄之"라고 하는 환산기준에 따라 위의 4개 항의 양안을 尺數를 통하여 結負로 계산하여 보면 다음과 같다.
① 본 양안 No.26의 경우, 直畓으로서 1등답이면 $102 \times 22 = 2,244$ 즉 22부 4속 4파이다. 이를 3등답으로 解負하면 $22.44 \times 0.7 = 15.7008$이고 '6把未 滿則棄之' 즉 5捨 6入하면 15부 7속이 됨을 알 수 있다.
② 본 양안 No.41의 경우, 直畓으로서 1등답이면 $124 \times 26 = 3224$ 즉 32부 2속 4파이다. 이를 3등답으로 解負하면 $32.24 \times 0.7 = 22.568$인데 把를 5捨 6入하면 22부 6속이 됨을 알 수 있다.
③ 본 양안 No.101의 경우, 直田으로서 1등전이므로 $30 \times 10 = 300$ 즉 3부가 됨을 알 수 있다.
④ 본 양안 No. 148의 경우, 直畓으로서 1등답이면 $42 \times 29 = 1218$ 즉 12부 1속 8파이다. 이를 2등답으로 解負하면 $12.18 \times 0.85 = 10.353$인데 把를 5捨 6入하면 10부 3속이 됨을 알 수 있다.

錄되어 있는 전답의 主名이고[24] 時寺位·時三寶 등은 본 양안이 작성된 영조 23년 현재의 전답의 경작자를 뜻하는 것이다.[25]

이상에서 살펴 본 바와 같이 본 양안은 조선후기의 일반양안과 조금도 다름이 없는 똑같은 양안이다. 특히 본 양안에는 사위시답으로 조성된 해(년)를 나타내는 간지와 조성사유 등이 추가로 첨기되어 있어 사찰양안의 특징을 이루고 있다. 즉 乾隆 己未·雍正 戊申·雍正 己未 등은 淸의 연호를 사용하여 사위시답으로 귀속된 해[年]를 표기한 것이고, 조성사유로서는 상기 No.26의 '丁有光處買'는 정유광 소유의 전답을 불갑사에서 사위답으로 매득하였다는 것이며,[26] 상기 No.41은 金業中이 승려인 三寸 靈允을 위하여 佛糧畓으로 불갑사에 시납했다는 것이고, 위의 No.148은 金太坤이 단순히 佛糧畓으로 불갑사에 시납했다는 것이다. 끝으로 文一丈·文二丈·文三丈한 것은 문기의 건수를 나타내는 것으로 매매문기이거나 시답문기 등일 것으로 생각된다.[27]

---

24) 양안에 전답의 主名을 懸錄하는 일은 동·서·남·북의 4標와 함께 필수기록 사항이었다(『萬機要覽』財用篇 量田訣). 전답의 主名이 현록될 때 그 主名의 신분이 또한 명시되어야 했다. 그런데 본양안에 主名의 신분이 명시되지 않았을 뿐 아니라 姓마저 누락되고 名만이 기록되어 있을 뿐으로 그 신분이 마치 평민인지, 승려인지, 혹은 노비 등 천민인지조차 구별하기 어렵게 하고 있다.

25) 「불갑사양안」과 같은 私量案이 아닌 관아 보관용인 公量案에는 時作人이 양전 당시의 경작인을 뜻하는 것이다. 그러나 전답의 경작인은 수시로 바뀌는 것임으로 본 양안의 時作人은 본 양안이 작성된 영조 23년 현재의 전답경작인을 뜻하는 것으로 보아야 한다. 만일 그렇지 않다면 본 양안에 時作人으로 일반인도 포함되어 있어야 한다. 일반인의 전답도 사위전답으로 작성되어졌기 때문이다(Ⅲ. 2. 造成位畓의 구성 참조). 그러나 본 양안에 時作人으로는 일반인이 단 한사람도 포함되지 않았다는 데서(Ⅴ. 佛甲寺位田畓의 경영 참조) 본 양안이 작성된 영조 23년 현재의 時作人으로 보아야 한다. 위의 No.26·No.41·No.101·No.148 등은 필자가 임의로 정한 불갑사양안의 일련번호이다.

26) '丁有光處買' 등의 기록만 가지고는 '丁有光所有'의 것을 매득하였다"는 해석이 어색한 점이 없지 않다. 그러나 조선후기 전라도 장흥의 '碧沙驛京主人之役'의 일련의 방매문기 등을 검토해 보면 이러한 해석이 무리가 아님을 알게 된다(『朝鮮田制考』, 朝鮮總督府 中樞院, 163~175쪽).

27) 文記의 내용이 무엇인지 전해 오지 않기 때문에 당시 전답의 처분관계라든지

다음으로 본 양안이 사료적인 가치를 지니고 있는 자료로서 어느 정도의 신빙성이 있는지를 검토해 보기로 하자.

첫째, 본 양안의 작성양식이 조선시대 일반양안의 그것과 동일하다.

둘째, 본 양안의 후미에 양안의 작성 연월과 당시 寺中秩 瑞蒙 등 23명과 所任秩의 首僧 振玄을 비롯하여 時任住持 采隱 등의 법명이 기록되어 있고, 영광군 군수의 직인으로 보이는 인장이 본 양안의 매 면마다 그리고 면과 면 사이마다 날인되어 있으며, 특히 본 양안의 끝부분에 관아의 확인수결이 분명히 나타나 있다.

셋째, 「靈光母岳山佛甲寺古蹟」 중에 영조 원년(1725)에 李孝宇가 序한 「母岳山佛甲寺記」와 영조 17년(1741)에 進士 李萬錫이 記한 「佛甲寺古蹟記」가 다 같이 영조 23년(1747)에 본 양안작성을 주도했던 불갑사주지 采隱禪師의 요청에 의하여 이루어졌다.

넷째, 본 양안이 첨기되어 있는 「靈郡母岳山佛甲寺古蹟」(현재 불갑사에 보관되어 있는 필사본임) 전권이 처음부터 본 양안을 포함한 끝 부분까지 동일한 필체로 작성되어 있다.

이상과 같은 본 양안의 구성내용으로 미루어 보아 본 양안은 믿을 만한 사료로서, 학술적으로도 연구할 만한 가치 있는 자료라 판단된다. 특히 전결에 대한 조세부과의 기준이 되는 결부의 계산에도 한 치의 착오가 없었던 것은 본 양안이 사료로서의 가치에 대한 신빙성을 더 한층 확신케 해 주는 것이라 하겠다.[28]

요컨대 필자는 본 양안을 사료로서 가치가 충분하다고 인정하여 본 양안을 통하여 불갑사 위전답의 구성과 양안상의 起主문제 그리고 불갑사 위전답의 경영 등에 대하여 고찰해 보고자 한다.[29]

또는 소유관계를 밝힐 수 없는 것이 매우 유감스럽다.

28) 註 23) 참조.

29) 불갑사에서 본양안을 작성하게 된 동기가 무엇인지 확실히 알 수 없다. 그러나 조선후기는 官紀가 문란하여 법은 제대로 지켜지지 않았으며 사회경제체제는

Ⅲ. 佛甲寺 位田畓의 구성

여기서 佛甲寺 位田畓이란 영조 23년(1747) 현재의 불갑사 위전답을 뜻하는 것으로서, 영조 23년(1747)에 작성된 본 양안에 등재되어 있는 佛 坐를 비롯한 모든 전답을 지칭한다. 따라서 영조 23년 현재의 불갑사 위 전답은 285필지 27결 81부 1속이며, 靈光과 咸坪 등 2郡에 걸쳐 분포되 어 있었다. 즉 당시 靈光郡 30개 면 중에서 佛甲面을 비롯한 15개면에 걸쳐 田 63필지 5결 6부 1속, 畓 161필지 16결 12부 2속으로 田畓 합계 224필지 21결 18부 3속(<표 12>30) 참조), 咸坪郡 14개면 중에서 新光 面을 비롯한 8개 면에 걸쳐 畓 61필지 6결 62부 8속(<표 13> 참조) 등으

극도로 혼란해져 있었다. 이러한 사회적 상황에서 영조는 법질서를 재정비하 여 집권체제를 강화할 필요성을 느꼈던 것이다. 즉 同王 22년(1746)『續大典』 의 반포가 그 한 가지 작업이었다. 補 1).

이러한 사회적 추이에 따라 불갑사도 종전에는 寺位施田畓의 文記만을 보관 하여 오다가 양안으로 정리하여 관아의 확인을 받아둘 필요성을 느꼈을 것이 다. 따라서『續大典』이 반포된 그 익년, 영조 23년에 본 양안이 작성된 것이라 하겠다. 한편 영조 22년에 호남지방에 改量事業이 있었다. 이때는 전반적인 양 전사업이 아니고 隱結이나 漏結 또는 新起田 등을 조사하여 정리하는 데 그 목적이 있었던 것이다. 補 2)

이러한 개량사업을 통하여 官에서는 전답의 소유주를 확인해 두어야만 하였 던 것이다.

補 1) 侍讀官兪寂基因文義言 士大夫不曉律令之弊曰 士大夫旣不知法文 則退 外賤氓何由知法文而妄犯乎 上是之命儒臣及大臣 抄定律令 入侍稟處 盖 方修續大典也(『영조실록』 권51, 16년 5월 癸卯).

補 2) 湖南量用使 元景夏復命 上召見景夏曰 臣下往湖南 則改量始役於昨春 故 量事已了 當新起所得 爲六百餘結 充補白徵之數 所餘尙有百餘結 臣以我 聖上 毁上益下之盛德 宣揚民間 全州則依定奪令道臣擧行矣(『영조실록』 권66, 23년 10월 乙亥)라고 한 데서 이러한 사실을 알 수 있다.

30) 生谷面은 본 양안과 같은 시대에 작성된『輿地圖書』에는 나타나 있지 않다. 그 러나『新增東國輿地勝覽』에는 靈光郡 諸島를 생곡면이라 지적되어 있음에서 생곡면이 영광군의 諸島를 뜻함을 알 수 있다.

로 영조 23년 현재, 영광 불갑사의 위전답은 영광·함평 등 2군의 44개 면 중 23개 면에 걸쳐 田 63필지 5결 6부 1속(18.2%), 畓 222필지 22결 75부(81.8%) 도합 285필지 27결 81부 1속이었다. 이와 같은 불갑사의 위전답은 당시 영광군 총 전결 8,419결 8부 3속의 0.33%에 해당되는 양이며 영광군 호당 평균 66부 4속의 약 42배에 해당되는 양이다.[31]

〈표 12〉 불갑사 위전답 면별 분포 (靈光郡)

면 별	필 지	결 부	백분비	비 고
佛 甲	132	12-33-2	44.34	田·畓
丁 山	10	1-13-3	4.07	畓
生 谷	9	1-10-9	3.99	畓
外 間	3	·-34-9	1.25	畓
東 部	2	·-19-8	0.71	畓
西 部	22	1-85-6	6.67	畓
南 竹	6	·-88-4	3.18	畓
道 內	1	·-11-3	0.41	畓
上六昌	5	·-37-2	1.34	畓
下六昌	5	·-17-1	0.62	畓
黃 長	10	·-74-9	2.69	畓
畝 長	6	·-45-6	1.64	畓
下森南	11	1-30-4	4.69	畓
內 西	1	·-7-7	0.28	畓
外 東	1	·-8-·	0.29	畓
계	224	21-18-3	76.17	

또한 이와 같은 불갑사의 위전답은 당시 金山 黃岳山의 直指寺 위전답 30결에 버금가는 양이며,[32] 면세전이기는 하지만 州府의 향교가 7결,

---

31) 영조 35년에 작성된 「己卯帳籍」에 따르면 靈光郡의 編戶는 12,672(戶)이며, 전결 은 전답을 합하여 8,419결 8부 3속이었다(『興地圖書』下, 靈光郡). 따라서 영광군 의 호당 평균전결은 66부 4속이다. 여기 호당 평균전결은 영광군 내에 他郡人의 경작지도 있을 것이며, 반대로 영광군인이 他郡에 경작지를 가지고 있는 경우도 있겠지만, 이러한 구체적인 경작지는 무시하고 산출한 것임을 말해 둔다.

32) 註 4) 참조. 海州에 있는 神光寺는 숙종 46년 현재 사위전답이 4결 17부 5속밖 에 되지 않았다(『朝鮮金石總覽』下, 「海州神光寺事蹟碑」 참조). 이에 비해 불

군현의 향교가 5결, 사액서원이 3결 등 學田과[33] 비교해 보더라도 불갑사의 위전답이 상당한 규모의 양임을 쉽게 짐작할 수 있다.[34]

<표 13> 불갑사 위전답 면별 분포 (咸坪郡)

면 별	필지	결부	백분비	비고
新 光	13	·-89-7	3.23	畓
海 保	23	2-89-3	10.4	畓
平 陵	5	·-66-6	2.39	畓
大也洞	11	1-28-6	4.62	畓
月 岳	3	·-37-4	1.34	畓
大 洞	3	·-19-9	0.72	畓
孫 佛	2	·-24-7	0.89	畓
海 際	1	·-6-6	0.24	畓
계	61	6-62-8	23.83	

※ 田은 佛甲面에만 分布되어 있다. 즉 佛甲面 132필지 12결 33부 2속 중,
　田 : 63필지, 5결 6부 1속(18.2%)
　畓 : 69필지, 7결 27부 1속(26.14%)
田 63필지, 5결 6부 1속 중에는,
　垈地 : 18필지, 3결 74부 3속(13.46%)
　田地 : 45필지, 1결 31부 8속(4.74%)

　불갑사의 위전답은 <표 12>에서 알 수 있듯이 불갑사가 위치한 불갑면에 집중적으로 분포되어 있었다(44.34%). 또한 불갑사의 위전답 18.2%에 해당하는 전지 63필지 5결 6부 1속은 모두 불갑면에 분포되어 있고, 그 중 3결 74부 3속은 대지였다.

　이상에서 불갑사 위전답의 규모와 그 분포상황을 간략하게 살펴보았

갑사의 위전답은 약 7배에 해당하는 전답을 소유하고 있었다.
33) 『續大典』「戶典」學田.
34) 일제시대 和田一郎이 1916년에 조사한 각 군의 鄕校學田은 전주 29결 27부 2속, 雲峰 7결 92부 7속, 晋州 23결 98부 9속, 昌寧 14결 70부 7속, 咸陽 19결 53부 9속, 草溪 10결 17부 9속, 山淸 10결 29부 2속, 梁山 15결 42부 3속, 河東 15결 1부 4속, 固城 25결 24부 1속, 金川 17결 39부 1속, 瑞興 16결 65부 3속, 松禾 19결 9부 1속 등이었다(朝鮮土地·地稅制度調査報告書). 비록 본고의 불갑사 위전답과는 약 2세기라는 시간적인 차이는 있다하더라도 좋은 대조를 이루고 있음을 본다.

다. 다음으로 불갑사 위전답의 田品에 대하여 살펴보기로 하자.

불갑사 위전답은 그 전품이 매우 높이 등제되어 있다(<표 14> 참조).

〈표 14〉 불갑사 위전답의 등수별 분포

전품	필지	결부	백분비	비고
1等	18	3-74-3	13.46	垈地
2等	47	6-69-8	24.08	田 : 1筆地 ·-3-8 畓 : 46筆地 6-66-·
3等	130	13-12-9	47.21	田 : 15筆地 ·-75-1 畓 : 115筆地 12-37-8
4等	56	3-17-4	11.41	田 : 11筆地 ·-35-4 畓 : 45筆地 2-82-·
5等	14	·-57-4	2.06	田 : 3筆地 ·-6-3 畓 : 11筆地 ·-51-1
6等	16	·-18-2	0.65	田 : 15筆地 ·-11-2 畓 : 1筆地 ·-7-·
其他	4	·-31-1	1.12	畓 : 田品의 未記載
計	285	27-81-1	100.00	垈 : 18筆地 3-74-3 田 : 45筆地 1-31-8 畓 : 222筆地 22-75-·

※ 結-負-束.

즉 대부분의 전답이 上位田品으로 책정되어 1·2·3등에 해당되는 전답이 불갑사 위전답 전체의 84.75%에 해당되는 23결 57부나 되었다. 전품의 등제는 수세의 기준이 되는 것이어서, 특히 조선후기 세제개혁으로 세원이 토지에 집중되어 있었기 때문에 조정에서도 여간 신중히 다루는 것이 아니었다.[35] 그럼에도 불구하고 숙종 46년 庚子量田時에는 양전사

35) 본 양안의 작성 기준이 되었던 숙종 46년 庚子量田時 중앙에서 마련한 삼남지방의 量案事目에도 田品의 陞降에 대하여서는 매우 신중히 다루도록 하였다. 즉 전답의 田品登第는 曾前의 양안에 所載한 그대로 하고 그 중 부득이 田品陞降의 釐正을 해야 할 경우, 각 邑에서는 里 중의 공론에 따라 監營에 抄報토록 하고 監營에서는 별도로 摘奸하여 그 實狀을 詳知한 연후에 改正을 許始토록 했던 것이다(『朝鮮田制考』, 328~331쪽 참조). 한편 庚子量田의 동기도 종전의 田品等數의 審定이 잘못되어 賦稅가 고르지 못하게 되어 농민의 怨苦를 가중케 하였기 때문에 田品의 등수를 審定하여 平稅 均賦를 통한 농민의 怨苦

업의 직접적인 책임을 맡고 있는 수령 중 전품을 일률적으로 1등씩을
승품케 했던 수령도 있었다. 즉 6等田을 5等田으로, 5等田을 4等田으로
각각 陞品토록 했던 것이다.[36] 특히 조선후기 재정의 확보를 위한 '以地
出役'으로의 세제개혁은 良田美畓을 많이 소유했던 지주들에게는 커다
란 부담이 아닐 수 없었다. 따라서 세부담의 경감을 위하여 부정한 방법
으로 전품을 肥瘠의 기준 이하로 책정하려는 대지주인 토호의 橫議와
간리들의 作奸이 결합되어 정당한 전품의 등제를 기피하려는 경향이 있
었던 것이다.[37] 결국 군소지주인 자경농민의 전품은 비척의 기준 이상

를 제거한다는 데 있었던 것이다(『備邊司謄錄』 제71책, 숙종 44년 10월 15일).
이 때 지적된 等數審定의 잘못된 이유로는 첫째, 20년에 한 번씩 하게 되어 있
는 양전을 백여 년 내지 60~70년간이나 하지 않았기 때문에 地品이 달라졌다
는 것이다. 둘째, 부자가 監色輩에게 納賂하여 빈민의 전답은 高等에 들게 하
고 富戶들은 下等田을 多占한 데 있다는 것이다. 하여간 여러 가지 절박한 양
전의 필요성이 있었기 때문에 庚子量田이 실시되었겠지만, 영조 5년 右議政
趙文命이 "… 而臣待罪金溝時 適當庚子量見之 則是大擧措也 糜費甚多 而等數
不改 故實無量效矣"(『增補文獻備考』 권142, 田賦考 2)라고 지적한 것을 보면
경자양전의 실효는 거의 없었던 것이라 하겠다. 우의정 조문명이 지적했듯이
막대한 경비를 투자하여 실시한 양전사업이 등수를 개정하지도 않는 등 실효
를 얻을 수 없었던 것은 "等數의 陞降은 신중히 하라"는 量田事目도 있었던 데
다가 監色輩의 무사안일의 타성 때문이 아니었던가 싶다.
36) 경자양전 시 영광군에서도 중앙정부에서 마련한 量田事目과는 달리 관아의 양
전사목을 별도로 마련하여 종전의 전품을 고쳐서 각각 加一等토록 했던 것이
다(「己亥量田時上書草」,『佛甲寺古蹟』). 이러한 일은 비단 영광군에만 한하는
것은 아니었고 양전 시 자주 있었던 모양이다. 『承政院日記』 제301책, 숙종 9
년 10월 11일에 "湖西各邑 田政不均 盖甲戌量田 頗從輕歇 故己酉量田時 欲矯
其弊 … 其中淸州則其時牧使尹世喬 雖稱善治 而政尙嚴酷且畏 監司之明察 量
田分等 輒主高峻 如六等之地陞以五等 五等之地 陞以四等 次次漸加 民怨大起
…"라고 한 기록에서 알 수 있듯이 湖西 淸州에서 己酉量田의 경우 가장 심했
던 모양이다.
37) 이러한 현상은 삼남지방에서 더욱 심했다. 여기에 대하여는 金甲周, 「朝鮮後期
의 養戶」, 『歷史學報』 85·86, 1980을 논한 데서 상론되어 있다. 양전사업에 있
어서 전품등제문제는 隱結·漏卜 등과 함께 가장 큰 폐단으로 지적되는 문제
였지만 그 외에도 여러 가지 폐단이 있었던 것임은 『五州衍文長箋散稿』 上,
431쪽에 상세히 지적되어 있다.

으로 높게 등제되었던 것이라 하겠다. 이러한 상황에서 불갑사 위전답의 전품이 高等으로 책정되었음을 이해해야 되지 않을까?[38) 한편 불갑사 위전답의 전품이 매우 높게 등제된 이유 중의 하나는 垈地(佛垈)가 많다 는 사실을 지적해야 할 것이다. 즉 불갑사 위전답 13.46%에 해당하는 3결 74부 3속이 불대로서 이는 모두 1등으로 등제되어 있기 때문이다 (<표 14> 참조).

필자는 여기서 양전의 대상으로서의 대지에 주목해 볼 여유를 가져 보 고자 한다. 즉 불대를 비롯한 대지가 언제부터 양전의 대상이 되었던 것인 지, 양전의 대상이 되었다면 어떠한 전품으로 등제되었던 것인가를 검토 해 보는 것도 당시 양전사업을 이해하는 데 매우 중요한 작업이라 생각되 기 때문이다. 따라서 먼저 불대를 비롯한 대지가 언제부터 양전의 대상이 되었는가를 살펴보기로 하자. 세종 25년(1443)의 양전사목에,

> 私處의 家舍基地와 苧田・楮田・莞田・菓園・漆林・竹林 등 무릇 이
> 익이 있는 곳은 他田地의 예에 따라 打量하고 公處와 寺院基地는 打量치 말
> 라[私處家舍基地 及苧楮莞田 菓園漆林竹林等 凡有利益處 以他田之例量之
> 若公處及寺院基地 毋令併量].

고 하는 한 항목이 있다. 즉 조선초기에는 私處家舍의 基地와 苧田・楮 田・莞田 菓園・漆林・竹林 등 무릇 이익이 있는 곳[處] 등과 함께 他 田地처럼 양전의 대상이 되었던 것이며, 寺院基地는 公處와 함께 양전 에서 제외되었다는 것이다.[39) 곧 일반인의 대지는 양전의 대상이 되었 으나, 佛垈는 그 대상이 되지 않았다는 말이다.[40) 이러한 원칙은 조선전

---

38) 寺位田畓의 전품을 비롯하여 면세전으로서의 사위전답, 민전과 같이 조세를 부담하는 사위전답, 사위전답의 공인 등을 중심으로 한 조선후기 사위전의 성 격에 대하여는 다음 기회로 미루어 둔다.

39) 『세종실록』 권102, 25년 11월 乙丑.

40) 千寬宇는 토지를 墾田(耕地)과 閑曠地로 大別하고, 한광지에 임야・미간지와 함께 家垈를 포함시키고 있다(『近世朝鮮史研究』, 一潮閣, 219쪽).

기 동안에 계속 유지되어 갔다. 그러나 조선후기에 이르러서는 이러한
원칙은 무너지고 말았다. 즉 조선후기에는 私處家舍의 基地는 물론이고
불대까지도 양전의 대상에서 제외될 수 없었다. 소위 효종 때 사용된
「田制詳定所遵守條畫」에 불대도 公廨·院舘 등의 坐地와 함께 대지로
打量토록 명시하였다.[41] 따라서 불대가 늦어도 「田制詳定所遵守條畫」가
준용되었을 것으로 보이는 인조 12년(1634) 갑술양전 시 이미 대지로서
타량되었던 것이라 할 것이다.[42] 그 후 숙종 46년(1720) 삼남지방의 양전
시에도(庚子量田) 佛寺를 道觀·官衙·校院 등과 함께 낙루치 말고 모두
타량하여 징세토록 했던 일은 당시 불갑사 위전답을 타량한 別有司 李萬
畝의 「己亥量田時上書草」에 잘 나타나 있다.[43] 이처럼 불대를 비롯한
公廨·院舘의 坐地가 양전의 대상으로 확대되어 갔던 사실은 조선후기
'以地出役'의 세제개혁과 부합되는 일이라 하겠다. 요컨대 조선후기 사
원은 궁실과 願堂 등 특별한 관계를 맺고 있지 않는 한 그 불대에 부과되
는 結役도 부담해야 했던 것이다. 다음으로 양전의 대상에 포함된 불대
의 전품은 어떻게 審定되었는지 살펴보기로 하자. 불갑사의 불대가 모두
1등의 전품으로 등제되어 있었음을 우리는 알고 있다(<표 14> 참조).
또한 영조 5년(1729) 양전문제를 논의했을 때 우의정 趙文命이,

> 臣이 金溝에 待罪하고 있을 때 庚子量田하는 것을 보았다. … 대저 垈地
> 에 들면 一等으로 하였는데 옛날 垈地가 지금은 居住치 않는다든지 새로 된
> 垈地가 一等이 아닌 것이 있으니 비단 이 일 뿐이겠는가?[臣待罪金溝時 適
> 當庚子量見之 … 大低入垈則爲一等 而古垈今人未必居 新垈未必爲一等 非
> 但此事也].[44]

---

41) 『朝鮮田制考』, 朝鮮總督府中樞院, 311~316쪽.
42) 千寬宇도 인조 12년 갑술양전 시 이미 孝宗法이 준용되었을 것으로 보았다(『近
    世朝鮮史硏究』, 258쪽).
43) … 普天之下 莫非王土 則抑未知此三山者亦未免爲徵稅之地耶 … 節目曰寺 觀
    衙院一一打量 俾勿落漏 …(앞의 책, 「己亥量田時上書草」).
44) 『增補文獻備考』 권142, 田賦考 2.

라고 지적했던 기록이 있다. 즉 숙종 46년(1720) 경자양전 시에 대지는 무
조건 1등으로 심정케 했다는 것이다. 요컨대 불갑사가 위치한 전라도 등 삼
남지방에 있어서 불대 등 대지는 1등의 전품으로 심정케 되었던 것이다.[45)]

　이상에서 조선후기 불대를 비롯한 대지가 양전의 대상이 되어 있었던
사실과 불갑사가 위치한 전라도 등 삼남지방의 대지는 모두 1등으로 등
제되었다는 사실을 살펴보았다.[46)] 다음에 본 양안에는 원래부터 불갑사
위전답으로 전래되어 온 전답과 조선후기에 이르러 매득·시납 등을 통
하여 불갑사 위답으로 조성된 전답이 동시에 등재되어 있다. 편의상 전
자를 元位田畓이라 칭하고 후자를 造成位畓이라 칭하여 각각 그 구성형
태를 고찰해 보도록 하자.

1. 元位田畓의 구성

　영조 23년(1747) 현재 불갑사 위전답 285필지 27결 81부 1속 중에 원
위전답은 65필지 5결 6부 7속으로 18.22%에 해당되는 양이었다(<표
15> 참조).

---

45) 垈地라 하더라도 전국각지의 垈地가 획일적으로 모두 1等田品으로 等第되는
　　 것은 아니었다. 즉 숙종 34년(1708)에 실시한 「江原道量田事目」에 "垈地와 最
　　 優地는 4등으로 정하고 그 외의 전답은 5~6등으로 遞減토록 한다"는 데서 이
　　 러한 사실을 알 수 있다(『承政院日記』 제444책, 숙종 34년 9월 25일). 하여간
　　 전국 각지의 垈地가 모두 1등전품으로 審定되는 것은 아니더라도 그 지역의
　　 최우수지의 전품과 같이 취급되고 있었던 것은 명확한 사실이다.

46) 茶山 丁若鏞은 垈地라 하더라도 瓦屋垈地만을 1등으로 等第해야 한다고 하였
　　 다. 즉 民家(草家를 뜻하는 것으로 해석된다)는 그 成毁가 무상하여 田或爲垈
　　 하고 垈還爲田함이 歲變月改한다고 한 사실은 민가 즉 草家는 1등품으로 等第
　　 되어서는 안 된다는 뜻으로 해석된다(『與猶堂全書』 제5, 「經世遺表」 권8). 불
　　 갑사 등 사찰은 瓦屋일 수밖에 없었으니 당연히 1등으로 등제되었다고 할 것
　　 이다. 또한 다산의 와옥만을 1등으로 등제해야 한다는 지적은 그 대상지가 그
　　 의 謫所가 있었던 호남지방을 포함한 삼남지방의 와옥만이 1등으로 등제되어
　　 야 한다고 해석해야 할 것이다.

<표 15> 元位田畓·造成位畓의 비교

구 분	필 지	결 부	백분비	비 고
元位田畓	65	5-6-7	18.22	畓 2필지 6속 포함
造成位畓	220	22-74-4	81.78	
계	285	27-81-1	100.00	

※ 結-負-束.

원위전답 중에는 垈地 18필지, 3결 74부 3속, 田地 45필지, 1결 31부 8속 등 63필지 5결 6부 1속으로 대지와 전지가 원위전답의 99.88%를 차지하였으며, 답지는 단지 2필지 6속으로 원위전답의 0.12%에 불과했다. 또한 원위전답 중에는 2.98%에 해당하는 陳田 11필지 15부 1속이 포함되어 있다. 이 진전은 田 9필지 14부 5속과 畓 2필지 6속으로 구성되어 있다(<표 16·17> 참조).

<표 16> 元位田畓 구성표

구 분			필 지	결 부	백분비	비 고
垈地(佛垈)			18	3-74-3	73.87	1等田品
田畓	正田(田)		36	1-17-3	23.15	
	陳田	田	9	·-14-5	2.86	
		畓	2	·-·-6	0.12	
		小計	11	·-15-1	2.98	
計			65	5-6-7	100.00	

※ 結-負-束.

<표 17> 元位田畓 字別分布(佛甲面 寺洞坪內)

字別 ＼ 種類	垈	田	畓	計	百分比	備考
吊字丁	·	·-14-5 (9)	·-·-6 (2)	·-15-1 (11)	2.98	陳田
民字丁	·-7-· (1)	·-65-1 (15)	·	·-72-1 (16)	14.23	
伐字丁	3-67-3 (17)	·-52-2 (21)	·	4-19-5 (38)	82.79	
計	3-74-3 (18)	1-31-8 (45)	·-·-6 (2)	5-6-7 (65)	100.00	
百分比	73.87	26.01	0.12	100		

※ 結-負-束.
※ ( ) 안은 筆地數를 표시한 것.
※ 吊·民·伐字 등은 千字文의 序列順.

결국 불갑사 원위전답 중 0.12%에 불과한 畓이 陳田에 포함되어 있어, 正田에 해당하는 원위전은 전연 없었다는 사실이 된다. 이와 같은 사실로 미루어 보아 조성위답이 형성되기 전의 불갑사의 사원경제는 크게 위축되어 있었음을 알 수 있다. 또한 원위전답은 불갑면 寺洞坪內에 吊字丁 11필지 15부 1속, 民字丁 16필지 72부 1속, 伐字丁 38필지 4결 19부 5속 등 65필지 5결 6부 7속이 모두 한 곳에 분포되어 있었다(<표 17> 참조). 즉 원위전답은 불갑사가 위치하고 있는 伐字丁을 중심으로 한 곳에 집중되어 있었던 것이다. 이러한 사실은 불갑사의 조성위답 220 필지 22결 74부 4속이 2郡 23개 면에 분포되어 있었던 것과 좋은 대조를 이루고 있다(<표 12>·<표 13> 참조). 특히 畓 2필지 6속을 포함한 陳田 11필지 15부 1속이 吊字丁에 한정되어 있음을 보아(<표 17> 참조). 필경 이것은 불갑사 주변의 토질이 척박한 산지를 불갑사에서 개간한 곳이라 생각된다. 그리고 대지를 제외한 여타의 전지는 1부 미만이 22필지, 1부에서 4부 9속까지가 23필지로, 5부 미만이 도합 45필지나 되었다(<표 18> 참조). 이처럼 필지당 단위 면적이 좁은 전지들은 사원의 殿·庵 등의 사이에 부속되어 있는 菜田이라 하겠다. 즉 字別 필지 서열로 볼 때 佛甲面 寺洞坪 伐字丁의 경우 第19(No.102)가 浮道殿의 대지이며, 第20(No.103)이 田 4속, 第21(No.104)이 悟眞庵의 垈地이며, 第21의 南(No.105)이 田 1속, 第22(No.106)가 餞日庵의 대지이며, 第22의 南(No.107)이 田 3속, 第23(No.108)이 明道庵의 대지이며, 第24(No.109)가 田 1속, 第25(No.110)가 證智庵의 대지이며, 第26(No. 111)이 田 2속, 第27(No.112)이 海佛庵의 대지이며, 第28 (No.113)이 田 2속 등으로 대부분의 원위전지가 殿·庵 등에 부속되어 있음을 보여준다.

이상에서 불갑사 원위전답의 구성을 대략 살펴보았다. 다음은 불갑사의 원위전답이 언제부터 불갑사의 위전답으로 형성되었던 것인지 살펴보기로 하자. 물론 원위전답의 73.87%에 해당하는 佛垈(<표 18> 참조)

는 불갑사의 창건과 때를 같이 하여 그 위전답으로 형성되었겠지만, 불
대를 제외한 여타의 원위전답은 본 양안의 구성내용으로 보아 조성위답
이 시작되는 효종 9년(1658) 이전부터 불갑사에서 사위전답으로 소유해
오던 것과 효종 9년 이후부터 본 양안의 작성기준이 되었던 경자양전
시(숙종 46)까지 사이에 불갑사에서 개간한 전답을 포함한 것으로 보아
야 할 것이다. 이렇게 볼 때 우리는 다음과 같은 두 가지 문제를 해결해
야만 한다. 먼저 불갑사는 조성위답이 시작되는 효종 9년 이전부터 불대
를 제외한 위전답을 소유해 오고 있었던가 하는 문제이다. 주지하는 바
와 같이 조선후기의 사위전답은 왕실을 비롯하여 궁방과 특별한 관련이
있는 특수한 사찰에만 면세지로 공인되었고, 여타의 사찰위전은 조세를
부담했던 것이다.[47]

<표 18> 元位田畓別分·等位別 분포

等位 \ 區別	垈	田	畓	計	百分比
1等	3-74-3 (18)	·	·	3-74-3 (18)	73.87
2等	·	·-3-8 (1)	·-·-5 (1)	·-4-3 (2)	0.85
3等	·	·-75-1 (15)	·	·-75-1 (15)	14.82
4等	·	·-35-4 (11)	·-·-1 (1)	·-35-5 (12)	7.01
5等	·	·-6-3 (3)	·	·-6-3 (3)	1.24
6等	·	·-11-2 (15)	·	·-11-2 (15)	2.21
計	3-74-3 (18)	1-31-8 (45)	·-·-6 (2)	5-6-7 (65)	100.00
百分比	73.87	26.01	0.12	100	
備考					

※ 結-負-束.
※ ( ) 안은 筆地數.

---

47) 高橋亨은 鄭之益撰의 「江西寺事蹟碑」를 들어 전국사찰의 위전을 현종 4년에
　　모두 관부에 회수했다고 하였다(『李朝佛敎』, 974쪽). 그러나 江西寺의 경우와
　　같이 御席의 進獻之功을 비롯하여 紙物 등 供御物의 進上之功으로, 또는 능침
　　사찰·수륙사·願堂 등 王牌 있는 사찰은 여전히 寺位田을 소유했던 것이다.
　　여타 사찰은 숙종 이후부터는 세를 부담하는 사위전을 소유했던 것이다.

　인조 12년 갑술양전 때만 하더라도 공인에서 제외된 여타 사찰의 사
위전은 인정되지 않았던 것이다.[48] 따라서 불갑사는 조성위답이 형성되
기 전에는 위전답을 공식적으로 소유할 수 없었다고 해야 할 것이다.[49]
그러나 불갑사는 은익이나 누락 등 비공식적인 방법으로 대지에 부속되
어 있는 채전 정도는 소유했던 것이라 해도 무방할 것이다.[50] 인조 12년
갑술양전 시에 불갑사의 불대까지도 누락시켰던 사실을 감안할 때 이와
같은 해석이 가능하다고 하겠다.[51] 다음으로 본 양안의 작성기준이 되

---

48) 己亥量田時 불갑사의 위전답을 담당했던 量田別有司 李萬賦이 "第未知甲戌量
　　時 何不載錄於量案 而致民有今日之憂耶 意者其時量任 亦如民之所見 告于官
　　而漏落 …"(「己亥量田時上書草」)이라고 지적한 데서 인조 12년 갑술양전 시
　　불갑사는 公認에서 제외되었음을 알 수 있다. 즉 불갑사가 공인되지 못 하였기
　　때문에 갑술양전 시 불갑사를 누락시켜 비공식적으로 면세사찰로 유지시켰던
　　것이라 하겠다. 한편 숙종 46년 庚子量田은 원래 숙종 45년 己亥에 시작되었던
　　것이다. 量田別有司 李萬賦이 「己亥量田時上書草」라 한 소이이다.
49) 인조 12년 갑술양전 이후부터 조성위답이 형성된 효종 9년 이전까지 어느 시
　　기에 불갑사에서 한광지를 개간하여 사위전답을 장만했다고 할 수도 있다. 그
　　러나 양전 후에만 양안에 등재되기 때문에 비단 그러한 경우가 있었다 하더라
　　도 공인된 사위전으로는 볼 수 없는 것이다.
50) 조선후기 특히 17세기경의 양전 시에 隱結이나 漏結이 얼마나 심하였는지는
　　『효종실록』권11, 4년 9월 甲午에 "前日三南量田時 事目極嚴 而隱匿尙多"라고
　　한 기록과『承政院日記』제392책, 숙종 26년 8월 초 5일에 "嶺南且多豪右 田政
　　尤紊亂 全一洞漏落之處 亦多有之"라고 한 기록에서 잘 알 수 있다. 一洞이 완
　　전히 누락된 경우도 있었다고 하였다.
51) 註 48) 참조.
　　앞의 책,「己亥量田時上書草」를 쓴 李萬賦은 불갑사의 위전답을 打量하는 別
　　有司였다. 李萬賦의「己亥量田時上書草」는 그 수신인을 '城主'라 하였다. 여기
　　城主란 양전사업의 일차적 책임자인 수령을 지칭한 것으로 영광군수라 하겠
　　다. 수령이 양전사업의 일차적 책임자임은『承政院日記』제277책, 숙종 6년 7
　　월 17일, 幼學 申五星의 상소에 "盖賦役之不均 由於田政之不正 田政之不正 由
　　於書員之用奸 書員之用奸 由於守令之不察 爲守令者所管何事 而以莫重田政 委
　　之於書員之手 …"라고 지적한 것을 비롯하여『備邊司謄錄』제141책, 영조 38
　　년 정월 21일,『정조실록』권31, 14년 8월 戊辰 등에서도 지적되어 있다. 특히
　　茶山 丁若鏞은 "臣伏惟今之郡縣 古之所謂諸候也"(『與猶堂全書』제5집「經世
　　遺表」권8)라고 한 것은 城主를 수령이라 할 수 있음을 암시한 것이라 하겠다.

었던 숙종 46년 경자양전 이후부터 본 양안이 작성된 영조 23년까지 어느 시기에 불갑사에서 개간한 전지가 불갑사위전에 포함될 수 있는가 하는 문제이다. 경자양전 이후의 불갑사의 개간분은 포함될 수 없는 것으로 보아야 한다. 즉 본 양안의 기준이 경자양안이며, 또한 앞에서 이미 지적했듯이 본 양안에 筆地의 순위까지도 대지와 전지가 나란히 하고 있는 사실로 미루어 보아(<표 17> 참조) 경자양전 시 불대와 전답이 동시에 타량된 것으로 보아야 하기 때문이다. 따라서 경자양전 때까지 불갑사에서 개간한 전답만이 원위전답에 포함되었던 것이라 하겠다.

요컨대 불갑사의 원위전답은 불대를 비롯하여 갑술양전 시 누락된 殿과 庵 주변의 약간의 채전 등과 인조 12년 갑술양전 후부터 숙종 46년 경자양전 시까지 오는 시기에 불갑사에서 한광지를 개간한 신간지 등으로 구성되었던 것이라 하겠다.

2. 造成位畓의 구성

불갑사의 조성위답은 1658년(효종 9)부터 1747년(영조 23)까지 만 90년간에 조성된 220필지 22결 74부 4속이었다. 이러한 규모의 조성위답은 불갑사 위전답 81.78%에 해당하는 양이다(<표 15> 참조). 또한 불갑사의 조성위답은 불갑사에서 매득한 위답이 62필지 8결 1부 1속, 승려를 비롯한 신도·일반인 등이 시납한 위답이 158필지 14결 73부 3속 등으로 구성되었다(<표 19> 참조).[52]

---

52) 施納位畓 158필지, 14결 73부 3속 중에는 연대불명의 7필지 68부 6속이 포함되어 있다(<표 19 참조>). 그 가운데는 ① 文記火失로 매득인지 시납인지도 불명한 3필지 36부 5속이 포함되어 있다. 즉 佛甲面 南召里 坪 盈字丁에 2필지(No.10·No.11) 12부 4속과 同面 龍頭村中坪 麗字丁에 1필지(No.34) 24부 1속이 그 문기가 丁酉火失로 불명하게 되었다. 여기 丁酉年은 丁酉倭亂이 있었던 선조 30년(1597)의 丁酉가 아닐까? 왜냐하면 이미 앞에서 지적했듯이 불갑사가 丁酉

〈표 19〉 기간별 조성위답 통계

연도별	기간	買得位畓	施納位畓	계	백분비	비고
1658(효종 9) ~1674(현종 15)	17년	·-24-7 (2)	·-44-3 (6)	·-69-· (8)	3.03	
1675(숙종 원년) ~1689(숙종 15)	15년	·-70-4 (3)	·-67-· (7)	1-37-4 (10)	6.04	
1690(숙종 16) ~1704(숙종 30)	15년	·	·-81-9 (10)	·-81-9 (10)	3.6	
1705(숙종 31) ~1719(숙종 45)	15년	·-80-· (6)	4-89-9 (49)	5-69-9 (55)	25.06	
1720(숙종 46) ~1734(영조 10)	15년	·-·-·	2-90-· (35)	2-90-· (35)	12.75	
1735(영조 11) ~1747(영조 23)	13년	6-26-· (51)	4-31-6 (44)	10-57-6 (95)	46.5	
기타(연대불명)	·	·	·-68-6 (7)	·-68-6 (7)	3.02	
계(1658~1747)	90년	8-1-1 (62)	14-73-3 (158)	22-74-4 (220)	100.00	
백분비	·	35.23	64.77	100		

※ 結-負-束.

※ ( ) 안은 筆地數.

다음에서 매득위답과 시납위답을 구별하여 그 조성과정을 구체적으로 살펴보도록 하자.[53]

兵亂 때 소실되었기 때문이다. 그러나 인조 12년 갑술양전 시 불갑사는 그 佛坐까지도 누락시켜야 했던 사실을 감안한다면 선조 30년(1597)의 丁酉年은 아님을 알 수 있다. 그 후의 丁酉年은 효종 8년(1657)과 숙종 43년(1717)임으로 이 兩年 중의 한 해라 해야 할 것이다. ② 施畓 중에서 僧 勝延이 시납한 佛甲面 龍頭村 中坪 出字丁 第33(No.39)의 4부 8속과 僧 信儀가 시납한 南竹面 加士千村坪 日字丁 第28(No.179)의 9부 2속 등이 역시 丁酉火失로 그 시납연대가 불명하다. ③干支의 착오로 인하여 연대가 불명한 것이 있다. 즉 金太坤이 시답한 生谷面 石別坪 器字丁 第41(No.148)의 10부 3속은 雍正 己未에 시납한 것으로 기록되어 있고, 鄭戒明이 시답한 平陵面 水項坪 崗字丁의 7부 8속은 乾隆 甲午에 시납한 것으로 기록되어 있다. 그러나 雍正年間에는 己未란 干支가 없고, 乾隆 甲午는 영조 50년임으로 본 양안이 작성된 영조 23년 이후의 干支이다. 이상의 ①·②·③은 연대 미상으로 처리할 수밖에 없다. 결국 연대불명이 7필지 68부 6속이다.

53) <표 19> 기간별 조성위답의 통계는 영조 23년 현재 불갑사위답으로 잔유하고 있는 사위답만을 기준으로 작성되었기 때문에 사위답 조성기간 90년 사이에 사위답으로 소유되었다가 그 후 어느 시기에 처분된 전답도 많이 있었겠지만

1) 買得位畓

불갑사에서 매득한 위답은 1673년(현종 14) 僧 淨玄으로부터 咸坪郡 孫佛面 堂上坪 請字丁 중에 第44(No.283)의 4부 8속과 第45(No.284)의 19부 9속 등 2필지 24부 7속을 매득한 것이 처음이었다. 僧 淨玄으로부터 매득한 상기 2필지의 위전답을 비롯하여 본 양안이 작성된 1747년(영조 23)까지 총 매득위답은 62필지 8결 1부 1속으로 불갑사 위전답 전체의 28.81%에 해당하는 양이다.[54] 그러나 불갑사의 매득위답이 조성될 때 반드시 매득문기가 있었겠지만 현재 그 문기가 전해오지 않기 때문에 당시 전답의 가격이나 매매절차 등을 밝힐 수 없음을 유감으로 생각한다. 단지 본 양안에 매득년도와 매득처만은 뚜렷이 기록되어 있다. 따라서 본 양안에 나타난 매득처를 중심으로 불갑사의 매득위답 조성형태를 살펴보기로 하자.

① 승려로부터 전답을 매득하여 사위답으로 조성하였다. 즉 승려 淨玄·升天·敏式·之元·呂眞·初色·懷善 등 7명으로부터 11필지(No.6, No.128, No.143, No.144, No.221, No.245, No.252, No.253, No.272, No.283, No.284) 1결 99부 7속을 매득하였다(<표 21> 참조).

〈표 20〉 買得·施納別, 等位別 분포

區別 等位	買得位畓	施納位畓				計	百分比
		僧侶施畓	良民施畓 (俗人)	其他 (不明)	小計		
1等	·	·	·	·	·	·	·
2等	2-88-6 (19)	1-68-· (11)	2-8-9 (15)	·	3-76-9 (26)	6-65-5 (45)	29.26

그 부분은 무시하였음을 밝혀둔다.

54) <표 19>의 작성에서 90년 동안에 매매 등 사위전답의 변동이 있었던 것은 전연 고려치 않았음을 언급한 바 있다(註 53) 참조). 그런데 조성위답에 있어서 매득위답의 경우가 불갑사위답으로 소유되어 오다가 轉賣되었을 가능성은 그 성질로 보아 시납위답의 경우보다 더욱 많았을 것으로 보인다.

3等	4-29-3 (32)	3-31-5 (29)	4-52-9 (53)	·-24-1 (1)	8-8-5 (83)	12-37-8 (115)	54.42
4等	·-62-4 (6)	·-71-7 (11)	1-35-4 (25)	·-12-4 (2)	2-19-5 (38)	2-81-9 (44)	12.39
5等	·-13-8 (4)	·-5-7 (2)	·-31-6 (5)	·	·-37-3 (7)	·-51-1 (11)	2.25
6等	·-7-· (1)	·	·	·	·	·-7-· (1)	0.31
其他 (不明)	·	·	·-31-1 (4)	·	·-31-1 (4)	·-31-1 (4)	1.37
計	8-1-1 (62)	5-76-9 (53)	8-59-9 (102)	·-36-5 (3)	14-73-3 (158)	22-74-4 (220)	100.00
百分比	35.23	25.36	37.81	1.6	64.77	100	

※ 結－負－束.
※ ( ) 안은 筆地數.

〈표 21〉 買得處別 분포

買得處	筆地	結負	百分比	備考
僧侶	11	1-99-7	24.93	淨玄, 升天, 敏式, 之元, 呂眞, 初色, 懷善 등 7명
俗人(男)	34	4-39-3	54.84	金哥金 등 22명
俗人(女)	7	·-63-8	7.96	姜召史 1명
僧俗共同	4	·-26-2	3.27	黃士奉, 金哥金, 僧 巨安 等 1筆地, 僧 巨海, 金有淡 등 3筆地
奴	6	·-72-1	9.00	愛金, 投江, 己男 등 3명
計	62	8-1-1	100.00	

※ 結－負－束.

승려들이 전답을 사유하고 또한 매도할 수 있었던 것은 당시의 일반적인 현상이었다.[55] 전답을 소유한 승려가 불사에 시납하지 않고 하필이면 매도했던 것일까? 이와 같은 의문을 푸는 일은 당시 승려사회와 불교교단을 이해하는 데 중요한 시사가 될 것이다. 즉 승려나 속인을 막론하고 사원에 전답을 시납하는 일은 금지되어 있었다.[56] 따라서 매도라

---

55) 제2부 제2장 참조.
56) 제2부 제2장 참조.
　　사원에 전답의 시납이 금지되어 있었다 하더라도 효종 연간에 이미 승려가 불갑사에 시답했던 일이 있었다(본 양안 No.45 참조).

는 편법으로 불사에 시납을 가장했을 경우도 있었을 것이다. 또한 전답
을 소유한 승려가 전연 관련이 없는 사원에 전답을 매도했을 경우도 있
었을 것이다 자기와 관련이 있는 사원이라 하더라도 당시는 사원과 승려
와는 別産制가 인정되어 있었음으로 전답 등 매도의 형식은 이루어질
수 있었던 것이라 하겠다. 그리고 승려가 사원에 전답을 매도했던 경우
는, 주로 전답을 소유했던 승려로부터 전답을 상속받은 弟子僧이 師僧
과 관련이 있는 사원(불갑사)에 施畓과 다를 바 없는 전답을 매도했던
것이 아니었을까 추측된다.[57] 왜냐하면 僧 敏式이 전답 1필지(No.6) 1
부 7속을 불갑사에 매도했던 같은 해(1738, 영조 14)에 그의 師僧 元奎
를 위하여 전답 1필지(No.17) 12부 7속을 불갑사에 시납한 일이 있고,
僧 呂眞 역시 전답 3필지(No.245, No.252, No.253) 64부 2속을 불갑사
에 매도했던 같은 해(1743, 영조 19)에 그의 사승 學律을 위하여 전답
2필지(No.280, No.281) 10부 8속을 같은 사찰에 시납한 일이 있었던 점
으로 보아 그와 같은 해석도 가능하다고 하겠다.

② 俗人으로부터 전답을 매득하여 사위답으로 조성하였다. 즉 金夋
金, 丁著翁, 金日先, 朴世元, 丁有光, 丁翊夏, 鄭光先, 金鶴只, 李有辰,
李千植, 鄭德重, 盧信盒, 辛順乞, 辛占先, 金以玄, 柳成龍, 宋貴生, 鄭萬
太, 栗德, 顏克, 鄭盒方, 朴中輝 등 22명의 남자로부터 34필지(No.1,
No.4, No.5, No.7, No.8, No.22, No.24, No.25, No.26, No.27, No.28,
No.31, No.40, No.56, No.125, No.126, No.127, No.147, No.161,
No.164, No.165, No.166, No.196, No.197, No.198, No.201, No.205,
No.255, No.268, No.269, No.270, No.271, No.274, No.275) 4결 39부
3속을 매득하였고, 姜召史(여자)로부터 7필지(No.46, No.47, No.48,
No.49, No.50, No.51, No.52) 63부 8속을 매득하였다(<표 21> 참조).

---

57) 師僧이 弟子僧에게 전답을 상속하는 것은 효종 8년의 受敎에서 금지했다. 그러
    나 18년 후인 현종 15년의 受敎 이전에도 법적으로 공인되지 않았을 뿐이지
    사적인 상속은 이루어지고 있었다고 해야 할 것이다(제2부 제2장 참조).

金똑金 등이 양민임에는 틀림이 없을 성 싶다.58) 그러나 이들이 불교
신도인지는 확인할 수 없다. 이들은 주로 자기의 소유전답을 불갑사에
매도했을 것이다. 그러나 전답을 소유한 승려로부터 상속을 받은 족친이
불갑사에 매도했을 경우도 있었을 것이다.59) 그리고 한 부녀자 姜召史
가 63부 8속이나 되는 전답을 불갑사에 매도하게 되었던 것은 필경 무
슨 특별한 사연이 있었을 것이라 생각된다.60) 즉 死去한 남편의 명복을
기원하기 위하여, 혹은 無男子의 부모로부터 상속받은 자신이 친가부모
의 명복을 기원하기 위하여, 혹은 전답을 소유한 승려로부터 상속받은
자신이 상속을 준 승려의 명복을 기원하기 위하여,61) 시납과 하등 다를
바 없이 매도의 형식으로 불갑사에 넘겨주었던 것은 아닐까?62)

③ 승려와 속인 공동으로부터 전답을 매득하여 사위답으로 조성하였
다. 즉 僧 巨安과 속인 黃士奉, 金똑金 등 3명으로부터 靈光郡 西部面
內南部坪 效字丁에 1筆地(No.163) 16負 8束을 英祖 19년에 매득하였고,
僧 巨海와 속인 金有淡 양인으로부터 同郡 佛甲面 三水洞村前坪 愛字

---

58) 金똑金 등을 양민으로 보는 것은 본 양안에 賣渡者의 신분을 승려인 경우 '僧
○○', 奴인 경우 '奴 ○○' 등으로 기록하고 있기 때문이다. 한편 이들은 양민
이라고만 볼 때 불갑사에 전답을 賣渡한 양반은 전연 없었다는 말이 된다. 양
반신분으로 불갑사에 전답 매도를 기피했었는지 혹은 그 신분을 감추었는지
알 수 없다. 그리고 본 양안에 매도자인 栗德(No.56)과 顏克(No.268)은 名만이
있다. 따라서 이들이 법명의 승려가 아닌가 생각되지만 그 신분의 표시가 전연
없기 때문에 본고에서는 양민으로 취급하였다.
59) 승려의 사유전답이 조선후기에는 그 족친에게도 상속될 수 있었던 것이다(제2
부 제2장 참조).
60) 姜召史가 불갑사에 賣渡한 전답 7필지는 모두 한 곳에 있는 전답들이었다. 즉
佛甲面 差盤坪 闕字丁에 第63(No.46), 第72(No.47), 第73(No.48), 第74(No.49), 第
75(No.50) 등 5필지와 同坪 珠字丁에 第1(No.51), 第1의 西(No.52) 등 2필지로서
서로 連接하고 있는 필지이다.
61) 조선후기도 여자가 상속을 받을 수 있었다(제2부 제2장 참조).
62) 賣渡의 절차를 취했다 하더라도 시납과 다를 바 없이 형식적인 가격으로 佛寺
에 전답을 인도했을 것으로 짐작되는 경우는 姜召史뿐만 아니라 승려나 속인
의 경우도 마찬가지일 것이다. 이에 대하여는 앞에서 이미 지적한 바 있다.

丁에 3필지(No.130, No.131, No.132) 9부 4속을 영조 21년에 매득하였다(<표 21> 참조). 전자의 경우, 승려 1명을 포함한 3명으로부터 매득했는데 어떻게 하여 한 필지가 이들 3명의 소유로 되어 있었는지는 확실히 알 수 없다. 속인 黃士奉, 金쟉金이 각각 異姓인 점으로 보아 僧 1명과 함께 부모님 혹은 그들에게 상속할 족친의 승려로부터 공동으로 상속받은 것으로 보기도 어려운 일이다. 3명이 공동으로 契와 같은 결사를 통하여 매득한 전답을 불갑사에 전매했던 것은 아닐까? 후자의 경우, 僧巨海와 俗人 金有淡 등 2명이 공동으로 상속받은 전답을 불갑사에 매도했던 것으로 생각할 수도 있다. 즉 이들 2명이 형제로서 부모로부터 공동으로 상속받은 전답을 불사에 매도했을 것으로 볼 수도 있고, 또한 전답의 所有僧의 上佐와 同僧과는 족친관계인 속인이 그 승려로부터 공동으로 상속받은 전답을 불사에 매도했을 것으로 볼 수도 있다. 이 때 上佐僧의 경우 師僧의 명복을 기원하기 위해 자기에게 배당된 전답을 시납했던 것이 아니었나 생각된다. 또한 이들도 전자의 경우와 같이 결사를 통하여 매득한 전답을 불갑사에 전매했던 것으로 생각할 수도 있다.

④ 노비로부터 전답을 매득하여 사위답으로 조성하였다. 즉 奴 愛金으로부터 2필지(No.29, No.30) 23부 6속을, 숙종 44년에 매득하였고, 奴 投江으로부터 2필지(No.261, No.262) 42부 1속을, 영조 15년에 매득하였으며, 奴 己男으로부터 2필지(No.2, No.3) 6부 4속을 영조 22년에 매득하였다(<표 21> 참조). 여기서 우리는 奴 愛金·投江·己男 등이 지주인 上典의 代理賣渡者는 아니었나 하는 생각을 할 수도 있다. 그러나 당시 노비의 토지소유가 공인되어 있었던 사실로 미루어 보아 노비가 상전의 대리로 전답을 매도했던 것으로 볼 수만은 없다고 하겠다. 또한 노비의 경우도 전답을 소유한 승려로부터 전답을 상속받아 불갑사에 매도했을 수도 있었다고 하겠다. 요컨대 불갑사에 전답을 매도했던 지주층은 승려를 비롯하여 남녀의 일반인과 노비 등이었다.

한편 불갑사에서 위답으로 매득한 전답은 대부분 매우 양질의 전답들

이었다(<표 20> 참조). 즉 매득위답 62필지 8결 1부 1속 가운데 2등답
이 19필지, 2결 88부 6속으로 36.03%, 3등답이 32필지, 4결 29부 3속으
로 53.59%, 2·3등이 매득위답의 89.62%나 되었다(<표 22> 참조).

〈표 22〉 買得位畓等位別 백분비

區別＼等位	1等	2等	3等	4等	5等	6等	計	備考
結負 (筆地)	·	2-88-6 (19)	4-29-3 (32)	·-62-4 (6)	·-13-8 (4)	·-7-· (1)	8-1-1 (62)	
百分比(%)	·	36.03	53.59(%)	7.79(%)	1.72(%)	0.87(%)	100(%)	

※ 結―負―束.

이상에서 불갑사의 매득위답에 대하여 매득처를 중심으로 한 조성형
태를 살펴보았다. 그런데 불갑사에서 이렇게 많은 전답을 매득하는 데는
비록 시납과 다를 바 없는 염가로 매득했다 하더라도 상당한 자원이 필
요했을 것이다. 이러한 자원은 불갑사 승려들의 산업활동을 통해 얻은
자산,[63] 불갑사 신도들의 시납 佛粮, 그리고 불갑사 위전답의 경영에서
얻은 잉여농산물 등에서 충당되었을 것으로 생각된다.

2) 施納位畓

불갑사의 조성위답 중 施納位畓이 조성되기 시작한 것은 1658년(효종
9)의 일이었다. 즉 僧 應天이 佛甲面 差盤坪 闕字丁에 第39(No.4 5) 15부
8속을 불갑사에 시납했던 것이다. 그로부터 영조 23년(1747)까지 90년간
에 158필지 14결 73부 3속이 시납위답으로 조성되었다(<표 19> 참조).
이 가운데는 승려가 시납한 전답이 53필지 5결 76부 9속, 俗人이 시납한
전답이 102필지 8결 59부 9속, 그리고 시납자 불명의 전답이 3필지 36부
5속 등이 포함되어 있다(<표 20> 참조).[64] 시납위답도 조성되기 시작하

---

63) 제2부 제1장 참조.

여 본양안이 작성된 영조 23년까지 이르는 동안 불갑사에서 매도처분한 전답이 없지 않았을 것이다. 그러나 사찰에 시답한 동기를 고려해 볼 때 사찰에서 시납위답을 처분한다는 것은 그리 흔하게 볼 수 없는 일이라 하겠다. 시답자 불명의 3필지 36부 5속을 제외한 시납위답을 僧侶施畓과 俗人施畓으로 나누어 시답사유를 중심으로 고찰해 보기로 하자.

① 僧侶施畓

17세기 이후 조선왕조의 사원경제는 사원과 승려간의 別産制가 확립되어 있었던 것이다.[65] 따라서 당시 승려가 자기 소유의 전답을 佛寺에 시납하는 일은 어려운 일이 아니었다. 불갑사의 경우 1658년(효종 9)부터 1747년(영조 23)까지 90년 동안 승려들이 시납한 전답은 53필지 5결 76부 9속이었다(<표 20> 참조). 다음에서 승려시답을 시납사유별로 나누어 검토해 보기로 하자.

첫째, 승려가 단순히 佛粮을 위하여 38필지 4결 48부 1속을 불갑사에 시답하였다. 이 가운데는 승려 개인이 시답한 것과 승려들이 作契하여 시답한 것, 그리고 승려와 속인 공동으로 시답한 것이 포함되어 있다(<표 23> 참조).

<표 23> 僧侶施畓 사유별 통계

施畓事由		筆地	結負	百分比(%)	備考
佛粮施畓 (77.67%)	僧侶個人的 施畓	29	3-37-6	58.52	應天 등 25명
	僧侶 作契 施畓	7	·-92-5	16.03	妙覺 등 作契 2건
	僧·俗 共同施畓	2	·-18-·	3.12	僧 幸宗·崔己生 共同 1건
祈福施畓 (22.33%)	爲師施畓	11	·-69-3	12.01	思覺 등 9명
	爲親施畓	3	·-48-9	8.48	學律 등 2명
	爲亡弟施畓	1	·-10-6	1.84	覺信
計		53	5-76-9	100.00	

※ 結-負-束.

---

64) 註 52) 참조.
65) 사원과 승려 간의 別産制에 대하여는 제2부 제2장 참조.

㉠ 승려 개인별로 단순히 佛粮을 위하여 불갑사에 시납한 전답은 <표 24>에서 알 수 있듯이 僧 應天 등 25명이 29필지 3결 37부 6속을 시답하였다.66) 이 때 시납한 승려가 소유했던 전답은 승려 자신이 매득하여 경작[自作] 또는 임대형식으로 소유해 오다가 시납한 경우도 없지 않을 것이나, 부모 또는 師僧으로부터 상속받은 전답을 시납했던 경우가 더 많았을 것으로 짐작된다. 특히 僧 妙覺이 '買得納佛粮'(No. 180)했다고 한 기록으로 보아 시답을 위해 매득한 경우도 있었던 모양이다. ㉡ 승려들이 계를 조직하여 매득한 전답을 시납하였다. 즉, 묘각 등이 숙종 34년에 작계매득하여 시납한 4필지(No.9·No.36·No.37·No.38) 71부 3속과 역시 묘각 등이 같은 해에 불량계를 조직하여 전답을 매득하여 시납한 3필지(No.232·No.233·No.234) 21부 2속 등이다. 묘각 등이 불량계를 조직하여 7필지 92부 5속이나 매득한 전답을 시납했다는 사실은 90년간의 불갑사 조성위답 기간 중 유일한 작계시답의 경우이다. 묘각은 개인적으로도 동년에 48부 3속(No.180)이나 불량으로 시납한 일이 있다(<표 24> 참조).

<표 24> 승려 개인별 시답 상황

No	施田畓者	施納年代	筆地	結負	備考
1	應天	1658(효종 9)	1	·-15-8	No.45
2	淨林	1659(효종 10)	1	·-15-8	No.133
3	性默	1667(현종 8)	2	·-6-9	No.208·No.209
4	坦英	1683(숙종 9)	1	·-17-9	No.33
5	禪悅	1685(숙종 11)	1	·-6-9	No.44
6	敬宗	1692(숙종 18)	1	·-4-··	No.169
7	宗淨	1693(숙종 19)	2	·-7-2	No.19·No.20
8	妙覺	1708(숙종 34)	1	·-48-3	No.180

66) <표 24>에서 알 수 있듯이 No.1~24까지 24건으로 24명이라 오해하기 쉽다. 그러나 No.22는 道見과 希衍 2명이 1필지를 시답했다. 따라서 25명이란 것을 알 수 있다. 그렇다면 2명 공동으로 시답한 것이지만 승려 2명이 단순히 시답한 것으로 보아 승려 개인별 시답으로 보았다.

9	信辛	1709(숙종 35)	1	· -21-6	No.149
10	信洞	1713(숙종 39)	1	· -15-1	No.16
11	日訓	1713(숙종 39)	1	· -24-6	No.141
12	初行	1713(숙종 39)	1	· -18-5	No.267
13	應楚	1714(숙종 40)	2	· -9-7	No.187 · No.188
14	云密	1714(숙종 40)	2	· -10-2	No.189 · No.190
15	弘侃	1718(숙종 44)	1	· -10-4	No.153
16	思允	1718(숙종 44)	1	· -9-7	No.154
17	有特	1725(영조 1)	2	· -10-5	No.174 · 175
18	三玄	1732(영조 8)	1	· -14-8	No.152
19	守宗	1734(영조 10)	1	· -5-7	No.35
20	智暹	1737(영조 13)	1	· -15- ·	No.142
21	泰守	1741(영조 17)	1	· -13-4	No.216
22	道見 · 希衍	1743(영조 19)	1	· -21-6	No.222
23	勝延	미상	1	· -4-8	No.39
24	信儀	미상	1	· -9-2	No.179
計	25명		29	3-37-6	

※ 結-負-束.
※ No.22는 2명이지만 僧侶들이기 때문에 여기에 포함시켰음.

이와 같은 사실로 보아 묘각이란 자는 이재에 밝은 승려로서 당시 불갑사 사원경제 경영에 크게 기여하고 있었음을 쉽게 짐작할 수 있다. 묘각이 불갑사의 조성위답 작업에 참여하고 있을 그 당시인 숙종 20년에 불갑사는 僧 海稜에 의해 5刱이 이루어졌던 사실을 우리는 불갑사의 유래를 설명한 데서 이미 살펴보았다. 이러한 일련의 사실을 고려해 볼 때 불갑사는 숙종 연간에 증흥기를 맞이했던 것이라 하겠다. 즉 숙종 20년에 해릉이 5刱을 하였고, 同王 34년에 묘각 등이 사위답을 크게 조성했던 것이라 하겠다. ㉢ 승려와 속인이 공동으로 전답을 시납하였다. 즉 僧 幸宗과 속인 崔己生이 공동으로 숙종 45년에 2필지(No.167 · No.168) 18부를 불량으로 시납하였다.[67] 승 행종과 최기생과는 어떠한 관계인지 확인할 수 없다. 따라서 여러 가지 추측이 가능하다. 즉 그들은 형제 사이로서

---

67) 崔己生이 그 신분이 어떠한 계층인지 확인할 수 없다. 그러나 승려와 공동으로 佛寺에 시답하고 있는 사실을 보아 양민의 신도로 보아도 무방할 것이다.

부모로부터 공동으로 상속받은 전답이거나, 또는 그들 형제가 공동으로 매득한 전답을 불갑사에 시납했던 것으로 생각할 수도 있다. 또한 최기생의 족친인 승려의 전답을, 그 승려의 상좌인 행종과 최기생이 공동으로 상속받은 전답을 불갑사에 시답했던 것이라 생각할 수도 있다. 그리고 최기생이 신도로서 승 행종과 공동으로 전답을 매득하여 불갑사에 시납했던 것으로 생각할 수도 있는 일이다.

둘째, 승려가 師僧·부모 및 亡弟를 위하여 15필지 1결 28부 8속을 시납하였다(<표 23> 참조). 이 가운데 사승을 위하여 시납한 것이 11필지 69부 3속, 부모를 위하여 시납한 것이 3필지 48부 9속, 망제를 위하여 시납한 것이 1필지 10부 6속 등이다. ㉠ 승려가 그의 사승을 위하여 불갑사에 전답을 시납하였다. 즉 僧 思覺 등 10명이 太順 등 9명의 사승을 위하여 11필지 69부 3속을 시납했던 것이다(<표 25> 참조).[68]

〈표 25〉 승려의 師僧을 위한 시답 상황

No	施畓者	師僧	施畓年代	筆地	結負	備考
1	思覺	太順	1720(숙종 46)	1	·-2-9	No.238
2	寶明	淸玉	1728(영조 4)	1	·-5-4	No.195
3	守敬	性訓	1733(영조 9)	2	·-11-1	No.259·No.260
4	再明	英信	1734(영조 10)	1	·-5-8	No.181
5	應初	明元	1734(영조 10)	1	·-7-9	No.227
6	敏式	元奎	1738(영조 14)	1	·-12-7	No.17
7	呂眞	學律	1743(영조 19)	2	·-10-8	No.280·No.281
8	快文	智元	1744(영조 20)	1	·-6-8	No.84
9	體雲·覺行	處演	1745(영조 21)	1	·-5-9	No.124
		計		11	·-69-3	

※ 結-負-束.

---

[68] <표 25>에서 보이는 呂眞의 師僧 學律은 영조 10년에 그의 부모를 위해 1필지(No.282) 9부 1속을 불갑사에 시납한 일이 있다. 이 때 上佐인 呂眞에게도 일부의 전답이 상속된 것을 呂眞이 다시 師僧 學律을 위하여 영조 19년에 불갑사에 시납한 것이 아닌가 생각된다.

여기 승려가 '師僧을 위해서'라는 뜻은[69] 타계한 사승의 명복을 기원한다는 뜻과 생존한 사승의 수복을 기원한다는 뜻이 함께 포함되어 있다고 하겠다. 그러나 시납의 의의를 한층 살려서 타계한 사승의 명복을 기원하기 위해 불갑사에 전답을 시납했던 것으로 보는 것이 타당한 해석이라 하겠다.[70] 승려가 사승을 위하여 시납한 전답은, 시납한 승려의 부모로부터 상속받은 전답도 있을 것이며, 시납한 승려 자신이 매득한 전답도 있을 것이다. 그러나 사승으로부터 상속받은 전답을 상좌가 다시 그 사승을 위하여 불갑사에 시납한 경우가 대부분이라 하겠다.[71] ⓛ 승려가 그의 부모를 위하여 전답을 불갑사에 시납하였다. 즉 僧 學律이 영조 10년에 1필지(No.282) 9부 1속, 僧 幸雲이 同王 18년에 2필지(No.248 · No.254) 39부 8속 등 도합 3필지 48부 9속을 시납하였다(<표 23> 참조). 승려가 부모를 위해 전답을 불갑사에 시납했던 것은 위와 같이 단 2건뿐으로서 사승을 위해 시납했던 9건과 비교해 볼 때 크게 미흡한 실정이다. 이러한 사실은 승려들은 속가보다 불가 위주의 생활임을 알게 하는 것이라 하겠다. 그리고 승려가 부모를 위하여 전답을 불사에 시납한 경우도 사승을 위해 시납한 경우와 마찬가지로, 생존한 부모의 수복

---

69) 본 양안에는 '爲其師僧', '爲其師', '爲其法師' 등으로 기록하여 각기 그 뜻이 다르게 느껴진다. 그러나 승려들의 입장에서 보아 크게 다를 이유가 없다고 생각되어 본고에서는 다 같이 '師僧을 위해서'라는 뜻으로 사용하였다.

70) 본 양안에는 '亡其師僧'이란 기록은 전연 찾아 볼 수 없다. 그러나 당시 불교사회의 특수성을 감안하여 타계한 師僧의 명복을 기원하기 위한 것으로 해석하였다.

71) 숙종 46년 思覺이 師僧 太順을 위하여 시답한 1필지(No.238) 2부 9속은 본 양안의 起主로 太順이 현록되어 있다. 이 경우 太順이 庚子(숙종 46) 양안에 자기명의로 懸錄後 곧 上佐 思覺에게 상속한 것을 思覺이 다시 師僧 太順을 위해 불갑사에 시납했던 것은 아니었을까? 그리고 영조 4년 寶明이 師僧 淸玉을 위하여 시답한 1필지(No.195) 5부 4속은 본 양안의 起主로 시납자인 寶明이 현록되어 있다. 이 경우 원래부터 시납자인 寶明의 소유답일 수도 있다. 그러나 師僧 淸玉으로부터 수년 전에 상속받아 경자양안에 자기명의로 현록했다가 영조 4년에 師僧을 위해서 시답했을 수도 있다고 하겠다.

을 기원하기 위해서라기보다는 타계한 부모의 명복을 기원하기 위한 뜻
으로 해석해야 할 것이다.[72] 또한 승려가 부모를 위하여 불사에 시납한
전답은 부모로부터 상속받은 전답도 있을 것이며, 승려 자신이 매득한
전답도 있을 것이나 전자의 경우가 더 많았을 것으로 생각된다. 특히 幸
雲의 경우, 당시 소농층 평균 가구의 농지에 해당하는 39부 8속을 부모
를 위해 불갑사에 시납했다는 사실이 매우 주목을 끈다.[73] 모르기는 하
지만 행운이 이재에 뛰어난 승려로서 그렇게 많은 전답을 매득하여 부모
를 위하여 불갑사에 시납했던 것으로 생각할 수도 있다. 또한 僧 幸雲이
부농층의 상속자로서 그 일부를 불사에 시답했을 경우로 생각할 수도 있
고, 또는 소농층의 단독 상속자로서 상속전답 모두를 부모를 위하여 불
갑사에 시납했던 것으로 생각할 수도 있다. ⓒ 승려가 亡弟를 위하여
불사에 전답을 시납하였다. 즉 僧 覺信이 영조 4년에 坦學과 明鑑 등
2명의 망제를 위하여 1필지(No.266) 10부 6속을 시납하였다. 승려가 망
제를 위하여 불갑사에 전답을 시납했던 경우는 단 1건의 일로서 그들의
명복을 기원하기 위하여 시납했던 것이라 하겠다.

② 俗人施畓

俗人이 불갑사에 전답을 시납한 사유는 단순히 불량을 위하여 시답했
던 경우와 父母・三寸・家夫・子・弟僧・外叔・妻娚 등의 기복을 위
하여 시납했던 경우가 있다. 다음에서 속인시답을 그 사유별로 나누어
검토해 보기로 하자.[74]

---

72) '亡父母'라는 기록도 불갑사 양안에 찾아 볼 수 없다. 그러나 이것 역시 망부모
   의 명복을 기원하기 위해서 시납한 것으로 해석해야 할 것이다.
73) 金容燮은 조선후기에 있어서 1결 이상의 농지를 가진 농가는 부농층, 그 이하
   에서 50부 이상을 중농층, 50부 이하에서 25부 이상의 농지를 가진 농가를 소
   농층, 25부 이하의 농지를 가진 농가를 빈농층으로 보았다(「量案의 硏究」『朝
   鮮後期 農業史硏究』(1)).
74) 여기 俗人이라 하면 佛寺에 전답을 시납하게 된 연유를 보아 일단 신도라 하여
   도 무방할 것이다. 그러나 施畓者들의 신분이 전연 밝혀져 있지 않다. 따라서

첫째, 속인이 단순히 불량을 위하여 불갑사에 79필지 6결 53부 9속을 시납하였다(<표 26> 참조). 이 가운데 남자 張應生 등 44명이 69필지 6결 13부 7속을 시납하였고(<표 27> 참조) 朴召史 등 여자 5명이 10필지 40부 2속을 시납하였다(<표 28>75) 참조). 이와 같이 많은 일반인들이 특별한 사연이 없이 불갑사의 불량을 위한 사위답 조성에 참여하여 많은 전답을 시납했다는 사실은 오직 그들의 돈독한 신불에 의해서 이루어졌다고 해야 할 것이다. 특히 부녀자들이 이처럼 많은 전답을 불사에 시납할 수 있었던 사실은 당시 여성의 경제적 지위를 재인식케 하는 것이다. 이들 부녀자들은 소위 菩薩로 지칭되는 淸信女로 볼 것이다. 한편 이들 부녀자들의 시답을 단순한 불량을 위한 시납이라 했지만,76) 李破回의 妻 朴召史의 경우 반드시 그렇게만 해석할 수 없을 것 같다. 즉 李破回의 妻 朴召史는 숙종 40년에 2필지 6부 9속을 불갑사에 시납했는데(<표 28> 참조) 그 2년 후인 同王 42년에 李破回 자신이 2필지

불갑사에 전답을 시납한 이들 가운데는 양반을 비롯하여 양민·노비까지도 포함되어 있을 것으로 생각된다. 당시 유교사회임을 고려해 보더라도 양반이 佛寺에 시납한 사실을 배제시킬 수는 없다고 본다. 또한 시답자의 성명이 모두 본 양안에 기록되어 있는 사실로 보아 흔히 이름만을 기록하는 노비는 시답자에서 오히려 제외되어야 하지 않을까 싶다. 하여간 본고에서는 승려시답을 제외한 모든 시답을 속인시답으로 취급하였다.

75) <표 28>의 No.4의 시답자는 본 양안에 '徐氏'라고만 기록되어 있다. 이는 양반댁의 부인을 뜻한다.

76) 단순히 佛糧을 위한 시답이라 했지만 姜召史의 경우 '守命介 納佛糧'이라 하였다. 즉 '命介'를 지켜서 佛糧으로 시답했다는 것이다. 여기서 '命介'란 무엇을 뜻하는 말인지 알 수 없다. 혹 '介'字를 虛字로 볼 수 있다면 '命介' 곧 壽命·運命 등으로 해석할 수 있을 것이다. 이렇게 볼 수 있다면 수명·운명을 수호하기 위하여 전답을 시납했던 것으로 해석된다. 또한 劉召史의 경우도 '劉召史論介納佛糧'이라 하였다. 여기서 劉召史의 이름[名]이 '論介'인 것처럼 보인다. 그러나 당시는 여자의 이름을 사용했던 경우가 없었던 점으로 보아 劉召史의 이름으로 볼 수도 없는 노릇이다. 위의 '命介'의 경우와 같이 '介'字를 虛字로 볼 수 있다면 '田畓에 대한 논란이 있었기 때문에' 불갑사에 시답했던 것으로 해석될 수 있을 것이다. '命介', '論介' 등을 중심으로 한 시답사유가 있었던 것이나 여기에 대한 해석을 필자가 모르고 있기 때문에 일단 단순히 佛糧으로 시답한 것으로 처리하였다.

21부 5속을 불갑사에 시납하였다(<표 27> 참조). 이러한 일련의 상황
은 무엇인가 사연이 있을 것으로 짐작된다. 모르기는 하지만 李破回가
중병을 얻어 병의 쾌차를 부처에게 기원하기 위해 숙종 40년에 그의 妻
朴召史가 2필지 6부 9속을 불갑사에 시납했고, 그리하여 곧 李破回의
중병이 쾌차하자 그 2년 후인 同王 42년에 李破回 자신이 부처의 공덕
을 기리기 위해 2필지 21부 5속을 불갑사에 시납했던 것은 아니었을까?

<표 26> 俗人施畓 사유별 통계

施畓事由		筆地	結負	百分比(%)	備考
佛粮施畓 (76.04%)	俗人施畓(男)	69	6-13-7	71.37	張應生 등 44명
	俗人施畓(女)	10	·-40-2	4.67	朴召史 등 5명
祈福施畓 (23.96%)	父母를 위한 施畓	3	·-33-3	3.87	천기백·김득필 등 2명
	三寸을 위한 施畓	3	·-72-7	8.45	三寸을 위한 것 1건, 三寸 僧을 위한 것 4건
	家夫를 위한 施畓	3	·-29-3	3.41	金召史 등 3명
	아들을 위한 施畓	3	·-12-5	1.45	亡子를 위한 것 1건, 子僧 을 위한 것 1건
	弟僧을 위한 施畓	3	·-13-·	1.51	弟僧을 위한 것 1건, 亡弟 僧을 위한 것 1건
	外叔을 위한 施畓	1	·-24-2	2.81	김종석 1명
	妻娚을 위한 施畓	2	·-21-·	2.44	李鶴先 1명
計		102	8-59-9	100.00	

※ 結-負-束.

<표 27> 俗人施畓 상황(佛粮施畓)

No	施畓者	施畓年代	筆地	結負	備考
1	張應生	1667(현종 8)	2	·-5-8	No.135·No.136
2	張守明	1682(숙종 8)	1	·-8-5	No.21
3	徐得金	1688(숙종 14)	1	·-9-·	No.129
4	梁宅允	1688(숙종 14)	1	·-12-6	No.162
5	韓鳥福	1688(숙종 14)	1	·-6-6	No.206
6	姜自立	1694(숙종 20)	1	·-5-4	No.137
7	李泗個	1696(숙종 22)	1	·-25-7	No.18
8	申大元	1699(숙종 25)	1	·-15-1	No.151

9	李莫金	1700(숙종 26)	1	·-11-·	No.276
10	鄭春伊	1705(숙종 31)	2	·-10-6	No.230 · No.231
11	車大位	1706(숙종 32)	2	·-4-4	No.170 · No.171
12	金戊和	1706(숙종 32)	2	·-21-·	No.57 · No.58
13	鄭云必	1709(숙종 35)	2	·-19-9	No.172 · No.173
14	李武良	1710(숙종 36)	1	·-11-3	No.185
15	李益汗	1712(숙종 38)	2	·-6-8	No.191 · No.192
16	李順日	1714(숙종 40)	1	·-10-·	No.263
17	李興迪	1715(숙종 41)	1	·-10-8	No.150
18	金竹山	1715(숙종 41)	1	·-6-7	No.265
19	李信岺	1716(숙종 42)	1	·-14-·	No.15
20	李破回	1716(숙종 42)	2	·-21-5	No.228 · No.229
21	崔斗元	1718(숙종 44)	2	·-16-6	No.134 · No.139
22	金海南	1718(숙종 44)	1	·-11-1	No.237
23	李毛哲	1723(경종 3)	1	·-13-6	No.246
24	崔世位	1723(경종 3)	1	·-6-6	No.285
25	朴以成	1728(영조 4)	1	·-24-6	No.138
26	洪千中	1728(영조 4)	1	·-12-1	No.277
27	宋允厚	1730(영조 6)	2	·-9-·	No.249 · No.250
28	朴世興	1734(영조 10)	1	·-4-8	No.207
29	徐景迪	1734(영조 10)	2	·-27-3	No.210 · No.211
30	鄭元貴	1734(영조 10)	2	·-11-6	No.225 · No.226
31	梁世貴	1734(영조 10)	3	·-20-4	No.256 · No.257 · No.258
32	朴淡演	1735(영조 11)	2	·-18-3	No.182 · No.183
33	李松茂	1738(영조 14)	1	·-24-2	No.251
34	張世昌	1739(영조 15)	4	·-27-9	No.157 · No.158 · No.159 · No.160
35	吳中傑	1740(영조 16)	3	·-28-3	No.217 · No.218 · No.219
36	許斗進	1742(영조 18)	2	·-19-8	No.155 · No.156
37	洪斗萬	1742(영조 18)	4	·-12-6	No.212 · No.213 · No.214 · No.215
38	安戒天	1745(영조 21)	2	·-15-7	No.145 · No.146
39	金中宅	1745(영조 21)	1	·-17-3	No.186
40	柳重輝	1745(영조 21)	1	·-12-·	No.204
41	金順男	1745(영조 21)	2	·-4-1	No.199 · No.200
42	辛汗明	1745(영조 21)	1	·-21-·	No.247
43	金太坤	불명	1	·-10-3	No.148
44	鄭戒明	불명	1	·-7-8	No.264
	計		69	6-13-7	

※ 結-負-束.

〈표 28〉 俗人施畓 상황(佛粮施畓)

No	施畓者	施畓年代	筆地	結負	備考
1	朴召史	1700(숙종 26)	3	·-13-5	No.12·No.13·No.14
2	朴召史	1714(숙종 40)	2	·-6-9	No.53·No.54
3	姜召史	1721(경종 원년)	1	·-7-4	No.55
4	徐　氏	1736(영조 12)	2	·-6-4	No.177·No.178
5	劉召史	1742(영조 18)	2	·-6-·	No.202·No.203
	計		10	·-40-2	

※ 結-負-束.
※ No.1의 朴召史 : 姜惡用의 妻.
　No.2의 朴召史 : 李破回의 妻.

둘째, 父母·三寸·家夫·子·弟僧·外叔·妻娚 등을 위하여 23필
지 2결 6부를 불갑사에 시납하였다(〈표 26〉 참조).

㉠ 부모를 위하여 千起白·金得弼 등 2명이 3필지 33부 3속을 불갑
사에 시납하였다(〈표 29〉 참조). 이 경우 망부모의 명복을 기원한다는
기록은 전연 찾아볼 수 없지만 생부모의 수복을 기원하기 위해서라기보
다는 그쪽으로 해석하는 것이 좋지 않을까?

〈표 29〉 부모를 위한 시답 상황

No	施畓者	父名	施畓年代	筆地	結負	備考
1	千起白	千守萬	1716(숙종 42)	1	·-8-·	No.224
2	金得弼	金水澤	1742(영조 18)	2	·-25-3	No.278·No.279
	計			3	·-33-3	

※ 結-負-束.

㉡ 家夫를 위하여 金召史 등 3명이 3필지 29부 3속을 불갑사에 시납
하였다(〈표 30〉 참조). 이 가운데 趙元周의 妻 金召史만이 망부의 명
복을 기원하기 위해 전답을 불갑사에 시납했다고 하였다. 따라서 吳義
守의 妻 金召史나 李千奉의 妻 安召史의 경우는 家夫의 무병과 수복을
기원하기 위해 전답을 불갑사에 시납했다고 해야 되지 않을까? 그러나
망부라는 기록이 없다 하더라도 당시 사회경제상황을 고려해 볼 때 필자

와 같이 해석해야 하지 않을까?

〈표 30〉 家夫를 위한 시답 상황

No	施畓者	家夫	施畓年代	筆地	結負	備考
1	金召史	吳義守	1724(경종 4)	1	·-14-4	No.176
2	金召史	趙元周(亡)	1744(영조 20)	1	·-7-2	No.273
3	安召史	李千奉	1746(영조 22)	1	·-7-7	No.223
	計			3	·-29-3	

※ 結-負-束.

ⓒ 삼촌을 위하여 黃奉祿・柳東恭・金業中・朱斗白・朴順日 등 5명
이 8필지 72부 7속을 불갑사에 시납하였다(〈표 31〉[77] 참조). 이 가운데
朴順日을 제외한 4명은 모두 승려인 삼촌을 위해서 전답을 불갑사에 시
납했던 것이다.[78] 이러한 경우 三寸僧으로부터 상속받은 전답을 다시 그
三寸僧을 위하여 불갑사에 시납했던 것이라 하겠다. 즉 金業中과 朱斗
白의 경우, 三寸僧인 靈允과 希演이 본양안에 각각 起主로 懸錄되어 있
는 전답을 불갑사에 시납했다는 사실이다. 곧 그 전답이 원래는 三寸僧의
소유전답이었음을 알려 주기 때문이다. 이렇게 볼 때 三寸僧은 이미 타계
했다는 이야기가 된다.[79] 따라서 이들은 타계한 三寸僧의 명복과 奉祀를
위해 三寸僧으로부터 상속받은 전답을 불갑사에 시납했던 것이라 하겠
다. 유일하게 朴順日만이 승려 아닌 삼촌을 위해 전답을 시납했다. 박순일
의 경우 그 삼촌이 누구인지 알 수 없지만, 그 삼촌에게 직계 상속자가 없
기 때문에 姪子인 박순일이 상속받아 타계한 삼촌의 명복과 봉사를 위해

---

77) 朱斗白의 三寸은 '叔僧 希演'이라 기록되어 있다(No.244). 그러나 본고에서는
   叔僧도 三寸僧으로 통일하여 사용하였다.
78) 朴順日의 경우도 본 양안에는 '朴順日爲其叔納佛糧'으로 기록되어 있다(No.235・
   No.236). 즉 叔을 위해 시답했던 것으로 기록되었다. 이것 또한 三寸으로 통일
   하여 사용하였다.
79) 相續이란 의의를 좀 더 살펴 볼 때 타계한 후에 상속이 시작되는 것으로 보아
   이렇게 해석해야 할 것이다. 그리고 三寸僧 소유의 전답을 조선후기에 있어서
   姪子가 상속받을 수 있었던 것은 이미 제2부 제2장에서 상세히 논구한 바 있다.

불갑사에 시납했던 것은 아니었을까? 그리고 박순일이 삼촌을 위해 시답한 본 양안의 조목(No.235·No.236 참조)에,

> 朴順日이 그 叔父를 위하여 佛糧으로 시납하였는데 寺中에서 價錢의 折半을 부담하여 매득하였다.

라고 기록된 것으로 보아 朴順日이 그 절반만을 부담하고 나머지 절반은 불갑사에서 부담했던 보양이다.

〈표 31〉三寸을 위한 시답 상황

No	施畓者	三寸	施畓年代	筆地	結負	備考
1	黃奉祿	僧 尙能	1686(숙종 12)	1	·-5-5	No.140
2	柳東恭	僧 克贊	1722(경종 2)	1	·-14-8	No.32
3	金業中	僧 靈允	1728(영조 4)	3	·-24-1	No.41·No.42·No.43
4	朱斗白	僧 希演	1737(영조 13)	1	·-22-5	No.244
5	朴順日		1706(숙종 32)	2	·-5-8	No.235·No.236
計				8	·-72-7	

※ 結－負－束.

㉣ 아들을 위하여 朴台正·金老松 등 2명이 3필지 12부 5속을 불갑사에 시납하였다(<표 32> 참조). 이 경우는 그 아들의 相續分을 각각 불갑사에 시납했던 것이라 하겠다. 즉 朴台正은 망자 致成의 명복을 기원하기 위하여 시답하였고, 金老松은 부처님께 귀의한 子僧 碩玄의 성불을 기원하기 위하여 시답했다고 하겠다.

〈표 32〉아들을 위한 시답 상황

No	施畓者	子名	施畓年代	筆地	結負	備考
1	朴台正	朴致成(亡)	1719(숙종 45)	2	·-4-9	No.193·No.194
2	金老松	僧 碩玄	1723(경종 3)	1	·-7-6	No.241
計				3	·-12-5	

※ 結－負－束.

ⓒ 弟僧을 위하여 車乞・趙元柱 등 2명이 3필지 13부를 불갑사에 시
납하였다(<표 33> 참조). 弟僧을 위하여 불사에 시답한 경우, 순수히
자기의 전답을 시납했을 수도 있겠지만 주로 부모로부터 상속받은 아우
의 상속분을 형이 시답했던 것으로 보아야 할 것이다. 이 때 車乞은 弟
僧 姓眞의 성불을 돕기 위하여, 그리고 趙元柱는 亡弟 僧 哲學의 명복
을 기원하기 위하여 각각 불갑사에 시답했던 것이라 하겠다.[80]

<표 33> 弟僧을 위한 시답 상황

No	施畓者	弟僧	施畓年代	筆地	結負	備考
1	車乞	姓眞	1730(영조 6)	2	・-7-9	No.239・No.240
2	趙元柱	哲學(亡)	1738(영조 14)	1	・-5-1	No.220
	計			3	・-13-・	

※ 結－負－束.

ⓗ 외숙을 위하여 金種石이 1필지 24부 2속을 불갑사에 시납하였다
(<표 34> 참조). 이 때 金種石의 외숙 金迫延의 생사는 알 수가 없다. 그
러나 甥姪 김종석이 외숙을 위하여 24부 2속이나 되는 전답을 불갑사에
시납했다는 사실은 특수한 상황으로 이해해야 할 것이다. 생질이 외숙을
위하여 불사에 시답한 유일한 경우이다. 따라서 상속자가 없이 타계한 김
박연의 전답을 생질인 김종석이 상속받아서 그의 외숙 김박연의 명복과 奉
祀를 위하여 불갑사에 시납했던 것으로 해석해야 할 것이다.

---

80) 영조 20년에 金召史가 亡夫 趙元周를 위하여 불갑사에 시답했음을 <표 30>에
서 알 수 있다. 그런데 영조 14년에 趙元柱가 亡第僧 哲學을 위하여 시답하였
다<표 33>. 이 때 趙元周와 趙元柱는 동일인이 아닌가 싶다. 만일 동일인이라
면 영조 14년에 趙元柱가 亡第僧 哲學을 위해 시답하였고 6년 후인 영조 20년
에 사망하자 그의 妻 金召史가 亡夫 趙元周를 위해 시답했던 것이라 하겠다.
이러한 추측이 옳다면 결국 趙元周家는 독실한 불교가정이라 할 것이다.

〈표 34〉 外叔을 위한 시답 상황

No	施畓者	外叔	施畓年代	筆地	結負	備考
1	金種石	金迫延	1743(영조 19)	1	·-24-2	No.23

※ 結-負-束.

㋐ 처남을 위하여 李鶴先이 2필지 21부를 시납하였다(<표 35> 참조). 처남을 위하여 불갑사에 시납했던 경우도 외숙을 위하여 시답했던 경우와 같이 유일한 시납사실이다. 그리고 처남 劉生의 생사도 알 수 없다. 따라서 이 경우도 특수한 상황으로 이해해야 할 것이다. 즉 처남 劉生이 상속자 없이 사망하자 매부인 李鶴先이 그 처남의 전답을 처남의 명복과 봉사를 위하여 불갑사에 시납했던 것으로 볼 수 있을 것이다.

〈표 35〉 妻甥을 위한 시답 상황

No	施畓者	妻甥	施畓年代	筆地	結負	備考
1	李鶴先	劉生	1717(숙종 43)	2	·-21-·	No.242·No.243

※ 結-負-束.

이상에서 전답의 시납으로 조성된 불갑사의 위답을 살펴보았다. 특히 시답사유에 있어서 제승·외숙·처남 등을 위하여 전답을 불갑사에 시납했던 것인데, 이러한 사실은 조선후기 사회의 전답의 처분에 대한 인식을 새롭게 해주는 것이라 하겠다.

Ⅳ. 佛甲寺 位田畓의 起主

불갑사는 매득과 승려·속인 등의 시납으로 위전답을 조성해 갔다. 본 절에서 이렇게 조성된 불갑사 위전답의 起主에 대하여 고찰해 보기로 하자.

조선후기의 양안작성에 전답 소유주(기주)의 이름을 懸錄하는 일은 田形·等位·四標 등을 표시하는 일과 함께 필수적인 요건이었다. 그러나 양안에 기주로 현록된 사람이 반드시 그 전답의 소유주라고 단언할 수만은 없었던 것이 조선후기 농촌사회의 실정이었다.[81] 이를테면 현종 2년(1661) 慶尙左兵虞候 李英萬의 應旨上疏에서 양전 시 지방 토호들의 借名移錄이 빈번함을 지적했던 사실,[82] 숙종 34년(1708) 江原監司 宋延奎의 양전문제 상소에서 "田案(量案)의 書名에 양반은 단지 奴名만을 기록하고 있는데 常漢의 이름은 서로 같은 것이 많기 때문에 이것이 訟端이 되는 경우가 많다"고 지적했던 사실[83] 등에서 저간의 사정을 잘 전해주고 있다. 그렇다 하더라도 양전 당시에는 양안에 현록된 기주가 그 전답의 법률적인 소유주로 인정되는 것이 사실이었다. 그런데 본 양안의 기주를 논함에 있어서 먼저 언급해 둘 일은 불갑사 위전답의 기주는 본 양안의 작성기준이 되었던 庚子量案에 현록된 기주와 동일하다는 사실이다. 왜냐하면 양안에 기주로 일단 현록되면 비록 전답의 소유주가 상속·매도 등의 사유로 바뀐다 하더라도 다음번 양전까지는 기주의 변화가 없기 때문이다.[84] 그리고 본 양안에는 기주를 姓이 제외된 이름만을 현록하고 있을 뿐이며, 당연히 밝혀져야 할 기주의 신분이 전연 밝혀져 있지 않다는 점이다. 다음에서 원위전답의 기주와 조성위답의 기주를 별도로 나누어 살펴보기로 하자.

---

81) 金甲周, 「朝鮮後期의 養戶」 『歷史學報』 85·86, 1980.

82) 『承政院日記』 제168책, 현종 2년 6월 초5일.

83) 江原監司 宋廷奎의 上疏五條中, "田案書名 兩班只書奴名 故常漢之名 例多相同 以致訟端之多興 自今定式 二品以上外 直書職姓名事 …"(『承政院日記』 제444책, 숙종 34년 9월 25일).

84) 양안에 起主로 일단 현록되면, 다음번 양전까지는 전답의 처분으로 비록 소유주가 바뀐다 하더라도 변화가 없고 단지 문기에 새 소유주를 표기해 두었다가 다음번 양전 시 起主로 양안에 현록되어야 했다.

1. 元位田畓의 起主

원위전답은 본 양안의 작성기준이 된 庚子量田 당시 이미 불갑사의 위전답으로 공인되어 있던 전답이므로 본 양안상에 기주는 당연히 불갑사가 되어야 하는 것이다. 그러나 원위전답 65필지 5결 6부 7속(<표 15> 참조) 중에서 기주가 각각 庵·殿·堂을 비롯하여 불갑사로 현록되어 있는 것은 38필지 3결 87부 9속(<표 36> 참조)뿐이고, 나머지 27필지 1결 18부 8속은 승려의 법명으로 보이는 개인의 명의가 기주로 현록되어 있다(<표 37> 참조).

<표 36> 元位田畓 起主 분포(寺位起主)

No	起主	筆地	結負	地目	備考
1	修道庵	1	·-7-·	垈地	No.72
2	明鏡殿	1	·-9-5	垈地	No.94
3	白雲堂	1	·-7-1	垈地	No.98
4	金 堂	1	·-57-2	垈地	No.99
5	法 堂	1	1-56-·	垈地	No.100
6	文殊殿	1	·-3-·	垈地	No.101
7	浮道殿	1	·-63-7	垈地	No.102
8	悟眞庵	1	·-4-2	垈地	No.104
9	錢日庵	1	·-20-·	垈地	No.106
10	明道庵	1	·-8-4	垈地	No.108
11	證智庵	1	·-3-4	垈地	No.110
12	海佛庵	1	·-15-·	垈地	No.112
13	佛影臺	1	·-4-5	垈地	No.114
14	深寂庵	1	·-2-2	垈地	No.116
15	南 庵	2	·-7-·	垈地	No.118·No.119
16	內院庵	1	·-5-1	垈地	No.120
17	寺 位	16	·-11-5	田地	No.70·No.71·No.73·No.74·No.95·No.96 ·No.97·No.103·No.105·No.107·No.109 ·No.111·No.113·No.115·No.117·No.121
				田(陳)	No.59·No.60·No.61·No.62·No.63

18	三 寶	5	·-3-1	3筆地 2負 5束 畓(陳) 2筆地 6束	
	計	38	3-87-9		

※ 結-負-束.

<표 37> 元位田畓 起主 분포(個人起主)

No	起主	筆地	結負	地目	備考
1	順乞	2	·-·-2	田(陳)	No.64·No.65
2	守萬	1	·-7-1	田(陳)	No.66
3	次元	2	·-3-·	田(陳)	No.67·No.68
4	幸宗	1	·-1-7	田(陳)	No.69
5	海柱	1	·-4-5	田	No.75
6	性五	1	·-15-6	田	No.76
7	光赤	1	·-4-3	田	No.77
8	次上	1	·-5-6	田	No.78
9	益良	1	·-3-5	田	No.79
10	元圭	1	·-11-2	田	No.80
11	汗云	1	·-4-9	田	No.81
12	學栗	1	·-1-·	田	No.82
13	靑學	1	·-2-9	田	No.83
14	道見	1	·-4-5	田	No.84
15	應初	1	·-5-6	田	No.85
16	元表	1	·-6-6	田	No.86
17	日成	1	·-2-8	田	No.87
18	守云	1	·-5-7	田	No.88
19	順善	1	·-2-6	田	No.89
20	察仁	1	·-3-1	田	No.90
21	計宅	1	·-3-6	田	No.91
22	雪文	2	·-4-8	田 : 1筆地 3負 8束	No.92
				垈 : 1筆地 1負	No.93
23	汶金	1	·-5-2	田	No.122
24	采眞	1	·-8-8	田	No.123
	計	27	1-18-8		

※ 結-負-束.

즉 垈地는 불갑사로 현록되었어야 하지만 그렇지 않고 그 지상건물인 각 堂·殿·庵이 기주로 현록되어 있는 것이 특색이다(<표 36> 참조). 대지는 지상건물의 각 棟마다 1필지로 하여 각각 별도로 기주를 현록하는 것이 원칙이 되었던 모양이다.[85] 그리하여 본 양안에 각 堂·殿·庵 등을 포함하여 불갑사가 기주로 현록되어 있는 38필지 3결 87부 9속의 기주의 수는 18이나 된다(<표 36> 참조). 그리고 <표 36>에서 알 수 있듯이 각 堂·殿·庵은 각각 그 대지 부근에 소규모의 전지 1필지씩을 대동하고 있는데 이 전지는 기주가 寺位로 현록되어 있다. 각 건물에 부속된 전지 외에 독립된 위치의 전답은 5필지 3부 1속만이 三寶가 起主로 현록되어 있고(<표 36> 참조),[86] 여타의 전지는 승려의 법명이 기주로 현록되어 있다(<표 37> 참조). 따라서 승려 개인이 본 양안에 원위전답의 기주로 현록되어 있는 전답은 27필지 1결 18부 8속으로서 기주의 수는 24나 된다(<표 37> 참조).[87] 결국 불갑사의 원위전답 65필지 5결 6부 7속이 본 양안에 현록되어 있는 기주의 수가 각 堂·殿·庵 등과 승려 개인을 합하여 42에 이른다는 이야기다. 이러한 현상은 곧 조선후기

---

85) 佛垈인 경우 南庵만이 유일하게 2필지로 타량되었다(<표 36> 참조). 그런데 본양안을 잘 검토해 보면 양전 시 필지순서에서 알 수 있듯이 庵子마다 그 垈地 부근에 소규모의 전지 1필지씩을 대동하고 있다. 따라서 南庵의 경우 1필지는 전지의 착오로 垈地가 된 것이 아닌가 의심스럽다. 그렇다면 垈地와 같은 1등으로 등제되어 있는 것도 착오였던 것일까? 그러나 일단 본 양안의 기록을 그대로 믿고 南庵은 地上建物이 二棟으로 그 垈地가 2필지였다고 보는 수밖에 도리가 없다.

86) 三寶가 起主로 현록되어 있는 것은 5필지 3부 1속이었다. 그런데 三寶란 주지하듯이 佛·法·僧의 三寶를 뜻하는 말이다. 그러나 여기 三寶는 三補·三甫·三輔 등으로 혼용되어 오는 말로서 사찰에서 監務·監事·法務 등 三職의 심부름을 맡아하는 중[衆]을 뜻하는 말이다. 따라서 본양안에 三寶로 표기하였지만 사실은 불갑사의 재산을 관리하는 기관이라 해야 할 것으로 본다.

87) 佛垈인 경우 地上建物이 起主이며 승려 개인은 전지에 한하여 起主로 현록되어 있었다. 그러나 유일하게 佛甲面 寺洞坪 伐字丁 第7의 南(No.93) 垈地 1필지 1부만이 雪文이 起主로 되어 잇다. 이러한 사실은 어떻게 해석해야 할지 매우 난처한 사항이다.

에 있어서 양안상의 기주가 호적상 호주 수보다 훨씬 많을 수밖에 없었
던 단적인 예가 되는 것이라 할 것이다.[88]

　이상에서 본 양안을 통하여 불갑사의 원위전답에 대한 기주의 현황을
살펴보았다. 여기서 우리는 다음과 같은 두 가지 문제를 해결해 놓아야
할 것으로 생각된다. 첫째 佛垈일 경우, 본 양안에 기주로 佛甲寺(寺位)
를 현록하지 않고 하필이면 그 지상건물인 각 堂·殿·庵을 기주로 현
록했는가 하는 문제이다. 암자는 비록 本寺에 부속되어 있다 하더라도
경제적 別產을 이유로 각 암자가 각각 양안의 기주로 현록되었던 것으로
이해된다. 그러나 金堂을 비롯하여 法堂·白雲堂·明鏡殿·文殊殿·
浮道殿 등의 건물들은 불갑사의 건물 분포로 보아 한 울타리 안에 위치
한 것으로 짐작되는 것이다. 이러한 건물들이 양안에 별도의 기주로 현록
되어 있는 것은 경제적 別產이 이유가 됐던 것으로 이해될 수 없다. 즉
경제적으로는 감세의 혜택이나 탈세의 방편으로 佛垈를 건물별로 분리
하여 기주로 현록할 필요가 없었다는 말이다. 왜냐하면 주지하는 바와 같
이 조선후기 세제가 '以地出役'으로 개혁되었기 때문에 대지 등 사위전
답을 분리하여 數個의 기주로 현록한다 하더라도 감세나 탈세 등에 아무
런 도움이 될 수 없었기 때문이다.[89] 그렇다면 무엇 때문에 佛垈의 기주
를 굳이 그 지상의 건물별로 현록했던 것일까? 이 문제는 庚子(숙종 46)
양전 시 불갑사의 佛垈를 비롯한 전답 등을 타량한 量田 別有司 李萬賦
의 다음과 같은 상서문의 한 구절에서 실마리가 풀릴 것으로 생각된다.

　　　四方을 標함에 있어서 東은 營室이요, 南은 瀛洲이며, 西는 大海요, 그
　　뒤에 長巖이 둘러 있어 땅은 없다. 그 北은 하늘만 보일 뿐이니 故로 北은

---

88) 金容燮은 조선후기 양안상에 起主의 수가 호적상 호수의 2배나 된다고 지적하
　　고 그 이유로서 ① 양안작성의 기준이 호적작성의 기준과 다르다. ② 호적제도
　　의 불철저성을 들 수 있다. ③ 호적상 1호가 현실적으로, 경제적으로 分戶別產의
　　현상이다라고 하였다(「量案의 研究」, 『朝鮮後期 農業史研究』(Ⅰ), 97~105쪽).
89) 金甲周, 「朝鮮後期의 養戶」, 『歷史學報』 85·86, 1980.

하늘이다. 연후에 起主와 時作者를 물으니 景物은 본래 無主이라고 하였다.
장차 無主로 懸錄하려 해도 起耕者가 있는데 無主로 할 수 있는가? 起耕者
나 重刱者를 懸主토록 하려 해도 眞師와 洪公은 死去하였다. 時執者를 縣主
토록 하려해도 朝集夕散하는 승려 생활이기 때문에 그들이 감당할 수도 없으
며 털털 털어버리고 도망가면 어떻게 하겠나.[90]

즉 불갑사의 佛垈와 전답의 사방을 標함에 있어서 東은 營室(靈室?)
이요, 南은 瀛洲이며, 西는 大海이다. 뒤에는 長巖이 둘러 있어 땅[地]
은 없으며 그 北은 오직 하늘[天]만 보일 뿐이다. 그러므로 北은 天이
다. 연후에 기주와 시경자를 물으니 景物(佛甲寺를 指稱)은 본래 주인이
없다고 했다. 그렇다고 하여 無主로 현록하려 해도 오히려 起耕을 하고
있는데 無主로 취급할 수 있겠는가? 起耕者나 重創者를 懸主토록 하려
해도 眞師[91]와 洪公[92]은 이미 死去하였도다. 時執者를 懸主토록 하려
해도 그들은 아침에 모여들고 저녁에 흩어지는 승려생활이기 때문에 기
주로 현록했을 때 還俗逃去할 우려가 있다는 것이다.[93] 요컨대 불갑사

---

90) 李萬咸, 「己亥量田時上書草」 참조.
　　標其四方曰 東營室・南瀛洲・西大海・長巖擁後地無 其北所見惟天 故北曰天
　　然後問其主時 則景物本無主 將以無主懸錄 則寧有起無主之理乎 欲以起耕者重
　　刱者懸主 則眞師洪公忽焉 欲以時執者懸主 則一盂生涯朝集夕散者 不堪受言而
　　其如如脫屣 而逃何雖 ….
91) 眞師는 고려 공민왕 초 불갑사의 三刱을 이룩했던 覺眞國師의 약칭이라 짐작
　　된다.
92) 眞師를 覺眞國師로 볼 때 洪公은 고려 말 上護軍 洪綏를 지칭한 것으로 보인
　　다. 왜냐하면 覺眞國師 즉 覺儼尊者가 백암산 정토사에 머물 때 上護軍 洪綏
　　가 大功德主였다(「白巖山 淨土寺 事蹟」 『增補・校正 朝鮮寺刹史料』 上, 163~
　　164쪽). 따라서 각엄존자가 불갑사를 三刱할 때도 上護軍 洪綏가 반드시 大功
　　德主로 참가했을 것으로 보이기 때문이다.
93) 量田別有司 李萬咸이 앞의 「己亥量田時上書草」에서 "第未知甲戌量時何不載
　　錄於量案 而致民有今日之寧耶 … 意者其時量任亦如民之所見告于官而漏落
　　…"한 것으로 보아 인조 12년 갑술양전 시 불갑사의 佛垈를 비롯한 위전답 일
　　체를 양안에 재록치 않았던 것이다. 그 이유는 면세지로 공인을 받지 못했기
　　때문에 官의 묵인하에 누락시켰던 것이라 했다. 따라서 갑술양전 시 누락되었
　　기 때문에 그 당시 佛垈나 위전답의 起主가 어떻게 정리되었는지 알 수가 없

의 불대와 전답을 타량함에 있어서 四標의 表記가 어려울 뿐 아니라 기
주의 懸錄問題도 起耕者・重刱者는 이미 사거하였고, 朝集夕散하는 승
려이기 때문에 곤란함으로 매우 난처했던 것이다. 따라서 이처럼 난처한
상황을 타개하기 위하여 결국 佛垈의 지상건물인 각 堂・殿・庵을 양
안의 기주로 현록했던 것이라 하겠다.[94] 둘째 불갑사의 원위전답 65필
지 5결 6부 7속 중에서 佛垈 18필지 3결 74부 3속을 제외한 47필지 1결
32부 4속이 사위전답이었다(<표 16> 참조). 사위전답 47필지 1결 32부
4속 가운데 21필지 14부 6속이 寺位・三寶 등 불갑사가 기주로 현록되
어 있고(<표 36> 참조) 나머지 26필지 1결 17부 8속은 승려 개인이 어
떻게 기주로 현록되었던가 하는 문제이다(<표 37>[95] 참조). 이 문제는

다. 또한 불갑사가 위치한 영광 등지에는 불갑사의 경우처럼 누락됐던 것 외에
도 無主로 현록됐던 경우가 많았던 모양이다. 즉 숙종 20년 茂長 幼學 金隣佐
의 상소, "茂長 靈光 长城 諸邑 甲戌量田時 有錄以無主者 今皆入於義宮 所爲
無主 非眞無主也 盖其時去亂離不遠 土廣民少 山上瘠确之地 孰復耕之乎 今過
八十年 生齒日繁 稍稍開墾 便成其主 或傳其子孫 或有相賣買者 自其邑管攝 其
數均爲貢賦 寧有不稅之理哉"(『숙종실록』 권27, 20년 7월 甲申)라고 지적한 데
서 잘 알 수 있다. 불갑사의 경우 이 때 無主로도 현록되지 않고 누락시켰기
때문에 숙종 연간에 於義宮으로 몰입되지 않았던 것이라 하겠다.

94) 불갑사 승려들의 구전되어 오는 말에 따르면 奸僧의 擅賣를 방지하기 위해 佛
垈를 건물別로 분산하여 起主로 懸錄했던 것이라 하였다. 그러나 전답일 경우
奸僧의 擅賣를 방지한다는 이유로 金堂・法堂 등 어느 특정건물을 起主로 현
록했을 수도 있을 것이다. 그러나 佛垈인 경우 꼭 그렇게 해석할 수는 없을 것
으로 생각된다.

95) <표 37>에서 알 수 있듯이 승려 개인이 起主로 현록되어 있는 것은 垈地 1필
지 1부를 제외한 26필지 1결 17부 8속이 모두 전답이다. 한편 조선후기 양안상
의 起主는 신분이 반드시 명시되어야 했다. 즉 양반은 그 신분을 명시하는 직
역이나 품계를 표시하고 본인의 성명을 밝히고 다음에 家奴의 名을 添記하도
록 되어 있었다. 그리고 평민은 직역과 성명을 기재하고, 천민일 경우 姓을 생
략하고 천역의 명칭과 名만을 기입토록 되어 있었던 것이(金容燮, 앞의 책, 88
쪽). 이러한 원칙은 반드시 지켜진 것은 아니었다. 본 양안에서도 元位田畓의
경우 自然人이 起主일 때 그 신분이 일절 밝혀져 있지 않고 姓까지 생략하여
오직 이름만을 기록하고 있을 뿐이다. 그러나 이들은 천민이 아닌 승려의 法名
으로 보는 것이 타당하리라 생각한다. 본고에서는 모두 승려의 법명으로 취급

본 양안은 작성기준이 되었던 庚子量田 때, 즉 숙종 46년경만 하더라도 왕실 등의 특별한 비호를 받고 있던 일부의 사원 외에는 사위전답을 주로 승려 개인을 懸主토록 했기 때문이라 하겠다. 따라서 불갑사의 佛垈는 지상건물을 기주로 현록했고, 그 건물인 각 堂·殿·庵 등에 부속되어 있는 菜田 등에 한하여 寺位로 起主를 현록했던 것이다(<표 36> 참조). 그리하여 불갑사 부근의 산지를 개간하여 경작해 오던 전지는 개간 당시 전지의 管理僧, 또는 양전 당시의 전지의 관리승을 그 전지의 기주로 현록했던 것이라 하겠다. 하여간 불갑사 원위전답 65필지 5결 6부 7속의 기주의 수가 42개나 되었던 사실은 당시 양안상의 기주수가 호적상의 기주수보다 월등히 많을 수밖에 없었음을 웅변해 주는 것이라 하겠다.

2. 造成位畓의 起主

불갑사의 원위전답은 佛垈일 경우 그 지상건물이, 그리고 건물에 부속되어 있는 菜田 등은 불갑사(寺位)가 양안의 기주로 懸錄되었으며, 그 외의 전답일 경우 三寶 및 승려 개인이 각각 起主로 현록되었음을 앞에서 살펴보았다. 여기서는 불갑사 조성위답의 기주가 본 양안에 어떻게 현록되어 있는지 살펴보기로 하자. 기주의 현록을 비롯하여 양안의 필수기재요건은 양전 당시를 기준으로 작성되는 것이 원칙이었다. 따라서 본 양안이 숙종 46년 경자양안을 기준으로 작성된 불갑사의 私量案인 만큼 숙종 46년까지 불갑사에 조성된 사위전답은 그 기주가 원칙적으로 불갑사가 현록되어 있어야 한다.[96] 그리고 숙종 46년 이후부터 본 양안이 작성

하였다.

96) 반드시 불갑사라는 명칭을 사용하지 않더라도 寺位·三寶 또는 ○○庵 등의 명칭을 사용하여 불갑사의 공유재산임을 밝혀야 한다는 말이다.

된 영조 23년까지의 조성위답 중에서 매득위답의 경우 賣渡者 혹은 元
賣渡者(賣買가 수차 형성되었을 경우)가 본 양안의 기주로, 시납위답의
경우는 시답자 혹은 시답자에게 매도한 元賣渡者(시답자가 전답을 매득
하여 시답했을 경우)가 본 양안의 기주로 각각 현록되었어야 한다. 매도
자나 시답자 등이 본 양안에 기주로 현록되어 있을 경우 매도나 시답을
뜻하는 매매문기나 시답문기가 당연히 수반되었던 것이라 하겠다. 그러
나 그 문기의 내용이 전혀 전해 오지 않고 있다. 그러므로 숙종 46년 경
자양전 이후의 조성위답에 대한 본양안의 기주문제는 아무런 의의가 없
는 것이 되었다.97) 따라서 여기에서 검토하게 될 불갑사의 조성위답에
대한 기주문제는 자연히 경자양안이 작성된 숙종 46년 이전에 사위답으
로 조성된 전답만이 그 대상이 되는 것이다.98) 다시 말하여 조성위답의
기주문제는 당연히 불갑사가 기주로 현록되어야 하는 경자양전 시까지
조성된 사위답의 기주가 대상이 된다는 말이다. 즉 불갑사가 庚子年(숙
종 46)까지 매득한 사위답 11필지 1결 75부 1속과 시납받은 사위답 73필
지 6결 64부 4속의 기주가 어떻게 현록되어 있는가 하는 문제이다.

먼저 매득위답의 경우, 기주가 사위로 현록된 것 1필지 14부 8속, 三
寶로 현록된 것 8필지 1결 36부 7속, 승려로 보이는 法坦이 현록된 것
2필지 23부 6속 등 起主數 3에 11필지 1결 75부 1속이다(<표 38> 참

---

97) 연대를 무시하고 본 양안에 나타나 있는 起主數는 다음 표에서 알 수 있듯이
149개나 되었다.

位田畓別	筆地	結負	起主數	備考
元位田畓	65	5-6-7	42	堂・殿・庵・寺位・三寶・僧侶個人 등
造成田畓	220	22-74-4	107	寺位・三寶・僧侶個人・俗人 등
計	285	27-81-1	149	

※ 結-負-束.

98) 숙종 46년 庚子量田까지 寺位畓으로 조성되었다 하더라도 그 후 본 양안이 작
성된 영조 23년까지 내려오는 동안 불갑사에서 매도 등으로 처분된 것은 무시
하였으며 영조 23년 현재 불갑사의 위답으로 잔류해 있는 전답만을 대상으로
하였다.

조). 寺位와 三寶가 기주인 경우는 곧 불갑사가 기주라는 뜻이지만, 숙종 44년 奴 愛金으로부터 매득한 佛甲面 龍頭里坪 調字丁 2필지(No.29・No.30) 23부 6속은 기주가 왜 法坦으로 현록되었는지 알 수 없다. 법탄이 상기 전답을 불갑사에 매도하고도 2년여를 자기가 관리해 오다가 숙종 46년 경자양전 시 자기 명의를 기주로 현록했던 것은 아니었을까?

〈표 38〉 買得位畓의 起主(庚子量田까지)

起主	筆地	結負	備考
寺　位	1	・-14-8	佛甲寺가 起主임
三　　寶	8	1-36-7	佛甲寺가 起主임
僧侶個人	2	・-23-6	法坦 1명
計	11	1-75-1	

※ 結-負-束.
※ 起主結 : 3

　하여간에 庚子量田時까지 불갑사에서 매득한 위답 11필지 1결 75부 1속의 기주는 法坦을 제외하고는 寺位・三寶 등 불갑사였다고 하겠다. 그 중에서도 매득위답은 주로 三寶를 起主로 삼았던 모양이다.

　다음으로 시납위답의 경우, 기주가 寺位로 현록된 것 28필지 2결 93부 9속, 三寶로 현록된 것 26필지 2결 17부 등으로 사위와 三寶가 비슷하게 기주로 현록되어 있다. 그리고 海佛庵으로 현록된 것 1필지 8부로서 寺位・三寶・海佛庵 등 불갑사가 기주로 현록되어 있는 것이 55필지 5결 18부 9속(<표 39> 참조), 불갑사가 기주로 현록된 것 외에 시답자 자신이 시납한 전답의 기주로 현록된 경우가 있다. 즉 張應生(No.135)・鄭春伊(No.230・No.231)・朴順日(No.235・No.236)・崔斗元(No.134) 등 4명이 기주로 현록된 것이 6필지 24부 1속이다.

<표 39> 施納位畓의 起主(庚子量田까지)

起主	筆地	結負	百分比(%)	備考
寺位	28	2-93-9	44.24	佛甲寺가 起主임
三寶	26	2-17-·	32.66	佛甲寺가 起主임
海佛庵	1	·-8-·	1.20	佛甲寺가 起主임
施畓者同人	6	·-24-1	3.63	張應生, 鄭春伊, 朴順日, 崔斗元 등 4명
僧·俗 個人	10	1-4-7	15.76	生貴, 處申, 許乞, 巡日, 哲金, 貴萬, 辰太, 太順 등 8명
不明	2	·-16-7	2.51	2건
計	73	6-64-4	100.00	

※ 結-負-束.
※ 起主數 : 17

그리고 승려이거나 속인으로 보이는 生貴(No.185)·處申(No.141)·許乞(No.267)·巡日(No.228)·哲金(No.229)·貴萬(No.242·No.243)·辰太(No.193·No.194)·太順(No.238) 등 8명이 10필지, 1결 4부 7속의 기주로 현록되었다(<표 39>[99] 참조). 따라서 경자양전까지 불갑사의 시납위답 73필지 6결 64부 4속의 기주 수는 寺位·三寶·海佛庵 등 사찰이 3, 시답자 자신이 4, 승려 및 속인이 8, 기주불명이 2 등 17이나 된다.

불갑사의 매득위답·시납위답 등 조성위답은 그 기주가 당연히 寺位·三寶 등 사찰로 현록되어 있어야 함에도 불구하고 승려를 비롯하여 시답자 자신이나 혹은 일반인이 어떻게 기주로 현록되어 있는지를 밝히는 일은 당시 사위답의 성격을 이해하는 데 중요한 요소로 생각되지만 지금으로서는 더 이상 밝힐 수 없음을 유감으로 생각한다. 원위전답의 경우 승려를 기주로 현록했던 사실과도 같이 고려해야 할 것이다.

한편 경자양전(숙종 46) 이후부터 매득·시납 등으로 불갑사에서 조성했던 위답은 영조 23년 본 양안이 작성될 때 사위·삼보 등 사찰이

---

99) 生貴·處申·許乞·巡日·哲金·貴萬·辰太·太順 등이 起主로 현록되어 있는 것은 그 명칭이 승려인지 속인인지 잘 구별되지 않는다. 그리하여 이들은 승려, 속인이 같이 포함된 것으로 취급하였다(<표 39>). 그리고 2필지, 16부 7속의 시답은 그 起主의 표시가 없기 때문에 불명으로 취급하였다.

기주로 현록될 수는 없었다. 경자양안에 현록된 기주가 본 양안에 그대
로 등재될 수밖에 없었기 때문이다. 그러나 불갑사에서 매득했다거나 시
납 받았다는 것을 나타내는 문기가 전답주의 변동을 알려주고 있는 것이
다.[100) 본 양안에도 문기가 二丈·六丈 등이 있었음을 첨기하고 있다.
그러나 그 문기의 내용이 전하지 않기 때문에 전답주의 변동 등 구체적
인 내용을 밝히지 못함을 유감으로 생각한다.

Ⅴ. 佛甲寺 位田畓의 경영

영조 23년 현재 285필지 27결 81부 1속의 불갑사 위전답이 구체적으
로 어떻게 경영되어 갔는지 지금의 사료를 가지고서 밝히기에 무척 힘드
는 일이다. 따라서 단지 본 양안의 시작을 중심으로 개략적인 경영형태
만을 밝혀 볼 것이다.

먼저 원위전답 65필지 5결 6부 7속의 時作은 <표 40>과 같다. <표
40>에서 알 수 있듯이 원위전답의 73.87%에 해당하는 佛垈 18필지, 3결
74부 3속은 모두가 지상건물인 각 堂·殿·庵이 時作으로 현록되었다.
佛垈인 경우 그 지상건물인 각 堂·殿·庵이 각각 기주로 현록되었던 사
실을 우리는 앞 절에서 살펴 본 바 있다. 불대의 시작이 또한 기주와 같이
그 지상건물로 현록되어 있다는 사실이 매우 흥미 있는 일이라 하겠다.
시작은 起主와는 달리 당시 '以地出役'으로의 세제개혁이 있었던 사실과
또는 사찰에 각종의 잡역이 부과되었던 사실을 고려할 때 모르기는 하지
만 관리의 묵인하에 감세의 수단으로 취해진 조치가 아닌가 한다.

---

100) 文記의 종류는 田畓賣買文記·還退文記(權賣文記)·典當文記·秋收記·打作
記·賭租件記 등 여러 가지가 있다(和田一郞,「朝鮮こ於ケル文記其ノ他證書
こ就キテ」『朝鮮土地地稅·制度調査 報告書』, 1920 ; 周藤吉之,「朝鮮後期の
田畓文記に關する研究」『淸代東マヅア研究』).

<표 40〉元位田畓 時作別 통계

No	時作	筆地	地目			計	百分比(%)	備考
			垈	田	畓			
1	修道庵	1	·-7-·			·-7-·	1.38	
2	明鏡殿	1	·-9-5			·-9-5	1.87	
3	白雲堂	1	·-7-1			·-7-1	1.40	
4	金 堂	1	·-57-2			·-57-2	11.29	
5	法 堂	1	1-56-·			1-56-·	30.79	
6	文殊殿	1	·-3-·			·-3-·	0.59	
7	浮道殿	1	·-63-7			·-63-7	12.57	
8	悟眞庵	1	·-4-2			·-4-2	0.82	
9	錢日庵	1	·-20-·			·-20-·	3.95	
10	明道庵	1	·-8-4			·-8-4	1.66	
11	證智庵	1	·-3-4			·3-4	0.67	
12	海佛庵	1	·-15-·			·-15-·	2.96	
13	佛影臺	1	·-4-5			·-4-5	0.89	
14	深寂庵	1	·-2-2			·-2-2	0.43	
15	南 庵	2	·-7-·			·-7-·	1.38	
16	內院庵	1	·-5-1			·-5-1	1.01	
17	寺 位	23		·-41-2 (23)		·-41-2	8.13	
18	三 寶	9		·-10-1 (7)	·-·-6 (2)	·-10-7	2.11	
19	甲 山	16	·-1-· (1)	·-80-5 (15)		·-81-5	16.08	
	計	65	3-74-3 (18)	1-31-8 (45)	·-·-6 (2)	5-6-7	100.00	
	百分比(%)	100	73.87	26.01	0.12	100.00		

※ 結-負-束.

하여간 18필지 3결 74부 3속은 농경지의 경영에서 당연히 제외되어야 한다. 그리고 佛垈를 제외한 원위전답 47필지, 1결 32부 4속은 寺位가 時作으로 현록된 것이 23필지 41부 2속, 三寶가 時作으로 현록된 것이 9필지, 10부 7속, 甲山이[101] 時作으로 현록된 것이 16필지 81부 5속

---

101) 三寶가 時作이 될 수 있었던 것은, 三寶가 起主로 될 수 있었던 경우와 같이 이해해야 할 것이다(註 86) 참조). 그러나 甲山이 어떻게 時作으로 현록될 수 있었는지 확실히 알 수 없다. 甲山 역시 불갑사에 적을 둔 승려들의 결사가 아닌가 생각된다. 특히 起主에 있어서 유일하게 지상건물이 아닌 雪文으로 현록된 1필지 1부(<표 37> 참조)의 時作이 甲山이라는 데 많은 관심을 갖게 한다(<표 40> 참조).

등으로 구성되어 있다. 이 가운데 畓 2필지, 6속을 포함한 陳田이 11필지 15부 1속이나 포함되어 있다(<표 16> 참조). 따라서 원위전답 가운데 佛垈·陳田을 제외한 田 36필지 1결 17부 3속만이 正田인 셈이다. 그러나 田 36필지 1결 17부 3속이 정전이라 하더라도 필지당 단위면적이 평균 3부 3속밖에 안 되는 좁은 전지일 뿐 아니라 이들은 이미 앞절에서 지적한 바 있듯이 각 堂·殿·庵 등에 부속되어 있는 소규모의 菜田들이었다. 결국 불갑사 원위전답 65필지, 5결 6부 7속은 농경지로 경영되지 않았던 것이다. 요컨대 불갑사 위전답 가운데 농경지로 경영된 전답은 조성위답 220필지, 22결 74부 4속이라 하겠다.

불갑사 위전답으로서 경작지로 경영되어 갔던 조성위답 220필지 22결 74부 4속의 時作은 寺位·三寶·禪堂·明鏡殿·海佛庵·南庵 등이었다(<표 41> 참조). 사위와 三寶의 경우 불갑사가 곧 時作이란 뜻이지만, 禪堂·明鏡殿·海佛庵·南庵 등이 별도로 時作이 되었던 사실은 필경 불갑사[本寺]와 別産의 경제단위였기 때문이라 하겠다.[102] 하여간 불갑사의 위전답이 기주의 경우와는 달리 승려 등 개인이 時作으로 현록되었던 전답은 한 필지도 없었던 것이다. 따라서 불갑사의 위전답은 불갑사 대중들의 집단노동에 의하여 공동으로 경영되어 갔던 것이라 할 것이다.[103] 즉 조선후기 승려들의 집단노동력이란 대단했던 것으로 築城·築堰 등 집단노동력이 요구되는 국가적 사업에는 반드시 승려들이

---

102) 李能和는 조선사찰의 소유토지를 4종으로 나누었다. ① 佛享畓으로 王家의 恩給之田結, ② 影畓으로 祖師 및 禪僧影堂의 致祭之田結, ③ 祭位畓으로 僧俗을 막론하고 寺中에 기부한 忌祭之田結, ④ 法畓으로 法師의 遺産之田結(『朝鮮佛敎通史』下篇, 985～986쪽). 불갑사 위전답의 時作이 각각 다른 것은 李能和의 위와 같은 구분과도 아무런 관련이 없는 것이다.
103) 禪堂·明鏡殿·海佛庵·南庵 등은 별도로 전답을 경영하여 本寺와는 別産으로 경영해 갔을 수도 있었을 것이다. 그러나 그 양이 13필지, 1결 53부(6.73%)에 불과하고, 시납위답은 寺位·三寶가 時作임으로(<표 41> 참조) 이들의 경영을 구별하지 않기로 하였다.

참여했던 일은 다 아는 사실이다.[104]

〈표 41〉 造成位畓 時作別 통계

時 作	買得位畓 (筆地)	施納位畓 (筆地)	計 (筆地)	百分比(%)	備考
寺 位	4-53-6 (38)	7-74-9 (86)	12-28-5 (124)	54.01	
三 寶	1-94-5 (11)	6-98-4 (72)	8-92-9 (83)	39.26	
禪 堂	·-59-5 (7)		·-59-5 (7)	2.62	
明鏡殿	·-33-6 (4)		·-33-6 (4)	1.48	
海佛庵	·48-5 (1)		·-48-5 (1)	2.13	
南 庵	·-11-4 (1)		·-11-4 (1)	0.50	
計	8-1-1 (62)	14-73-3 (158)	22-74-4 (220)	100.00	

※ 結-負-束.

당시 승려의 우수한 노동력을 현종 10년 廣州 府尹 沈之溟이,

民丁이 삼일동안 할 일을 僧軍은 一日거리도 미치지 않는다. 그것은 僧侶들이 赴役을 하게 되면 반드시 그 사력을 다하기 때문이다.[105]

라 하였고, 영조 4년 慶尙道 別遣御使 李宗城이,

三南 사찰에 승려의 이름을 가진 자는 헤아릴 수도 없는데 일을 시작하면 專心一力으로 하기 때문에 비록 수백여 간의 法堂이라도 능히 일시에 彰建한다. 수 백리 밖에서도 一令에 來集하여 반드시 期日內에 赴役한다. 이러한 기력이 있고 號令이 있음으로 이렇게 되는 것이다.[106]

라고 하였다. 즉 沈之溟은 民丁의 3日之役이 僧軍의 1日之役을 미치지 못한다고 하였고, 그것은 僧軍이 부역케 되면 반드시 사력을 다하기 때문이라 하였다. 그리고 李宗城은 三南 사찰의 승려들은 그 수가 많아

---

104) 고려 이래 사원의 노동력이란 사원노비의 노동력을 말하거니와 조선 초 사원노비의 혁거 이후 간혹 사원에서 노비를 소유했던 예도 없지 않았으나 조선후기에 이르러서는 주로 승려노동을 뜻하는 것이다(제2부 제1장 참조).
105) 『현종실록』 권17, 10년 6월 辛己.
106) 『備邊司謄錄』 제84책, 영조 4년 9월 12일.

헤아릴 수도 없다고 하였고[107] 또한 그들은 일을 시작하면 전심일력을 다하기 때문에 비록 백여 간의 법당이라 하더라도 능히 일시에 창건한다고 하였으며, 수 백리 밖이라도 一令에 반드시 赴役期日 내에 내집한다고 하였다. 승려들의 우수한 노동력과 단결력 그리고 기동성을 찬양했던 것이라 하겠다.

불갑사는 조성위답 220필지, 22결 74부 4속을 농경지로 경영했던 것이다. 당시 불갑사의 노동력은 얼마나 되었던 것일까?[108] 영조 23년 (1747) 10월 현재, 불갑사에는 首僧 振玄, 三寶 宇淸, 持事 敏寬, 典座 敏道, 佛糧典座 敏岑, 書記 國開, 時任住持 釆隱 등 所任秩 7명과[109] 그 외에 寺中秩로 瑞蒙・萬輝・昇玉・明玄・學念・敬俊・快文・楚英・守一・雪文・寬涓・斗文・希安・普欣・巨海・巨淸・道宗・鵬還・體成・坦祐・戒悅・宇謙・師一 등 23명이 있었다.[110] 즉 18세기 중엽 불갑사의 노동력은 住持 등 所任秩 7명을 제외하더라도 23명이나 되었던 것이다. 이러한 노동력으로 농경지 22결 74부 4속의 전답을 공동으로 경작했다는 사실은 곧 승려 1인당 평균 약 1결씩을 경작했다는 이야기가 된다(소작을 준 경우도 있었겠지만 무시하였다).[111]

---

107) '其麗不億'은 『詩經』 大雅 「文王」篇, 『孟子』 「離婁」 上篇 등에 나오는 말로 '麗'는 수자의 뜻이며 '不億'은 헤아릴 수 없이 많음을 뜻하는 것이다.

108) 불갑사가 경영했던 220필지, 22결 74부 4속의 전답은 '萬口一談 皆曰宮庄 不罷則國終必亡'(『숙종실록』 권37, 28년 9월 癸酉)이라고 한 수백 결의 宮庄에는 미치지 못하지만 당시 농민들의 농지소유 사정으로 보아 막대한 것이었다. 즉 조선후기 삼남의 농민들은 거의 富人의 전지를 並作하고 있었으며 自己田者는 거의 없었던 것이다. 비록 자기의 전답을 소유했다 하더라도 1결 이상 소유자는 絶無하다고 했다(『承政院日記』 제339책, 숙종 16년 정월 15일).

109) 靈光母岳山 『佛甲寺古蹟』 참조.

110) 註 109)와 同.

111) 세종 6년 불교의 종파통합과 아울러 사원전을 정리할 때 공인된 사찰에 대하여는 승려 1인당 전답 2결의 비율로 배당되었던 것이다. 그런데 불갑사의 경우 승려 1인당 1결씩 배당되었던 사실은 비록 寺位畓의 성격이 다르더라도 조선전기와 조선후기의 좋은 대조를 이루고 있는 것이다(제2편 제1장 참조).

승려들의 공동노동에 의해 경작되어 갔던 불갑사 위답 약 23결의 1년 생산량은 얼마나 되었던 것인지, 일모작 평년을 기준으로 산출해 보도록 하자.[112) 金容燮이 지적한 대로 전답 1結에서 평년에 평균 稻 800두가 생산된 것으로 보면,

$$23(結) \times 800(斗) = 18,400(斗)$$

곧 불갑사는 1년에 약 18,400두의 稻穀을 생산했던 것이라 하겠다. 이와 같은 불갑사의 연간 도곡 생산량은 당시 대부분의 농민들이 영세성을 면하지 못했던 실정을 감안해 볼 때 상당한 양이라 할 수 있는 것이다.[113) 그리고 불갑사 위답 23결은 自寺 승려들의 집단적인 노동력에 의해 경작되었기 때문에 雇價 등 영농비는 지출되지 않았던 것이다.[114) 그러나 공적인 조세부담은 면제될 수 없었을 것이다. 경자양전 시 불갑사 位田畓 量田別有司였던 李萬畝의 다음과 같은 상서 중에도 불갑사의

---

112) 연간의 생산량은 일모작이나 이모작이냐 하는 차이와 풍년이나 흉년이냐 하는 차이에 따라 큰 차이가 있을 수 있다. 그러나 이러한 여건은 일일이 알 수 없기 때문에 조선후기 답지 1결에서 평년에 평균 稻 800두가 생산된 것으로 보고 환산했는데 이러한 근거는 전적으로 金容燮의 논문에 따랐다(金容燮, 『朝鮮後期農業史硏究』(Ⅰ), 167~171쪽).

113) 인조조 吏曹參判 趙翼이 "州郡之中 殘者或不足以給妻子 富者一年所用 或至累千石"(『增補文獻備考』권141, 「田賦考」1)이라고 지적한 데서 알 수 있듯이 영세농민이 있었는가 하면 1년에 累千石을 所用한 부자도 있었던 것이다.

114) 당시 일반농민의 경우 雇價 등 막대한 營農費가 지출되었던 실정을 영조 초 朴文秀는 다음과 같이 지적했다.
"又所啓臣久居湖西 習知民弊敢此仰達 以農民事言之 田畓盡入於士夫卿族富戶 故其所耕作之地 無非並作 而多得者 不過十斗畓一日之役 而必以十人一鋤 手之賈 糧米三升 雇價五分錢 而三次鋤耘 一次刈穫 一次打場 所入近五十人 畢竟所得 不過二十石 十石則歸於本主 十石只爲渠物 然作耕時所貸者 皆得債於土豪富民 故秋來官穀私債計除 又以此爲菴身之資 一無所餘"(『備邊司謄錄』제82책, 영조 3년 10월 22일).
즉 鋤手 등 雇價를 비롯하여 作耕時 債務 등을 상환하면 남는 것이 전연 없다고 하였다.

조세 부담을 지적하고 있다.115)

> 장차 庵後에 龍臺·龍湫가 있어서 旱魃을 당해서 祈雨에 效驗이 있는
> 것으로 國中에 이름이 있어 輿地에 실려 있다. 拔俗散人과 淸遊公子들이 누
> 가 후에 이곳을 찾겠는가? 비록 塵風有隔이라도 生理가 어려우면 仙風道骨
> 이 아니라도 있을 곳이 불가하니 寺僧中에 우수한 사람을 골라 給粮하여 居
> 住토록하고 遊客이나 各官守令들의 祈雨時 應接之地로 대비하자. … 節目
> 日 寺觀衙院 ──이 打量하고 落漏치 말라. … 원컨대 佛垈는 懸錄치 말고
> 屯田처럼 하여 徵稅치 말고 靈境을 영구히 보존토록 하자.116)

즉 불갑사는 경관이 뛰어난 곳인 데다가 庵後에는 旱魃 때에 祈雨有
驗한 龍臺와 용추가 있어서 國中에 이름난 곳으로 輿地에 실려 있으며,
따라서 寺僧 중 우수한 緇徒를 골라 給粮居住토록 하여 仙境의 불갑사
를 찾는 拔俗散人·淸遊公子 등의 遊客과 각관 수령들의 祈雨時 應接
에 대비토록 하자는 것이었다. 또한 量田節目에서 佛寺·道觀·官衙·
校院 등을 낙루치 말고 모두 타량토록 했는데, 佛垈는 현록치 말고 둔전
의 양식처럼 하여 징세치 않도록 함으로써 靈境을 영구히 보존토록 하자
는 것이었다. 상기 李萬馣의 「上書草」 내용으로 보아 불갑사 위답에 대
한 면세는 고사하고 佛垈까지도 면세가 인정되지 않았던 것이다.117) 결
국 불갑사도 위답에 대한 전세 등 법정세액은 부담했던 것이라 하겠다.

불갑사 위답 23결의 순소득은 佛糧을 비롯한 사찰의 운영비에 사용
되었을 것이다. 그리고 잉여분이 있었다면 고려시대에 많이 성행했던 殖

---

115) 앞의 책, 『己亥量田時 上書草』.
116) 況庵後有龍臺·龍湫 或直旱魃 祈雨有驗 故名於國中 載於輿地 拔俗散人淸遊
　　公子 孰有後於尋眞者哉 雖然塵風有隔 生理爲難 故自非仙風道骨 不可寧處 寺
　　僧擇其緇徒之優者 給粮以居之 以備遊客 及各官守令 祈雨時應接之地 … 節目
　　日 寺觀衙院 ──打量 俾勿落漏 … 願沒以佛垈懸錄 一如屯田樣勿爲徵稅 則
　　庶使靈境永保矣.
117) 李萬馣의 『己亥量田時 上書草』는 官에서 일절 받아주지 않았던 것이다. 왜냐
　　하면 佛垈도 屯田의 양식이 아닌 일반 전결의 형식으로 타량되었기 때문이다.

利事業을 영위해 갔던 것은 아닐까 싶다. 왜냐하면 당시 호남의 민폐 중 식리일절이 가장 큰 민해로 규정되었던 사실로 보아 불갑사의 殖利事業 도 활발했을 것으로 보이기 때문이다.[118] 여기서 우리는 다음과 같은 사 실에 유의해야 할 것이다. 즉 조선후기 승려들은 국가로부터 義僧·紙 役 등 가혹할 만큼 많은 부담을 지고 있었던 것이다.[119] 이와 같은 부담 은 불갑사 승려들에게도 부과되었던 것이라 하겠다. 첫째, 양민의 부담 인 身役 대신에 승려들은 義僧으로 防番役을 부담해야 하였다. 義僧 防 番制는 숙종 40년(1714)에 실시한 남·북한 양 산성의 防衛僧制度로서 정원이 책정되어 연 6차의 交代立番으로 양 산성을 수비케 한 데서 유 래되었다.[120] 이 때 교대입번하는 義僧을 治送하는 지방 각 寺의 폐는 의승 1人의 교대입번에 소요되는 경비가 무려 백금이나 되었던 가장 심 각한 것이었던 모양이다.[121] 당시 불갑사에 몇 명의 의승이 배당되었는 지는 확실히 알 수 없다. 그러나 의승의 교대입번에서 오는 각종의 폐해 를 제거하기 위해 영조 32년에 防番錢制를 실시했던 것인데, 이 때 靈 光郡에 8명의 의승이 배당되었다.[122] 그러므로 당시 영광군의 大刹인 불갑사에는 이 때 4~5명의 의승이 배당되었던 것으로 생각된다.[123] 둘

---

118) 영조 초 호남지방의 殖利에 대한 폐단과 그것에 대한 시정조치가 領議政 李光
    佐의 所啓로 이루어진 바 있다. 원문을 그대로 인용하여 참고토록 하자.
    領議政 李(光佐)所啓 湖南民弊中 殖利一節 最爲民害 初年利殖 一年內未捧則
    利與本 並以爲本 次次殖利 一石米本色 將至於三千餘兩錢云 人間寧有此事乎
    若泛然使以本色受之 則或不無以殖利爲本 而並受之弊 以最初本色受之意 申飭
    何如 上曰 其言好矣 依爲之(『備邊司謄錄』제82책, 영조 3년 10월 29일).
119) 『備邊司謄錄』제113책, 영조 21년 정월 초6일 및 제123책, 영조 27년 8월 초1일.
120) 제5부 제2장 참조.
121) 『영조실록』 권81, 30년 4월 戊申.
122) 제5부 제2장 참조.
123) 義僧防番錢制를 실시하기 직전에 湖南釐正使 李成中의 復命에 의하면 義僧의
    배당이 本道則大寺 4~5명, 小寺亦 1~2명(『영조실록』 권81, 30년 4월 戊申)이
    라 하여 호남지방의 大寺는 4~5명이라 하였다. 그런데 당시 영광지방에는 사
    찰이 불갑사를 비롯하여 風停寺·隨綠寺·九岾寺·利興寺·烟興寺·海佛庵

째, 승려들에게는 紙役이 또한 큰 부담이었다. 즉 당시 국가나 지방관아
에서 수요로 하는 종이[紙]의 대부분은 승려의 紙役에서 공급되었
다.124) 이러한 승려들의 紙役이 의승과 함께 당시 승려들에게 큰 부담을
안겨주었던 것이다.125) 끝으로 의승과 紙役 외에도 승려들에게는 繩鞋
를 비롯하여126) 갖가지 부담들이 부과되었던 것이다.

이와 같은 여러 종류의 부담들로 하여금 조선후기의 사찰들이 凋殘케
되어 갔던 것이다.127) 이상과 같은 사찰의 승려들에 대한 경제적 부담과
경제외적인 부담들은 불갑사 승려들에게도 부과되었던 것이다. 따라서
이러한 막중한 부담을 해결하기 위하여 불갑사의 잉여농산물이 사용되었
던 것이라 하겠다. 한편 이러한 막대한 부담으로 寺敗僧殘의 위기에 처
해 있음에도 불구하고 사찰의 승려들은 불교의 근본정신인 자비사상에
입각하여 기아와 질병에 고생하는 중생제도의 자선사업에 자진하여 참여
하기도 했던 것이다.128) 불갑사의 경우도 이와 같은 자선사업에 참여하

등이 있었다(『興地圖書』 下, 全羅道 靈光). 이 중 海佛庵은 본 양안에서 보이듯
이 불갑사 소속의 庵子였다. 이렇게 볼 때 불갑사를 제외한 여타 사찰은 모두
小刹이라 하겠다. 따라서 불갑사는 靈光郡에 배당되었던 義僧 8명 중 大刹에
배당되는 4~5명 이상이 배당되었던 것으로 보아야 할 것이다.
124) 備邊司에서도 '種楮本是僧業'이라 할 정도로 紙役은 본시 승려들의 임무였던
모양이다(『정조실록』 권38, 17년 12월 丁丑). 寺刹製紙에 대하여는 李光麟의 「
李朝後半期의 寺刹 製紙業」『歷史學報』 17·18합집, 1962 참조.
125) 嶺南均稅使 朴文秀가 "嶺南寺刹紙役之弊 而未及義僧之弊矣"(『備邊司謄錄』
제123책, 영조 27년 8월 초 1일)이라고 지적한 데서 영남지방의 경우 寺刹紙役
의 폐가 義僧의 弊를 능가하지는 못했던 모양이다.
126) 『정조실록』 권31, 14년 8월 辛未.
127) 朴文秀도 宮家·士夫·鄕族·吏輩 등이 승도들을 괴롭히고 있다 하고 그 부
담은 紙외에도 細繩·草鞋·粃粮(엿기름?)·椳木(문지도리 木) 등이라 하였다
(『備邊司謄錄』 제82책, 영조 3년 10월 22일). 李能和는 東萊 金井山 梵魚寺의
경우 잡역이 무려 270여 종이나 되었다고 지적하였다(李能和,『朝鮮佛敎通史』
下篇, 海峯智峯現率官員條). 왜 이처럼 사찰에게 가혹한 부담이 부과되었던가
하는 문제는 단순히 억불의 형태로 이해하기보다는 良役의 도피처 또는 집단
노동력의 수용장소로의 사찰 등 현실 경제적 입장에서 이해되어야 할 것이다.
128) 승려들의 자선사업은 불교수용 이래 계속 있었던 것인데, 특히 조선후기에는

여 잉여농산물이 사용되었던 것은 아닌가 생각된다.

Ⅵ. 결 어

영광 모악산의 불갑사는 호남의 명찰로서 경관이 뛰어난 유서깊은 고찰이다. 이 불갑사가 크게 성장 발전하기 시작한 것은 고려 공민왕 초 王師 覺眞 스님이 本寺에 머물면서였다. 그러나 조선왕조의 개창으로 불갑사는 왕실·궁방 등의 특별한 비호를 받지 못한 여타의 사찰들과 함께 쇠잔해 가기 시작하였다. 설상가상으로 임진·정유의 왜란이 일어나 소실되고 말았다. 이처럼 쇠잔해 간 寺勢에서도 法稜·海稜·采隱 등 훌륭한 고승들이 계속 배출되어 불갑사를 교화의 도량으로 유지해 갔다. 이 고승들의 노력으로 법당 등이 재건되고 사찰위답이 조성되어 갔다. 곧 영조 23년 현재, 불갑사는 승려 30여 명에, 사찰 위전답 285필지, 27결 81부 1속을 소유하게 된 근실한 사찰로 성장하였다. 불갑사 위전답 285필지, 27결 81부 1속은 佛垈 18필지, 3결 74부 3속을 포함한 원위전답 65필지, 5결 6부 7속(18.22%)과 1658년(효종 9)부터 1747년(영조 23)까지 만 90년간에 걸쳐 계속 조성해 온 조성위답 220필지, 22결 74부 4속(81.78%)으로 구성되었다.

불갑사 위전답 285필지, 27결 81부 1속의 田品이 거의 상등으로 등제되어 있음은(3등 이상이 84.75%) 주로 양질의 위전답을 불갑사가 소유하고 있었음을 말하여 주는 것이다. 그러나 1등으로 등제된 것은 佛垈 18필지, 3결 74부 3속(13.46%)뿐이며, 전답의 전품이 1등으로 등제된 것은 1필지도 없다. 대지라 하더라도 삼남지방에 한하여 瓦家의 垈地만이 1등으로 등제될 수 있었던 것이다.

국가에서 장려하기도 하였다.

조성위답 220필지, 22결 74부 4속은 불갑사에서 매득한 62필지, 8결 1부 1속과 승려 및 속인들이 시납한 158필지, 14결 73부 3속으로 구성되었다. 원래 승려나 속인을 막론하고 사찰에 시납하는 일은 금지되었던 것이지만 조선후기에는 그 시납하는 일이 보편화되어 있었다. 시납하게 된 사유만도 다양하였다. 즉 승려의 경우, 단순히 불량을 위하여 시납했던 것(77.67%)과 師僧(12.01%)·부모(8.48%)·亡弟(1.84%) 등을 위하여 시납했던 것이며, 속인의 경우 단순히 불량을 위하여 시납했던 것(남: 71.37%, 여: 4.67%)과 부모(3.87%)·삼촌(8.45%)·자(1.45%)·제승(1.51%)·외숙(2.81%)·처남(2.44%) 등을 위하여 시납했던 것이고, 그리고 부녀가 가부를 위하여 시납했던 것(3.41%) 등이다. 이러한 시답자와 다양한 시답사유를 통하여 당시 사유재산제도가 크게 신장되어 있었던 것임을 알 수 있는 것이다.

한편 불갑사 위전답은 그 기주가 당연히 불갑사로 현록되었어야 한다. 그러나 원위전답의 경우 佛垈는 각 지상건물인 堂·殿·庵이 각각 기주로 현록되어 불대의 기주만도 16이며, 전답의 기주는 寺位·三寶를 비롯한 일반 승려들로서 26이나 되어 원위전답의 기주가 도합 42나 되었다. 조성위답의 경우, 본 양안의 작성기준이 되었던 경자양전까지 불갑사에 조성된 84필지, 8결 39부 5속의 기주는 당연히 불갑사가 현록되어야 한다. 그럼에도 불구하고 1720년(庚子)까지 조성된 불갑사 위전답의 기주는 寺位·三寶·海佛庵 등 외에도 승려·속인의 기주가 10여나 되었다. 요컨대 불갑사가 단일의 기주로 현록되었어야 할 불갑사 위전답의 기주가 50이상이나 되었다. 따라서 양안상의 기주 수가 호적상의 호주 수보다 월등히 많을 수밖에 없었던 것이다. 또한 양안상의 기주가 형식적으로는 양전 당시의 전답주라 하더라도 실질적으로 반드시 전답주로 이해하기에는 많은 문제가 있다고 하겠다.

불갑사 위전답 중에서 원위전답은 佛垈를 비롯하여 불대에 부속되어 있던 전지는 茶田 등으로 이용되었을 뿐이며, 농경지로 경영되었던 것은 전무하였다. 그러나 불대인 경우 양안상의 時作도 기주의 경우처럼 그 지상건물이었다는 데 커다란 홍미를 갖게 한다. 조성위답의 경우, 寺位・三寶・禪堂・明鏡殿・海佛庵・南庵 등이 時作이었으므로 이는 곧 불갑사 時作이란 뜻이라 하겠다. 따라서 불갑사의 조성위답 220필지, 22결 74부 4속만이 正田으로서 불갑사 승려들의 공동노동에 의하여 경작된 농경지였다. 여기서 생산된 농산물은 불갑사의 운영에 필요한 경비와 義僧防番役・紙役 기타 여러 잡역의 부담을 해결하는 데 사용되었던 것이라 하겠다.

요컨대 조선후기의 불교교단은 사회적으로 그 지위가 격하되었고, 또한 승려의 신분도 천시되는 처지가 되었던 것이다. 경제적으로도 국가로부터 義僧・紙役 등 막대한 부담만을 강요당하는 처참한 처지에 놓여 있었다. 그러나 불갑사의 양안을 통해 볼 때 종교로서 그 교화력은 계속 유지해 갔던 것이며, 경제적으로도 당시 일반농촌의 실정에 비해[129] 늦어도 영조 23년까지는 오히려 안정된 위치에 있었던 것으로 생각된다.

---

129) 당시 일반 농촌의 실정은 金甲周, 「朝鮮後期의 養戶」『歷史學報』85・86, 1980 참조.

佛甲寺位 施畓 等數卜數 · 量時 · 各 區別秩

△ 靈光各面
　佛 甲 面　　　　　　　　　　　　　　　　　　(長廣 · 犯標는 略)

No	坪別	字別	筆地番	等數	地目	卜數	量 (起主)	時 (時作)	備考
1	觀音洞	宙字丁	9	2	畓	· -16-1	加金	寺位	乾隆 甲子 柳成龍處買文2丈
2	〃	黃字丁	9	4	圭畓	· -3-3	俺石	明鏡殿	乾隆 丙寅 奴已男處買文2丈
3	〃	〃	9	5	圭畓	· -3-1	〃		
4	南召里	荒字丁	21	2	直畓	· -29-3	美守	寺位	乾隆 甲子 宋貴生處買文4丈
5	〃	〃	25	3	圭畓	· -13-8	上還	明鏡殿	乾隆 庚申 金鶴只處買文5丈
6	〃	〃	39	3	直畓	· -1-7	石林	寺位	乾隆 戊午 僧敏式處買文4丈
7	〃	日字丁	22	3	句畓	· -4-2	有辰	〃	乾隆 辛酉 李有辰處買文4丈
8	〃	〃	23	3	梯畓	· -12-2			
9	〃	月字丁	8	2	直畓	· -12-7	寺位		康熙 戊子 僧妙覺等作契買納 佛粮文2丈
10	〃	盈字丁	69	4	直畓	· -5-1	三寶	三寶	文記 丁酉 火失
11	〃	〃	·	4	圭畓	· -7-3	〃	〃	
12	〃	辰字丁	28	3	直畓	· -3-2	寺位	寺位	康熙 庚辰 姜惡用妻朴召史納 佛粮文2丈
13	〃	〃	29	3	〃	· -8-5	〃	〃	
14	〃	〃	30	3	〃	· -1-8	〃	〃	
15	茴山	寒字丁	55	3	〃	· -14-·	三寶	三寶	康熙 丙申 李信岑納佛粮文3丈
16	毛山	來字丁	11	2	〃	· -15-1	〃	〃	康熙 癸巳 僧信泗納佛粮文3丈
17	〃	〃	16	2	〃	· -12-7	平吉	〃	乾隆 戊午 僧敏式爲師僧元奎納 佛粮文5丈
18	〃	〃	25	2	〃	· -25-7	寺位	寺位	康熙 丙子 李泗信納佛粮文2丈
19	新堰	閏字丁	24	3	〃	· -5-6	〃	〃	康熙 癸酉 僧宗淨納佛粮文2丈
20	〃	〃	25	3	〃	· -1-6	〃	〃	
21	順良	歲字丁	7	4	〃	· -8-5	〃	〃	康熙 壬戌 張守明納佛粮文1丈

22	龍頭里	呂字丁	40	3	〃	·-11-4	成元	南庵	乾隆 丁卯 朴中輝處買文3丈
23	〃	〃	47	3	〃	·-24-2	太生	寺位	乾隆 癸亥 金鍾石爲外叔金白 延納佛粮文7丈
24	〃	調字丁	10(東)	3	〃	·-3-2	朴男	〃	乾隆 己未 丁有光處買文2丈
25	〃	〃	10(西)	3	〃	·-11-1	〃	〃	〃
26	〃	〃	16	(東)3	〃	·-15-7	〃	〃	〃
27	〃	〃	17	(西)4	〃	·-11-4	〃	〃	〃
28	〃	〃	18	(北)3	〃	·-17-8	延金	〃	乾隆 己未 丁翊夏處買文2丈
29	〃	〃	26	(東)3	〃	·-3-5	法坦	三寶	康熙 戊戌 奴愛金處買文3丈
30	〃	〃	27	(東)2	〃	·-20-1	〃	寺位	〃
31	〃	陽字丁	14	(南)3	〃	·-24-	三寶	三寶	康熙 戊戌 丁蓍翁處買文1丈
32	龍頭村中	生字丁	14	(南)2	〃	·-14-8	·	·	康熙 壬寅 柳東恭爲三寸 僧克贊納佛粮文3丈
33	〃	麗字丁	38	(西)3	〃	·-17-9	寺位	寺位	康熙 癸亥 僧坦英納佛粮文3丈
34	〃	〃	47	(北)3	〃	·-24-1	三寶	三寶	文記 丁酉 火失
35	〃	水字丁	82	(南)4	〃	·-5-7	時德	寺位	雍正 甲寅 僧守宗納佛粮文3丈
36	〃	玉字丁	8	(北中越)3	〃	·-34-9	三寶	三寶	康熙 戊子 僧妙覺等作契買納 佛粮文3丈
37	〃	〃	東	3	圭畓	·-1-5	〃	〃	
38	〃	〃	9	(東)3	直畓	·-22-2	寺位	寺位	康熙 戊子 僧妙覺等作契買納 佛粮文2丈
39	〃	出字丁	33	(北中越)3	〃	·-4-8	三寶	三寶	僧勝延納佛粮文記 丁酉火失
40	孤山	崗字丁	28	(西)3	〃	·-42-·	〃	〃	康熙 己巳 金白金處買文2丈
41	〃	號字丁	56	(道越西)3	〃	·-22-6	靈允	寺位	雍正 戊申 金業中爲三寸 僧靈允納佛粮文1丈
42	〃	〃	東	3	〃	·-1-4	〃	〃	〃
43	〃	〃	東	(道越)3	〃	·-·-1			
44	〃	巨字丁	49	(南)3	〃	·-6-9	寺位	〃	康熙 乙丑 僧禪悅納佛粮文3丈

45	差盤	闕字丁	39	(南)3	梯畓	・-15-8	三寶	三寶	順治 戊戌 僧應天納佛粮文2丈
46	〃	〃	63	(北)2	直畓	・-8-2	春永	寺位	乾隆 乙丑 姜召史處買文4丈
47	〃	〃	72	(南)3	〃	・-12-7	升指	〃	〃
48	〃	〃	73	(南)3	〃	・-3-9	世柱	〃	〃
49	〃	〃	74	(東)2	〃	・-3-1	禿孫	〃	〃
50	〃	〃	75	(東)2	〃	・-24-3	〃	〃	〃
51	〃	珠字丁	1	(北)6	〃	・-7-・	尙伊	〃	乾隆 乙丑 姜召史處買文4丈
52	〃	〃	西	2	句畓	・-4-6	〃	〃	
53	〃	〃	81	(北)2	直畓	・-4-7	三寶	三寶	康熙 甲午 李破回朴召史納佛粮文2丈
54	〃	〃	北	2	〃	・-2-2	〃	三寶	〃
55	〃	稱字丁	51	(南)4	〃	・-7-4	吳生	〃	康熙 辛丑 姜召史守命介納佛粮文1丈
56	孟子亭	羽字丁	32	(東)3	〃	・-13-4	占上	明鏡殿	乾隆 乙丑 栗德處買文3丈
57	〃	〃	39	(西)3	〃	・-13-1	寺位	寺位	康熙 戊・丁亥兩年 金戊和納佛粮文5丈
58	〃	〃	北	2	圭畓	・-7-9	〃	〃	
59	寺洞	吊字丁	陳14	(北)2	〃	・-・-5	三寶	三寶	
60	〃	〃	陳15	(西)4	圭田	・-・-3	〃	・	
61	〃	〃	陳16	(北)4	圭畓	・-・-1	〃	・	
62	〃	〃	陳西	4	圭田	・-・-1	〃	・	
63	〃	〃	陳南	4	梯田	・-2-1	〃	・	
64	〃	〃	陳24	(南)5	圭田	・-・-1	順乞	寺位	
65	〃	〃	陳25	(南)4	〃	・-・-1	〃	〃	
66	〃	〃	陳29	〃	句田	・-7-1	守萬	〃	
67	〃	〃	陳35	〃	直田	・-2-2	次元	三寶	
68	〃	〃	陳南	3	〃	・-・-8	〃	・	
69	〃	〃	陳44	(東)5	圭田	・-1-7	幸宗	・	
70	〃	民字丁	41	(南)6	直田	・-・-2	寺位	寺位	
71	〃	〃	陳南	(南)6	〃	・-・-5	〃	〃	
72	〃	〃	42	(南)1	直田(佔)	・-7-・	修道庵	修道庵	
73	〃	〃	43	(北)6	直田(佔)	・-・-3	寺位	寺位	
74	〃	〃	南	6	〃	・-・-5	〃	〃	
75	〃	〃	47	(北)5	梯田	・-4-5	海柱	〃	
76	〃	〃	48	(西)3	直田	・-15-6	性五	甲山	

77	〃	〃	50	(北)3	圭田	·-4-3	光赤	〃	
78	〃	〃	51	(東)3	〃	·-5-6	次上		
79	〃	〃	52	(西)4	〃	·-3-5	益良	寺位	
80	〃	〃	53	(東)3	梯田	·-11-2	元圭	甲山	
81	〃	〃	54	(南)3	直田	·-4-9	汗云	〃	
82	〃	〃	55	(東)3	〃	·-1-·	學栗	〃	
83	〃	〃	56	〃	〃	·-2-9	青學	三寶	
84	〃	〃	57	(南)3	〃	·-4-5	道見	甲山	
85	〃	〃	58	(西)3	〃	·-5-6	應初	寺位	
86	〃	伐字丁	1	(南)3	〃	·-6-6	元表	甲山	
87	〃	〃	2	(東)3	〃	·-2-8	日戌	〃	
88	〃	〃	3	(南)4	梯田	·-5-7	守云	〃	
89	〃	〃	4	(南道越)3	直田	·-2-6	順善	〃	
90	〃	〃	5	(東)3	〃	·-3-1	察仁	〃	
91	〃	〃	6	(西)3	〃	·-3-6	計宅	〃	
92	〃	〃	7	(西)2	〃	·-3-8	雪文	〃	
93	〃	〃	7南	1	圭田(坐)	·-1-·	〃	〃	
94	〃	〃	10	1	直田(坐)	·-9- 5	明鏡殿	明鏡殿	
95	〃	〃	11	(北)6	梯田	·-3-2	寺位	寺位	
96	〃	〃	11東	6	直田	·-3-6	〃	〃	
97	〃	〃	11南	6	〃	·-·-9	〃	〃	
98	〃	〃	12	(南)1	梯田(坐)	·-7-1	白雲堂	白雲堂	
99	〃	〃	14	(北)1	直田(坐)	·-57-2	金堂	金堂	
100	〃	〃	15	(南)1	〃	1-56-·	法堂	法堂	
101	〃	〃	17	〃	〃	·-3-·	文殊殿	文殊殿	
102	〃	〃	19	〃	圭田(坐)	·-63-7	浮道殿	浮道殿	
103	〃	〃	20	(北)6	直田	·-·-4	寺位	寺位	
104	〃	〃	21	(南)1	圭田(坐)	·-4-2	悟眞庵	悟眞庵	
105	〃	〃	21南	6	直田	·-·-1	寺位	寺位	
106	〃	〃	22	(北道行)1	直田(坐)	·-20-·	餞日庵	餞日庵	
107	〃	〃	22南	4	〃	·-·-3	寺位	寺位	
108	〃	〃	23	(南越嶺道行)1	〃	·-8-4	明道庵	明道庵	
109	〃	〃	24	(西)6	〃	·-·-1	寺位	寺位	
110	〃	〃	25	(東道行)1	〃	·-3-4	證智庵	證智庵	
111	〃	〃	26	(西)6	圭田	·-·-2	寺位	寺位	

112	〃	〃	27	(東道行)1	直田(垈)	·-15-·	海佛庵	海佛庵	
113	〃	〃	28	(西)6	圭田	·-·-2	寺位	寺位	
114	〃	〃	29	(南道行)1	直田(垈)	·-4-5	佛影臺	佛影臺	
115	〃	〃	30	(南)6	圭田	·-·-2	寺位	寺位	
116	〃	〃	32	(南道行)1	直田(垈)	·-2-2	深寂庵	深寂庵	
117	〃	〃	33	(東)6	梯田	·-·-4	寺位	寺位	
118	〃	〃	36	(北道行)1	直田(垈)	·-6-3	南庵	南庵	
119	〃	〃	37	(北)1	〃	·-·-7	〃	〃	
120	〃	〃	38	(北道行)1	〃	·-5-1	內院庵	內院庵	
121	〃	〃	39	(南)6	圭田	·-·-4	寺位	寺位	
122	〃	〃	41	(西道行)4	〃	·-5-2	汶金	甲山	
123	〃	〃	42	(北道越)4	梯田	·-8-8	采眞	寺位	
124	三水洞村前	育字丁	33	(東)4	梯畓	·-5-9	冬乙金	寺位	乾隆 乙丑 僧體雲覺行等爲其法師處演納佛粮文3丈
125	〃	〃	37	(古介越)5	直畓	·-·-5	安春	禪堂	乾隆 己未 鄭光先處買文3丈
126	〃	〃	(東)	5	〃	·-9-8	安春	禪堂	乾隆 己未 鄭光先處買文3丈
127	〃	〃	(北)	5	〃	·-·-4	〃	〃	〃
128	〃	〃	32	(北)4	〃	·-16-4	察延	寺位	乾隆 壬戌 僧之元處文8丈
129	〃	愛字丁	23	(西)2	〃	·-9-·	三寶	三寶	康熙 戊辰 徐得金納佛粮文2丈
130	〃	〃	30	(東梁越)3	〃	·-1-1	主眞金	寺位	乾隆 乙丑 僧巨海金有淡兩人處買文3丈
131	〃	〃	38	(東)3	圭畓	·-5-8	戒云	〃	〃
132	〃	〃	39		直畓	·-2-5	禮文	〃	〃

丁山面

133	越川	念字丁	30	(西)3	圭畓	·-15-8	三寶	寺位	順治 己亥 僧淨林納佛粮文2丈
134	雉山	作字丁	2	(北)3	直畓	·-5-1	主	〃	康熙 戊戌 崔斗元納佛粮文2丈
135	貴山	堂字丁	18	4	〃	·-2-6	主	〃	康熙 丁未 張應生納佛粮文1丈
136	〃	〃	21	4	〃	·-3-2	寺位	〃	

137	山加乙山	習字丁	60	(東)3	〃	·-5-4	〃	〃	康熙 甲戌 姜自立納佛粮文1丈
138	〃	聽字丁	5	2	〃	·-24-6	厚吉	〃	雍正 戊申 朴以成納佛粮文1丈
139	〃	禍字丁	33	(南)3	〃	·-11-5	寺位	〃	康熙 戊戌 崔斗元納佛粮文9丈
140	大坪	競字丁	25	3	〃	·-5-5	〃	〃	康熙 丙寅 黃奉祿爲三寸僧尙能納佛粮文2丈
141	浟坪	與字丁	2	(西)2	〃	·-24-6	處申	〃	康熙 癸巳 僧日訓納佛粮文1丈
142	浦川	當字丁	45	3	〃	·-15-·	愛亡	〃	乾隆 丁巳 僧智還納佛粮文2丈

生谷面

143	丁畓	信字丁	30	3	直畓	·-17-5	三寶	寺位	康熙 丙寅 僧升天處買文2丈
144	〃	〃	31	2	〃	·-10-9	〃	〃	〃
145	〃	使字丁	18	(西)3	〃	·-5-6	正月會	三寶	乾隆 乙丑 安戒天納佛粮文7丈
146	〃	〃	18	3	〃	·-10-1	〃	〃	〃
147	生谷	可字丁	40	(西)2	〃	·-9-·	己柱	〃	乾隆 辛酉 李千植處買文2丈
148	石別	器字丁	41	(東)2	〃	·-10-3	斗星	〃	雍正 己未 金太坤納佛粮文3丈
149	〃	〃	50	(東)2	〃	·-21-6	三寶	〃	康熙 己丑 僧信幸納佛粮文2丈
150	書堂洞	悲字丁	97	(南)5	〃	·-10-8	〃	〃	康熙 乙未 李興迪納佛粮文3丈
151	加五里	景字丁	28	(東)3	梯畓	·-15-1	寺位	寺位	康熙 己卯 申大元納佛粮文2丈

外間面

152	守明洑	學字丁	32	(南)3	直畓	·-14-8	初牙	寺位	雍正 壬子 僧三玄納佛粮文3丈
153	竹村前	登字丁	68	(南)3	〃	·-10-4	寺位	〃	康熙 戊戌 僧弘俔納佛粮文1丈
154	昆池	益字丁	28	(北)4	〃	·-9-7	三寶	〃	康熙 戊戌 僧思允納佛粮文6丈

東部面

155	下岐川	餘字丁	50	(南)4	直番	·-18-6	甘金	寺位	乾隆 壬戌 許斗進納佛粮文5丈
156	〃	〃	68	(北)4	圭番	·-1-2	〃	〃	〃

西部面

157	仙岩	毁字丁	100	(南川越)4	直番	·-2-9	以萬	寺位	乾隆 己未 張世昌納佛粮文5丈
158	〃	〃	101	(東道越)4	梯番	·-5-1	〃	〃	〃
159	〃	〃	102	3	直番	·-12-6	〃	〃	〃
160	〃	〃	102西	3	〃	·-7-3	〃	〃	〃
161	〃	〃	112	(東)3	〃	·-14-8	寺位	〃	康熙 戊戌 金日先處買得立旨1丈
162	〃	女字丁	3	(南)3	〃	·-12-6	〃	〃	康熙 戊辰 梁宅允納佛粮文3丈
163	內南部	效字丁	102	(西)3	〃	·-16-8	萬云	〃	乾隆 癸亥 黃士奉金哥金僧巨安等處買文6丈
164	外南部	方字丁	14	(南)3	圭番	·-12-6	禮今	〃	乾隆 甲子 鄭萬太處買文6丈
165	〃	〃	15	(東)3	〃	·-6-·	〃	〃	乾隆 甲子 鄭萬太處買文6丈
166	〃	〃	36	(西)4	直番	·-17-3	升今	〃	乾隆 丙寅 鄭益才處買文1丈
167	〃	改字丁	49	(南)3	〃	·-12-9	寺位	寺位	康熙 己亥 崔已生僧幸宗納佛粮文3丈
168	〃	〃	49西	4	〃	·-5-1	〃	〃	
169	石乙古介	得字丁	15	(南)5	〃	·-4-·	〃	〃	康熙 壬申 僧敬宗納佛粮文3丈
170	〃	莫字丁	42	(東)3	旬番	·-2-5	〃	〃	康熙 丙戌 車大位納佛粮文3丈
171	〃	〃	43	〃	直番	·-1-9	〃	〃	
172	新亭子	覆字丁	27	〃	〃	·-18-1	〃	〃	康熙 己丑 鄭云必納佛粮文2丈
173	〃	〃	29	(南)5	〃	·-1-8	〃	〃	
174	方古介	量字丁	2	(西)5	圭番	·-1-7	有特	〃	雍正 乙丑 僧有敬納佛粮文3丈
175	〃	〃	24	(北)3	直番	·-8-8	〃	〃	
176	鶴谷	詩字丁	20	(南)3	梯番	·-14-4	連金	〃	雍正 甲辰 金召史爲家夫吳義守納佛粮文3丈

177	綠沙	聖字丁	38	(西)3	主畓	·-4-9	金辰	〃	乾隆 丙辰 徐氏納佛粮文2丈
178	〃	〃	38北	3	直畓	·-1-5	〃	〃	〃

南竹面

179	加士千村前	日字丁	28	(北)3	直畓	·-9-2	寺位	寺位	僧信儀納佛粮文記 丁酉 火失
180	〃	吳字丁	6	(南)3	〃	·-48-3	〃	〃	康熙 戊子 僧妙覺買得納佛粮文4丈
181	大里垈	律字丁	117	(南)4	〃	·-5-8	永申	〃	雍正 甲寅 僧再明爲師僧英信納佛粮文3丈
182	馬邑村前	調字丁	35	〃	主畓	·-4-1	世斗	〃	雍正 乙卯 朴淡演納佛粮文1丈
183	〃	〃	36	(西)3	直畓	·-14-2	〃	〃	〃
184	三井提	水字丁	40	(西)4	〃	·-6-8	奉金	〃	乾隆 甲子 僧快文爲師僧智元納納佛粮文記2丈

道內面

185	盤下橋	人字丁	42	(北)5	直畓	·-11-3	先貴	三寶	康熙 庚寅 李武良納佛粮文2丈

上六昌面

186	奉德	黃字丁	18	(西梁越道下)2	直畓	·-17-3	良男	寺位	乾隆 乙丑 金中宅納佛粮文2丈
187	大藪村前	荒字丁	11	(南)3	〃	·-5-5	三寶	三寶	康熙 甲午 僧應楚納佛粮文2丈
188	〃	〃	11(西)	3	梯畓	·-4-2	〃	〃	〃
189	三朴洞	歲字丁	26	(西)3	直畓	·-3-3	〃	寺位	康熙 甲午 僧云密納佛粮文2丈
190	〃	〃	26(東)	3	〃	·-6-9	〃	〃	〃

下六昌面

191	裵峙洞	殷字丁	7	(東)4	直畓	·-4-2	三寶	三寶	康熙 壬辰 李益汗納佛粮文1丈
192	〃	〃	7(東)	5	〃	·-2-6	〃	〃	〃

193	九山洞	戎字丁	26	(北中越)3	句番	·-2-7	辰大	〃	康熙 己亥 朴台正爲亡子致成 納佛粮文1丈
194	〃	〃	7(北)	〃	圭番	·-2-2	〃	〃	
195	〃	羌字丁	7(北)	〃	梯番	·-5-4	寶明	〃	雍正 戊申 僧寶明爲法師淸玉 納佛粮文4丈

黃良面

196	白岩 村前	常字丁	16	(西)3	直番	·-19-·	千宅	寺位	乾隆 癸亥 辛順乞處買文6丈
197	〃	〃	21	〃	〃	·-1-7	〃	〃	〃
198	〃	〃	69	(北)4	圭番	·-4-6	占卜	〃	〃
199	襄峙洞	烈字丁	2	(西)4	直番	·-2-1	汗乞	〃	乾隆 丙寅 金順男納佛粮文3丈
200	〃	〃	2(北)	4	〃	·-2-·	〃	〃	〃
201	山直 村前	戎字丁	8	(東)3	〃	·-18-1	小會	〃	乾隆 辛酉 鄭德重處買文3丈
202	〃	羌字丁	3	(東)4	圭番	·-3-·	守元	〃	乾隆 壬戌 劉召史論介納佛粮 文1丈
203	〃	〃	3(東)	4	直番	·-3-·	〃	〃	
204	白岩 村前	鞠字丁	24	(北)3	〃	·-12-·	姜大著	三寶	乾隆 乙丑 柳重輝納佛粮文3丈
205	新村前	慕字丁	75	(東)4	〃	·-9-4	海奉	〃	乾隆 癸亥 辛占先處買文4丈

畝長面

206	堂山 村前	雲字丁	17	(東)4	直番	·-6-6	三寶	三寶	康熙 戊辰 韓鳥福納佛粮文2丈
207	〃	致字丁	7	(北)4	梯番	·-4-8	已金	寺位	雍正 甲寅 朴世興納佛粮文1丈
208	利興 寺洞	露字丁	47	(東)3	直番	·-4-5	三寶	三寶	康熙 丁未 僧性默納佛粮文2丈
209	〃	〃	48	〃	〃	·-2-4	〃	〃	
210	〃	爲字丁	47	(東)2	〃	·-20-4	靑龍	寺位	雍正 甲寅 徐景迪納佛粮文4丈
211	〃	〃	47(東)	3	〃	·-6-9	〃	〃	〃

下森南面

212	竹山	字字丁	13	(西)3	直畓	·-·-4	斗萬	寺位	乾隆 壬戌 洪斗萬納佛粮文2丈
213	〃	〃	13(北)	3	〃	·-4-5	〃	〃	〃
214	〃	〃	〃	4	〃	·-5-9	〃	〃	〃
215	〃	〃	20	(北)4	〃	·-1-8	〃	〃	〃
216	〃	衣字丁	43	(北)3	〃	·-13-4	文植	三寶	乾隆 辛酉 僧泰守納佛粮文2丈
217	〃	位字丁	31	〃	〃	·-15-·	古邑上	寺位	乾隆 庚申 吳中傑納佛粮文4丈
218	〃	〃	32	〃	〃	·-6-8	檢禮	〃	〃
219	牛峙	國字丁	18	(東)4	〃	·-6-5	石光	〃	〃
220	〃	伐字丁	7	(北)5	〃	·-5-1	禮男	〃	乾隆 戊午 趙元柱爲亡弟僧哲 學納佛粮文2丈
221	寶光洞	周字丁	7	(南)3	〃	·-49-4	之成	三寶	乾隆 甲子 僧懷善處買文4丈
222	〃	〃	12	(東)2	〃	·-21-6	守澤	〃	乾隆 癸亥 僧道見希衍等納佛 粮文3丈

內西面

223	小洑	木字丁	18	(東)4	直畓	·-7-7	千奉	三寶	乾隆 丙寅 李千奉妻安召史爲 其家夫納佛粮文3丈

外西面

224	午峙 場基	惡字丁	20	(南)4	直畓	·-8-·	海佛庵	三寶	康熙 丙申 千起白爲其父守萬 納佛粮文5丈

△ 咸平各面
　新 光 面

225	金田洞	及字丁	51	3	直畓	·-10-·	炭禮	三寶	雍正 甲寅 鄭元貴納佛粮文1丈
226	〃	〃	52	3	〃	·-1-6	〃	〃	
227	中洞	方字丁	( )	4	( ) 〃	·-7-9	今生	〃	雍正 甲寅 僧應初爲其師明元 納佛粮文2丈
228	眞木亭	此字丁	3	4	〃	·-5-3	巡日	〃	康熙 丙申 李破回納佛粮文1丈
229	〃	〃	44	2	· 直畓	·-16-2	哲金	〃	
230	黃山洞	髮字丁	14	2	〃	·-9-7	春伊	〃	雍正 乙酉 鄭春伊納佛粮文2丈
231	〃	〃	15	2	〃	·-·-9	〃	〃	
232	金占洞	大字丁	16	2	梯畓	·-3-2	三寶	〃	雍正 戊子 佛粮契僧妙覺等僧 知成處買納佛粮文 記2丈
233	〃	〃	24	2	·畓	·-16-5	〃	〃	
234	〃	〃	27	2	句畓	·-1-5	〃	〃	
235	眞木亭	盖字丁	48	3	直畓	·-4-9	順日	〃	雍正 丙戌 朴順日爲其叔納佛 粮而自寺中價錢折 半補添買得文6丈
236	〃	〃	49	3	〃	·-·-9	〃	〃	
237	中洞	器字丁	18	3	〃	·-11-1	三寶	〃	雍正 戊戌 金海南納佛粮文8丈

海保面

238	金山	閏字丁	54	4	直畓	·-2-9	太順	三寶	雍正 庚子 僧思覺爲師太順納 佛粮文2丈
239	〃	成字丁	10	3	〃	·-3-1	元植	〃	雍正 庚戌 車乞爲弟僧姓眞納 佛粮文6丈
240	〃	〃	16	3	〃	·-4-8	〃	〃	
241	加作洞	雲字丁	45	3	〃	·-7-6	〃	〃	雍正 癸卯 金老松爲子僧碩玄 納佛粮文4丈

242	雙坐里	伏字丁	23	3	〃	·-5-9	貴萬	〃	康熙 丁酉 李鶴先爲其妻娚劉生納佛粮文2丈
243	〃	〃	24	3	〃	·-15-1	〃	〃	〃
244	〃	〃	25	3	( )直畓	·-22-5	希演	〃	乾隆 丁巳 朱斗白爲其叔僧希演納佛粮文3丈
245	秀秀洞	草字丁	1	2	直畓	·-48-5	次中	海佛庵	乾隆 癸亥 僧呂眞等處買文6丈
246	上甘川	四字丁	16	3	( )直畓	·-13-6	者斤毛哲	三寶	雍正 癸卯 李毛哲納佛粮文( )丈
247	〃	〃	29	2	( )直畓	·-21-·	今萬	〃	乾隆 丙寅 辛汗明納佛粮文1丈
248	〃	〃	44	3	直畓	·-11-2	已生	〃	乾隆 壬戌 僧辛雲爲其父母納佛粮文記1丈
249	密陽洞	改字丁	25	3	圭畓	·-2-3	石林	寺位	雍正 庚戌 宋允厚納佛粮文5丈
250	〃	〃	34	4	直畓	·-6-7	〃	〃	〃
251	上甘川	器字丁	48	2	〃	·-24-2	瑞仁	三寶	乾隆 戊午 李松茂納佛粮文4丈
252	〃	〃	51	3	圭畓	·-4-6	萬白	寺位	乾隆 癸亥 僧呂眞處買得文3丈
253	〃	〃	56	3	直畓	·-11-1	〃	〃	〃
254	爭江	墨字丁	23	2	〃	·-28-6	致中	三寶	乾隆 壬戌 僧辛雲爲其父母納佛粮文記1丈
255	〃	〃	27	3	〃	·-24-1	武仁	寺位	乾隆 壬戌 盧信益處買文8丈
256	拾應洞	試字丁	15	3	圭畓	·-4-2	德上	三寶	雍正 甲寅 梁世貴納佛粮文3丈
257	〃	〃	16	3	直畓	·-4-2	〃	〃	〃
258	〃	〃	18	3	〃	·-12-·	〃	〃	〃
259	上甘川	四字丁	21	3	〃	·-9-4	莫先	寺位	雍正 癸丑 僧守敬爲師性訓納佛粮文5丈
260	〃	〃	22	3	圭畓	·-1-7	〃	〃	〃

平陵面

261	丁加面	歸字丁	16	2	直畓	·-39-4	明化	寺位	乾隆 己未 奴投江處買文7丈
262	〃	〃	17	2	〃	·-2-7	〃	〃	〃

263	水項	玉字丁	·	·	( ) 直畓	·-10-·	·	·	康熙 甲午 李順日納佛粮文1丈
264	〃	崗字丁	·	·	〃	·-7-8	·	·	乾隆 甲午 鄭戎明納佛粮文2丈
265	牛山	醎字丁	·	·	〃	·-6-7	·	·	康熙 乙未 金竹山納佛粮文2丈

大也洞面

266	次也大	閏字丁	17	4	直畓	·-10-6	汗乞	三寶	雍正 戊申 僧覺信爲亡弟坦學 明鑑納佛粮文4丈
267	〃	律字丁	26	3	〃	·-18-5	〃	〃	康熙 癸巳 僧初行納佛粮文3丈
268	墻內	醎字丁	36	3	梯畓	·-25-4	以玄	禪堂	乾隆 乙丑 顔克處買文3丈
269	〃	〃	37	3	直畓	·-5-5	武玄	〃	乾隆 癸亥 金以玄處買文3丈
270	〃	〃	38	2	〃	·-12-4	〃	〃	
271	〃	〃	39	2	圭畓	·-5-5	〃	〃	〃
272	方下 村前	麟字丁	4	3	直畓	·-14-9	破回	三寶	乾隆 癸亥 僧初色處買文2丈
273	大田	龍字丁	1	3	〃	·-7-2	九禮	寺位	乾隆 甲子 趙元周妻金召史爲 亡夫納佛粮文5丈
274	九從橋	虞字丁	20	2	〃	·-11-7	三寶	三寶	康熙 戊戌 朴世元處買得文記3丈
275	〃	〃	21	2	〃	·-5-9	〃	〃	
276	升也	平字丁	24	3	〃	·-11-·	〃	〃	康熙 庚辰 李莫金納佛粮文3丈

月岳面

277	楮古	宙字丁	4	4	·畓	·-12-1	萬夫	三寶	雍正 戊申 洪千中納佛粮文2丈
278	加䓁	閏字丁	28	3	直畓	·-23-2	春日	寺位	乾隆 壬戌 金得弼爲父水澤納 佛粮文3丈
279	〃	〃	29	4	〃	·-2-1	〃	〃	〃

大洞面

280	板橋村前	帝字丁	4	2	直畓	·-9-9	南石	寺位	乾隆 癸亥 僧呂眞爲師學律納 佛粮文4丈
281	〃	〃	26	4	〃	·-·-9	〃	〃	〃
282	歸野大	藜字丁	67	3	〃	·-9-1	元良	〃	雍正 甲寅 僧學律爲親納佛粮 文3丈

孫佛面

283	堂山	詩字丁	44	2	直畓	·-4-8	三寶	三寶	康熙 癸丑 僧淨玄處買文2丈
284	〃	〃	45	2	〃	·-19-9	〃	〃	〃

海際面

285	松稷村前	署字丁	·	·	· 畓	·-6-6	·	·	雍正 癸卯 崔世位納佛粮文1丈

제4부
조선후기 寺院 位田의 소유권 분쟁

제1장
승려전답을 둘러싼 소유권 분쟁

I. 서 언

승려는 원래 개인재산을 소유하지 않는 것이 원칙이었다. 僧伽의 공유재산만을 소유할 수 있었다. 승려 개인이 전답을 소유한다는 것은 생각조차 할 수 없는 일이었다. 그러나 조선 초의 역사적 추세는 승려도 전답을 소유할 수 있도록 진행되어 갔다. 즉 조선왕조의 집권세력인 주자학자들은 불교탄압의 일환으로 사원이 소유하고 있던 전답을 두 차례에 걸쳐 대폭적으로 삭감·정리하였다. 사원전의 1차 정리는 태종 6년(1406)에 단행하였다. 이 때 242寺만을 공인하고 공인된 사찰에는 1寺에 10~100員의 常養僧을 배정하였으며, 상양승 1원에 전답 2결과 노비 1구씩을 분급하였다. 2차 정리는 세종 6년(1424)에 단행하였다. 이 때 선종 소속의 18寺에 4,250결, 교종 소속의 18寺에 3,700결을 배정하고 '各自收稅'의 사원전으로 인정하였다. 이 때 공인에서 제외된 많은 사원들은 곧 폐망한 것은 아니었다. 이 사원들은 승려 자신들의 경제활동을 통

하여 사원경제를 영위해 갔으며 민전과 같이 전세를 부담하는 전답도 조
성해 갔다. 이러한 역사적 추세가 곧 승려도 전답을 소유할 수 있도록
하였다.1) 『성종실록』 권203, 18년 5월 戊午에,

> 승도들이 私田을 廣占하여 자기 소유로 하여 서로 전승하고 있다. 국가는
> 그에 따라 役을 복구시켰기 때문에 寺田은 날로 더욱 증가하고 驕僧은 날로
> 더욱 富하게 된다.

라는 기록에서 알 수 있듯이 승려들이 私田을 廣占하여 상속까지 하고
있는 실정이었다. 그러나 조선전기에 있어서 승려가 전답을 소유했던 것
은 사원과 別産으로 볼 수는 없는 것이다. 위의 인용문에서도 알 수 있
듯이 승려가 私田을 광점하고 있는 것은 곧 寺田의 확대를 의미하고 있
는 것이다.

16세기 후반에 접어들면서 조선왕조는 여러 가지 어려운 상황이 일어
났다. 천재와 지변 등으로 흉년이 계속되었으며, 따라서 기근과 여역이
병발하여 백성의 생활상은 말할 수 없는 지경이었다. 또한 동서분당 등
정치적 양상은 국론을 분열시켜 갔으며, 따라서 관기는 극도로 해이해
졌다. 이러한 사회 상황에서 1592년(선조 25)의 임진왜란은 조선왕조를
극도의 혼란으로 몰아넣었다. 어려운 상황에 처해 있던 왕조는 官・民
이 합심하여 국난을 극복해 가야 하였다. 그런데 국난을 극복해 가는 과
정에서 여러 가지 새로운 사회현상이 일어나기 시작하였다. 17세기 이후
부터 민간경제가 크게 성장해 갔던 것도 새로운 현상의 하나였다. 이러
한 역사적 추세에 따라 사원전과 승려소유의 승려전이 別産으로 조성되
어 갔다.2) 17세기 중반경에 승려 應尙이 해남 현산면 百方越江에 있는

---

1) 김갑주, 『朝鮮時代 寺院經濟研究』, 동화출판사, 1983, 18~90쪽 ; 김갑주, 「朝
鮮時代 寺院田의 性格」 『伽山李智冠스님華甲紀念論叢 韓國佛敎文化思想史』,
1992.
2) 金甲周, 위의 논문 참조.

始字畓 5두락, 8부 8속을 소유했던 것이 한 예이다.[3] 승려전이 사원전과 는 別産으로 공인된 것은 인조 12년(1634) 甲戌量田을 계기로 나타난 현상이라 보인다.

사원전과 승려전이 별산으로 점점 확대해 가자 사원전과 승려전을 둘 러싸고 소유권 분쟁이 일어나기도 하였다.[4] 본고에서는 해남 대흥사의 승려 自雲이 소유한 전답을 둘러싸고 일어난 소유권 분쟁을 고찰해 보고자 한다. 이러한 작업은 임진왜란 이후 승려전의 소유양상을 살펴보는 일이 될 것이며, 나아가 불교계의 동향을 이해하는데 도움이 될 것이다. 그리고 당시 전답 소유권의 이동양상을 밝히는 일이 될 것으로 믿는다.

Ⅱ. 자료의 검토

본고에 이용될 자료는 '한국정신문화연구원'에서 전라남도 해남의 해 남 윤씨 문중에 보관되어 온 고문서를 발굴하여 1986년에 간행한 『古文書集成』(3)에 실려있는 「所志」 12종, 「土地文記」 1종 등이다.[5] 이 자료 들은 모두 吏讀로 작성되어 있다. 편의상 그 자료들을 다음과 같이 배열 하고 각 자료에 고유번호를 정해 둔다.

---

3) 승려 應尙이 順治 6년(1649, 인조 27)에 상기 전답을 盲人 金禹成에게 放賣하고 있다.
   順治陸年己丑四月貳日盲人金禹成處明文
   有明文爲臥乎事段 僧矣身要用致以 外祖上衿得耕食爲如乎 縣山面百方越江具 伏在始字畓伍斗落 負數八卜八束庫乙 價折四五升木貳拾疋以交易 衣數捧上爲 遣 同人處 永永放賣爲去乎 後次良中同生族類等是乃 雜談爲去等 此文記告官 辨正向敎事
   畓主 僧人 自筆執 應尙(手決)(『古文書集成』(3)「土地文記」(233))
4) 사원전을 둘러싼 소유권 분쟁은 金甲周,「朝鮮後期 雲門寺位田의 所有權紛爭」 『水邨朴永錫敎授華甲紀念韓國史學論叢』上, 1992.
5)『古文書集成』(3)은 '한국정신문화연구원'에서 간행한 『고문자료총서』86-1.

① 大興寺依止僧自云, 戊子 4月 「所志」[同書 (3) 82~83쪽, 「所志」(9)]6)
② 大芚寺依止僧自雲, 順治□□□□[同書 (3) 86~87쪽, 「所志」(19)]7)
③ 大興寺僧人自雲, 己丑 正月 「所志」[同書 (3) 83쪽, 「所志」(10)]
④ 大興寺僧自雲, 庚寅 2月 「所志」[同書 (3) 83쪽, 「所志」(11)]
⑤ 大芚寺僧自雲, 辛卯 2月 「所志」[同書 (3) 83~84쪽, 「所志」(12)]
⑥ 大興寺僧自雲, 辛卯 2月 「所志」[同書 (3) 84쪽, 「所志」(13)]
⑦ (A) 大興寺僧自雲, 辛卯 8月 「所志」[同書 (3) 84~85쪽, 「所志」(14)]
　　(B) 順治 4年 11月 20日, 海南縣에서 南平縣監에게 보낸 「關子」(上同)
⑧ 大興寺依止僧自雲, 順治 8年 11月 「所志」[同書 (3) 86쪽, 「所志」(17)]
⑨ 大興寺依止僧自雲, 壬辰 「所志」[同書 (3) 85쪽, 「所志」(15)]8)
⑩ 大芚寺僧自云, 壬辰 8月 「所志」[同書 (3) 86~88쪽, 「所志」(16)]9)
⑪ 僧人自雲, 辛丑 9月 「所志」[同書 (3) 86쪽, 「所志」(18)]
⑫ 南平流寓李生貝宅奴石京, 丁亥 11月 「所志」[同書 (3) 82쪽, 「所志」(8)]
⑬ 「田畓賣買文記」[同書 (3) 212~213쪽, 「土地文記」(2)]

　　상기 13종의 자료는 '한국정신문화연구원'의 鄭求福 교수가 『고문서
집성』(3)의 「解題」에서 밝힌 바 있듯이 귀중한 사료로 평가된 것이다. 그
러므로 사료로서의 가치를 믿을 수 있는 것이다. 그리고 이 자료들은 모
두가 그 내용이 해남의 綠山舊城防築內에 있는 畓 9두락지, 24부 8속의
소유권을 둘러싸고 야기된 문제와 직접 관계되는 같은 사안의 자료들이
다. 이 자료들은 11개(①~⑪)가 같은 사안에 대한 대흥사 승려 자운의
「소지」이고, 자료 ⑫ 한 개가 奴 石京의 같은 사안에 대한 「소지」이다.

---

6) 자료 ①과 ⑨에 승려 自雲이 自云으로 기록되어 있는데 '云'자는 '雲'자의 고문
　이므로 동일인이다.
7) 자료 ②의 원문은 '大芚寺□□自雲'이라 있다. 여기 □□은 '止僧'이 확실하다.
　그리고 자료 ②·⑤·⑩은 大芚寺로 기록되어 있지만 곧 大興寺이다.
　玩虎尹佑鑒定 兒菴惠藏留授 神龍頤性과 草衣意洵이 편집, 騎魚慈弘과 縞衣始
　悟가 교정한 『大芚寺志』 권1에 '大芚寺者大興寺也 …'라 하였다(『韓國寺志叢
　書』 제6집, 『大芚寺志』, 亞世亞文化社, 1979).
8) 자료 ⑨의 원문에는 '大興寺□□僧自雲'이라 있다. 여기 □□은 '依止'가 확실
　하다.
9) 자료 ⑩의 원문에는 '大芚寺僧□□'이라 있다. 여기 □□은 '自雲'이 확실하다.
　자료 ⑩의 내용으로 보아 다른 자료인 승려 自雲의 所志와 동일하기 때문이다.

그리고 자료 ⑬이 같은 사안의 「田畓賣買文記」인데, 대흥사 승려 자운
이 문제의 전답을 매득한 문기와 방매한 문기 두 개로 이루어져 있다.

다음은 이 자료들이 어느 시기에 작성된 것인지 살펴보자. 승려 자운
의 11개의 「소지」 중 오직 자료 ⑧만이 順治 8년 즉 1651(효종 2)에
작성된 「소지」임을 알 수 있을 뿐이다. 그 외의 10개의 「소지」는 干支
만이 기록되어 있기 때문에 「소지」 작성의 절대연대는 밝혀져 있지 않
다. 그러나 이들 「소지」가 대흥사 승려인 자운이 제출한 같은 사안의 내
용이기 때문에 여기 간지는 順治 8년을 전후한 해의 간지로 보아도 무
방한 것으로 생각된다. 자료 ⑬에서 승려 자운이 문제의 전답을 매득한
해가 順治 4년, 즉 1647년 丁亥이며, 그 전답을 방매한 해가 順治 16년,
즉 1659년 己亥이다. 따라서 본고의 자료에 기록된 간지는 順治 연간의
간지임이 확실해 졌다. 그러면 자료 ①의 戊子는 順治 5년, 즉 1648(인
조 26)이며, 자료 ②의 順治 □□□□은 「順治 5年 所志」로 역시 1648
년이다.10) 자료 ③의 己丑은 順治 6년이며, 자료 ④의 庚寅은 順治 7년,
즉 1650년(효종 원년)이다. 자료 ⑤·⑥·⑦의 辛卯는 順治 8년, 즉 1651
년(효종 2)이다. 자료 ⑧은 이미 앞에서 언급한 바 있듯이 작성연대가
順治 8년으로 기록되어 있다. 자료 ⑨·⑩의 壬辰은 順治 9년이며, 자료
⑪의 辛丑은 순치 18년, 즉 1661년(현종 12)이다. 그리고 자료 ⑫의 丁
亥는 승려 자운이 문제의 전답을 買得한 해인 1647년(인조 25)이다. 요
컨대 본고에 이용될 자료들은 1647년(인조 25)에서 1661년(현종 2)까지
15년간에 걸쳐 작성된 기록이다. 이러한 자료를 이용하여 17세기 중반

---

10) 자료 ②에 "… 矣身去上年十二月分 南平居李生員戶奴石京處 縣地古城防築 內
畓九斗落只 依例給價買得 …"이라 있다. '去上年' 즉 지난해 12월에 승려 자운
이 문제의 전답을 南平居李生員戶奴石京으로부터 買得했다는 것이다. 그런데
자료 ③에서 알 수 있듯이 승려 자운이 문제의 전답을 買得한 해는 順治 4년
丁亥였다. 따라서 자료 ②가 작성된 해는 승려 자운이 문제의 전답을 매득한
順治 4년의 1년 후인 順治 5년, 1648년(인조 26) 戊子가 된다.

에 대흥사 승려 자운이 소유했던 전답을 둘러싸고 일어난 소유권 분쟁을
고찰해 보도록 한다.

Ⅲ. 소유권 분쟁

1. 1차 분쟁－尹景談과의 분쟁

17세기 중반 해남 대흥사 승려 자운의 소유인 畓 9두락지, 24부 8속
을 둘러싸고 일어난 소유권 분쟁의 경위를 이해하기 위하여 몇 개의 자
료를 소개해 보자. 소유권 분쟁은 대흥사 승려 자운이 1648년(인조 26)
戊子 4월에 令監主에게 「소지」를 제출함으로서 표면화하였다. 이 때 제
출된 「소지」의 내용이다.

① 右所陳 승의 切悶情理는 南平에 流寓하는 李生員의 戶奴 石京이 그 상
전의 牌字를 가지고 와서 上典宅의 衿得畓을 買得하옵거늘, 그 牌字內
의 辭緣을 상고해 보면 그 宅의 衿得畓인 해남지의 舊城防築內畓 9斗
落只庫를 放賣하여 捧價納宅하라는 것이 金石을 보듯 명확하게 기록되
어 있었거늘, 同畓 9두락지에 價本 2同을 准給하고 매득하여 上年(丁亥
年, 인조 25 ; 필자) 12월에 증거를 갖추어 文記를 필성하였습니다. 그리
하여 금 3월에는 병작인이 이미 落種까지 했는데, 남면에 사는 윤경담이
그 답을 영암에 사는 윤생원으로부터 매득하였다 하여 곧 꾀를 내어 同
畓의 種租를 幷作으로부터 겁을 주어 橫侵하였삽는 바, 대개 이생원께서
실재 衿得畓이 아닌 것을 방매할 리가 만무하오며, 이와 같이 그간의 시
비는 환하게 알게 되옵거니와 同畓庫에 승려인 자신이 이미 落種하였는
데 윤경담 역시 落種하여 다시 橫侵하니 곧 피차가 買人으로 訟端이 없
지 아니하옵거니와 윤경담이 種租를 勒給한 것은 그 일족인 金興健에게
반드시 환급해 주도록 하였으니, 장차 이것을 조목으로 立旨成給하옵도
록 조치해 주십시오.[11]

---

11) 자료 ① 大興寺依止僧自雲

이 때 「題辭」는 "한 곳에서 推問코자 하니 너(승려 자운)의 買得文記
와 윤경담을 捉來하라"는 것이었다.

곧 이어 같은 해에 승려 자운이 縣監主에게 제출한 「소지」의 내용은
다음과 같다.

② 右謹陳所志의 悶望情由는 이 몸(자운)이 지난해(丁亥年, 인조 25 ; 필자)
12월에 남평에 사는 이생원이 戶奴 석경에게서 縣地古城防築內 畓 9斗
落只를 예에 따라 給價買得하였는데, 그 후 현에 사는 양반 윤판관 경담
께서 同畓庫를 이생원 一門이라는 尹伋으로부터 買得하였다 하여 빼앗
을 계략으로 所志를 冒呈하고 이 몸(승려 자운)을 推捉하려고 하옵거늘
이 몸도 곧 入來하여 이러한 辭緣으로 所志를 올리옵니다. 만일 윤경담
을 기다리되 끝내 오지 않아 법으로 가릴 수 없게 되면 丐乞승려로서 累
日을 관문에 머물러 기다린다는 것도 극히 민망하오며, 이러한 情由를 분
간하시어, 이 몸이 무단 출거하면 반드시 사는 곳에서 스스로 물러난 것처
럼 얽어매어 呈訴하여 관문에 머물러 기다리다가 원고가 나타나지 않으
면 이를 이유로 □□하려는 것이 동인의 뜻이니, 이 몸은 힘없는 승려로
앞서 呈告하오니 이러한 연고로 呈狀을 침노하면 □□ 이 몸이 전후 文
記가 명백히 상존하고 있음으로 곧 빼앗을 뜻이 불가하여 나타나지 않은
것이니 일후 이러한 更侵之端이 없도록 조치해 주십시오.[12]

右所陳僧矣 切悶情理段 南平流寓李生員戶奴石京亦 其上典牌字持來 上典宅衿
得畓買得亦爲白去乙 厥牌字內辭緣考覽 則宅衿得畓海南地舊城防築內 畓九 斗
落只庫乙放賣捧價納宅亦 明若金書塡爲白有去乙 同畓九斗落只庫中 價木二
同准給買得 上年十二月分 具證筆成文 今三月分幷作人 已爲落種爲白有如乎
南面居尹景談亦 厥畓乙 靈巖居尹生員處買得稱云 今始生謀 同畓種種乙 幷作
劫擾橫侵爲白臥乎所 大槪李生員教是 實非衿得畓是白在如中 萬無放賣之理是
白乎旀 右良其間是非段 明不通知爲白在果 同畓庫良中 僧爲身已爲落種 而同
尹景談亦 更爲橫侵 則彼此賣入 不無訟端是白在果 尹景談勒給種租段 還給其
族金興健處 堅授爲白有在果 將此發明條以 立旨成給爲白只爲 行下向教是事
行令監主 處分
戊子四月 日 所志
(題辭) 一處推問次以 汝矣買得文記及景聯乙捉來事 官(押)
12) 자료 ② 大芚寺依□□自雲
右謹陳所志□□悶望情由段 矣身去上年十二月分 南平居李生員戶奴石京處 縣
地古城防築內畓九斗落只 依例給價買得□□後 縣府兩班尹判官景聯教是 同畓

이 때 「제사」는 "彼此 退避한다고 서로 來呈하니 그간의 곡절을 알
수 없거니와 윤경담이 다시 이러한 말을 하면 이에 따라 후고할 것이니
捉來하라"는 것이었다.

1년 후인 1649년(인조 27) 乙丑 正月에 승려 자운이 縣監主에게 제출
한 「소지」의 내용은 다음과 같다.

③ 右謹陳所志, 승려인 저는 丁亥年에 남평에 流寓하는 이생원댁의 奴 석
경이 그의 상전의 牌子와 一門 未分田畓의 和會文記 謄書公文을 가지
고 同文記에 付書되어 있는 그의 上典宅 外家衿得畓, 縣地 舊城防築
內의 9두락지를 방매하옵거늘 승려인 제가 예에 따라 매득하여 耕食하옵
거니와, 縣地 남면에 사는 윤경담이 同畓을 靈巖에 사는 尹伋으로부터
일찍이 매득하여 私奴 仁福의 畓과 서로 교환하였으니, 승려인 이 몸이
매득한 것을 심지어 所志를 謀呈하여 橫侵할 계략을 세우는 바, 대개 답
주 이생원과 윤생원 급은 叔姪之間이 되는 사이로서, 윤생원은 연로한 사
람으로 妻邊의 未分田畓을 사사로이 무수히 방매하였고, 이생원은 연소한
사람으로 京中에 있사옵다가 이제 성장한 후에 親族和會未分田畓을 平
均分衿하였는데, 이 畓 9두락지가 곧 이생원의 衿得으로 載錄施行한 것
이 분명하옵신 바로, 승려인 이 몸은 이미 그 本主로부터 명백히 매득하여
文記를 작성하여 耕食하오니, 上項의 윤경담이 마땅히 할 바는 盜賣한 윤
생원으로부터 徵價할 일이거늘 이 몸을 힘없는 山僧으로 생각하여 이와
같이 비리로 橫侵하는 것은 극히 터무니없는 일일뿐 아니라, 畓主 이생원
과 그 奴 석경 등이 下來하여 여러 차례 추심하였지만 곧 출거했다 하고
회피하여 나타나지 않다가 畓主 이생원과 奴 석경이 상경하여 오지 않으

庫乙 李生員一門是如爲在 尹伋處買得稱云 據奪之計 冒呈所志 矣身乙 推捉是
如云云爲白去乙 矣身段置 卽爲入來 以此辭緣呈所志 若待尹景聃爲白乎矣終不
來下無疑 丐乞僧人 以累日留待官門極爲悶望爲白乎旀 右云情由分揀 矣身無端
出去 則必有理居自退樣以搆呈無不文之是乎等以 留待官門 元告不現以此捉之
□□同人之意 矣身無勢僧人呈告向入 故爲呈狀侵勢 則無辭□□爲乎去 呈狀劫
□爲白如可 矣身前後文記 明白尙存是如云云 則□□不可據奪之意□□不現 據
此可知□□□□日後如有更侵之端 行下向教事
行縣監主處分
順治□□□□
(題辭) 彼此稱以退避 互相來呈爲臥乎所 未知其間曲折是在果 尹景聃 如有復言
是在等 依此後考捉來 官(押)

면 곧 그 사이에 이와 같이 橫侵의 情狀이 있으니 각별히 지시하여 본주
文記의 등서·공문 및 所志 매득문기에 사연을 상고하여 침탈하지 말 것
을 엄히 밝혀 주시어 奸濫成習之弊를 막도록 조치해 주십시오.13)

이 때의 「제사」는 '呈訴가 이와 같으면 윤경담의 所爲가 지독하게 痛
惡하니 이후 이와 같은 冒占之計가 다시 일어나면 법에 따라 처치할 것'
이라는 것이었다.

상기 3개의 자료는 1648년(인조 26, 戊子)과 1649년(인조 27, 己丑)
양년에 걸쳐 대흥사의 승려 자운이 문제의 전답에 대하여 縣監主에게
제출한 「소지」와 거기에 따른 「제사」이다. 이를 통하여 분쟁의 경위를
정리해 보자.

먼저 분쟁의 대상은 해남지의 綠山舊城防築內에 있는 畓 9두락지,
24부 8속이다. 이 답을 대흥사 승려 자운이 1647년(인조 25) 丁亥에 남
평에 流寓하는 이생원의 戶奴 석경으로부터 價木 2同을 지급하고 買得

---

13) 자료 ③ 大興寺僧人自雲

右謹陳所志 僧矣段 丁亥年分 南平流寓李生員宅奴石京亦 其矣上典牌字及一
門未分田畓和會文記謄書公文持是遣 同文記付其上典宅外家衿得畓 縣地舊城防
築內員九斗落只庫乙 放賣爲白去乙 僧亦 依例買得耕食爲白在果 縣地南面居尹
景聃亦 同畓庫乙 靈巖居尹仮前 曾已買得 私奴仁福相換之畓以 僧矣身買得如
稱云 至於謀呈所志 橫侵設計爲臥乎所 大槪畓主李生員□尹生員仮果 作叔姪之
間 以尹生員段 年老之人以妻邊未分之田畓乙 私自無數放賣 而李生員段 年少
在於京中爲白有如可 旣以長成之後 親族和會未分田畓乙 平均分衿此畓九斗落
只 則李生員宅衿以 分明載錄施行爲白乎等以 僧矣身亦旣己本主處 明白買得成
文耕食 則上項尹景聃亦 所當盜賣處尹生員前徵價事是去乙 矣身乙無勢仙僧是
可向入 如是非理橫侵 極爲無據叹不喩 畓主李生員及 其奴石京等下來 屢度推
尋 則稱以出去 回避不現爲白如可 李生員主及奴石京亦 上京不來則如是中間橫
侵之狀乙 各別 當敎矣 本主文記謄書公文及所志 買得文記內辭緣相考 勿侵事
嚴明行下 以杜奸濫成習之弊爲白只爲行下向敎是事
行縣監主處分
己丑正月 日所志
(題辭) 所訴果如 則尹景聃所爲 殊極通惡 此後如有更生冒占之計是去等 治置處
置次以來事 廿六日官(押)

하였다. 다음의 자료 ⑬ (B) 「土地賣買文記」에 상세히 나타나 있다.

⑬ (B) 順治肆年丁亥拾貳月拾參日 僧自雲處明文 右明文爲臥乎事段 上典
衿得耕食爲如乎 上典主牌字導良 海南地緣山面舊城防築 內貝伏在禍
字 畓玖斗落只 負數貳拾肆卜捌束庫乙 價折伍陸 升木貳同以文易 依
數捧上爲遣 同以僧自雲處 上典主牌字并 以 永永放賣爲去乎 後次良
中 遠近族親等是乃 雜談爲去等此 文記內乙用 告官卞正向敎是事

畓主李生員宅戶奴石京(左寸)

證人 班奴 得萬(左寸)

證保 僧人 自亥(手決)

筆執 山人 曇允(手決)

이상과 같은 토지매매의 절차로 본다면 매매절차 등이 합법적으로 이
루어 졌다. 따라서 승려 자운의 소유인 해남지 舊城防築內에 있는 畓
9두락지에 대하여는 하등의 소유권 분쟁이 일어날 수 없는 일이었다. 그
러나 현에 사는 윤경담이란 사람이 영암에 사는 윤생원으로부터 문제의
땅을 매득하였다 하며, 계획적으로 소유권 분쟁을 야기시켰다. 즉 위의
畓 9두락지는 남평에 流寓하는 이생원이 그의 외가로부터 衿得한 전답
이었다. 이생원이 외가로부터 금득한 전답을 1647년(인조 25) 丁亥 12월
13일, 승려 자운에게 방매했던 것이다. 문제는 위의 전답을 이생원이 금
득하기 이전에 영암에 사는 생원 윤급이라는 사람이 해남 남면에 사는
윤경담이란 사람에게 盜賣한 것이 사단이었다. 생원 윤급이란 사람은[14]
이생원의 외가를 처가로 한 인물로서 이생원과는 숙질지간이 되는 사이
었다(姨母夫와 姨姪관계인 듯함 ; 필자). 이 때 윤생원은 연로하였으며
이생원과는 같은 使孫이었다.[15] 이러한 처지에 있는 윤생원이 妻邊의
미분전답을 무수히 방매했던 것이다. 이 무렵 윤경담이 윤생원으로부터

---

14) 승려 자운이 「소지」에 尹伋을 尹岌으로도 기록하였다. 본고에서는 尹伋으로만
쓰도록 한다.

15) 자료 ⑪ 참조.

문제의 전답을 매득하였다. 한편 이생원은[16] 윤생원이 위의 전답을 방매할 당시는 연소하였고 京中에 살고 있었다.[17] 그 후 성장하여 윤급을 포함한 사손들이 한 자리에 모여 외가의 미분전답을 平均分衿하였는데, 이 때 위의 畓 9두락지를 衿得하였다. 위의 전답이 이생원에게 衿得되기 전에 이미 윤생원이 윤경담에게 방매했던 것이다. 그런데 승려 자운이 문제의 답을 매득한 그 이듬해(1648) 봄에 落種까지 했음에도 윤경담이 거듭 落種하여 분쟁을 야기시켰다. 사실은 승려 자운이 위의 전답을 매득하기 이전에 이미 이 전답을 둘러싸고 답주 이생원과 윤경담 사이에 소유권 분쟁이 있었다. 이생원의 戶奴 석경이 1647년(인조 25) 丁亥 11월에 縣監主에게 제출한 다음과 같은 「소지」에 잘 나타나 있다.

⑫ 右所志 奴의 情由는 上典宅의 縣地에 伏在한 전답은 奴 上典의 외변 기물로 각택에 분금하기 전에 奴의 상전과 같은 문중의 양반, 영암에 사는 윤생원께서 불분곡절하고 허다한 미분전답을 오로지 마음대로 擅賣하였삽다가 지난 乙亥年(1635, 인조 13)에 奴의 상전문중의 사손들이 한 곳에 모여 동 전답과 노비를 일일이 평균하여 나누어 가질 때 同縣地 綠山 舊城防築內의 畓 9두락지는 奴의 상전택의 衿得이온 바로 그 해 즉시 下去하여 推尋還退하였삽거늘, 同畓을 몰래 사들인 윤경담이 同畓 미분시 노의 상전문중 不干兩班으로부터 가격이 헐한 것을 탐하여 가만히 사들였다가, 本主가 推尋하면 당연히 법전에 따라 말없이 환납하고 그 후 그 本價는 盜賣處로부터 받아야 하옵거늘, 윤경담은 海曲無知하고 극악한 상놈으로 同畓을 함께 빼앗을 계획을 세워 誣訴呈狀하여 奴의 宅農所戶直奴子를 그 무리들이 結黨하여 날마다 닥쳐와서 결박해 놓고 치며 힘을 빙자하여 橫侵코자 하니 보존할 수가 없사온 바, 극히 悖惡하옵거니와, 대개 奴의 宅의 推奪하는 일은 설혹 불가하다 할지라도 法·官이 있으니 스스로 조용히 법에 따라 그 처지를 기다립니다. 어찌 가히 무리하고 부당한 일이 呈狀을 야기해 엄숙한 官庭을 기만한 일이 조금이라도

---

16) 이생원의 성명은 李韶였는데 幼學이라 하였다(자료 ⑦ (B) 유학이 후에 司馬試에 합격하여 생원이 된 것으로 보인다.

17) 京中에 살던 이생원이 남평에 流寓하게 된 것은 아마도 1636년(인조 14) 병자호란이 동기가 된 것으로 보인다.

용서된다면 사사로이 법을 짓밟는 것이 횡행할 것이니, 그 하는 일은 실로 大賊입니다. 만일 重律로 다스리지 않으면 곧 본받을 자 많을 것이오니 곧 下去하여 告官治罪토록 해야 하나 奴의 上典家가 병환에 있으니 곧 進去치 못하고 단 同畓의 衿得文記를 첨부하여 관에 제출하오니 동 연유를 세세히 살펴 경담을 위법중치하여 橫侵하는 恣惡한 폐단이 없도록 조치하여 주십시오.[18]

이 때 「제사」는 "한 곳에서 범인을 신문하여 처치코자 하니 狀付人을 捉來하라"는 것이었다. 奴 석경의 위의 「소지」는 승려 자운이 매득하기 불과 1개월 전의 일이었다. 그런데 문제의 전답이 이생원에게 衿得된 것은 乙亥年, 즉 1635년(인조 13)의 일이다.[19] 주지하듯이 1634년에는 삼남지방에 갑술양전을 실시하였다. 양전사업을 실시하자 그 이듬해에 이미 자녀가 없이 작고한 이의 使孫들이 모여 分財한 것으로 보인다. 문제

---

18) 자료 ⑫ 南平流寓李生員宅奴石京

右所志奴矣情由段 上典宅縣地伏在田畓亦 奴矣上典外邊器物以 各宅未分衿前 奴矣上典門中兩班 靈岩居尹生員教是 不分曲折 許多未分田畓乙 專教私自擅賣 爲自有如可 去乙亥年分 奴矣上典門中 使孫齊會一處同畓亦 一一平均分執 之時 同縣地綠山舊城防築內 畓九斗落只亦 奴矣上典宅衿得是乎等以 其年卽時 下去推尋還退爲白有去乙 同畓盜賣人尹景談亦 同畓未分時 奴矣上典門中 不干 兩班良中 貪其價歇 暗然盜買爲白有如可 本主推尋 則例當從法典 無辭還納後 其本價 則徵於盜賣處是白去乙 尹景談亦 海曲無知極惡常漢以 同畓竝爲據奪設 計 誣訴呈狀 奴矣宅農所乎直奴子 結黨其類 逐日來到 結縛打逐 藉勢橫侵使不 得保存爲白臥乎所 極爲悖惡爲白果 大槪奴矣宅推畓之事 設或不可是白喻良 置 自由法官 從容就下 以待其處置 豈可以無理不當之事 惹起呈狀 欺罔嚴庭 以 希其萬一 私自踐法橫行哉 其所爲 實是大賊 若不以重律治之 則效之者必多是 白去乎 卽當不去 告官治罪矣 而奴矣上典家 適有病患 玆未進去 但以同畓所付 衿得文記 官射出以呈爲白去乎 同緣由細細鑒 當復同景談依法重治 使無橫侵恣 惡之弊爲白只爲 行下向教是事

縣監主 處分

丁亥十一月 日 所志

(題辭)一處推閱處置次以壯付人乙捉來事

官(押)

19) 이생원에게 衿得된 것은 자료 ⑦ (B)에서 알 수 있듯이 崇禎 8년 3월 21일이었다. 崇禎 8년은 1635, 인조 13년이다.

의 전답이 1635년에 이생원에게 衿得되자 곧 소유권 분쟁이 일어났던 것이다. 10여 년간에 걸쳐 소유권 분쟁이 계속되었던 모양이지만 그 간의 사정은 알 길이 없다. 다만 奴 석경의 「소지」, 자료 ⑫를 통하여 저간의 사정을 짐작할 수 있을 뿐이다. 奴 석경의 위의 「소지」에 대하여 「제사」는 "한 곳에서 범인을 신문하여 처치코자 하니 狀付人을 捉來하라" 라는 것이었지만 이 때 奴 석경이 得訟한 것은 1647년(인조 25) 11월 20일에 해남현에서 남평현감에게 보낸 關子로 알 수 있다.[20] 이생원이 得訟한지 1개월 후인, 같은 해 12월에 승려 자운에게 同畓을 방매하였다. 그 후에는 앞에서 이미 살펴보았듯이 위의 전답을 합법적으로 매득한 승려 자운과 불법적으로 매득한 윤경담과의 사이에 소유권 분쟁이 계속되었던 것이다. 여기에서 소유권 분쟁을 야기시켜 온 주인공 윤경담이란 사람은 어떠한 인물인지 간단히 살펴보자.[21] 승려 자운의 「소지」(자료 ②)에 '縣에 사는 兩班 尹判官 景談'이라 하였다.[22] 그리고 이생원의 奴 석경의 「소지」(자료 ⑫)에 '景談亦 海曲無知 極惡常漢'이라 하였고 역시 奴 석경의 「소지」(자료 ⑬ (C)-②)에 '奴의 上典外門의 孼屬尹景談'이라 하였다. 즉 승려인 자운은 양반 윤판관이라 하면서 최대의 존칭을 사용하였다. 반면에 奴 석경은 윤경담을 자신의 上典外門 孼屬으로

---

20) 자료 ⑦ (B) 南平縣監爲相考事 縣居幼學李韶奴石京名所志 奴矣上典宅海南 綠山舊城防築內九斗落只亦 奴矣上典外邊衿得畓是乎等以 今年春 上典下去推 尋給種子爲有如乎 海南尹景談稱號□□ 同畓庫乙 爲矣上典門中兩班良中買得稱云 禾穀竝以 □飾 呈官恸奪設計爲旀 同文記持來云云 多數族黨 憑藉橫侵 使農所奴子不得安接 同文記下送就下事是乎矣 不少文記 遠地勢難投送是置 同文記相考 簿書踏印 移文成給爲只爲 所志是置有亦 相考爲亦矣 崇禎八年三月二十一日 其爲和會文記中 綠山面舊城防築內 二作畓九斗落只 衿得的實爲去乎 相考施行事 合行移文 請 照驗施行 須至關者
   官(押) 海南縣 順治四年十一月卄十日 關
21) 尹景談을 尹景聃이라 기록한 「所志」도 있지만 聃의 고음이 '담'으로 談과 동음이다.
22) 자료 ⑪에도 '縣居尹景談稱名兩班'이라 하여 승려 자운은 존칭을 사용하였다.

海曲無知한 극악한 상놈이라 하는 등 최하의 비칭을 사용하였다. 이러한 현상은 당시 승려의 사회적 위치와 무관하지 않을 것이다. 비록 윤경담이 孽屬이라 하더라도 양반의 혈속으로서 從五品인 판관이 되었다면 그 지방에서는 기세가 등등한 양반행세를 했을 것임은 쉬이 짐작되는 바이다.23)

요컨대 이생원이 衿得畓 9두락지를 둘러싸고 악질 상놈인 윤경담과

---

23) 임진왜란을 계기로 納粟·軍功 등을 통하여 신분이 향상된 경우가 많았다.
① 군량조달로 선조 26년 2월에 納粟 事目 발표『선조실록』권35, 26년 癸巳 2월 辛丑, "戶曹因 備邊司啓辭 以納粟事目 啓曰 鄕吏則三石三年免役至 十四年逐石次-次加一年十五石己身免役 三十石免鄕除參下影職 四十石幷其二子 免役參下影職 四十五石相當軍職 八十石東班實職 士族則三石參下影職 八石 六品影職二十石東班九品 二十五石東班八品三十石東班七品 四十石 東班六品 五十石東班五品 六十石東班從四品 八十石東班正四品 九十石東班從三品 百石東班正三品 元有職者每十石陞品 資窮者三十石陞堂上 庶孽 則五石兼司僕 羽林衛或西班軍職六品 十五石許通 二十石幷前所生 三十石 參下影職 四十石六品影職 五十石五品影職 六十石東班九品 八十石東班八品 九十石東班七品 百石東班六品".
② 軍功에 의한 신분향상
庶人洪季男 起兵討賊 季男 陽城縣人 忠義衛彦秀妾子 … 超授水原判官兼助防將(『선조수정실록』25년 7월). 그 후 救恤策에 의한 신분상승이 있었다. 현종 4년 삼남지방의 飢饉救濟를 위한 作帖
『현종실록』권9, 4년 癸卯 9월 乙亥, "以凶歲 命減御供又減百官祿俸各一 石 時三南大飢設賑恤廳 … 賣爵給帖以賀粟 老職爲通政者 六十以上納米四石 七十以上三石 八十以上二石 以通政而陞嘉善者二石 加設實職之類 察訪· 別坐主簿 納米十石 判官 十一石 僉正 十三石 副正 十四石 通禮僉正 十五 石僉知 三十石 同知 四十石 謝恩封爵一如正官而只許士族追贈者 直長·參 軍·都事·別坐 納米二石 正郎·佐郎·監察 納米三石 通禮·僉正 己以四 石 判決事 五石 參議·同知 六石 左右尹·參判 七石 參下而陞五六品者 五 六品而陞三品者皆一石 自三四品而陞秩者 二石 庶孽許通者良妾子 四石 賤 妾子 六石 己受賞職而陞受加設同知者 二十五石 僧人通政 八石 校生免講 十年者 四石 終身免講者 八石 補充隊男則布四匹 女則二匹…".
趙啓纘,「壬辰倭亂期의 身分向上에 관한 小考」『東亞論叢』12, 1975 ; 文守弘, 「朝鮮後期 身分製 動搖의 一考察-納粟策·空名帖 발급을 중심으로-」『동국대학교 논문집』1, 동국대학교 경주대학, 1982.

소유권 분쟁을 벌려오다가 1647년(인조 25) 11월에 得訟하자 그 다음달
인 12월에 위의 전답을 승려 자운에게 방매하였다. 그 후에는 윤경담이
위의 전답을 매득한 승려 자운과 다시 소유권 분쟁을 일으켰다. 1648년
(인조 26)과 1649년(인조 27) 2년간의 소유권 분쟁은 승려 자운의 승리
로 일단락되었다.

2. 2차분쟁 − 奴 仁福과의 분쟁

畓 9두락지, 24부 8속을 둘러싼 소유권 분쟁은 승려 자운의 승리로
일단락되었음을 앞 절에서 살펴보았다. 그런데 패소한 윤경담이 문제의
전답을 승소자인 승려 자운에게 돌려주지 않고 계속 소유하고 있었다.
그리하여 소유권 분쟁은 계속되어 갔다. 즉 승려 자운이 두 차례에 걸쳐
승소했음에도 불구하고 1650년(효종 1) 2월까지도 그 畓을 윤경담의 奴
子들이 위력으로 劫耕하고 있었다. 이러한 '決後仍執'으로 잔약한 승려
는 발붙일 길이 없다하여 승려 자운이 「소지」를 제출하였다. 무릇 전답
의 訟事를 함에 있어서 '결후잉집'의 죄는 법전에 실려있으니 윤경담을
'결후잉집'의 죄로 처벌해 달라는 것이었다. 이 때 「제사」는 "결후잉집
은 그 법이 있으니 법에 따라 처치할 것이므로 狀付人을 捉來하라"는 것
이다.24) 그런데 전답의 송사에 있어서 '결후잉집'의 죄는 杖 100과 徒

---

24) 자료 ④ 大興寺僧自雲
　　右謹陳所志 僧矣段 南平流寓李生員宅外邊袷得畓九斗落只庫乙 買得積年耕食
　　爲白如乎 縣地居尹景談亦 厥畓乙 亦爲不奸尹伋前買得稱云爲白去乙 僧矣身
　　亦緣由呈所志 與尹景談立訟彼此文記 官前推納 則同尹景談亦 不奸人處買得
　　而事勢無理是如 矣身處再度決給爲白有去乎 今年良中 厥畓乙 其奴子 以威力
　　劫耕 此所以決後仍執 殘弱僧人以 接足無路 至天悶望爲白良尔 大槪凡訟事爲
　　始田畓中 決後仍執之罪 昭載法典是如爲白臥乎所 同尹景談乙 捉來以徵決後
　　仍執之罪爲白只爲 行下向敎是事
　　令監主 處分庚寅二月 日所志

3년의 중형이었다.[25] 이 때 윤경담이 '결후잉집'의 죄로 杖 100과 徒 3
년의 중형을 받지는 아니하였던 모양이다. 그 이듬해인 1651년(효종 2)
2월에 승려 자운이 현감주에게 제출한 다음과 같은 「소지」가 있다.

> ⑤ 右所志 승의 悶望情由는 縣山의 윤경담이 金仁福의 畓庫를 저에게 도
> 매하였삽다가 上年에 윤경담이 김인복과 相訟하여 盜賣가 명백한 탓으
> 로 윤경담으로부터 價木을 돌려받도록 추심하였사오나 경담이 지금까지
> 돌려줄 뜻이 없사온 바 지극히 無理할 뿐만 아니라 지금 막 김인복이 就
> 訟함에 경담을 推捉하였사오니 경담이 나타날 때 同畓價를 속히 備給하
> 도록 特令으로 내려 주십시오.[26]

이 때 「제사」는 "윤경담을 지금 推捉하여 나타난 것을 기다려 일시에
대비하여 증거에 따라 처치하라"는 것이었다. 자료 ⑤의 내용으로 보아
윤경담이 '결후잉집'의 죄로 처벌은 고사하고 김인복의 답고를 승려 자
운에게 盜賣하는 등 물의를 다시 야기시켰다. 윤경담이 앞에서 언급한

(題辭) 決後仍執 自有其律 依法報使處置次以 狀付人捉來事
　　官(押)
25) 『續大典』 5, 「刑典」(聽理)
　　他人時執奴婢未訟前放賣者 凡訟田民已決後仍執者 並枚一百 徒三年.
　　『續大典』의 위 규정은 嘉靖 乙卯 즉 1555년(명종 10)부터 실시되어 왔다.
　　『受敎輯錄』 5, 「刑典」(聽理)
　　凡訟田民 決折後花名書納 京外自有程限 而時執者 甘心專利 限內花名不納 仍
　　爲執籌 自今以後 決後仍執 枚一百 徒三年(嘉靖 乙卯 承傳).
26) 자료 ⑤ 大芚寺僧自雲
　　右所志 僧矣悶望情由段 縣山接尹景聃亦 金仁福畓庫乙 矣身處盜賣爲白有如可
　　上年分尹景聃 與金仁福果 相訟 盜賣明白乙仍于 同尹景聃處價木 還爲推 尋亦
　　行下爲白有乎矣 景聃亦 至今無意備給爲白臥乎所 極爲無理哛不喩 今方金仁福
　　果 又爲就訟事 景聃推捉爲白去乎 景聃現身時 同畓價斯速備給事乙 特令行
　　下爲只爲行下向敎是事
　　縣監主 處分
　　辛卯 二月 日 所志
　　(題辭) 尹景聃時方推捉 待其來現 一時比對 以憑處置事 初一日
　　官(押)

畓 9두락지를 승려 자운에게 돌려주기는커녕, 김인복의 답고를 승려 자
운에게 도매하여 그 價木을 돌려주지 아니하였다. 결국 승려 자운은 윤
경담으로부터 이중의 피해를 입게 되었다. 같은 해 2월에 승려 자운이
縣監主에게 제출한 「소지」를 통하여 분쟁의 상황을 살펴보자.

> ⑥ 右所志 승의 悶望情理는 이 몸이 남평에 사는 이생원의 畓 9두락지를 지
> 난 丁亥年(1647, 인조 25)에 買得耕食하옵는데 그 답고를 윤급이란 사람
> 이 윤경담에게 도매하였고 윤경담이 그 답을 김인복에게 방매하였습니다.
> 그리하여 윤급과 이생원이 結訟한 바 윤급은 그 답과는 아무런 관련이 없
> 어 이생원이 得訟하였고, 득송한 이생원으로부터 매득한 이 몸이 그 답을
> 경식하는 것이 당연하옵거늘 윤경담이 所志를 謀呈하고 또 議送을 내어
> 官에 삼가 아뢰기를 祖上畓이라 허칭한 탓으로 官의 명령에 同畓價木을
> 경담에게 移捧하는 것을 退給하옵시거늘 명령에 의한 價木을 備給해야
> 한다는 것은 곧 경담이 價木을 비급해야 한다는 것으로, 금월 18일에 사
> 실대로 不忘記를 이 몸 앞으로 成給해 놓고, 그 후 價木을 備給할 뜻이
> 없이 숨어 나타나지 않으니 일이 극히 터무니없사옵니다. 대개 이 몸이
> 값을 准給하고 답을 매득한 것을, 김인복에게 被奪된 價木 一疋을 환봉
> 하지 않은 것과 둘을 모두 잃은 것이니 지극히 억울하며, 윤경담이 畓價
> 木을 備給하기 전에는 그 답에 落種執耕하는 일은 각별히 명령하여 子
> 遺殘僧이 둘을 다 잃은 원통함이 없도록 조치하여 주십시오.[27]

---

27) 자료 ⑥ 大興寺僧自雲

右所志 僧矣悶望情理段 矣身乙 南平居李生員處畓九斗落只庫乙 去丁亥年分
買得耕食爲白如乎 同畓庫乙 尹伋稱號人 尹景聃處盜賣 尹景聃則厥畓乙 金仁
福處放賣 尹伋果李生員亦 結訟與尹伋 則厥畓皮肉不奸 得訟於李生員 而李生
員得訟 則李生員處買得人 矣身所堂耕食于厥畓是白去乙 尹景聃亦 謀呈所志及
呈議送 謹告官前曰 虛稱祖上畓是如乙仍于 官行下內同畓價木 移捧於景聃 處
退給亦教是爲去乙 依行下價木乙 備給事言之 則同景聃亦 價木備給事 今月十
八日 以實不忘記 成給于矣身處後 價木無意備給 而隱以不見 事極無據爲白良
置 大槪矣身准給價買得畓 則金仁福處被奪價木 一疋之木乙 不爲還捧 使之兩
失 至天冤枉 同尹景聃高價木備給間 厥畓落種執耕事乙各別行下 子遺殘僧俾無
兩失之冤 爲白只爲 行下向教是事
行縣監主 處分 辛卯二月 日 所志
(題辭) 尹景聃色掌一同捉來事 廿七日
官(押)

이 때의 「제사」는 "윤경담과 色掌을 함께 捉來하라"는 것이었다. 자료 ⑥에서 또 한 가지의 새로운 사실이 나타났다. 만 1년 전에 '결후잉집'의 죄목으로 고발되었던 윤경담이 바로 그 畓 9두락지를 김인복에게 방매했다는 사실이다. 문제의 畓 9두락지는 윤경담이 위의 답과는 아무런 관련이 없는 윤생원으로부터 잘못 매득하였기 때문에 답주 이생원으로부터 합법적으로 매득한 승려 자운에게 돌려주어야 할 답이었다. 이 답을 돌려주지 않았기 때문에 '결후잉집'의 죄로 고발되었던 것인데, 이 답을 곧 김인복에게 방매했다는 것이다. 그런데 자료 ⑤에서는 승려 자운이, 윤경담이 盜賣한 김인복의 답고를 잘못 사들여 價木을 돌려받으려고 한 경우도 있었다. 또한 문제의 답 9두락지를 김인복에게 방매한 윤경담이 「소지」를 謀呈하고 심지어 議送(백성이 고을 원에게 패소하고 관찰사에게 상소하던 일)까지 내어 조상답이라 허칭하였지만 그 價木을 돌려주도록 명령하였다. 그러나 畓價木은 備給하지 아니하였다.

한편 승려 자운은 김인복에게 1651년(효종 2)에 價木 一疋을 피탈되었다고 하였다. 그래서 위의 답 9두락지와 價木 1필 등 두 가지를 모두 잃을 지경에 있다는 것이다. 여기 價木 1필은 왜 피탈되었는지는 알 길이 없다. 그런데 앞의 자료 ③에서 문제의 답 9두락지를 윤경담이 윤급으로부터 매득하여 私奴 인복의 답과 교환하였다고 하였다. 또한 자료 ⑤에서는 윤경담이 김인복의 답고를 승려 자운에게 도매했다고 하였다. 이러한 자료들을 종합해 보면 윤경담이 윤급으로부터 문제의 답 9두락지를 헐값으로 사들여 김인복의 답과 교환했는데 그 때 단순교환이 아니라 웃돈을 받은 모양이다. 그리고 교환한 김인복의 답을 다시 승려 자운에게 방매했다는 말이 된다. 그 후 윤경담이 패소하자 모든 거래가 환원되었지만 김인복이 문제의 답 9두락지의 대가를 윤경담으로부터 환불받지 못하자 승려 자운이 價木 1필을 주었지만 자운이 또한 그것마저 돌려받지 못한 것으로 해석된다.

같은 해 8월에 제출한 승려 자운의 「소지」에 다음과 같은 사실이 보인다. 즉 1647년(인조 25) 丁亥에 이생원으로부터 正木 2同으로 매득한 문제의 답 9두락지가, 남면에 사는 윤경담이 영암의 윤생원으로부터 매득하여 김인복에게 방매했는데 이것은 盜賣라는 것이다. 그런데 이들이 터무니없는 문서를 꾸며 「소지」를 내어 結訟했는데 피차의 文記와 官前에 推捉하여 증거를 살펴서 승려인 자신이 두 번이나 得訟했다는 것이다. 그런데 김인복이 지금 橫侵하고 있으니 이생원의 衿得謄書公文과 決得所志 등을 粘連하여 제출하니 상세히 검토하여 김인복이 橫侵을 하지 못하도록 각별히 명령하여 그러한 비리의 弊를 막아달라는 것이었다.[28] 이때 「제사」는 "文卷이 이와 같으니 위와 같은 非理之事는 분명히 의심할 바 없으며 다시 잡담하는 일이 있으면 捉來告官하여 법으로 처치하라"는 것이었다. 결국 6개월 전의 價木 1필에 대한 논란은 사라지고 문제의 답 9두락지에 대하여서만 김인복의 橫侵의 弊를 고발하였다. 같은 해 11월에 승려 자운의 다음과 같은 '소지'에 더욱 뚜렷이 나타나 있다.

---

28) 자료 ⑦ (A) 大興寺僧自雲
　　右謹陳所志矣段 去丁亥年分 南平流寓李生員宅奴石京亦 其上典牌字及一□分
　　和會文記 謄書公文指來 同文記付其上典衿得畓 縣地 舊城防築內 伏在畓畓九
　　斗落只庫乙 放賣爲白乙 僧矣身亦 依例給價 正木二同以買得 累年耕食爲白如
　　乎 縣地南面居尹景聃亦 同畓庫乙 靈岩居尹伋處買得稱云爲白如可 同畓庫乙
　　尹景聃亦仁福處 又爲盜賣 右人等無據之狀乙 呈所志結訟 彼此文記 推捉官前
　　憑閱 僧矣身 再度得訟爲白有去乙 仁福亦至今橫侵爲白臥乎所 大槪尹景聃 則
　　盜賣入尹伋處徵價事是白乎旀 仁福 則又爲盜賣人尹景聃處徵價 事當近理是白
　　去乙 終實橫侵 極爲無據爲白□□右良 尹景聃亦 僧矣身處懇乞曰仁福處同價
　　乙良一一備給而同畓乙良 汝易亦耕食事 堅如金石之言爲白有去乙 仁福者便亦
　　侵勞 無異大盜 李生員衿得 謄書公文及決得所志等 粘連爲白乎乎 詳細□當教
　　是後 仁福亦 後勿橫侵事 各別嚴明行下 以杜非理之弊爲白只爲 行下向教是事
　　令監主 處分
　　辛卯八月之所志
　　(題辭) 文券如是 則右條非理之事 昭然無疑 復有雜談之事是去等 捉來告官 以
　　法置治事
　　官(押)

⑧ 右謹陳所志 승의 痛悶情理는 지난 丁亥년에 남평에 사는 이생원이란 양
반으로부터 本縣 녹산면에 있는 답 9두락지를 예에 의해 給價買得하였
습니다. 그런데 윤경담이란 사람이 橫侵하옵거늘 己丑(1649, 효종 즉위
년 ; 필자) 12월 11일에 得訟하였고 경인(1650, 효종 1) 2월 11일에 得訟
하였는데, 同畓을 奴 인복이 윤경담으로부터 매득한 사람으로 同畓에 대
하여 落訟하면 인복은 당연히 윤경담으로부터 畓價를 되돌려 받는 것이
이치에 당연하고 법에도 마땅하옵거늘, 위의 奴 인복은 곳곳에서 발언하
기를 孤單殘僧인 저를 혹은 鳥銃으로 放死하겠다느니, 혹은 사살하겠다
느니, 혹은 假路에 숨었다가 음해하겠다느니 하옵는 바 孤弱殘僧이 도처
에 횡행하다가 승려인 저에게 파급되면 罔極無涯하옵기로, 令監主의 初
政之下에 그 사이의 정세를 만분 참작하시어 奴 인복과 같은 자를 후일
에 발명할 뿐만 아니라 후인들에게도 이러한 폐단이 없도록 손모아 비오
니 그 원한을 풀어 주시옵기 조치하여 주십시오.[29)]

이 때 「제사」는 "뒤에 상고하여 시행하라"는 것이었다. 위의 자료 ⑧
에서 1차 분쟁은 1649년(효종 즉위년) 12월 11일에도 得訟했음을 명확
히 밝히고 있다. 그리고 승려 자운이 1차 분쟁 때 득송했음에도 윤경담
이 전답을 仍執하여 반환하지 않자 '결후잉집'의 죄로 고발하여 1650년
(효종 1) 2월 11일에 득송했음도 밝히고 있다. 그 후 윤경담이 문제의

---

29) 자료 ⑧ 大興寺依止僧自雲
　右謹陳所志 僧矣痛悶情理段 去丁亥年分 南平居李生員稱名兩班亦中 本縣綠山
　面員 畓九斗落只庫乙 依例給價買得爲白有置 尹景聃稱名人 橫侵爲白去乙 己
　丑十二月十一日得訟 庚寅二月十一日得訟爲白有去乙 同畓乙奴仁福亦尹景聃亦
　中 買得之人 以同畓落訟 則仁福者所當尹景聃處 畓價還推理固法當是白去乙 上
　項奴仁福者 處處發言僧矣身乙 孤單殘僧是去 或云鳥銃放死 或射殺 或云假路
　隱伏爲白有如可 陰害云而爲白臥乎所 孤弱殘僧 處處橫行爲白如何 如此之變乙
　僧矣身被及 則罔極無涯爲白良尒右良 令監主初政之下 此間情勢乙萬分參商 同
　奴仁福者 後日發明叱分不喩 以杜後人無智無效 望以□□□行 下以解祝手之
　冤爲白只爲 行下向敎是事
　行縣監主 處分
　順治八年十一月 日 所志
　(題辭) 後考施行事
　初二日
　官(押)

전답을 김인복에게 방매했던 것이다. 그렇다면 김인복은 문제의 답에 대한 아무런 권리를 갖지 못한 윤경담으로부터 매득하였으므로 다시 윤경담으로부터 畓價를 되돌려 받는 것이 당연한 일이었다. 그럼에도 불구하고 奴 인복이 완력으로 약한 승려 자운을 공갈협박해 가면서 문제의 畓을 차지하려고 하였다. 그러나 令監主께서 새로 부임하였기 때문에 "뒤에 상고하여 처리하겠다"고 하였다. 이러한 官의 미온적인「제사」가 있자, 김인복이 문제의 답을 차지하려는 횡포는 더욱 심해져갔다. 이듬해인 1652년(효종 3)에는 김인복이 그의 두 아들 奴 唱生과 立生 등을 거느리고, 혹은 鳥銃을 가지고, 혹은 弓矢를 가지고 3부자가 승려 자운을 음해사살하려고, 혹은 路邊의 험악한 成林之處에 숨는다든지, 혹은 대낮에 자신이 居生하는 房에 불의로 돌입하여 분울을 참지 못하였던 모양이다. 이처럼 어려운 처지에 있는 승려 자운이 이러한 상황을 들어 令監主에게 호소하였다. 즉 "孤弱한 승려인 이 몸을 불쌍히 여기시어 그 동안의 분한 사정을 만분 참작하시어 이러한 해를 제거해 주시고 관전에 착래하여 侤音을 받들어 雜音이 없도록 각별히 엄숙하고 명백하게 명령하시어 殘僧의 오랜 세월의 원통함을 풀도록 명령하옵시오"라고 하였다.[30] 이

---

30) 자료 ⑨ 大興寺依止僧自雲

　　右謹陳所志 矣悶迫情理段 長興府居奴仁福稱名人亦 其子二人段 本縣綠山面居生乙仍于 上項奴仁福亦 綠山面居尹景聃亦中 綠山員畓玖斗落只庫乙 買得爲白有如可 同畓眞是本主 南平縣居 李生員稱名兩班亦 下來同畓放賣爲白去乙 依例給價買得爲白有去乙 奴仁福者爲人 同畓庫 僧矣處奪取爲白可 同仁福者亦其矣子奴唱生 奴立生等率良遣 或持鳥銃 或持弓矢 三父子陰害射殺次 以僧矣身乙 或路邊險惡成林之處潛隱 或白晝良中 僧矣居生房 不意突入 不勝憤鬱 孤單僧矣身 以所難者 任意出入 至今悶慮爲白良 大有積善垂仁令監主教是 孤弱僧矣身憐之恤之 此間憤悶情勢乙 萬分參商 □□于厥人等 除害爲白乎 喩良置官前捉來 捧拷音 無爲雜言次以 各別嚴明行下 以解殘僧萬歲祝之冤爲白只爲行下教是事

　　令監主 處分

　　壬辰 月 日

　　(題辭) 事不近理爲在果 所訴如此 推問捧招次 捉來事 二十八日

때의 「제사」는 "일이 이치에 아주 가까운 것은 아니지만 所訴가 이러하니 推問捧招하도록 착래하라"는 것이었다. 그 결과가 어떻게 되었는지는 확실히 알 수 없지만 승려 자운의 승소였음은 같은 해 8월, 그의 다음과 같은 「소지」로 알 수 있다.

⑩ 右謹陳所志 憤悗情理는 남평에 流寓하는 이생원의 外邊衿得畓 9두락지를 매득하여 積年耕食하옵더니, 綠山에 사는 윤경담이 그 답고를 아무런 관련이 없는 윤급으로부터 매득하고 다시 인복에게 방매하였는데, 同仁福이 同畓庫를 빼앗을 謀計를 하옵거늘 이러한 연유로 所志를 제출하여 買得文記 등을 모아 관전에 바치어 두 세 차례나 結訟하여 여러 번 得決하고 법에 의해 耕食하옵거니와, 同 인복이 孤弱의 승려로 여겨 꾀를 내어 橫侵하옵거늘 전 令監主의 근무 동안에 도매한 윤경담과 非理者 인복 등을 일시 추열하여 인복의 非理之狀을 엄숙하고 명백하게 명령하여 인복의 價 등은 도매자 윤경담으로부터 받으라고 하옵셨으며, 윤경담도 일일이 비급할 것을 관전에서 금석과 같이 굳은 맹약을 하였고 승에게도 말로써 신명하였삽거니와, 이후 동 인복이 그 强惡함을 가지고 비리를 가리지 않고 여전히 橫侵하고 있사오니 각별히 立旨成給하옵기를 조치하여 주십시오.31)

官(押)

31) 자료 ⑩ 大芚寺僧自雲
右謹陳所志 憤悗情理段 南平流寓李生員外邊衿得畓九斗落只庫 買得積年耕食爲白如乎 綠山居尹景聃亦 厥畓庫乙 不奸人尹伋處買得 還爲放賣于仁福處 同仁福亦 同畓庫乙 據奪謀計爲白去乙 緣由呈所志□□□買得文記 取納官前 再三度結訟 僧矣身 屢度得決 依法耕食爲白在果 同仁福亦 孤弱僧人是去向入 生謀橫侵爲白去乙 前令監主坐政之日 盜賣爲在尹景談 及非理者仁福等 一時椎閱 仁福非理之狀乙 嚴明行下內 汝矣價等乙 盜賣者尹景聃處徵捧亦爲白有㫆 尹景談段置 ──備給事官前良中 堅如金石之約爲白遣 僧矣處 又爲口傳伸明爲白有在果 此後同仁福亦 持其强惡 不計非理 如前橫侵爲白乎乙喻良置 各別立旨成給爲白只爲行下向敎是事
令監主
壬辰八月 日
(題辭) 一處推閱處置次以 仁福等乙捉來事
十九日
官(押)

이때의 「제사」는 "한 곳에서 추열하여 처치할 것이니 인복 등을 착래하라"는 것이었다. 요컨대 전번의 「소지」(자료 ⑨)에서 불법적으로 매득한 위의 전답을 완력으로 빼앗으려는 인복 등 3부자의 횡포가 너무나 잔인하고 악질적인 것이었기 때문에 관에서 侤音을 받아가면서 그 중지를 명령하였다. 그럼에도 불구하고 인복 등은 승려 자운이 외롭고 힘이 약함을 알고 계속 橫侵을 도모하였다. 그리하여 관에서 범인을 심문하여 인복이 횡침을 하지 못하도록 조치하였다(자료 ⑩ 참조). 위와 같은 조치에도 불구하고 김인복의 횡침은 끝나지 아니하였다. 이듬해인 1653년 (효종 4) 奴 석경의 다음과 같은 「소지」에서 알 수 있다.

⑬ (C)-② 右所志는 奴의 상전 外邊의 衿得인 해남 綠山舊城防築內에 있는 답 9두락지는 지난 丁亥年(인조 25)에 上典牌子에 따라 곧 放賣하였삽더니, 이제 해남에 사는 김인복이란 자가 同畓을 奴의 上典外門의 孼屬인 경담으로부터 매득 운운하여 소요를 일으키고 빼앗을 계획을 세워 官에 고소하였으므로 동 文記를 가져왔으니 빙열하라 하옵시되 문기는 적지 않으나 遠地에 投送하는 것이 불가하옵기에 동 문기를 상고하여 衿得이 사실이란 연유를 일일이 전하여 踏印하여 移文成給하오니 분간하여 지시하옵도록 조치하여 주십시오.[32]

이 때 「제사」는 "상고하여 准給하라"는 것이었다. 상기 奴 석경의 「소지」에는 橫侵을 금지시키겠다는 관청의 강력한 의지를 담고 있다.[33]

---

32) 자료 ⑬ (C)-② 東村接私奴石京
　　右所志矣段 奴矣上典外邊衿得 海南綠山舊城防築內伏在 畓九斗落只乙 去丁亥年分 上典牌字導良 放賣爲白有如乎節 海南居金仁福稱號亦 同畓乙 奴矣上典外門孼屬尹京談處買得云云 呈官侵擾據奪設計爲旀 同文記持來憑閱是如云云爲白乎矣 不小文記 遠地投送不可爲白去乎 同文記相考 衿得的實緣由 一一傳准踏印移文成給事乙 分捧行下爲白只爲 行下向教是事
　　官主 處分
　　癸巳十月 日所志
　　官(押)
　　(題辭) 相考傳准給向事 初五日.

이러한 사실들은 1653년(효종 4) 10월까지도 문제의 전답에 대한 분쟁
이 끝나지 않았음을 보여주는 것이다. 그 후에도 분쟁은 계속되어 갔다.
이러한 소유권 분쟁은 고단한 승려 자운에게는 견디기 힘든 일이었다.
그리하여 승려 자운은 문제의 전답을 방매하기에 이르렀다. 이와 같은
상황이 1661년(현종 2) 辛丑, 9월에 제출한 승려 자운의 「소지」에 잘 나
타나 있다.

⑪ 右所志 極天寃痛情理는 이 몸이 買得耕食하옵다가 방매한 綠山面畓庫
를 店者 인복이 빼앗을 계획을 세워 呈狀推捉하였삽는 바, 대개 同畓庫
는 縣에 사는 윤경담이란 양반이 양반 윤급으로부터 매득하여 인복에게
轉賣한 후 남평에 사는 이생원이 윤급과 같은 使孫으로 조선의 전민을
分財할 때 右畓庫는 이생원의 衿으로 나누어져 明文으로 이루어진 것인
데, 同畓을 이생원 역시 방매하옵거늘 이 몸이 給價買得하였는데, 이생
원의 牌字와 文記 그리고 買得明文 등을 이 몸이 가지고 있다가 이 몸
역시 私奴 愛順에게 放賣時 위의 本文記 등과 함께 일일이 許與하였사
옵니다. 윤급의 방매는 미분전에 있었던 일로 자기의 물건이 아니옵니다.
윤경담이 윤급으로부터 本價를 받는 것이 법적으로 당연하며 인복은 당
연히 윤경담으로부터 本價를 받아야 하고, 이렇게 차차 징가하는 것이 법
적으로 당연한 것이옵거늘 윤경담이 그 값을 인복에게 지급하지 아니하옵
고 번번이 이 몸에게 애걸하기를 그 답을 인복에게 주기를 청하고 그렇게
하면 자기가 准價를 너에게 주겠다는 등 운운하며, 인복도 윤경담으로부
터 本價를 받을 생각은 않고 그의 동생 자식 등 다수가 결당하여 각자가

---

33) 本縣에 제출한 다음의 문서로 알 수 있다.
　자료 ⑬ (C)-① 奴石京
　無他 海南綠山舊城防築內 畓九斗落只以 外邊衿得 旣爲推尋放賣爲有乙 今昨
　尹景聃仁福等橫侵云云 聞來極爲駭愕 同畓當初未分財時 靈岩尹生員誤爲賣用
　爲有如可 去乙亥年分 同尹生員與門中諸使孫和會分財時 同畓則上典衿得是乎
　等以 卽時推尋 仍爲放賣爲有去乙 盜買人等 徵於盜賣人 例有其法 而至於非理
　之事 再再橫侵 極爲不可 處處各有法官 而海曲無知 蔑法之人以 非理橫行尤爲
　痛駭爲置 同分衿文記呈官傳書下送爲去乎 此官文書呈本縣 禁抑爲乎矣更良橫
　侵云云 則具由呈巡相處置是置 此意知委 俾無橫侵非理之事向事
　癸己十月初五
　上典(手決)

鳥銃과 弓劍을 가지고 여러 가지로 恐嚇하옵거늘 이 몸은 고단한 노승으로 견디지 못하여 단지 不忘記를 써서 인복에게 주었습니다. 그 후 8~9년 후 同畓의 本價를 인복과 윤경담이 備給할 생각은 없고 매양 빼앗으려고만 하옵거늘, 이 몸은 분함을 이기지 못하여 愛順에게 방매하였습니다. 인복이 받아가지고 있는 이 몸의 자필 불망기는 官主께서 상세히 살피시어 별로 증보가 없으면 이것으로서 가이 사리가 뚜렷하옵니다. 明政之下에 상찰 처치하옵도록 조치하여 주시옵소서.[34]

자료 ⑪의 내용으로 보아 문제의 전답에 대한 소유권 분쟁은 윤경담과 인복이 계획한 각본에 의해 일어났던 것으로 보인다. 즉 윤경담이 畓價를 인복에게 환불하면 될 일이지만 승려 자운에게 지불할 터이니 전답을 인복에게 주도록 요구한 점, 또한 인복이 역시 윤경담으로부터 徵價할 생각은 않고 오히려 그의 동생·자식 등과 결당하여 鳥銃과 弓劍을 가지고 승려 자운을 여러 가지로 恐嚇한 점 등으로 보아 짐작되는 바이다. 이러한 橫侵이 계속되자 견디지 못한 고단한 노승 자운은 인복에게 不志記를 작성해 주었다. 그 불망기의 내용이 무엇인지는 확실히 알 수

---

34) 자료 ⑪ 僧人自雲

右所志 極天冤痛情理段 矣身買得耕食爲白如可 放賣爲白有在 綠山面畓庫乙店者仁福亦 據奪設計 呈推捉爲白臥乎所 大槪同畓庫乙 縣居尹景聃稱名兩班亦 買得於兩班尹伋處 轉賣於仁福之後 南平居李生員亦與尹伋同是使孫以 祖先田民分財之時 右畓庫亦 李生員衿以分去明文成置是如 同李生員亦放賣爲白去乙 矣身給價買得 至於李生員牌字及文記傳准及買得明文幷以 昭在矣身處爲白有如可 矣身亦 私奴愛順處放賣時 右等本文記幷以 一一許與爲白有齊 尹伋放賣則在於未分前 非自己之物以是白置 尹景聃法當徵只本價於尹伋 而仁福右當徵只本價於尹景聃 次次徵價 法例當然是白去乙 尹景聃亦 不給其價於仁福處爲白遣 每每哀乞於矣身處 請給其畓於仁福 則我當准價汝云云 而仁福段置 無意徵本價於尹景聃處 而其矣同生子息 多數結黨 每持鳥銃弓劍 多般恐嚇爲白去乙 矣身孤單 老僧以不勝支當 只書不忘記 以給仁福處 而其後八九年至同畓價乙 仁福及尹景聃□□亦 無意備給 而每欲百奪右當爲白去乙 矣身不勝憤憤 放賣於愛順處爲白有齊 同仁福所納 矣身自筆不忘記乙 官主敎是詳細監當 別無證保爲白去乙等 以此可以昭然爲白置 明政之下 詳察處置爲白只 爲行下向敎是事
官同主處分
辛丑九月 日 所志

없지만 곧 田畓價를 지불하면 그 답을 인도해 주겠다는 내용이 아닌가
싶다. 불망기 작성 후 8~9년이 지나도 同畓價를 지불할 생각은 않고 빼
앗을 계획만 세우고 있었던 것이다. 그리하여 곧 私奴 愛順에게 방매하
였던 것이다. 자료 ⑬ (A)는 同畓의 賣買文記이다.

> ⑬ (A) 順治十六年己亥二月二十七日 尹別坐宅奴愛順處明文
> 又明文事段 要用所致以 自己買得耕食爲如乎 縣地綠山面舊城放(防)
> 築內 貝伏畓二作幷玖斗落只庫良乙 價折災常木貳同捧上爲遣 同人上
> 典宅良中 本明文幷以 永永放賣爲去乎 後次同生族類中 雜談爲去等
> 次(此)文記用乙良 告官卞正事
>
> > 畓主自筆僧人自雲(手決)
> > 證人 梁返生 (左寸)
> > 證保 私奴 生男 (左寸)

승려 자운이 위의 답 9두락지 때문에 인복 등에게 무척 고통을 받다
가 결국 견디지 못하여 순치 16년, 즉 1659년(효종 10) 2월 27일에 尹別
坐宅奴인 愛順에게 방매했던 것이다. 윤별좌는 生貝宅 正字宅이라고도
하여 尹善道의 長子 尹仁美(1607~1674)의 별칭이다. 그는 父의 禮論
으로 13년간이나 禁錮되기도 한 인물이다.[35] 그가 당시 해남에서 많은
전답을 매입하였다.[36] 승려 자운이 문제의 전답을 이러한 양반 가문에
방매한 것은 10여 년간 소유권 분쟁에 휘말렸던 전답에 대하여 후환을

---

35) 尹別坐는 生貝宅·正字宅이라고도 하며, 尹仁美(1607~1674)로 尹善道의 장자
   이다. 도량이 넓고 박식하여 천문·지리·의약에 無所不通이라 하였다(『古文
   書集成』(3), 7~10쪽, 「解題」).
36) 당시 尹別坐宅奴 愛順은 많은 토지를 買得하고 있다. 예컨대,
   。1659년(효종 10) 3월 1일에 관비 信花로부터 海南縣銀所面毛乃登에 있는 讚
     字畓 5두락지 8夜未, 13부 8속을 綿 2同 15疋로 매득(『古文書集成』(3), 246
     쪽, 「土地文記」(149)).
   。1671년(현종 12) 정월 27일에 曺天安宅으로부터 海南希亦只에 있는 답 7두
     락지를 매득하였다(『古文書集成』(3), p.270, 「土地文記」(252)).
   그 외 상당히 많은 기록이 보인다.

제거하여 분쟁의 씨앗을 없애려고 했던 것으로 보인다. 2차 분쟁은 승려 자운이 문제의 전답을 방매함으로써 끝났다.

Ⅳ. 결 어

17세기 이후부터는 승려들도 사원과는 別産으로 전답을 소유하게 되었다. 승려 소유의 전답이 차츰 확대해 가자 이들의 전답을 둘러싸고 소유권 분쟁이 일어나기 시작하였다. 17세기 중반 해남 대흥사 승려 자운이 소유한 답 9두락지, 24부 8속을 둘러싸고 일어난 소유권 분쟁이 대표적인 사례이다. 그 경위를 요약하면 다음과 같다. 대흥사 승려 자운이 남평에 사는 이생원으로부터 해남 녹산의 舊城防築內에 있는 답 9두락지를 1647년(인조 25) 12월에 價木 2同으로 매득하였다. 위의 답 9두락지는 이생원이 1635년(인조 13)에 外邊으로부터 衿得한 것이다. 그런데 위의 답 9두락지가 이생원에게 衿得되기 전에 이생원의 外邊을 처가로 하는 영암의 윤급이란 사람이 海曲無知한 윤경담에게 방매했던 것이다. 윤급이 이생원과는 使孫이었지만 문제의 畓과는 아무런 관련이 없는 사람이었다. 그리하여 1635년(인조 13)에 이생원에게 위의 답이 衿得되자 윤급으로부터 매득한 윤경담과의 사이에 소유권 분쟁이 일어났다. 10여 년간의 소유권분쟁 끝에 1647년(인조 25) 11월에 이생원이 得訟하였다. 得訟한 이생원은 1개월 후인 같은 해 12월에 위의 답 9두락지를 승려 자운에게 價木 2同으로 방매하였다.

한편 이생원과 소유권 분쟁에서 패소한 윤경담이 승복하지 않고 이생원으로부터 買得한 승려 자운과 다시 소유권 분쟁을 일으켰다(1차 분쟁). 1648년(인조 26) 4월과 1649년(인조 27) 정월에 승려 자운이 제출한 「소지」에 따라 자운이 승소하자, 곧 소유권 분쟁은 끝이 났어야 하였다.

그럼에도 불구하고 1650년(효종 1) 2월까지도 그 답은 윤경담의 奴子들이 위력으로 劫耕하고 있었다. 그리하여 승려 자운이 제출한 「소지」에 따라 '결후잉집'의 죄로 治罪토록 하였다. 그러나 윤경담은 오히려 문제의 답 9두락지를 奴 인복에게 방매하였다. 이제 승려 자운의 소유인 답 9두락지를 둘러싼 소유권 분쟁은 奴 인복과의 싸움으로 발전하였다(2차 분쟁). 奴 인복은 외롭고 힘없는 승려 자운을 공갈협박하여 문제의 전답을 완력으로 빼앗으려고 하였다. 동생·자식들과 結黨하여 鳥銃과 弓劍으로 무장까지 하여 승려 자운을 위협하였다. 이러한 분쟁이 계속되자 승려 자운이 견디지 못하여 1659년(효종 10) 2월 27일에 해남의 대표적 양반 尹仁美의 私奴 愛順에게 방매하고 말았다. 결국 10여 년간의 소유권 분쟁은 문제의 답을 방매함으로서 끝났던 것이다.

요컨대 17세기 중반경 승려들도 자유로이 전답을 사유할 수 있었다. 그리고 당시는 奴로부터 협박을 받아야 하는 승려의 처지일 정도로, 불교의 사회적 위치는 미약했던 것이다. 또한 당시 사회는 법보다 주먹이 먼저일 수 있다는 봉건적 관념이 곳곳에 도사리고 있었던 것으로, 또 하나의 봉건적 특징을 보여주고 있는 것이다.

제2장

寺院位田을 둘러싼 소유권 분쟁
—雲門寺 位田을 중심으로—

Ⅰ. 서 언

조선왕조의 기본법전인 『經國大典』에 '各自收稅'하는 전답으로 규정된 寺田은 승려들에게 收租權을 통한 토지지배를 정부가 공인한다는 뜻인 바,[1] 그것은 정부가 일부 사찰에 일정한 位田을 특별히 급여한 전답에 한하는 것이었다. 즉 주자학을 지도이념으로 한 조선정부의 관리들은 불교를 이단으로 몰아 배척하였으며 그 일환으로 사원전을 정리하였다. 사원전의 1차 정리는 태종대에 있었다. 이 때 242寺만을 공인하고 공인된 각 사찰에는 10~100員의 常養僧을 배정하였으며, 상양승 1員에 전답 2

---

1) 『經國大典』에 寺田은 衙祿田 公須田 渡田 崇義殿田 氷夫田 長田 副長田 急走田 등과 함께 '各自收稅'하는 田畓으로 규정하였다(「戶典」, 諸田). 이 때 사찰에서 濫徵을 염려하여 "寺田稅 高重收納者 許佃夫告司憲府治罪 其濫收物還主 元田稅沒官"(「戶典」, 雜令)한 것으로 보아 收租權을 통한 토지지배를 인정하고 있었음이 확실하다.

결, 노비 1口씩을 분급하였다. 사원전의 2차 정리는 세종대에 있었다. 세종은 父王 태종의 배불책을 계승하여 왕 6년에 선·교 양종으로의 종파통합과 아울러 선종소속 18寺, 교종소속 18寺, 도합 36寺만을 공인하고 공인사찰인 36寺에 한하여 7,950결의 位田을 배정하였다. 그 후 好佛의 군주인 세조는 福泉寺·圓覺寺 등에 200~300결의 전지를 賜給하는 등 수조권적 사위전을 확대시켜 주었다.[2] 이와 같이 공인된 사위전이 각자수세하는 전답 곧 수조권적 분급지였다.[3] 이러한 수조권적 분급지인 사위전은 연산군대에 일단 회수되었다가 중종대에 능침사·수륙사 등 왕패가 있는 일부 사찰에 사위전을 환급하기도 하였다. 그 후 명종의 모후 문정대비의 好佛에 힘입어 세조대에 공인한 정도의 수조권적 분급지인 사위전을 인정하게 되었다.[4] 그러나 왕 20년(1565)에 호불의 대비가 승하하자 그 다음 해인 21년에 능침사를 제외한 모든 사찰의 사위전을 모두 몰수하였다.[5] 그 후 능침사 등 왕실과 특별한 관계에 있는 특수사찰 외에는 수조권적 분급지와 같은 특권적인 사위전은 인정되지 아니하였다.

한편 수조권적 분급지인 사위전을 배정받지 못한 여타 수많은 사찰은 사원경제를 영위하기 위하여 전세를 부담하는 위전을 조성해야만 하였다.[6] 선조 27년 3월 己卯, 備邊司啓에 "忠淸道寺刹 凡四十餘處 其位田 皆空閑 無用之物 或爲奸民所冒 而秋來所獲盡入於私"[7]라는 기록이 있다. 즉 여기 충청도사찰 40여 처가 수세권적 위전을 소유했던 것은 아니며, 또한 그 위전이 모두 空閑으로 무용지물이 되었다는 것은 수조권적 분급지가 아닌 승려들의 직접 경작지였음을 뜻하는 것이다. 이러한 전세

---

2) 김갑주, 『朝鮮時代寺院經濟研究』, 1983, 22~36쪽.
3) 『大典註解』「戶典」諸田.
4) 김갑주, 앞의 책, 37~38쪽.
5) 『명종실록』권33, 21년 7월 癸卯, "陵寢寺則仍舊施行 內願堂田地 則移屬內需司".
6) 千寬宇, 『近世朝鮮史硏究』, 一潮閣, 1979, 194~195쪽.
7) 『선조실록』권49, 27년 3월 己卯.

를 부담하는 사위전은 17세기 이후 크게 조성되었다.[8] 당시 청도 운문
사의 경우도 전세를 부담하는 위전을 소유하고 있었다. 그런데 18세기에
들어와서 운문사 위전을 둘러싸고 운문사 승려들과 인근의 洞民들 사이
에 소유권 분쟁이 있었다. 따라서 본고에서는 먼저 운문사위전의 유래를
살펴보고 다음으로 운문사 위전을 둘러싸고 일어난 소유권 분쟁 즉 「庚
子量田」을 둘러싼 소유권 분쟁, 垈稅를 둘러싼 소유권 분쟁, 그리고 소
유권 분쟁으로 인한 洞民의 난동 등을 고찰해 보고자 한다. 이러한 작업
은 봉건사회의 해체기에 있어서 사찰 위전의 양상과 基層民들의 소유권
에 대한 의식의 성장형태 그리고 불교계의 동향 등을 밝히는 일이기도
한 것이라 믿는다.

Ⅱ. 자료의 검토

본고에 사용될 자료는 『雲門寺志』(29~85쪽)에 실려 있는 21종의 等
狀 등이다.[9] 편의상 그 자료를 다음과 같이 배열하고 각 자료에 고유번
호를 정해 둔다.

    ① 「淸道雲門寺僧順謙自心等狀」(『雲門寺志』, 40~42쪽)
    ② 庚子三月十日 「稟」(『同寺志』, 33~35쪽)
    ③ 「傳令量田都監」(『同寺志』, 84~85쪽)
    ④ 「淸道雲門寺僧人・末音員居民等狀」(『同寺志』, 36~39쪽)
    ⑤ 「田畓賣買文記」(『同寺志』, 82~83쪽)
    ⑥ 「淸道雲門寺僧徒等狀」(『同寺志』, 43~46쪽)
    ⑦ 「淸道雲門寺僧等狀」(『同寺志』, 47~49쪽)

---

  8) 17세기 이후 田稅를 부담하는 寺位田의 조성은 김갑주, 앞의 책, 159~236쪽
    참조.
  9) 『雲門寺志』는 亞細亞文化社에서 『韓國寺志叢書』 제10집으로 간행한 寺志로서
    『同寺志』, 29~85쪽에 필사본으로 된 等狀 등이 실려있다.

⑧「淸道雲門寺僧等狀」(『同寺志』, 50~52쪽)
⑨「淸道雲門寺僧人等狀」(『同寺志』, 53~56쪽)
⑩「淸道雲門寺僧統快性等狀」(『同寺志』, 74~76쪽)
⑪「雲門寺僧義伯有仁泰演等狀」(『同寺志』, 70~71쪽)
⑫「淸道雲門寺僧義伯有仁泰演等狀」(『同寺志』, 72~73쪽)
⑬「雲門寺僧徒等狀」(『同寺志』, 60~61쪽)
⑭「雲門寺僧漢琪普衍等狀」(『同寺志』, 59~60쪽)
⑮「雲門寺僧徒等狀」(『同寺志』, 77~78쪽)
⑯「雲門寺僧徒寬政智彦等狀」(『同寺志』, 57~58쪽)
⑰「淸道雲門寺僧徒等狀」(『同寺志』, 66~68쪽)
⑱「雲門寺僧徒等狀」(『同寺志』, 79~81쪽)
⑲「道內雲門寺僧徒等原情」(『同寺志』, 62~65쪽)
⑳「淸道雲門寺僧徒等狀」(『同寺志』, 69쪽)
㉑「淸道雲門寺僧徒等狀」(『同寺志』, 29~32쪽)

상기「等狀」등 21종의 자료는 운문사 승려들의「等狀」이 17종(①·
④·⑥·⑦·⑧·⑨·⑩·⑪·⑫·⑬·⑭·⑮·⑯·⑰·⑱·⑳·㉑), 군관의「稟」
이 1종(②),「전령」이 1종(③), 운문사 승려들의「原情」이 1종(⑲),「賣
買文記」가 1종(⑤) 등이다. 그런데 이 자료들은「賣買文記」인 ⑤만을 제
외하고는 干支만이 표기되어 있을 뿐이고, 연호가 표기되어 있지 않기
때문에 연대를 밝히는데 어려움이 있다. 그러나 자료 ①·②·③·④·⑥·
⑦의 干支가 己亥·庚子·辛丑으로 표기되어 있고 그 내용으로 보아
'庚子量田'을 전후한 己亥·庚子·辛丑인 것으로 확인됨으로 숙종 45
년(1719)과 46년, 그리고 경종 원년(1721)임이 확실함을 알 수 있다. 또한
자료 ⑧의 辛亥는 그 내용이 자료 ⑦과 직접 연결되어 있는 것으로 보아
영조 7년(1731)의 干支임이 틀림없을 것이다. 그리고 자료 ⑨·⑩은 그
내용으로 보아 앞의 자료들과 직접 연결된 것이다. 따라서 앞의 자료들과
그렇게 멀지 않은 '경자양전' 이후의 첫 번째 壬申 곧 영조 28년(1752)과
첫 번째 丙子 곧 영조 32년(1756)인 것으로 보인다. 운문사의 제4重刱者
인 雪松大師가 당시 운문사에 머물고 있었던 사실과도 무관하지 않았을

것이다. 그 외의 자료들은 구체적인 연대를 밝힐 수 없지만 그 내용으로
보아 운문사가 寺敗僧殘의 어려운 처지에 놓여있을 시기로 보인다. 즉
18세기 후반 이후의 어느 시기일 것이다. 17세기 후반부터 18세기 전반
까지 1세기여 동안은 사찰마다 승려들이 초만원을 이루는 등 번창한 모
습을 보인 사찰들이 그 후 僧軍·紙役 등 부담이 가중되어 18세기 후반
부터는 극도로 위축되어갔다.[10) 결국 연대를 밝힐 수 없는 자료들은 18
세기 후반부터 19세기의 어느 시기로 볼 수밖에 없다. 이러한 자료들이
당해 사찰인 운문사에 보존되어 왔으며 또한 그 문장의 구성이나 내용으
로 보아 일단 사료로서의 가치를 지니고 있는 것으로 믿어진다. 물론 사
찰 측만의 자료라는 한계도 안고 있다. 이러한 자료를 분석하여 운문사위
전을 둘러싼 소유권 분쟁을 검토해 보도록 하자.

Ⅲ. 雲門寺 位田의 유래

운문사는 청도군 운문면 신원동에 위치한 유서깊은 사찰이다. 원래
신라 진흥왕 때 한 도승에 의해 창건된 五岬寺의 중심사찰인 大鵲岬寺
였는데[11) 고려 태조 20년(937)에 雲門禪寺라 사액된 사찰이다.[12) 즉 진
흥왕 때 창건된 대작갑사는 30여 년 후인 진평왕 22년(600)에 圓光法師
에 의해 중창되었으며,[13) 그 후 후삼국의 정치적 혼란기에 오갑사가 쇠

---

10) 金甲周,「南北漢山城 義僧番錢의 綜合的 考察」『佛敎學報』25, 1988 ; 金甲周,
「朝鮮後期의 僧軍制度」『龍巖車文燮博士華甲紀念論叢－朝鮮時代史硏究』, 신
서원, 1989.
11) 五岬寺는 중앙에 大鵲岬寺, 동에 嘉瑟岬寺, 남에 天門岬寺, 서에 大悲岬寺, 북
에 所寶岬寺 등이다(「慶尙道淸道郡東虎踞山雲門寺事蹟」『雲門寺志』, 7~21쪽).
12) 『삼국유사』권4, 寶壤梨木.
13) 원광법사가 隋에서 귀국한 해가 開皇 20년 곧 진평왕 22년이다. 그런데 事蹟에
는 "… 隋高祖開皇 九年 戊午 圓光祖師之再創也 … 自圓光開皇十一年 庚申歲

퇴·붕괴되어 僧 寶壤에 의해 2차로 중창되면서 곧 고려 태조 20년에 사액되었던 것이다.[14] 운문선사라 사액되기 전에, 오작갑사 重刱主인 원광법사는 嘉琵岬寺에 '占察寶'를 설치하여 자원용으로 檀越尼가 시답한 전지 100결을 소유하고 있었다.[15] 그런데 원광법사의 화랑오계가 바로 여기서 이루어졌던 사실과 당시 원광법사의 사회적 지위 등을 감안해 보면,[16] 위의 전지 100결은 가비갑사의 소유였으며 오작갑사 중 여타의 4사찰들도 이 정도 규모의 전지를 각각 소유했을 것으로 보인다.[17] 특히 신라시대의 운문사 지역은 왕경인 경주가 가까운 곳에 있고 密陽·淸道에서 왕경에 내왕하는 교통의 요지로서 使星往來時 支應之處인 新院이 있었던 곳이다.[18] 또한 이 곳은 雲門川을 낀 농업에 유리한 지역이었다. 따라서 당시 운문사의 寺勢는 막강했을 것으로 짐작된다. 이러한 운문사가 그 후 후삼국의 정치적 혼란기에 五岬이 모두 쇠퇴 붕괴하게 되었다. 그리하여 僧 寶壤에 의해 2차로 중창되자 고려 태조 왕건은 후삼국통일 직후인 태조 20년(937)에 보양을 三綱典主人(住持)으로 삼고 운문선사라 사액함과 동시 전지 500결을 시납하였다.[19] 태조 왕건이 운문사에 사액과 동시 전지 500결을 시납하게 된 것은 아마도 2차 중창자인 승 보양이 왕건의 고려왕조 창건에 많은 도움을 주었기

刱建 …"이라 하여 干支 등이 일치하지 않은 등 소략하게 취급되어 있다(『雲門寺志』, 7~21쪽).

14) 雲門寺의 유래에 대하여는 金潤坤, 「麗代雲門寺와 密陽·淸道地方」『三國遺事研究』上, 1983 참조.

15) 『삼국유사』권4, 圓光西學, "住嘉抾岬寺 置占察寶以爲恒規 時有檀越尼 納田於占察寶 今東平郡之田 一百結是也 …". 여기 嘉抾岬寺는 五岬寺中 東의 嘉瑟岬寺임(앞의 『寺蹟記』참조).

16) 『삼국유사』권4, 圓光西學.

17) 김유신이 삼국통일의 위업을 달성했을 때 500결을 사급받고 태대각간의 작위를 줄 때 식읍 500호를 사급받았다(『삼국사기』권43, 「列傳」3, 金庾信傳). 이러한 예로 보아 雲門寺의 경우도 많은 전지를 소유했을 것으로 보인다.

18) 자료 ①·④·⑥·⑦ 등 참조.

19) 註 12)와 같음.

때문이라 생각된다. 또한 왕조의 창건 후 왕건의 세력확장에 보양이 필요한 인물이기도 했을 것이다.[20] 한편 왕건이 운문선사라고 사액함과 동시 전지 500결을 시납했다는 것은 종래 五岬에서 소유해 오던 500결을 왕조교체 후 다시 그 소유권을 추인해 준 것이라 하겠다. 요컨대 운문사는 원광법사의 1차 중창 때 가비갑사가 전지 100결을 소유하게 된 것을 비롯하여 五岬이 도합 500결의 전지를 소유해 오던 것을 후삼국을 통일한 왕건에 의해 다시 운문사 위전으로 확인된 것이라 하겠다.

운문사 위전 500결은 고려중기인 인종 7년(1129), 圓應國師가 3차 중창할 때까지도 그대로 유지되고 있었다.[21] 특히 3차 중창한 원응국사에게는 國奴婢 500구를 劃給해 주기도 하였다.[22] 이와 같은 운문사의 위전은 고려 말 사원령이 크게 확대해 갔을 때까지 그대로 유지되었는지는 의문이다. 무신정권 당시 운문사를 중심으로 한 반정부 민중봉기가 일어나 무신정부로부터 많은 탄압을 받았을 것으로 보이기 때문이다.[23] 그렇다고 하여 운문사가 곧 폐망한 것은 아니었으며 기본적인 위전은 소유해 오고 있었던 것으로 보아야 할 것이다.

운문사의 위전은 왕조의 교체에 따라 조선왕조의 불교탄압으로 크게 위축되어 갔던 모양이다. 즉 조선정부는 불교탄압의 일환으로 사원노비와 함께 사원전을 정리해 갔다. 사원전의 1차 정리는 태종 6년(1406) 3월에 있었다. 前朝密記付裨補寺社와 外方各官踏山記付寺社內에 新舊都에 五敎兩宗 각 1寺, 外方牧府에 禪敎 각 1寺, 군현에 禪敎中 1寺를 量留토록 했는데, 이 때 242寺가 공인되었고, 공인된 각 사찰에 10~100員의 常養

<hr/>

20) 金潤坤, 앞의 논문 참조.
21) 「雲門寺圓應國師碑」(『朝鮮金石總覽』上, 107), 348쪽.
22) 註 21)과 같음.
　　고려시대 雲門寺의 전지소유 실태와 그 경작양상에 대하여는 金潤坤,「麗代의 寺院田과 그 耕作農民－雲門寺와 通度寺를 中心으로－」『民族文化論叢』 2·3, 1982.
23) 金潤坤,「抗蒙戰에 參與한 草賊에 대하여」『東洋文化』 19, 1979.

僧을 배정하였다. 배정된 상양승 1員마다 전답 2결과 노비 1구씩을 분급해 주었다. 운문사는 고려시대의 寺勢로 보아 1차 정리 때는 공인되었다고 할 것이다.[24] 이듬해인 同王 7년 12월에 전년에 공인한 각 관의 邑內資福寺 중 88寺는 山水勝處의 대가람으로 대신하게 되었다. 이 때 淸道郡에서는 화엄종의 七葉寺가 88寺에 포함되어 있다. 운문사가 포함되어 있지 않은 것은 이미 전년에 공인되었기 때문이라 하겠다.[25] 사원전의 2차 정리는 세종 6년(1424) 4월에 있었다. 이때는 불교종파를 선종과 교종 등 2종으로 통합하고 동시에 선종 소속 18사, 교종 소속 18사 등 36사만을 공인하였으며 공인된 36사에만 사위전 7,950결을 배정하였다. 이 때 운문사 위전은 완전히 회수되어 속공된 것으로 보인다.[26]

한편, 운문사 위전은 羅·麗代에는 사찰에서 전지와 인민을 직접 지배하는 농장적 성격을 띠고 있었던 모양이다. 고려시대 寺領의 지배범위를 표시하는 界表인 長生이 운문사 영내에 11개나 되었던 사실로 보아 알 수 있다.[27] 왕조교체 후 두 번에 걸쳐 사위전이 정리되자, 운문사는 '各自收稅'의 사위전은 이제 소유할 수 없게 되었다. 운문사는 정부가 공인하는 36사에 포함되지 못했기 때문이다.[28] 그리하여 운문사는 전세를 부담하는 위전을 조성해야만 하였다. 17세기 후반부터 사찰마다 전세를 부담하는 위전을 상당히 조성해 갔다. 당시 사위전은 佛㘾 등 원위전답과 조성위답으로 구성되어 있었다. 조성위답은 매득과 시납으로 이루어졌다.[29] 운문사의 경우, 佛㘾 등 원위전답이 얼마나 되었는지 양안이 남아 있지 않기 때문에 확실히 알 수 없다. 그러나 운문사의 조성위답의

---

24) 圓應國師의 3차 重刱 때 "… 雲門禪院上寺是五百禪刹中 第二禪刹也 …"(「慶尙道淸道郡東處踞山雲門寺事蹟」『雲門寺志』)라고 한 것으로 보아 고려시대 500禪刹 중 제2선찰인 운문사가 242사 내에 들어 있었을 것이다.
25) 김갑주, 앞의 책, 22~30쪽.
26) 김갑주, 앞의 책, 32~36쪽.
27) 旗田巍,「新羅高麗의 土地臺帳」『東洋學學術會議論文集』, 成均館大, 1975.
28) 註 26) 참조.
29) 김갑주, 앞의 책, 159~222쪽.

경우, 매득위답으로 숙종 16년(1690) 2월에 武平君 盧進士로부터 260兩
에 매득한 新院員의 전지 19결 78부 9속과 그 주변의 陳廢處 등이 있었
다.[30] 숙종 44년(1718)에 重錄된 운문사 사적에 "新院員에 약간의 전결
을 소유하고 있다"는 것은[31] 곧 28년 전에 매득한 신원원의 전답과 같
은 것으로 보아 무방할 것이다. 신원원의 모든 전지는 위의 매득위답에
포함되는 것으로 생각되기 때문이다.

〈표 42〉 雲門寺佛粮位畓秩

No	施納者	面積(斗)	所在地	結負束
1	山人釋齊	畓 2	加 禮 員 398	4負 5束
2	山人性覺	畓 2	烏 栖 員 144	14負
3	山人宗坦	畓 1	末 音 員 389	
4	山人尙軒	畓 2	蓴 池 員 208	6負 6束
5	山人學澄	畓 2	明 介 員 18	3負 6束
6	山人克閑	畓 3	蓴 池 員	
7	山人唯白	畓 2	明 介 員 18	3負 4束
8	山人克贊	畓 2	蓴 池 308	5負 7束
9	山人啓贊	畓 3	明介谷員 372	8負
10	山人廣捧	畓 2	周 雲 員 191	12負 6束
11	山人性融	畓 1	上加禮員 303	3負 6束
12	山人僅丁	畓 5	仇 日 員 224	18負 2束
13	山人熙玉	畓 2	上加禮員	
14	山人敬㕪	畓 1	下東谷員 128	3負
15	金 弘 立	畓 1	上加禮員 300	3負 9束
16	鄭 日 立	畓 2	末 音 員 323	8負 4束
17	金 進 洪	畓 2	梨木谷員 544	4負 4束
18	金彷叱龍	畓 2	烏 栖 員 289	6負 8束
19	黃 永 龍	畓 2	高 樹 員	
20	陳 多 勿	畓 2	下東谷員 235	6負 8束
21	居士大堅	畓 3	所 羅 員	

---

30) 자료 ⑤「文記」참조.
31) 숙종 44년(1718), 伴盧 彩軒이 重錄한 「慶尙道淸道郡東虎踞山雲門寺事蹟」에
   "… 自圓光開皇十一年庚申歲刱建 至于康熙五十七年戊戌 … 納田五百結劃 給
   五百人 樹石碑爲完 而累逢兵燹 田結奴婢石碑爲人所破外 在位畓 萬不推一但
   推新院員 畧干田結 董以保之耳 …"(앞의 책, 7〜21쪽).

22	居士信弘	畓 2		
23	居士善聰	畓 2		
24	居士會信兩主	畓 1		
25	黃承萬兩主	畓 1		
26	山人玉心	畓 9	露 峙 員	
27	尹 召 史	畓 2		
28	彩玄伏爲師翁師父母	畓 3	仇 旀 員	18負
29	山人通政大夫文洽	畓 1		
30	山人信性	畓 1		
31	金信義兩主	畓 1		
32	朴莫男兩主	畓 2		
33	山人懷卜	畓 3	末 音 員	
34	宋日立兩主	畓 3	于撫節員	16負 1束

　운문사의 시납위답은 얼마나 되었는지 확실히 알 수 없다. 그러나 18
세기 초에 작성된 것으로 보이는 「雲門寺佛粮位畓秩」에 따르면 75두락
의 시납위답이 있었다(<표 42> 참조).[32] 위의 표에서 알 수 있듯이 이
때 시답자는 승려와 신도들이었다. 그리고 시납위답이 운문사의 인근 마

---

32) 「雲門寺佛粮位畓秩」은 「淸道郡東虎踞山雲門寺事蹟」과 「同重錄序」 등과 함께
　　목판본으로 발간된 것을 경북대 許興植 교수로부터 그 一本을 求得하였다. 여
　　기 「雲門寺事蹟」과 「同重錄序」는 『雲門寺志』에 수록되어 있으며 「雲門寺事蹟」
　　은 『朝鮮寺刹史料』 上에도 수록되어 있다. 「雲門寺佛粮位畓秩」이 언제 작성되
　　었는지는 확실히 알 수 없다. 그런데 「雲門寺佛粮位畓秩」 뒷부분에 작성자로
　　보이는 '典座 能擇'이란 記錄이 보인다. 그리고 숙종 44년에 伴虛 彩軒이 重錄
　　한 「慶尙道淸道郡東虎踞山雲門寺事蹟」 뒷면에 당시 雲門寺 僧職으로 보이는
　　다음과 같은 記錄이 있다.

　　　前僧統 祖鑑　　　　大木 彩允
　　　時僧統 天治　　　　別座 雪坦
　　　執綱 敬寬　　　　　　印聰
　　　書記 順謙　　　　　　能和
　　　　　　　　　　　　　彩先
　　殿座 能捧
　　　　　　　　　工德刻
　　여기에 보이는 殿座 能捧은 앞의 典座 能擇과 동일한 사람으로 보인다. 殿座
　　와 典座는 同一義語이며 能擇은 能捧의 誤刻이라 하겠다. 그렇다면 결국 「雲
　　門寺佛粮位畓秩」도 숙종 44년을 전후해서 작성된 것이 된다.

을이며, 매득위전이 있는 신원원에는 한 필지도 보이지 않는다. 이러한 사실은 신원원은 이미 운문사 위전임을 뒷받침하고 있는 것으로 보아도 무방할 것이다.[33] 요컨대 숙종 말년인 18세기 초의 운문사의 소유전답은 佛垈 등 원위전답을 비롯하여 매득위답으로 신원원 19결 78부 9속과 그 주변의 陳廢處 그리고 시납위답 75두락 등 조성위답이 있었던 것이다.

그 후 운문사는 18세기 중반에 雪松 演初大師가 4차 중창하였다. 설송 연초대사가 운문사를 4차 중창할 때인 18세기 중반, 즉 영조 연간에는 운문사의 사세가 상당했을 것으로 보인다. 중창할만한 능력도 있었겠거니와, 영조 30년(1754)에 세운 雪松大師碑銘에 그의 존호를 '有明朝鮮國扶宗樹教紫國一都大禪師兩宗正事雪松堂大師'라고 한 것, 그리고 그 비명을 당시 영의정 李天輔가 撰하고 형조판서 李鼎輔가 書하고, 도승지 李益輔가 篆한 것 등을 보아 운문사의 사세를 짐작할 수 있다.[34] 이 때에도 운문사는 상당한 위전을 소유했을 것으로 보인다. 또한 19세

---

33) 18세기 말기인 정조 6년(1782) 7월에 작성된 海南 大芚寺의 畓庫構成은 다음 표와 같다(김갑주, 앞의 책, 262~263쪽).

大芚寺의 畓庫構成表

畓 主	斗落	備考	畓 主	斗落	備考
僧 侶	398	白蓮堂 外 93名	佛粮契	8	
信 徒	47	金正伯 外 13名	佛位契	21	
補寺廳	38斗落 5升		三聖庵	5	
淸風祭	12		寺 位	5	
燭 契	10		碧眼殿	4	
甲 契	9		計	557斗落 5升	

※ 大芚寺의 畓庫 구성으로 보면 雲門寺의 경우도 각종 契 등의 명목으로 位田이 더 있었을 것으로 보인다.

34) 1914년(大正 3) 雲門寺 書記 文性熙가 謹書한 「朝鮮慶尙北道淸道郡雲門寺事蹟」(『雲門寺志』, 89~102쪽)에 第四重刱者 雪松 演初大禪師를 설명하면서 雪松大師碑가 세워진 崇禎後 再甲戌 10월을 숙종 20년(1694, 甲戌)로 誤記함으로써 많은 착오를 가져온다. 숙종 20년 甲戌은 崇禎後甲戌이고 崇禎後 再甲戌은 영조 30년(1754, 甲戌)이다. 특히 雪松大師碑銘을 撰한 領議政 李天輔가 영조 30년 당시의 領議政이었음을 보아 더욱 확실하므로(「雪松大師碑銘」『雲門寺志』, 341~365쪽) 착오 없기를 바란다.

기 전반 즉 헌종 연간(1835~1849)에도 운문사의 사세는 상당했던 모양이다. 운문사의 5차 修葺者 雲岳和尙이 헌종 5년(1839)에 五百殿을 중건하였으며, 다음해에 應眞殿·冥府殿·彌陀殿·內院庵·北垢庵 등을 중건하였다. 그리고 7년에 靑神庵을 창건하였고 8년에 金法堂을 중건하였다.35) 이러한 많은 불사를 추진할 수 있었던 것으로 보아 당시 사세가 상당했을 것이며, 또한 상당한 위전도 소유했을 것으로 믿어진다.

Ⅳ. 雲門寺 位田의 소유권 분쟁

운문사는 18세기 초에 新院洞에 19결 78부 9속과 그 주변의 陳廢處, 그리고 시납위전 75두락을 위전으로 소유하고 있었음을 앞 절에서 살펴보았다. 이 시기에 운문사 위전을 둘러싸고 寺僧들과 인근의 洞民 사이에 소유권 분쟁이 일어났던 것이니, 즉 18세기 초 「경자양전」을 둘러싸고 일어난 소유권 분쟁이었다. 그 후 동민들이 늘어나면서 많은 가옥을 건축하게 되자, 이번에는 垈稅를 둘러싸고 소유권 분쟁이 일어났다. 이와 같은 소유권 분쟁으로 寺僧들과 洞民 사이에 감정이 극도로 악화되어 급기야 동민의 난동으로 발전하게 되었다. 본 절에서는 이러한 문제에 대하여 그 사안별로 살펴보기로 한다.

---

35) 雲門寺 書記 文性熙가 謹書한 「雲門寺事蹟」(『雲門寺志』, 97쪽)에 "第五修葺者 雲岳和尙也"라 하고 空欄으로 두어 어느 시기의 어떠한 승려인지 알 길이 없다. 그러나 「雲門寺伽藍重建年代」(『雲門寺志』, 111~113쪽)에 雲岳和尙이 五百殿을 天保 10년에 重建, 應眞殿·冥府殿·彌陀殿·內院庵 등을 天保 11년에 중건, 金法堂을 天保 13년에 중건, 靑神庵을 天保 12년에 初刱하였다고 했다. 여기 天保는 일본연호로서 天保 10년은 헌종 5년(1839), 天保 11년은 헌종 6년(1840), 天保 12년은 헌종 7년(1841), 天保 13년은 헌종 8년(1842)이다.

1. '庚子量田'을 둘러싼 소유권 분쟁

숙종 46년(1720) 庚子年에 삼남지방에 양전사업이 있었다.[36] 이 '경자양전'을 둘러싸고 운문사 위전에 대한 寺僧과 인근 동민 간에 소유권분쟁이 일어났던 것이다. 먼저 소유권 분쟁의 경위를 이해하기 위하여몇 가지 사례를 살려보기로 하자.

> 사례 ① 숙종 45년(1719) 11월, 雲門寺僧 順謙・自心이 均田使道主에게
> 올린 等狀의 내용.
>
> 洞下新院員은 원래 本寺의 담당임이 癸乙量錄時[37] 명백히 懸主되었으며, 갑술양전 시는 寺位로 현록된 것도 있고 혹은 院位로 현록된 것도 있지만모두 本寺가 맡도록 되었습니다. 그 중에 陳荒地로서 개간하지 못한 곳도 있었는데, 근래 타읍의 流氓이 聚集하여 人物이 번성하게 되자 이들이 峽裡의寺位田畓을 幷作코자 자원하므로 山中 승려들이 경작하지 않고 있었으므로流民들에게 맡겨 米租를 징수토록 하였습니다. 그 중에 陳處를 개간하여 起耕코자 청하므로 寺中에서 상의하여 起墾을 허락하고 오직 일정 연한에만耕食토록 하였습니다. 그리고 開墾에 당하여는 廊土를 作畓할 때 사찰승려들이 혹은 울력으로 돕고, 혹은 酒盆으로 협조하여 장차 寺位로 할 것을 명백히 하였는데 流民中 強悍한 무리들은 자칭 '陳處起耕'이라 하여 改量之日에당하여 소유주가 되고자 하는 바 이것은 만만 부당한 것입니다. 雲門一山은萬疊重圍하여 平地田畓과는 風土懸絶하여 本寺를 위한 位田이 明白하며 의심할 바 없습니다. 향차 甲量時 新院一員을 沒收하여 寺位로 懸主한 것이卜數가 數百에 이르고 간혹 陳處를 時作者가 起耕하더라고 所有主가 된다는 것은 극히 부당하거니와 운문사로서는 一時入功하여 累年他人에게 幷作시키는 것도 용납할 수 없는데, 하물며 寺位를 횡탈하여 量主之計를 꾸미는것은 아주 이치에 맞지 않는 것입니다. 이러한 사유로 本官巡營에 粘連告達

---

36) 숙종 45년(1719), 삼남지방에 均田使를 파견하여 양전사업을 시작하였다. 그리하여 1년 후인 46년(1720)에 '庚子量案'이 작성되었다(『增補文獻備考』142, 「田賦考」2).

37) 癸未年(숙종 29)과 乙未年(숙종 41)에 鄕色을 보내 打量한 경우임(자료 ② 참조).

하는 것이니 使道主께서 明鑑하시어 同文書를 상세히 考覽하신 후 新院員
의 병작지를 寺位로 현록하도록 지시하여 路傍殘寺로 하여금 使客往來時 弊
가 없이 應役之地가 되도록 분부해 주십시오.

위와 같은 승려들의 등장에 대하여 均田使의 題音은 "과연 甲量時
寺位로 현록되었는지 考出區別하여 현록하라"고 하였다.[38]

사례 ② 숙종 46년(1720) 3월 10일, 軍官 河泗川의[39] 稟議.

운문사 승려들이 寺位畓을 桶店居民들에게 피탈되었다는 所志에 대하여
題音하신 것에 운문산은 본래 營門封山인데 僧俗이 서로 爭奪한다는 것은
극히 駭怪한 일로 각별히 摘奸해 오던 바, 本官鄕所가 같이 同田畓 所在處
에 馳到하여 眼同摘奸하였더니 數石落只畓庫가 본래 昔年에 淸道境의 院舍
基址의 근처로 그 院位였는데 同院이 혁파된 후, 去順治 12년 辛丑에[40] 院
位田畓을 몰수하여 寺位로 귀속시킨 후 官署踏印文書가 見存하고 있습니다.
그 후 本官은 이후의 相爭之弊를 염려하여 지난 癸未 乙未 兩年에 鄕色을
보내 다시 打量하여 승도들에게 給與한 후 打量文書까지 成給하였습니다.
뿐만 아니라 同畓庫가 비록 山峽에 있더라고 만약 여러 사람을 일으켜 防川
을 쌓아 올리지 않으면 作畓하여 灌水蒙利하기가 어려우므로 승도들이 功을
들여 防川作梁後 간간이 作畓하여 店民들에게 幷作을 주었는데 幷作하는 여
러 사람들이 舊畓의 隣傍에 역시 간간이 起耕하여 일정한 年限동안 耕食하고
定限이 차면 寺位로 환급한 후 年年이 幷作半分하여 지금까지 오던 바 이번
의 양전 시에 '以起耕者爲主'를 들어 관가에 誣呈한 것이 相爭의 發端이 된
것입니다. 그러므로 전후의 문서를 통하여 처음 入功하여 防川作畓處를 보고
병작자가 비록 간간히 挾起한 곳이 있더라도 '以起耕者爲主'의 예에 따라 귀
속되는 것이 아니므로 양안 중 그 본주를 승도로 懸主할 뜻을 量任에게 분부
하였거니와 이때에 당하여는 營門의 決給하는 題音이 없으면 장차 日後 紛紜
之弊가 없지 않을 것이니 이에 決折을 분부하시도록 감히 稟議합니다.

---

38) 자료 ① "題音 : 寺位果爲懸錄於甲量是乎所 詳細考出區別懸錄向事".
39) 자료 ②에는 "軍官 河□□"라 하여 名이 나타나 있지 않다. 그런데 자료 ⑥에
    '軍官 河泗川'이 있는 것으로 보아 동일인이라 보인다.
40) 順治 12년은 효종 6년(1655) 乙未이며 順治 辛丑은 현종 2년(1661)이다. 그런데
    院位田畓을 몰수하여 寺位로 귀속시킨 해는 자료 ④에는 順治 庚子 즉 현종
    1년으로 나타나 있다.

위와 같은 軍官 河泗川의 稟議에 대하여 題音은 "田量所에 付處하여
稟議에 따라 승도를 현록토록 하고 封山冒耕處는 事目에 따라 屬營토
록 하라"고 하였다.[41]

사례 ③, 숙종 46년(1720) 4월 27일, '量田都監'의 傳令.

　　上東新院員의 加耕田에 대한 僧俗의 相爭處는 당초 民人의 等狀으로 말
미암아 '起耕人懸主之意'를 따르도록 量監에게 분부하였다. 그 후 懸主時에
僧俗이 다시 문제를 일으켰다. 癸未番中에는 時作者를 다수 懸主하여 僧人
輩가 누누히 呼冤하거늘 그들의 주청을 取考하여 時作이 舊陳懸錄한 것을
모두 起耕懸錄으로 하지 말 것이며 또한 당초 有主地를 起耕한 땅은 어찌
相爭하지 않겠는가? 寺位로 打量하여 그 후 年年이 本寺에 分半備給하여 왔
으므로 이것은 본래 寺位가 明白함을 알 수 있으니 量田치 말고 寺位로 현록
할 뜻을 民人에게 分付하도록 이렇게 傳令을 내리니 測量成册中 '時執懸名
處'를 寺位로 고친 후 踏印을 고쳐 整正하여 出給하라.

사례 ④ 숙종 46년(1720) 11월, 雲門寺 僧人과 末音員 居民이[42] 함께 낸
　　　　等狀의 내용.

　　極天冤痛한 事由를 伸訴할 곳이 없어 답답함을 누르고 날을 보내고 있었
는데, 요행히 敬聖한 使道主가 到郡하는 날에 감히 疾辭呼籲하오니 … 洞下
新院員은 古院을 廢하고 院位田畓은 順治 庚子年(현종 원년, 1660)에 本官
이 寺位로 귀속시켜 준 후 完文을 成給하였고 그 나머지는 甲量 때 左右의
陳處俠起한 것은 강희 庚午年(숙종 16, 1690)에 盧進士에게 특별히 賜牌하
여 官屯에 속해 있던 것을 重賣할 때 本寺에서 銀子 260兩을 給價하여 매득
한 후 入功하여 전답을 만들어 천년고찰에 이러한 位田의 所出로 賓客의 酬
應之資로 하였습니다. 그런데 千萬意外로 前使道主께서 운문봉산의 禁摽內
犯耕處를 摘奸할 때 저희들의 오래전부터 전해온 寺位가 그 중에 혼입되었
다 하여 營屯에 倂屬시켰습니다. 末音은 본래 雲門의 枝葉이 아니고 운문산
에 馬山이 있으며 그 산 밑에 末音員인데 末音員에 소재한 전답은 모두 甲
量 때 얻은 것이지 소위 新起한 것은 없었습니다. 甲量 때 얻어 혹은 돌맹이
를 모아 싸고 몹쓸 땅도 흙으로 구렁을 메워 전답으로 만들어 자손에게 전승

41) 자료 ② "題音 : 田量所付處依稟以僧徒縣錄是遣 封山冒耕處依事目屬營向事".
42) 末音員은 孔巖洞 大川洞 新阮洞과 함께 雲門寺가 위치한 東二面에 있었다(「淸
　　道群邑誌」『邑誌』慶尙道 ①, 540쪽,『韓國地理誌叢書』).

하고 또한 서로 매매해 온 것이 지금으로는 얼마나 오랜 지 알 수 없는 바, 封山摘奸時 混同見占하여 결국 屬屯之境에 이르렀습니다. 이에 저희들 僧俗의 원통함을 헤아려 본래 封山을 犯耕한 곳이 아닌 新院·末音 兩貝의 전답을 營屯에서 除外시켜 주십시오.

위와 같은 운문사 승려들과 末音貝 洞民들이 합동으로 올린 等狀에 대하여 題音은 "이 일은 전번에 區處해야 할 일인 바 새로 到任한 初이기 때문에 그 曲折을 상세히 듣지 못하고 있었으니 그 때의 상황을 살펴본 후에 처리하겠다"라고 하였다.[43)]

이상 4개의 사례들을 통하여 당시 운문사 위전을 둘러싼 소유권 분쟁의 경위를 대략 파악할 수 있다. 이 때 승려들의 주장을 요약하면 다음과 같다. "유서깊은 운문사에는 근처 마을인 新院貝의 일부 전답을 위전으로 소유하고 있었는데, 원위전답이었던 신원원전답의 대부분을 현종 원년(1660)에 寺位로 귀속시킴으로써 陳田을 포함한 신원원전답의 모두가 운문사 위전으로 인정되어 왔다는 것이다. 그리고 신원원 근처 兩峽中에 閑地인 넓은 평지가 官屯田으로 있을 때 京居 武平君 盧進士에게 賜牌折受된 것을 운문사에서 숙종 16년(1690)에 銀子 260냥을 지불하고 매득하여 많은 功을 두려 전답으로 만들었으며, 본관에서 監色을 파견하여 院位로 打量했다가 甲量 때 다시 논의된 것이며 寺中에 오래전부터 전래되어 온 위전이다"[44)]라고 하였다. 이러한 승려들의 주장에 대하여 동민들의 주장은 다음과 같이 요약할 수 있다. "신원원의 사위전을 자신들이 倂作해 오면서 사위전의 인접지인 兩峽의 閑廣한 평지를 개간

---

43) 자료 ④ "題音 : 此是前等時所區處之事 新到之初 未及詳聞曲折 而汝矣等仰 訴 是如是縷縷前等特聞辭議及均田吏 其時狀函當從容考見後處之".

44) 자료 ⑥ "… 去順治庚子年分 洞下新院廢基及院位田畓移屬於矣寺 所謂新院乃 羅代刱設之院 而革罷後院位田畓 載錄於甲量者是白乎㫆 其餘寺位則新院近處 爲兩峽中閑廣平地是白乎等 以曾於康熙庚午年分 京居盧進士特賜牌 文書來屬官屯之際 矣寺僧徒銀子二百六十兩給價買得後 多入人功作爲田畓是白乎則 自本官別 遺監色 入往打量以院位 甲量扶起在錄於行審因作 寺中傳久之物是白乎㫆 …".

하여 자신들의 경작지를 넓혀 갔는데 이 전지는 '起耕者爲主'의 원칙에 따라 소유권이 자신들에게 있다"는 것이다.[45]

승려들과 동민들이 서로 다른 주장을 하게 된 경위를 좀 더 구체적으로 정리해 보면 다음과 같다. 즉 이미 廢院이 된 원위전답이었던 신원원의 전답은 인조 12년(1634) '갑술양전' 때 無主地로 현록되었다가 현종 원년(1660)에 운문사의 위전으로 귀속시켜 주었다. 이 때 完文까지 成給하여 운문사 위전으로 인정하였다. 그리고 관둔전에 속해 있던 신원원 근처 兩峽의 閑廣한 평지가 京居의 武平君 盧進士에게 賜牌折受된 19결 78부 9속과 그 나머지 陳廢處 등이 있었는데,[46] 이것을 운문사에서 숙종 16년(1690) 2월 29일에 은자 260냥으로 매득하였다는 것이다. 이러한 사실은 자료 ⑤에 보이는 다음의 명문에서 확인된다.[47]

康熙二十九年庚午二月二十九日雲門寺僧海哲處明文

　　右明文爲臥乎事叚 矣奴上典武平君宅賜牌折受爲在寺位田畓 尺量十九結七十八卜九束庫及陳廢處 并以牌旨導良 價折銀子二百六十兩 捧上爲遣 折受庫乙永爲放賣爲去乎 後此京鄉中某人是乃雜談爲去等 貼付牌旨并爲告官卞正事

---

45) 雲門寺에서는 崇德 壬午(인조 20, 1642)에 金彦龍으로부터 新院員에 있는 99부 5속을 給價買得하여 作畓한 경우도 있었다(자료 ⑥ 참조).
46) 職田制廢止 이후 宮家나 官家의 전답 확대수단으로 折受의 형식을 취하여 無主地를 취득하여 개간작업하여 소유할 수 있었다.
　　朴準成,「17・18세기 宮房田의 확대와 所有形態의 變化」『韓國史論』11, 1984 ; 李景植,「17世紀 農地開墾과 地主制의 展開」『韓國史研究』9, 1973.
47) 上典인 盧進士가 上記 折受地의 賣渡權을 奴自龍에게 다음과 같이 위임하였다 (자료 ⑤).
　　　　奴自龍付
　　無他淸道雲門寺新院員等處 今此賜牌沒數折受爲有如乎 今以來此察其寺中形勢則事極可憐 只爲尺量拾玖結拾八負玖束 以爲持去計料爲乎 矣此亦許賣 同尺量拾玖結柒拾八負玖束及其餘陳廢處 本官成册 成出後 汝亦次知放賣爲乎 矣寺僧等處準價捧上後還爲許賣 而此牌旨導良成文以給事知悉擧行向事
　　　　　　　　　　　　　　　上典 盧 (手決)
　　　　　　　　　　　　　　　康熙 庚午 二月二十日 印信

賜牌田畓主 武平君宅奴 自龍(手決)
證人 奴士元(手決)
筆執 朴有業(手決)

즉 숙종 16년(1690) 2월에 신원원 근처 전답 19결 78부 9속과 그 나머
지 陳廢處 등을 모두 운문사에서 매득하여 사위전으로 만들었던 것이다.
그 후 승려들과 동민들과의 相爭의 弊를 염려하여 숙종 29년(1703)과 숙
종 41년(1715)에 鄕色을 보내어 다시 打量하여 사위전으로 확인해 주었
다. 이 때 打量文書까지 성급해 주었던 것이다. 이와 같은 사실로 보아
신원원과 그 근처 모든 전답과 진폐처 등에 대하여는 소유권의 분쟁이
전혀 일어날 수 없는 상황이었다. 당연히 운문사의 위전이기 때문이다.
비록 진폐처라 하더라고 소유자가 운문사인 이상 소유권 분쟁의 소지는
있을 수 없는 것이었다.[48] 신원원과 그 근처의 운문사 위전을 경작하고
있던 동민들이 그들의 경작지인 운문사 위전과 인접한 진폐처를 개간하
여 경작하였더라도 '起耕者爲主'의 원칙에 해당되는 것은 아니었다. '기
경자위주'의 원칙은 無主陳田의 경우에만 해당되는 것이었다.[49] 그러나
동민들이 주장하게 된 근거는 무엇인지 확실하게 알 수 없지만 '기경자
위주'의 주장만을 끈질기게 계속하였다.

그런데 이 때 운문사와 동민들 사이에 일어난 운문사 위전의 소유권
분쟁을 보는 官의 입장은 상당히 난처했던 모양이다. 신원원의 진폐처가

---

48) 『新補受敎輯錄』「戶」 양전에 "陳田並皆懸錄主名 無主處亦以無主懸錄"이라 한
　　것으로 보아 陳田도 主名을 현록하여야 하며, 無主處는 無主로 현록해야 하였다.
49) 「甲戌量田事目」에 "無主陳田 起耕者爲主"(『인조실록』 권46, 23년 10월 丁未)라
　　있고, 숙종 말 「量田事目」에 "陳田並皆懸錄主名 無主亦以無主懸錄 量後願爲
　　起耕者 呈本曹受立案 然後依法永作己物 無文籍僞己物 欲爲懸主於量案 査覈
　　現露 則論以冒占之罪 全家徙邊"(『新補受敎輯錄』「戶典」量田)라 있다. 즉 인
　　조대에 '起耕者爲主'에서 18세기 초에는 '受立案然後依法 永作己物' 변화하여
　　영조대에 이것이 『續大典』에 명문화되었다(『續大典』「戶典」量田 "陳田亦皆
　　懸主 無主處亦以無主懸錄 無文籍 僞稱己物懸主者 杖一百 遠地定配").

운문사 위전이 아닌 雲門封山禁標內의 犯耕處로 摘奸하였던 것이다(사례 ④ 참조). 요컨대 숙종 46년(1720) '경자양전' 때 신원원의 진폐처가 雲門封山의 禁標內 犯耕處로 摘奸되어 승려들과 동민들과의 신원원 진폐처의 개간지에 대한 소유권 분쟁은 법적으로 일단락된 셈이다.

그러나 운문사 승려들은 위와 같은 官의 결정에 승복하지 않고 '경자양전' 이듬해인 경종 원년(1721) 2월에 兼巡察使主에게 等狀을 내어 문제를 제기하였다. 오래전부터 전해오는 사위전답이 둔전에 속하게 된 이유가 애매하다는 것이었다. 사위전답을 병작해 온 桶店에 모여든 流民中 崔宇天 등 奸猾하기 짝이 없는 무리들이 改量事目에 「時執懸主之說」을 듣고 本官에 誣訴하였기 때문에 결국 둔전이 되었다는 것이다.[50] 이러한 사실을 洞燭하여 신원원의 사위전답을 營屯에서 제외시켜 주라는 것이었다(자료 ⑥). 이와 같은 승려들의 요구에 대하여 兼巡察使主는 "雲門設屯은 僧俗이 다같이 억울함을 하소연하니 設屯의 이유를 각별히 摘奸하여 사실대로 솔직하게 밝혀 처리토록 하라"고 지시하였다.[51]

5개월 후인 경종 원년(1721) 7월에 御史道主에게 다시 운문사 승려들이 等狀을 제출하였다. 운문사 위전인 신원원의 전답이 營屯이 된 것은 매우 부당한 일이니 상세히 사실을 조사하여 진위를 밝혀 되돌려 달라는 것이었다(자료 ⑦). 이와 같은 승려들의 요구에 대하여 어사도주는 "사실을 조사하여 呼寃의 弊가 없도록 처리함이 마땅하다"라고 하였다.[52]

그 후 영조 7년(1731)에 兼巡察使道主에게 앞의 내용과 똑같은 等狀

---

50) '庚子量田' 때는 奸猾輩의 誣訴 등으로 잘못된 경우가 있었을 뿐만 아니라 量政이 不均한 경우도 있었던 모양이다. 『경종실록』 권10, 2년 10월 丙子, "諫院論忠州量政之不均 請姑用舊量 以紓凶歲窮民之怨 待年釐正三南各邑新 量不均者 亦令道臣群查狀聞 依忠州例 姑用舊量(從之)".

51) 자료 ⑥ "雲門設屯 僧俗之稱寃 至此其所稱寃 未知實狀果如 何營門之設屯 如是則渠輩雖稱寃 固不可撓改 渠輩之稱寃果是也 則營門雖無此屯 補膳廳豈有不可成樣之理乎 不可不詳查處決各別摘奸從實查核以爲處置之地事".

52) 자료 ⑦ "查實處之俾無呼寃之弊宜當向事".

을 제출하였다(자료 ⑧). 이 때 兼巡察使道主는 "가을까지 상세히 조사
하여 書面으로 보고하라"고 지시하였다.[53]

　이상과 같이 사위전을 둔전화한 부당성을 지적하여 그 시정을 요구하
는 운문사 승려들의 等狀에 대하여 官에서는 그 진상을 확실하게 파악
하지 못했는지 명확한 결정을 내리지 못하고 있었다. 그런데 壬申년 11
월에 巡使道主에게 올린 운문사 승려의 다음과 같은 等狀이 보인다. 그
내용은 대략 다음과 같다.

　　운문사는 谷邃林深한 곳에 자리하고 있기 때문에 원래 居民은 없고 승려
　들만이 있었으며, 峽裡의 閑土나 山下의 平野는 모두 本寺의 位田畓이었습니
　다. 따라서 지금의 桶店과 銀票谷內의 火田 등은 모두 本寺의 收稅地였습니
　다. 그 중간의 과정은 강희 庚午(숙종 16)에 京居의 盧進士가 賜牌文書를 가
　지고 本寺에 來到하여 欲屬官屯코자 함에 本寺의 승도가 銀子 260兩을 給價
　하고 19결 78부 9속을 매득했던 것인데, 이것은 운문산 遠近山麓의 크고 작은
　平原이 모두 포함된 것이었습니다. 이 전답은 신라시대 新院의 廢基와 院位
　田畓이었던 것이 順治 庚子(현종 원년)에 本寺에 이속된 것입니다. 그 후 雲
　門山下의 新院員의 전지를 本寺가 매득하였으므로 本寺의 位田畓이 되었습
　니다. 然이나 寺運이 바뀌어 승도는 鮮少하고 甲午 이후 모여들어 桶店을 만
　든 이들이 寺位田을 冒占하여 回賓欲主코자 訟端을 만들어 사위전답을 封山
　禁標內起耕한 것이라 誣罔虛說하였습니다. 이 때 營門에서 사위전을 封山禁
　標內의 起耕地라 摘奸하여 營屯에 渾屬케 한 것은 실로 원통합니다. 그러하
　니 예부터 本寺의 위전답이었던 것은 당연히 推尋되어야 합니다. 지금 운문사
　의 形勢는 廢寺의 꼴이 된지 오래이며 옛날 승도의 100분의 1도 남지 아니하
　였습니다. 그 후 세월이 지나면서 10여 결은 되찾았지만 그 나머지는 아직 찾
　지 못하였습니다. 羅代부터 순치·강희 연간에 이르기까지의 屬寺之跡과 買
　得文記 등에 따라 營屯에 渾屬된 寺位田畓을 頉下시켜 民夫에게 경작하게
　하고 수세토록 하여, 千年의 古寺를 廢寺에서 復古토록 하고 사방으로 흩어
　진 승도들을 還集하도록 조치해 주십시오.[54]

---

53) 자료 ⑧ "題音 : 待秋分詳査牒報事".
54) 자료 ⑨ "題音 : 寺位所付打量推給之事".

이상과 같은 운문사 승려들의 等狀에 대하여 巡使道主는 "寺位는 打
量하여 推給하라"고 판결하였다. 이러한 판결이 내려진 壬申년은 앞 절
에서 이미 지적한 바 있듯이 영조 28년(1752)의 壬申으로 보인다.[55]

한편 丙子年(영조 32?) 윤9월에 雲門寺僧統 快性이 巡使道主에게 等
狀을 내고 있다.

> 庚子量田 때에 완악한 백성들이 同寺位陳田이 미개간지인체 無主陳廢處
> 의 모양으로 버려져 있는 것을 그 때 量監과 符同하여 暗錄橫奪하였으니 힘
> 없는 山僧이 含默抱冤 했는데도 拱訴할 곳이 없었는데 요행히 천운을 만나
> 모든 물체는 순환하여 반드시 돌아오는 때, 연속 네 번이나 呈議하여 得決하
> 였습니다.[56]

상기 인용문은 그 等狀의 일부이다. 즉 '경자양전' 당시 橫奪당했던
사위전을 연속 4번이나 呈狀을 내어 得決했다는 것이다. 즉, 첫 번째는
경종 원년(1721) 2월에 兼巡察使主에게 等狀을 낸 것으로 "設屯의 이유
를 밝혀 처결하라"는 것이었다(자료 ⑥). 두 번째는 경종 원년 7월에 御
史道主에게 等狀을 낸 것으로 "사실을 조사하여 呼冤의 弊가 없도록 처
리하라"는 것이었다(자료 ⑦). 세 번째는 영조 7년(1731)에 兼巡察使道
主에게 等狀을 낸 것으로 "가을까지 상세하게 조사하여 書面으로 보고
하라"는 것이었다(자료 ⑧). 네 번째는 영조 28년(1752)에 巡使道主에게
等狀을 낸 것으로 "寺位는 打量하여 推給하라"는 것이었다(자료 ⑨). 요
컨대 等狀을 연속 4번이나 내어 영조 28년(1752)에 사위전이 추급되었
으며, 영조 32년에 僧統 快性의 等狀에 따라 "文案을 相考하여 寺畓이
확실하면 打量하여 推給하라"고 재차 판결하였다.[57] 僧統 快性의 等狀

---

55) 제2절 자료의 검토 참조.
56) 庚量之時 頑民輩 同寺位陳棄未墾之地 與無主陳廢之處一樣 其時量監符同暗錄
    橫奪 而無勢山僧含默抱冤無處拱訴矣 幸逢天運循環物極必返之秋 呈議送連 四
    度得決是乎(자료 ⑩).
57) 자료 ⑩ "題音 : 文案相考寺畓이實是去等打量推給向事".

의 내용은, 사위전으로 추급된 후에도 朴守益의 女壻인 彦陽의 高爾賢
과 李億萬・李億先・李於仁 등이 매년 秋收半分時에 訟端을 야기하여
虛와 實을 구별치 못하게 하여 시비를 眩亂케 한다는 것이었다. 그러므
로 高爾賢 등과 같은 비리로 好訟하는 자를 嚴刑하여 後弊을 막도록 하
고, 本寺位의 禾穀은 각종의 進上과 紙役을 弊없이 備納토록 하는데 지
급하여 다시는 呼冤이 없도록 조치해 달라는 것이었다.[58]

　운문사의 위전을 추급받은 영조 30년을 전후한 시기는 운문사의 사세
가 상당히 강성했던 시기였음을 앞 절에서 언급한 바 있다. 제4중창자인
雪松 演初大師가 운문사에 머물고 있었던 것이다. 결국 '경자양전'을 둘
러싼 운문사 위전의 소유권 분쟁은 30여 년간의 송사 끝에 운문사 승려
들의 승리로 일단락되었다.

2. 垈稅를 둘러싼 소유권 분쟁

　'경자양전' 때 營屯으로 귀속되어, 잃게 된 많은 사위전을 30여 년간의
송사 끝에 다시 찾은 운문사는 그 후 위전의 일부가 동민의 垈地로 변하여
그 垈稅를 둘러싸고 다시 소유권 분쟁이 일어났다. 승려들이 올린 等狀을
통하여 대세를 둘러싼 소유권 분쟁의 경위를 살펴보기로 하자.

　癸丑년 3월에 雲門寺僧 義伯・有仁・泰演 등이 案前主에게 낸 等狀
의 내용은 다음과 같다.

　　　武平君 盧進士의 賜牌地인 新院員의 전답 19결 78부 9속과 그 陳廢處
　　등은 강희 29년(숙종 16)에 은자 260냥으로 本寺에서 매득한 전답이므로 新
　　院一坪은 寸土尺地까지 本寺의 소유가 아닌 것이 없습니다. 그런데 지금에
　　는 陳廢處를 개간하여 作畓하였는데, 혹은 사찰에서 먼저 民에게 방매하여
　　후에 民이 起耕한 경우도 있고, 혹은 民이 먼저 起耕하여 사찰에서 후에 受

─────────────────

58) 자료 ⑩.

稅해 온 경우도 있습니다. 그러나 居民의 垈地에 대하여는 일찍이 방매한 일
이 없으며, 전부터 受稅해 왔을 뿐입니다. 이제는 인민이 급격히 증가하여 鑄
鼎店 5호가 100여 호로 증가함으로써 可田處 可畓處가 人家로 沒入되어 此
人彼人이 서로 매매하기도 하였습니다. 그리하여 사찰의 전지를 頑民들이 奪
作己物하여 자손에게 전승시켜 가면서 자기의 전지라 하니, 장차 一升의 受
稅地도 없게 되었으며, 이러한 사실을 소위 人衆勝天이라 합니다. 비록 寺敗
僧殘이라 하더라도 物件에는 그 주인이 있거늘 어찌 이러한 無法之事가 용
납될 수 있습니까? 이에 「武平君宅新院一坪買得文書」와 「民等處受稅文報」
를 帖連하여 仰訴하오니 침작하시어 見失이 없도록 일일이 推給해 주십시오
(자료 ⑪).

이상과 같은 승려들의 等狀에 대하여 案前主의 題音은 "文券이 있는
전지에 대하여서는 收稅토록 하고 그 形止를 보고할 것이며, 혹은 頑拒
者는 엄히 다스리라"[59]고 하였다. 案前主의 이러한 題音은 전혀 지켜지
지 않았던 모양이다. 2개월 후인 癸丑년 5월에 義伯·有仁·泰演 등 같
은 승려들이 전번과 동일한 내용의 等狀을 巡使道主에게 다시 내고 있
다. 이 때 題音은,

> 官題如此不必加勉向事[60]

라고 하였다. 즉 官題로서 이러한 것에 힘쓸 필요가 없다는 것이다. 그
러나 운문사 승려들은 이러한 官의 판결에 불복하고 18년 후인 辛未년
12월에 다시 다음과 같은 내용의 等狀을 내었다.

本寺洞口의 新院一坪은 본래 武平君宅의 賜牌折受地였는데 지난 庚午年
(숙종 16)에 本寺의 승려들이 武平君宅으로부터 매득하였습니다. 그리하여 本
坪의 時起田畓과 陳廢處의 一草一木은 모두가 寺中의 차지입니다. 그러므로

---

59) 자료 ⑪ "題音 : 有主之地稱以渠而基地 私相賣買極爲駭然 此後有文券之地 或
有賣買之弊 則新院洞民段 別般嚴責是遣 收稅段 該事處這這推給後 形止報來
是如果 若或有頑拒者則嚴治次率待向事".
60) 자료 ⑫.

인가와 起墾處는 收稅한 곳이 많았습니다. 그러나 中年 이래 사찰은 衰殘해지고 洞民은 隆興하게 되어 僧力으로는 민간으로부터 수세하기가 어렵게 되었습니다. 그러므로 營邑에 呈訴하여 판결을 얻은 후 수세코자 합니다. 또한 垈稅는 未捧한 곳이 많은데 주인이 있음에도 강자가 呑食하니 어찌 원통하지 않겠습니까? 전후의 사실을 粘連하여 仰訴하오니 참작하시어 新院洞民處의 家座에 대한 垈稅를 推給해 주도록 傳令을 成給해 주십시오(자료 ⑬).

이상과 같은 승려들의 等狀에 대하여 題音은 "呈訴에 따라 傳令을 成給하라"고 하였다.[61] 이러한 판결도 그대로 시행되지 못한 모양이다. 수일 후에 雲門寺僧 漢琪·普衍 등이 다시 等狀을 낸 것으로 알 수 있다. 즉 本寺洞口의 新院員은 일찍이 庚午年에 盧進士宅으로부터 매득하여 洞民의 起墾에 따라 수세해 왔는데 그 중에 垈稅는 捧納하기도 하고 혹은 未捧한 곳도 있는데, 家座의 數爻에 따라 누락된 것이 없이 수세토록 하라는 내용의 傳令을 面·洞任處에 내렸는데도 洞民들은 무슨 사단이 있는지 서로 미루고 奉令치 아니하니 참작하시어 邑吏를 別定하여 사실에 따라 摘奸해 주라고 하였다. 이러한 승려들의 等狀에 대하여 題音은 "面·洞任이 잘 거행하지 않으면 당장 捉致하여 엄징토록 하고 垈稅는 色吏를 정하여 摘奸匡正 後 처분하라"는 것이었다.[62] 요컨대 垈稅를 둘러싼 소유권 분쟁도 운문사 승려들의 승리로 끝났던 것이다. 그런데 垈稅를 둘러싼 소유권 분쟁은 寺敗僧殘 등의 내용으로 보아 앞 절에서 살펴 본 위전을 둘러싼 소유권 분쟁을 겪은 훨씬 후대의 사건이라 보인다.

3. 소유권 분쟁으로 인한 洞民의 난동

'경자양전' 당시 '起耕者爲主'를 주장하는 동민들과 소유권 분쟁을

---

61) 자료 ⑬ "題音 : 依所訴傳令成給事".
62) 자료 ⑭ "題音 : 令飭之下面洞任之不善擧行 當捉致嚴懲是在果 垈稅一款定 色吏摘奸匡正後處分向事".

치렀던 운문사 승려들은 그 후 坌稅를 받지 못하여 또다시 소유권분쟁
을 치루기도 하였다. 이러한 과정에서 운문사 승려들과 동민들 사이에
감정이 극도로 악화되었으며, 급기야 사산의 農草와 柴木을 둘러싸고
동민들의 난동을 유발하게 되었다. 운문사 승려들의 等狀을 통하여 그
경위를 살펴보기로 하자. 丙辰年 정월에 案前主에게 올린 等狀의 내용
은 다음과 같다.[63]

> 雲門寺山의 30리 내는 은자 260냥에 매득한 전지로서 興廢가 無常하여
> 僧俗이 相爭하게 되었으며 전후에 걸쳐 得決한 文券만도 4번이나 됩니다. 그
> 부근 新院洞 역시 寺地에 소속된 것입니다. 그런데 新院洞民의 農草와 柴木
> 은 모두 寺山에 의지하고 있으며 그 洞의 官納木도 寺山의 반을 할급하여
> 피차가 수호하고 있는 곳입니다. 그런데도 불구하고 빼앗고자 都奪者를 釀成
> 하는 참으로 凶險하기까지 합니다. 지난 丙戌年에 禮曹의 胥吏가 이곳에 와
> 서 산이 깊고 토지가 척박하여 作畓으로 설계하지 못한 寺山은 예조에 소속
> 케 하여 매년 세금의 상납액이 47냥이나 되었습니다. 그 후 前案前 鄭氏가
> 재임 시에 寺敗僧殘의 이유를 예조에 論報하여 영원히 혁파토록 하여 승려
> 들의 感祝를 받았습니다. 그런데 지금에 와서 신원원에 거주하는 韓基運 ·
> 朴處榮 · 金孟世 · 徐昌信 등 4인이 몰래 흉계를 꾸며 農草 · 柴木은 일체 防
> 禁토록 하고 營邑에 呈訴하지 않고 예조에 構捏狀辭로 越訴하였습니다. 저
> 희들은 다행히 그 흉계가 山稅를 다시 내게 하여 本寺를 空處토록 한 후 그
> 洞이 영원히 몰취코자 하는 의도를 알았습니다. 슬프다 천년고찰이 蕪沒로
> 돌아가니 어찌 한심하지 않겠습니까? 이러한 사실을 掩置할 경우, 후에 어려
> 운 일이 예측되므로 그들의 誣狀을 帖連하여 仰訴하오니 참작하시어 위의
> 奸民 4인을 捉致하여 엄히 다스려 奸弊를 막아 주십시오(자료 ⑮).

---

63) 자료 ⑮의 丙辰은 英祖代 이후로 보아 정조 20년(1796)과 철종 7년(1856)에 해
  당되며, 자료 ⑯의 甲子 역시 영조대 이후로 보아 순조 4년(1804)과 고종 원년
  (1864)에 해당된다. 그리고 자료 ⑯에 보이는 鄭成根이 자료 ⑲에 보이는 鄭成
  根과는 동일한 사람이다. 따라서 자료 ⑰·⑱·⑲·⑳은 자료 ⑮·⑯의 사건과 연
  결된 것으로 보인다. 그러므로 자료 ⑰·⑱·⑲·⑳ 등의 壬申은 자료 ⑯의 甲子
  이후로 보아 순조 12년(1812)과 고종 9년(1872)에 해당된다. 그런데 雲門寺는
  앞 절에서 살펴보았듯이 헌종연간에 雲岳和尙이 많은 佛事를 하였다. 이러한
  寺勢로 보아 洞民들의 난동을 받게 된 것은 헌종 이후의 어느 시기로 보인다.
  그렇다면 결국 철종대나 그 이후의 시기로 보아야 할 것이다.

이상과 같은 승려들의 等狀에 대하여 題音은 "이러한 송사는 소재관
이 있었는데 어찌 예조에 越訴할 필요가 있는가? 저간의 사정을 사실대
로 살펴 예조에 보고한 후 네 사람을 捉待하라"고 하였다.[64] 그로부터
8년 후인 甲子年 8월에 운문사 승려 寬政과 智彦이 案前主에게 올린
等狀의 내용은 다음과 같다.

> 雲門內外山局은 자고로 本寺의 소유입니다. 洞下 新院員은 원래 殘村이
> 었는데, 設店 후 大村으로 바뀌어 樵輩들이 종종 寺谷內를 침범하므로 중년
> 에 寺山外局 20여 리의 信地를 신원동에 許給하여 洞의 官用木物과 그 洞의
> 農草와 柴木 등을 모두 이곳에서 충당토록 하였습니다. 그런데 뜻밖에도 요
> 사이 百餘樵輩들이 屯聚入寺하여 무수히 亂斫함으로 승려들이 이를 禁斷하
> 자 그들은 夜半에 入寺하여 여지없이 作亂하여 승려들은 離散하고 사찰은
> 亡寺는 면했지만 벽만 남아 있습니다. 또한 그들은 마을 앞을 지나는 승려들
> 을 만나면 輒打踏水하여 幾死之境에 이르도록 하니 어찌 법이 허락할 수 있
> 겠습니까? 이러한 연유로 仰訴하오니 참작하시어 雇主와 樵輩는 捉上嚴治하
> 고 파괴한 의관 2立, 價 3兩은 곧 推給해 주도록 하고 다시는 이러한 폐습이
> 없도록 처리해 주십시오(자료 ⑯).

이상과 같은 승려들의 等狀에 대하여 題音은 "頭民과 樵輩로서 동참
한 자들을 곧 捉待하라"고 하였다.[65]

위의 2개의 等狀을 통하여 동민들이 난동을 일으키게 된 경위를 짐작
할 수 있다. 즉 앞의 丙辰年의 等狀은 동민들이 構捏狀辭로 예조에 越
訴하는 등 誣訴를 통하여 寺山을 沒取하려고 한다는 내용이며, 다음의
甲子年의 等狀은 동민들이 물리적인 힘을 이용하여 樵輩 100여 명이 夜
陰을 타고 사찰에 침입하여 난동을 일으킨 동민들의 행위를 고발한 내
용이다. 이러한 승려들의 等狀에 대하여 官에서는 그들을 捉待하라고만
판결하였다. 이러한 미온적인 官의 조치가 동민들의 난동을 더욱 격화시

---

64) 자료 ⑮ "題音 : 如有可訴事官在此何至越訴禮曹必也 這間踵踪查實定呈禮 後
   錄四民捉待".
65) 자료 ⑯ "題音 : 頭民及樵輩眼同卽爲捉待向事".

켰던 모양이다. 甲子年의 等狀 이후 8년이 지난 壬申年 정월에 巡使道
主에게 올린 승려들의 等狀에 이러한 사실이 잘 나타나 있다.

　　고찰인 운문사는 賜牌禁標地가 있을 뿐 아니라 本寺의 洞下에는 武平君
盧進仕宅의 賜牌地가 있었는데, 일찍이 右宅에서 斥賣한 것을 本寺에서 은
자 260냥으로 매득하여 수백 년 이래 그 전답과 家垈에 대하여 폐단 없이 수
세해 왔습니다.[66] 그런데 洞下 新院里는 곧 水鐵大店으로 數百餘戶의 거민
이 모두 浮雜之類입니다. 근래 산천이 童濯하여 冶店所用의 柴炭이 漸貴하
게 되자 洞民들은 요행으로 本寺가 凋殘하여 승도의 離散을 바라면서 樵輩
를 지휘하여 무단으로 作梗함으로 寺中이 입은 피해가 적지 않기 때문에 참
고 견디기 어렵습니다. 昨年歲下에 上項의 家垈와 전답에 대하여 법식에 따
라 수세하도록 했는데 부근의 隣里는 법식대로 납부하였지만, 유독 店民輩는
어떤 흉계를 꾸며 300여 명의 徒黨을 嘯聚하여 官庭에 몰려가서 蜂鬧誣訴하
여 本官主께서 本事件의 시비를 未詳토록 하였습니다. 그리하여 店民 측의
말을 誤聽하여 승도를 落科토록 하였습니다. 同店의 난민들은 得訟의 소식
을 듣고 의기가 등등하여 수백명이 作黨, 寺中에 돌입하여 각자 몽둥이를 들
고 승도를 난타하고 寺宇를 毀撤하였습니다. 그리고 大鐘을 攻破하고 錢
財·器皿·衣服 등 훔쳐간 물건을 枚擧할 수 없습니다. 一場亂離로 온 절이
공허하게 되고 도주 중 한 두 명의 승려가 本郡에 奔訴하였던 바 本官主께서
는 僧俗간의 私和를 시킬 의도로 將校 金養直을 파견하였는데 養直의 아들
이 역시 본점에 居生하고 있었습니다. 扶抑之間에 비록 溺愛之私가 있더라
고 官令을 받들고 來到하여 和解之道로 措處하였으면 좋을 것을, 深夜人定
之際에 亂類 수백 명을 이끌고 큰소리 지르면서 寺中에 쳐들어와 노승을 결
박하는 등 또 한 차례 一場亂離를 일으켜 私和의 官令을 오히려 變怪로 바
꾸었으니 불쌍한 殘僧은 누구를 믿고 尊保하리오? 다음 날 아침에 소위 수도
노승 17명이 林木 사이에 숨어 자고 衣鉢을 간신히 찾아서 本寺를 영원히
떠났으니 천년고찰이 하루아침에 텅비어 供佛할 사람이 없습니다. 또한 三殿
에 위패를 모시고 朝夕으로 축원하는 일을 누가 있어서 하겠습니까? 승도도
臣民의 一物인데 이쯤 되고 보니 昊天罔極이로소이다. 이들 店人輩의 作變

---

66) 家垈까지도 無弊收稅한 것으로 보면 等本狀이 앞 절의 '家垈의 收稅를 둘러싼
　　소유권 분쟁 이전의 것으로 볼 수도 있다. 그러나 等狀의 내용으로 보면 그 이
　　전의 것으로 보기는 어렵다. 이번의 난동을 강조하기 위한 표현으로 보면 무방
　　할 것으로 보인다.

之擧는 필히 本寺를 毀被하고 승도들을 몰아 내쫓고 禁養四山을 抑奪하여
그들의 소유로 하려는 계략이니 그 더욱 凶獰하지 아니합니까? 전답과 家垈
의 收稅 一款은 전후의 文蹟이 뚜렷하게 남아 있으니 伏乞하옵건데 세세히
참작하시어 作變의 魁首 金善補·朴正在·金斗默 등과 隨從하여 사납게 군
諸漢 등을 모두 官庭에 불러다가 법에 따라 엄히 다스려 臆勒하는 폐단을 막
아주시고 전답과 家垈는 일반 流例에 따라 수세토록 해주시고 寺中破傷搜奪
諸物은 後錄에 의해 모두 낱낱이 징납하도록 분부해 주십시오(자료 ⑰).

이상과 같은 승려들의 等狀에 대하여 題音은 "狀辭와 같은 變怪에
洞民과 寺僧을 捉致하여 전후의 사실을 상세히 조사하여 捉來하라"고
하였다.[67] 이러한 승려들의 等狀과 거기에 따른 관의 題音이 있고 난
수일 후에 운문사 승려들은 또 하나의 等狀을 통하여 전번 동민들의 난
동으로 입은 사찰의 피해상황을 열거하고 있다. 즉 本寺의 지난번의 풍
파 후 이미 擧狀이 있었지만 諸僧이 魂飛膽表하여 사찰물건의 득실을
周察할 여가가 없어서 일일이 진정할 수 없었다는 것이다. 그리하여 지
금 자세히 상고해 보니 大鐘이 破傷되었는데 이것은 一大 극악한 행동
이라는 것이다. 이 종은 옛날에 운문사에 없었던 것으로 재작년에 사방
에서 施物을 募聚하여 幾千里나 되는 전라도 영광 佛甲寺에서 1,232냥
7전 3분으로 매득해 온 것이라 했다.[68] 그리고 局界禁標는 본래 국가소
유를 賜牌로 分定한 것이므로 輕忽히 할 수 없는 것인데 동민들은 禁表
內外를 도끼로 斫破하였으며, 또한 이번에 소요되는 경비가 400냥이나
된다 하고 이 경비를 寺僧으로부터 빼내고자 하는 등 결국 그들의 소행
은 운문사를 廢寺시켜야만 마음이 통쾌할 모양이란 것이다. 그러니 천년
고찰이 공허해 가는 것을 洞燭하신 후에 大鐘과 여러 가지 유실물을 일
일이 推給해 주어서 하루아침에 사찰이 공허하게 되는 폐단이 없도록
해주시라는 것이다.[69] 이 때 열거한 소실물건은 다음과 같다.

---

67) 자료 ⑰ "題音 : 果如狀辭乃是變怪 捉致洞民與寺僧 前後事狀詳査捉來事".
68) 破傷된 이 鐘은 여러 곳에 땜질한 상태로 雲門寺에 현재 보관되어 있다.

大鐘, 破, 價 : 1,232兩 7錢 3分

食器, 5位, 價 : 2兩式 合 10兩

錢失 : 31兩

衣服, 價 : 12兩

黃燭, 5雙, 價 : 1兩 5錢

油果, 價 : 3兩

楮鞋, 價 : 6錢

乾糧, 2斤 價 : 2兩

地瓦, 價 : 5兩

饌閣, 價 : 5錢

笠, 10介, 價 : 20兩

已上合錢 : 1,318兩 3錢 3分

이러한 승려들의 等狀에 대하여 관에서는 "법을 지키지 않고 이와 같은 作梗이 있음은 심히 무엄한 일이니 허실을 詳探한 후에 처결하라"고 판결하였다.[70]

壬申年 정월의 위와 같은 동민의 난동에 대하여 官에서는 동민 4명만을 난동의 책임을 물어 刑配하였다. 그런데 이 때 奉化邑으로 定配된 朴正在가 불행하게도 配所에게 사망하였다. 박정재의 사망으로 동민들의 난동은 한층 더 격렬하게 일어났다.[71] 승려들의 원정을 통하여 그 경위를 살펴보면 다음과 같다.

사망한 朴正在의 甥姪 鄭成根이란 자가 洞民 수백 명과 符同하여 밤을 타고 돌입하여 揚揚大談으로 이번에 박씨가 配所에서 사망한 것은 실로 너희 승려들 때문이니 返柩와 營葬에 필요한 비용은 사찰에서 辦給하라 하고 여러

---

69) 자료 ⑱.

70) 上同. "題音 : 不有法窄有此作梗極爲無嚴 從當詳探處失後處決向事".

71) 자료 ⑲ 道內雲門寺僧徒等願情 "右謹陳情由事段 以俗薎僧特頑行悖者 世或有之 而豈有甚於新院洞洞民乎 去正月良中 矣等欲捧垈貰 於渠洞是白如可捧貰新元 反受洞民之行悖 將至莫可奪保之境 而幸伏蒙使道主慈悲之澤 洞民四名施以刑配之典 雲門一刹 庶有堪過之望是白加尼 非意今者奉化邑定配是在朴正在 不幸身死此莫非命卒之秋也 …".

승려들을 毆打하였으며, 錢 335냥을 탈취해 가기도 하였다. 그것도 부족하여 사찰에 있는 물건까지 탈취해 갔다는 것이다. 그렇게 하여도 殘弱한 승려들은 감히 抗敵할 수 없기 때문에 사유를 갖추어 본관에게 呈訴한다는 것이었다. 案前主께서 인명이 유한한 것인데, 박정재가 配所에서 身死한 것은 역시 그의 명이라 하고 그의 族戚이 聚黨하여 寺中에서 야단을 일으켜 운문사 승려들이 급함을 알려 왔는데, 무릇 新院洞民의 頑習이 진실로 심하여 將校를 出送하여 조사시킨 후 이와 같은 狀辭가 있다는 것이었다. 그리하여 소실물건을 일일이 推給하고 박정재의 甥姪과 洞首 그리고 符同者들을 즉각 捉待하라고 하였다. 그리하여 곧 將校 2인을 보내 禁斷코자 하였지만 兇彼한 洞民들이 無賴輩 수천 명을 불러모아 박씨의 시체를 들것으로 메다가 염불당 안에 入置하고 여러 승려들을 亂毆하여 거의 죽게 된 승려가 3, 4인이나 되었으며 물건을 잃은 것은 얼마나 되는지도 알 수 없을 정도라 하였다. 그리고 局內松楸를 방화하여 赭山을 만들었는데도 그 將校가 역시 금지시키지 못하였으며 그들 다수의 행패는 더욱 심하여지니 잘 洞濁하시어 만약 이것을 특별히 懲習치 못하면 敗寺殘僧이 어찌 지탱하여 보존해 갈 길이 있겠는가라고 하였다. 무릇 사람의 壽夭란 그 자신에게 있지 타인에게 있는 것이 아니므로 박씨의 사망도 법전에 의해 사망한 것이지 寺僧에 의해 사망한 것이 아니며 그 配所에서 사망한 것을 寺僧 때문이라 作梗한 자는 일반 백성들이 아니라 난민이라 해야 옳다는 것이다. 이러한 亂民은 실제 邑校가 捕捉하기는 어려운 일이며 또한 自邑에서 懲治한다는 것도 어려운 일이므로 감히 泣訴하오니 세세히 洞濁하신 후 많은 校卒을 동원하여 위의 作頭人을 後錄에 의해 捉上하여 엄중한 법령으로 痛絶하고 所失錢과 물건 그리고 파쇄 물건 역시 後錄에 의해 推給하여 殘僧들이 呼冤하는 일이 없도록 해 주라는 것이었다.[72]

이러한 승려들의 진정에 대하여 官에서는 "이 일은 이미 甘結을 보내어 作罪에서 定配하기까지 이르렀는데 불행하게 身死한 것을 누구를 원망하거나 꾸짖을 것이 없다. 이 일을 藉口로 成群作黨하여 물건을 타파하고 錢兩을 탈거하며 심지어 시신을 寺中으로 옮긴 것은 더욱 凶悖한 일로서 이것은 强盜요 亂類이니 많은 校卒을 보내어 정성근과 同意諸漢을 일일이 捉致하여 엄징하되 목에 칼을 씌어 가두고 所奪錢兩과 物件價는 일일이 還徵하여 出給하고 이러한 사실의 전말을 먼저 馳報하

---

72) 자료 ⑲ "道內雲門寺僧徒等原情".

라"고 판결하였다.[73]

요컨대 동민들의 집단적인 난동으로 운문사는 큰 피해를 입었다. 그
러나 관의 개입으로 난동의 주동자는 엄징토록 하였고 所奪錢兩과 物件
價는 보상을 받게 되었던 것이다.

이러한 사태가 일어났던 2개월 후 운문사 승려들은 官의 주선으로 동
민들과 화동하기에 이르렀다. 승려들의 等狀을 통하여 그 경위를 살펴보
도록 하자.

　　本寺의 승려들과 新院洞民들이 서로 다투어 사찰이 空虛之境에 이르렀
　는데 특별히 使道主의 河海와 같은 德澤으로 사찰이 예와 같이 보존하게 되
　었습니다. 그런데 本邑官司主의 특별한 분부, 즉 너희들이 呈議하여 보낸 定
　配罪人을 放還토록 하는 문제를 해결하면 끝내 後弊가 없을 것이다라고 하
　였습니다. 이와 같이 官에서 和同할 것을 권하기 때문에 감히 仰訴하오니 참
　작하시어 특별히 題音을 내려주시기 바랍니다(자료 ⑳).

이상과 같은 승려들의 等狀에 대하여 題音은 "이 일의 曲直은 고사하
고 동민들의 蔑法作挐한 것은 실로 용서할 수 없는 죄이므로 輕放하기
에 어려움이 있으나 僧俗이 이미 화동하여 參量하지 않을 수 없으니 同
配囚 등을 곧 放釋하라"고 하였다.[74]

결국 15여 년간의 동민들의 난동으로 운문사는 큰 피해를 입었지만
官이 주선한 화동을 통하여 그 이상의 피해는 입지 않고 法脈을 유지해
갈 수 있었던 것이다.

---

73) 자료 ⑲ "題音 : 以此事己有發甘是在果 渠自作罪至於定配 不幸身死 誰怨誰咎
　　以此藉口成群作黨打破物件 奪去錢兩 至於移屍寺中尤極凶悖 此則强盜也亂類
　　也 多發校卒 鄭成根及同意諸漢 一一捉致嚴徵枷囚是遣 所奪錢兩及物件價 一
　　一還徵出給 形止爲先馳報事".
74) 자료 ⑳ "題音 : 本事曲直姑捨 洞民等蔑法作挐 實係罔赦 有難輕放是矣 僧俗既
　　己和同 不如無參量 同配囚等從當放釋向事".

V. 결 어

17세기 후반부터 18세기 전반까지 1세기여 동안의 조선후기는 대부분의 사찰들이 승려들로 만원을 이루는 번창한 모습으로 유족한 사원경제체제를 유지해 갔다. 淸道 雲門寺의 경우도 京居 武平君 盧進士에게 賜牌折受되었던 인근마을인 新院貝田地 19결 78부 9속과 陳廢處 등을 숙종 16년(1690)에 은자 260냥에 매득하는 등 신원원 일대에 방대한 위전을 소유하고 있었다. 이러한 운문사의 방대한 위전은 주로 신원원 동민들에 의해 소작으로 경작해 갔다. 운문사 위전을 소작으로 경작해 간 신원원 동민들은 그들의 경작지인 운문사 위전 주변의 사찰 소유의 진폐처를 개간, 경작하기도 하였다. 이들 동민들이 자신이 개간·경작한 사위전을 '庚子量田' 때 '起耕者爲主'의 원칙을 들어 자신들의 소유임을 주장하여 소유권 분쟁을 야기했다. '기경자위주'의 원칙은 無主陳田의 경우에만 해당되는 것이었다. 그런데 이 때 운문사 위전의 소유권 분쟁을 보는 官의 입장은 상당히 난처했던 모양이다. '경자양전' 때 신원원의 진폐처를 운문사위전이 아닌 雲門封山禁標內의 加耕處로 摘奸하여 둔전으로 귀속시켰다. 운문사 승려들은 官의 이러한 결정에 승복하지 아니하였다. '경자양전' 다음 해인 경종 원년(1721)에 승려들은 그 시정을 요구하였다.

즉 사위전을 倂作해 온 동민 중 崔宇天 등 奸猾하기 짝이 없는 무리들이 「改量事目」에 '時作懸主之說'을 들고 本官에 誣訴했기 때문에 사위전을 둔전으로 귀속시켰다는 것이다. 이러한 승려들의 계속적인 요구에 대하여 官에서는 쉽게 결론을 내리지 못하다가 30여 년 후인 영조 28년(1752)에 寺位로 打量하여 추급토록 하였다. 결국 경자양전을 둘러싼 소유권 분쟁은 운문사 승려들의 승리로 끝났던 것이다.

30여 년간의 송사 끝에 사위전을 되찾은 운문사는 신원원 동민들이 크게 증가하자 그 위전 일부가 동민들의 垈地로 변하여 그 垈稅를 둘러싸고 다시 소유권 분쟁에 말려들었다. 즉 운문사 인근의 신원원 전지는 모두 운문사의 위전으로 동민의 起耕에 따라 수세해 왔다. 그 중에 垈稅의 경우, 捧納하기도 하고 未捧한 곳도 있었다. 그리하여 승려들은 官에 垈稅를 징수할 수 있도록 조치해 달라고 요구하였으며, 官에서는 家座의 수효에 따라 누락치 말고 수세토록 하라는 傳令을 面·洞任處에 내렸다. 그러나 그들은 서로 미루기만 하고 奉令치 아니하였으며, 승려들은 계속 간절하게 요구하였다. 그리하여 官에서는 "面·洞任이 잘 거행치 않으면 당장 捉致하여 엄징토록 하고 垈稅는 色吏를 정하여 摘奸匡正 후 처분하라"는 결정을 내렸다. 결국 대세를 둘러싼 소유권 분쟁도 운문사 승려들의 승리로 일단락되었다.

이러한 소유권 분쟁으로 운문사 승려들과 동민들 사이에는 감정이 극도로 악화되었다. 급기야 寺山의 農草와 柴木을 둘러싸고 동민의 난동이 촉발하게 되었다. 즉 寺山의 일부를 新院里에 許給하여 官用木物과 農草·柴木 등을 이곳에서 충당토록 했는데 뜻밖에도 근처 百餘樵輩들이 屯聚入寺하여 무수히 亂斫하였다. 승려들이 이를 禁斷하자 그들은 夜半에 入寺하여 여지없이 作亂하여 승려들은 離散하고 사찰은 亡寺에 이르게 되었던 것이다. 그리하여 승려들은 仰訴를 통하여 雇主와 樵輩를 捉上嚴治하고 파괴된 衣冠 2立價 3兩을 판상하고, 이후 이러한 폐습이 없도록 처리해 줄 것을 요구하게 되었다. 官에서 頭民과 樵輩 등을 捉待하라고 지시하였다.

이러한 官의 미온적인 조치가 동민들의 난동을 더욱 격화시켰다. 즉 신원리는 水鐵大店으로 수백여 호의 居民이 부잡한 사람들인데 冶店소용의 柴炭이 漸貴하게 되자 이들이 寺山을 亂斫하고 寺中을 침입하여 해를 입혔다. 또한 동민들은 흉계를 꾸며 300여 명의 도당이 官庭에 몰려가서 誣訴하여 本官主가 이들의 주장을 오청하여 승려들을 落科케 하였다. 同店의 난민들은 得訟의 소식을 듣고 의기가 등등하여 수백 명이 作黨하여 寺中에 돌입, 승려들을 난타하고 寺宇를 훼철하였다. 그리고 대종을 攻破하고 田·財 등을 약탈하였다. 이러한 사건으로 승려들의 고발에 대하여 官에서는 私和를 시킬 의도로 將校 金養直을 파견했는데, 官令을 받들고 來到한 김양직이 밤중에 亂類 수백 명을 이끌고 寺中에 쳐들어와 노승을 결박하는 등 일장 난리를 일으켜 사화의 관령을 오히려 변괴로 바꾸어 놓았다.

이러한 난동의 책임을 물어 동민 4명을 刑配하게 되었다. 그런데 奉化邑으로 定配된 朴正在가 配所에게 사망하였다. 박정재의 사망으로 동민들은 한창 더 격렬한 난동을 일으켰다. 즉 박정재의 甥姪 鄭成根이 洞民 수백 명을 이끌고 밤중에 寺中에 돌입하여 박씨 사망은 승려들 때문이라 하고 返柩와 營葬에 필요한 비용을 사찰에서 부담할 것을 요구하며 승려들을 구타하고 錢 335냥과 재물 등을 탈취해 갔다. 이를 금하자 이번에는 무뢰배 수천 명을 불러 모아 박씨의 시체를 들것에 메다가 염불당 안에 入置하고 승려들을 구타하고 물건을 탈취해 갔다. 그리하여 官의 개입으로 난동의 주동자는 엄징토록 하고 빼앗아 간 錢兩과 물건 값은 보상토록 하였다. 이러한 난리가 있었던 2개월 후에 운문사 승려들은 官의 주선으로 洞民들과 和同하기에 이르렀다.

이상에서 조선후기 淸道 운문사 위전을 둘러싼 소유권 분쟁을 요약해 보았다. 본고를 통하여 당시의 사회양상을 다음과 같이 2가지로 정리할 수 있다. 첫째, 운문사는 위전을 둘러싼 분쟁으로 말기로 내려올수록 寺敗僧殘의 쇠퇴일로에 있었음을 보여준다. 이러한 사실은 균역법실시 이후의 불교계의 동향과도 일치하는 것이다. 둘째, 분쟁의 해결방법은 주로 官에 호소하여 官이 해결해 주는 관료사회의 특징을 그대로 반영하고 있다. 말기에는 官令도 잘 이행되지 않았으며 특히 동민들의 집단적인 난동은 봉건사회의 말기적 양상을 뚜렷이 보여주고 있는 것이다.

제5부
조선후기 僧軍役

제1장

僧軍制度의 확립

I. 서 언

조선왕조의 불교교단은 억불을 기본정책으로 삼았던 봉건정부의 극심한 탄압으로 전조의 화려했던 모습은 볼 수 없게 되었고 寺勢가 극도로 쇠퇴해 간 양상이었다. 그럼에도 불구하고 외적의 침입으로 국가가 위기에 처해 있을 때는 승려들은 구국의 일념으로 의병을 일으켜 국난을 극복하는 데 크게 이바지하였다. 임진왜란과 병자호란 등 외적의 침입을 당했을 때 그러하였다. 이러한 승려들의 의병활동은 억불시책을 일삼던 봉건정부의 주자학자들에게 불교에 대한 시책을 바꾸어 놓게 하는 계기가 되었으며, 급기야 승려들은 義僧이란 이름으로 군대를 조직하여 정식으로 봉건정부 기구의 일원으로 편입하게 되었다. 즉 승군이 제도적으로 성립하게 된 것이다. 이러한 승군제도에 대하여는 일찍부터 여러 논문에서 단편적으로 논급되었다.[1] 그러나 제도적으로 승군제도 자체에 대하여 집

---

1) 高橋亨, 「朝鮮僧將の詩」『朝鮮學報』1, 1951 ; 우정상, 「南北漢山城 義僧防番錢에 대하여」『佛敎學報』1, 1963 ; 車文燮, 「守禦廳研究」(하), 『東洋學』9,

중적으로 다룬 논문은 아직 보이지 않는다. 따라서 본고에서는 조선후기 군사제도의 일환인 승군제도에 주목하여 승군의 창설과 편제·임무 그리고 승군의 재정 등에 대하여 고찰해 보고자 한다. 이러한 작업을 통하여 조선후기의 군사조직과 군역 동원체제의 一端이 밝혀질 것이며, 나아가 당시 불교교단의 동향을 이해하는 데 도움이 될 것으로 믿는 바이다.

Ⅱ. 승군의 창설

봉건정부의 억불시책으로 쇠잔해 가던 불교교단이 임진왜란과 병자호란 등 양대전란 후, 17세기 후반부터는 사찰마다 승려들이 가득 찬 번창한 모습으로 변모해 갔다.[2] 이처럼 사찰마다 승려들이 가득 찬 번창한 모습으로 변모해 갔던 것은 다음과 같은 두 가지 이유 때문이라 하겠다. 먼저 왜란과 호란 등 외적의 침입을 물리칠 때 승려들의 의병활동이 크게 이바지한 것이 집권 주자학자들에게 감명 깊게 인식되어 그들로부터 사찰이 신앙의 道場으로 인정되었기 때문이었다.[3] 즉 임진왜란 때 西山·泗溟·處英·雷默·靈圭 등 승장들이 이끈 의승군이 전국 각지에서 왜적을 크게 무찔렀으며[4] 三惠·義能·性輝·信解·智元 등 승려들이 이순신장군을 도와 바다에서 왜적을 크게 무찌르기도 하였다.[5] 또한 병자호란 때에는 明照·覺性 등의 승장들이 이끈 의승군이 북쪽 오

1979 ; 李載昌, 「조선조 사회에 있어서의 佛教教團」『韓國史學』7, 1986 ; 金英夏, 「架山山城의 연구」『교육연구법』14, 경북대 사대, 1974 ; 김갑주, 「남북한 산성 의승번전의 종합적 고찰」『불교학보』25, 1988 등 여러 논문에서 승군에 대하여 단편적으로 논급되어 있다.
2) 김갑주, 위의 논문 참조.
3) 李能和, 『朝鮮佛教通史』下 「南漢山寺守城緇營」, 827쪽 참조.
4) 安啓賢, 「朝鮮前期의 僧軍」『東方學誌』13, 1972.
5) 『李忠武公全書』상, 권3, 「分送義僧把守要害狀」.

랑캐를 무찌르기도 하였다.6) 이러한 승려들의 적극적인 의병활동은 집
권 주자학자들에게 사찰을 신앙의 道場으로 인정하도록 하였다. 주자학
자들로부터 신앙의 도량으로 인정받은 사찰은 양란 후 극도로 혼란된 사
회상황하에서 양민들에게 안식처로 인식되었을 것이며, 따라서 이들 양
민들이 다투어 입산하여 승려가 되었던 것으로 보인다. 다음으로 수차례
의 전란으로 인하여 고갈된 국고를 보충하기 위하여 봉건정부는 양민들
에게 무거운 부담을 지울 수밖에 없었다. 이러한 과중한 부담은 양민들
을 견딜 수 없게 하였으며, 따라서 양민들은 그 부담을 피해 출가하여
승려가 되는 양상이 나타났기 때문이었다. 즉 숙종 23년 (1697)5월 丁
酉, 전감찰 李後慶이 闢佛상소에서,

> 무릇 佛家의 說은 사람의 심술을 무너뜨리고 어리석은 백성을 속이어 꾀
> 어내며 사찰은 8도에 편만하고 양민의 아들은 군역을 謀避하여 다투어 모두
> 삭발입산하고 심지어 饑歲에는 이들이 또한 도적의 무리가 되었다.7)

라고 지적한 사실과 영조 21년(1745) 5월 甲申, 영남 심리사 金尙迪이,

> 한 남자애가 출생하면 백역이 첩지하므로 거개 깊은 산으로 도망하여 승
> 려되기를 원하기 때문에 十室九空의 어려움이 8도가 마찬가지였다.8)

라고 지적한 사실 등에서 저간의 사정을 이해할 수 있다.9) 요컨대 외침
으로 인하여 국난을 극복하는데 의승이 크게 이바지함으로써 불교교단
은 봉건정부로부터 공인되어 졌고, 따라서 신앙의 道場으로 공인된 사찰
에 사회의 혼란으로 불안한 처지에 있던 양민들이 身役의 무거운 부담

---

6) 李載昌, 앞의 논문 참조.
7) 『숙종실록』 권31, 23년 5월 丁酉.
8) 『영조실록』 권61, 21년 5월 甲申.
9) 磻溪 柳馨遠도 『磻溪隨錄』 권25, 속편 상, 禁僧尼條에서, 星湖 李瀷도 『星湖僿
   說』 상, 「六蠢」 寺刹度牒條에서 이러한 사실을 지적하였다.

을 피하기 위하여 出家爲僧하여 사찰에 모여들었기 때문에 각 사찰마다 번창하게 되었던 것이라 하겠다.[10]

각 사찰을 가득하게 메운 승려들은 대단한 노동력과[11] 단결력, 그리고 기동력을 가지고 있었다.[12] 이러한 승려세력은 앞에서 지적한 바와 같이 대부분이 봉건정부에 대한 저항의 한 수단으로 피역을 위해 出家 爲僧한 무리들이었다. 숙종 연간에는 이들 승려 가운데 일부가 왕권을 타도하고 새로운 왕조를 창립하여 중원을 석권하려 거변계획을 꾸미기도 한, 정부에 대해 적극적인 저항집단으로 성장한 무리도 있었다.[13] 봉건정부의 집권 주자학자들은 풍부한 노동력과 단결력, 그리고 기동력을 소유하고 있었으며, 그 일부는 정부에 정면으로 저항하는 집단으로까지 등장한 승려세력을 자신들의 세력권으로 끌어들일 대책을 강구해야만 하였다. 곧 승려들을 정식으로 국가기구인 군사조직의 일원으로 참가시키는 일이었다. 이러한 일은 승려들의 풍부한 노동력과 단결력, 그리고 기동력을 군사력으로 전환시켜 전란으로 소모된 국력을 충실하게 한다는 의미와 또한 정부에 대한 승려집단의 저항을 해소시킬 수 있다는 의미가 동시에 포함되어 있다고 하겠다. 이러한 사실이 승군이 정식으로 창설되게 된 동기이기도 한 것이다.

그러면 승군이 언제부터 국가의 상설 군대조직으로 제도화한 것일까? 숙종40년(1714) 9월 27일, 행판중추부사 李濡가,

---

10) 당시 각 사찰마다 번창했던 기록은 여러 곳에 보인다. 즉 『承政院日記』 제201 책, 현종 8년 윤4월 10일 ; 『숙종실록』 권54, 39년 8월 丙戌 ; 『영조실록』 권45, 13년 9월 甲辰 등에도 잘 나타나 있다.

11) 현종 10년 6월 辛巳, 廣州府尹 沈之溟이 "民丁三日之役 不及僧軍一日之役 槪 僧人赴役 必盡其死力故也"(『현종실록』 권17)라고 지적한 데서 잘 나타나있다.

12) 영조 4년 9월 12일 慶尙道 別遣御史 李宗城이 "三南寺刹 以僧爲名者 其麗不億 且其作事專心一力 故雖百餘間法堂 能一時彰建 數百里之外 一令來集 則必赴 期日 其有氣力有號令 又如此矣"(『備邊司謄錄』 제84책)라고 지적한데서 잘 나타나 있다.

13) 鄭奭鍾,「肅宗年間 승려세력의 擧變計劃과 張吉山」『東方學志』 31, 1982.

산성을 守直하는 의승은 가장 긴중한 것이므로 창설 초에 곧 분정함으로써 외방의 騷擾之端이 없지 않을 것이다. 그러므로 南漢義僧 400여 명을 우선 분반하여 이속하면[北漢山城으로 ; 필자] 피차가 모두 불실하게 되고 每一寺에 불과 수명이 분배되어 三軍門[훈련도감·금위영·어영청 ; 필자]이 분치한 군기 등 물건들을 수명의 의승이 守直하기도 불가능하며, 그 외의 유입한 승려들은 생존의 길이 없기 때문에 相繼遷散하여 일이 극히 疎虞할 것이다. 그러므로 외방사찰의 殘盛과 승도의 다과를 대략 사정한 후에 손익을 참작하여 북한과 남한 양 산성에 의승 각 350명씩을 정액으로 排番하여 시행토록 하자.14)

라고 개진하여 곧 왕의 허가를 받아 시행했다는 기록이 보인다. 위의 인용문에서 산성은 주로 승군이 수비해야 한다는 사실과 남한산성에는 숙종 40년(1714) 이전에 이미 승군 400여 명이 배치되어 있었다는 사실, 그리고 숙종 40년부터는 남한·북한 양 산성에 승군 350명씩이 배치되었다는 사실 등을 알 수 있게 되었다. 즉 숙종 40년 이전의 어느 시기에 승군이 창설되었다는 이야기이다. 다시 말하여 임진왜란과 병자호란 때 비록 정부의 요청이 있었다하더라도 승려들이 자발적으로 조직한 임의 단체였던 승군이 숙종 40년(1714) 이전의 어느 시기에 국가기구인 승군으로 창설되었다는 말이다.15) 그런데 정조 3년(1779) 8월 甲寅, 왕이 寧陵에 참배하는 도중 남한산성에 유숙하면서 재신 徐命膺과 문답한 다음과 같은 기록이 보인다.

王曰, 仁廟 갑자년에 축성할 때 승 覺性을 8도의 도총섭으로 삼아 8도의 승군을 召募하여 부역토록 하고 이어 이 산성에 거주토록 명했는데, 대개 승군제도가 이때부터 시작한 것이라 하니 卿들도 역시 들었는가? 命膺이 이르기를 과연 그 때 창설된 것이라 합니다.16)

---

14) 『備邊司謄錄』 제67책, 숙종 40년 9월 27일.
15) 「梵魚寺 弊瘼條件記」에 "本寺卽羅代古刹 盖自壬辰島倭作變之後 設山城置軍伍 …"(『義龍集』)란 기록으로 보아 범어사의 경우 임진왜란 이후 어느 시기에 산성을 설축함과 함께 승군을 설치했음을 적고 있다. 그리고 같은 책의 「梵魚寺僧軍等狀」에는 숙종 29년(1703)에 金井山城을 창설하였고, 동시에 승군 500명을 배치하였다고 적고 있다.

위의 인용문이 정조 3년(1779)의 기록으로서, 비록 仁廟 갑자년(인조 2, 1624)보다 150여 년 후의 기록이지만, 인조 2년 남한산성의 축성작업이 시작되면서 곧 승군제도가 창설되었다고 하였다.[17] 조선왕조의 기본 군제인 五衛制度가 임진왜란을 계기로 訓鍊都監의 창설을 비롯하여, 그 후 인조 초 李适의 난을 계기로 소위 五軍營體制로 개편되어 갔던 것이니, 즉 御營廳·摠戎廳·守禦廳·禁衛營 등이 숙종 초까지 차례로 창설되어 갔던 것이다.[18] 이와 같이 5위체제가 5군영체제로 개편되어 가기 시작한 인조 2년에 승군제도가 처음으로 창설되어진 것이라 하겠다. 그러나 승군제도 역시 일시에 창설된 것이 아니며, 인조 2년에 남한산성의 승군제가 창설되었고 그로부터 90년 후인 숙종 40년(1714)에 북한산성의 승군제가 창설되었다.[19] 이렇게 창설된 남한산성과 북한산성의 승군제는 수도외곽의 방위를 위한 것이었다.[20] 따라서 남한산성과 북한산성의 승군은 5군영과 함께 중앙군으로서 승군이라 할 수 있다.

한편 각 지방에도 승군이 배치되어 있었다. 즉 지방의 산성에 승군이 배치되어 있었던 것이니, 경상도의 架山山城에 294명, 鳥嶺山城에 30

---

16) 『정조실록』 권8, 3년 8월 甲寅. 『增補文獻備考』에는 정조 3년 8월 왕이 寧陵에 다녀오다가 南漢練兵館에서 僧軍을 査閱하였는데, 이 자리에서 이러한 대화가 있었던 것으로 기록하고 있다(권114, 「兵考」 6).

17) 李能和도 승군제도 창설의 배경과 남한산성 축성 시 승군제가 창설되었음을 다음과 같이 기록하고 있다. "朝鮮以來 崇儒抑佛 若干僧徒 不敢喘息 一自壬辰之役 僧軍奏攻之後 僧徒對朝家 示有用之才 朝家認僧徒爲不棄之物 於是思所以安處之道 驅使之方 命使僧徒築南漢城 卽其一例 而寓僧於兵之制度乃出焉 僧軍之制度出 …"(『朝鮮佛教通史』 하편, 「南漢山寺守城緇營」).

18) 車文燮, 「守禦廳研究」 上, 『東洋學』 6, 1976 ; 李泰鎭, 「中央五軍營制의 成立過程」 『韓國軍制史』(조선후기편), 육군본부, 1977.

19) 註 14)와 같음.

20) 임진왜란을 계기로 五衛制度가 五軍營 체제로 정비되면서 오군영 중 수도방위부대는 훈련도감·어영청·금위영 등이고 수도외곽을 방위하는 부대는 남한산성과 북한산성을 守禦陣地로 하는 수어청과 총융청이었다(車文燮, 「守禦廳研究」(上), 『東洋學』 6, 1976). 그런데 남한산성과 북한산성에 배치된 승군은 각각 수어청과 총융청의 휘하에 있었다.

명, 矗石山城에 30명,[21) 金井山城에 316명[22)과 황해도의 正方山城에 25명[23) 등이 배치되고 있었다. 또한 史庫에도 수직승군이 배치되었던 것이니, 무주 赤裳山城의 史庫에 승군 27명(總攝 1, 代將 1, 和尙 1 포함)이 배치되어 있었다.[24) 그리고 국경의 수비책임을 담당하고 있었기 때문에 승군의 중앙군인 남한산성과 북한산성의 승군편성에서 제외된 평안도와 함경도에는 각 고을에 승군이 배치되어 있었다.[25) 예컨대 吉州에 284명(僧將 2, 僧哨官 2 포함),[26) 端川에 206명(僧將 1, 標下軍 14 포함)[27) 등이 배치되어 있었다. 그 외에도 함경도 각 고을에는 <표 43>[28)에서 알 수 있듯이 많은 사찰과 거주하는 승려들이 있었던 점으로 미루어 보아 국경의 수비상 각 고을에 일정수의 승군이 배치되어 있었던 것으로 보아야 할 것이다.[29)

---

21) 『增補文獻備考』 권119, 「兵考」 11, 州郡兵 2, 山城條.
22) 『東萊府誌』(1740), 「軍摠」條 ; 『義龍集』, 「梵魚寺 僧軍等狀」에는 金井山城에는 숙종 29년(1703) 창설 초 승군 500명을 배치하였다가 그 후 朝家의 罔極之恩으로 200명을 견감하고 300명만 남게 되었다고 하였다. 그런데 1740년(영조 16)에 작성된 『東萊府誌』의 316명은 200명이 견감된 후의 300명과 비슷한 것으로 미루어보아 200명이 견감된 후의 승군의 숫자라 하겠다.
23) 註 21)과 동일.
24) 『赤城志』 권5, 「史庫」, 鼎足山城의 僧營寺刹인 傳燈寺는 『實錄』 및 『璿源錄』 등의 守護사찰이었다(『輿地圖書』 상, 「江都府」 寺刹). 이 사찰의 摠攝은 諸刹을 釐正한다하였고, 또한 摠攝을 역임한 승려는 本府에서 春秋로 실시하는 習操를 면제받는다고 하였다(『傳燈寺本末寺誌』, 아세아문화사, 1978, 49쪽). 그러면 다른 승려들은 春秋로 習操를 받는다는 뜻으로 해석된다. 따라서 이들은 춘추로 습조를 받아가면서 『實錄』 및 『璿源錄』 등을 守護하는 승군이라 해도 좋을 것이다.
25) 김갑주, 앞의 논문 참조.
26) 『輿地圖書』 하, 咸鏡道 吉州 軍兵條.
27) 앞의 책(하), 함경도 端州 軍兵條.
28) 앞의 책(하), 함경도 各縣의 寺刹條.
29) 평안도의 경우도 기록에 누락되었을 뿐이지 함경도의 경우와 같이 각 고을에 승군이 배치되어 있었던 것으로 보아야 할 것이다.

〈표 43〉 함경도 각 현의 사찰 및 승려 수

縣名	寺刹數	僧侶數	縣名	寺刹數	僧侶數	縣名	寺刹數	僧侶數
咸興	21	( )	安邊	18	270	三水	1	13
永興	9	157	德源	4	153	鍾城	1	10
鏡城	3	45	文川	5	74	慶源	4	45
吉州	5	142	北青	9	171	慶興	2	10
明川	9	158	端川	8	204	富寧	2	54
會寧	4	131	利城	6	129	茂山	1	( )
定平	12	106	洪原	8	93			
高原	4	56	甲山	2	23			

또한 의승으로 편성된 수군이 특정 지방에 배치되어 있었다. 즉 3도 통제사 휘하에 43명(僧將 1 포함),[30] 황해도 수사 휘하에 299명(僧將 1 포함),[31] 전라좌수사 휘하에 300명이 배치되어 있었다.[32]

이상과 같이 각 지방에 배치된 승군과 의승수군이 언제부터 제도적으로 확립되었는지는 확실히 알 수 없지만 金井山城의 경우, 숙종 29년(1703) 금정산성 축성과 동시에 승군이 창설되었다.[33] 따라서 인조조부터 숙종조까지에 걸쳐 국방을 더욱 튼튼히 하기 위해 산성이 많이 축조되었던 사실과[34] 인조조 지방 束伍軍의 習陣과 操鍊을 전관토록 하기 위해 營將制度를 확립하여 숙종 초에는 변방의 방비를 위해 평안도와 함경도를 포함한 전국으로 확대 실시했던 사실,[35] 그리고 숙종 연간에는 국가재정도 정상화시키고 良丁의 부담도 덜어보자는 양역변통의 논의가 절정을 이루었던 시기임을[36] 감안해 볼 때 지방의 승군과 의승수

---

30) 『增補文獻備考』 권120, 「兵考」 12, 舟師條.
31) 위와 같음.
32) 全羅左水使 휘하에 승군 300명이 배치되어 있었다는 것은 최근(1988년 5월)에 麗川 興國寺에서 발견된 ① 禪堂修緝上樑記, ② 寂默堂重創上樑文 및 같은 명부, ③ 尋劍堂重建上樑文 및 같은 명부 등에서 상세히 알 수 있다.
33) 「梵魚寺僧軍等狀」,『義龍集』.
34) 金英夏, 앞의 논문 참조.
35) 車文燮,「조선후기의 營將」『조선시대 軍制연구』, 단국대 출판부, 1982.
36) 車文燮「壬亂以後의 良役과 均役法의 성립」『史學硏究』 10·11호, 1961.

군도 인조 초부터 시작하여 숙종 연간에 걸쳐 창설되어 갔다고 보아도 무방할 것이다.[37]

요컨대 남한산성과 북한산성에 주둔한 중앙의 승군과 각 지방에 주둔한 승군과 의승수군은 다같이 인조 초부터 시작하여 군사제도를 정비해 간 효종·현종·숙종대에 걸쳐 창설되었고 영조조까지는 정비되었던 것이라 하겠다.[38]

Ⅲ. 僧軍의 編制

중앙군이라 할 수 있는 남한산성과 북한산성에 주둔한 승군의 편제부터 살펴보자.

---

37) 鎭海寺僧徒를 모두 禁衛營에 속하게 하여 隊伍之制를 편성토록 하였으며 여기에 監官 이하 書貝 1·庫直 1·使令 4·攝攝 1·僧軍 15·從徒僧 1명을 두게 했던 것도 숙종 24년의 일이었다(『禁衛營事例 江都留營』).

38) 임진왜란 당시 義僧軍과 義僧水軍의 활동이 대단히 컸다하여 이것을 승군제도의 창설로 보는 것은 잘못이다. 그 당시의 義僧軍은 비록 정부의 요청이 있었다 하더라도 어디까지나 제도적인 조직이 아닌 승려 자신들의 자발적이고 임의적인 조직활동이었다. 梁銀容은 1929년에 李秉年이 펴낸 『朝鮮寶興勝覽』의 麗水部 寺刹條의 내용을 들어 麗水興國寺 주둔의 義僧水軍이 임진란 후부터 곧 제도화한 것으로 보고 있는데 李秉年의 착오로 볼 수밖에 없다(「全羅左水營의 僧兵水軍組織硏究」, 한국불교학회, 제14회 불교학술연구발표대회, 1988.11.26). 梁銀容이 그렇게 믿었기 때문에 현재 麗川市 興國寺에 전해온 「完文興國寺」가 癸巳年에 작성되었는데, 이 癸巳年을 1653년(효종 4)의 癸巳年으로 보고 있는 것도 잘못이다. 왜냐하면 「完文興國寺」의 한 항목에 "산승이 비록 賤하고 劣할지라도 이제 城을 지키고 牒을 지닌 義僧인즉 남한산성의 의승이나 북한산성의 의승과 같은 대우를 하여야 하며 侮辱하고 멸시하는 말을 사용하지 말라"는 내용이 있다. 그런데 북한산성에 승군이 배치된 것은 숙종 40년의 일이었다(김갑주, 위의 논문」 참조). 따라서 「完文興國寺」가 작성된 癸巳年은 숙종 40년 이후의 癸巳年이어야 한다. 그리고 興國寺의 고문서를 분석해 보면 흥국사 소속의 승군이 300명이었음은 분명하지만 그 승려들이 모두 흥국사에 상주하는 상비군으로 생각되지 않는다. 흥국사의 승군문제는 재검토가 되어야 할 것으로 본다.

1. 남한산성의 승군편제

남한산성의 승군은 남한산성의 수비부대인 수어청의 휘하에 소속되어 있었다. 따라서 남한산성의 승군편제는 수어청의 편제와 동시에 규명되어야 할 것이나, 수어청에 대하여는 이미 연구된 바 있기 때문에[39] 여기에서는 남한산성의 승군편제만을 살펴보기로 한다. 헌종 12년(1846) 洪敬謨가 편찬한 『重訂南漢志』의 「營制」에 의하면 남한산성의 승군편제는 다음과 같다.[40]

僧軍摠攝 1인	哨　　官 3인	義僧 356명
僧 中 軍 1인	旗 牌 官 1인	
敎 鍊 官 1인	10寺原居僧軍 138명[41]	

※ 의승 356명은 경기 강원 삼남 황해 등 6도에서 매년 6運 6番 兩朔하는 것임.

2. 북한산성의 승군편제

북한산성의 승군은 북한산성의 수비부대인 총융청의 휘하에 소속되어 있었다. 따라서 북한산성의 승군편제 또한 총융청의 편제와 동시에 규명되어야 할 것이나, 총융청 역시 이미 연구된 바 있기 때문에[42] 여기에서는 북한산성의 승군편제만을 살펴보기로 한다. 영조 21년(1745) 도총섭 聖能이 편찬한 『北漢誌』의 「僧營」과[43] 그로부터 64년 후인 순조 9년

---

39) 車文燮, 「守禦廳研究」(상), 『東洋學』 6집, 1976 ; 「같은 논문」(하), 『東洋學』 9집, 1979.
40) 李能和, 『朝鮮佛教通史』 하.
41) 성내의 10사는 開元寺·漢興寺·國淸寺·長慶寺·天柱寺·玉井寺·東林寺·望月寺·靈源寺 등 9寺와 南壇寺이다(『重訂南漢志』, 「寺刹」).
42) 崔孝軾, 「摠戎廳研究」『동국대학교 경주캠퍼스논문집』 제4집, 1985.

(1809)에 편찬된 『萬機要覽』「軍政篇」, 摠戎廳의 북한산성 「緇營」에
각각 북한산성의 승군편제에 대한 다음과 같은 기록이 있다.

A) 『北漢誌』

僧大將 1원[8도 도총섭겸]　射料軍官 10인
中軍 1인　　　　　　　　書記 2인
左別將 1인　　　　　　　通引 2인
右別將 1　　　　　　　　庫直 3인
千摠 1인　　　　　　　　册掌務 1인
把摠 1인　　　　　　　　板掌務 1인
左兵房 1인　　　　　　　吹手 2인
右兵房 1인　　　　　　　各寺僧將 11인[44]
五旗次知 1인　　　　　　各寺首僧 11인
都訓導 1인　　　　　　　義僧 350인[각 도에 분정하여 1
　　　　　　　　　　　　　년을 6차로 나누어 上番함]
別庫監官 1인

B) 『萬機要覽』

摠攝 1인
中軍僧 1인
將校僧 47인[유료]
僧軍 372명[73명 유료]
11寺各置僧將 1인
11寺各置首僧 1인
11寺各置番僧 3인

위의 A) 『北漢誌』, B) 『萬機要覽』의 기록을 비교해 볼 때 將校僧과
僧軍이 B)에서 증가되어 있고 A)에는 將校僧의 명칭이 구체적으로 기록
되어 있는 데 대하여 B)에는 장교승의 구체적인 명칭은 생략한 채 총원만
을 기록하고 있는 것이 차이가 있을 뿐이며, 기본적인 편제에는 큰 변화가
보이지 않는다.[45] 이상에서 살펴본 바와 같이 남한산성과 북한산성의 승
군의 편제는 비록 수어청과 총융청 휘하에 속해 있다하더라도 그 편성의
규모로 보아 각각 독립된 부대의 편제라는 사실을 분명히 하고 있다.
　　다음으로 각 지방에 배치되어 있는 승군의 편제를 살펴보자. 산성에
배치된 승군은 架山山城과 金井山城, 그리고 赤裳山城의 경우만이 기
록에 보일 뿐이다.

---

43) 李能和, 앞의 책(하).
44) 城內의 11사는 太古寺·重興寺·輔國寺·拊旺寺·鎭國寺·國寧寺·普光寺·
　　圓覺寺·龍巖寺·祥雲寺·西巖寺 등이다(『北漢誌』, 「寺刹」).
45) 『六典條例』「兵典」. 총융청의 「緇營」에 摠攝僧 1인·中軍僧 1인·將校僧 47
　　인·僧軍 372명이라고 하였다.

○ 架山山城의 경우
　　僧作隊軍 2哨　　　哨官 － 左哨：天柱
　　都 摠 攝 1명　　　　右哨：寶國
　　旗 牌 官 1명[46)]

　　　　每哨　　　　　　計
　　隊長　9명　　　　18명
　　正軍　90명　　　　180명
　　火兵　18명　　　　36명
　　　計　117명　　　234명[47)]

○ 金井山城의 경우
　　把　摠　1명
　　哨　官　3명
　　旗牌官　6명
　　僧　軍　306명
　　　計　316명[48)]

　위의 기록에서 알 수 있듯이 架山山城의 승군은 2哨로 金井山城의 승군은 3哨(哨官이 3인인 것으로 보아 3哨임을 알 수 있다)로 편제가 이루어져 있었으며, 그 편성으로 보아 독립된 단위부대의 편제를 하고 있었음을 알 수 있다. 물론 그 지역의 營將이나 守令의 휘하에 소속되어 있었을 것이므로 영장이나 수령의 지휘를 받았을 것으로 보인다. 그러나 산성이라 하더라도 史庫의 수호를 위해 배치된 승군의 편성은 단순히 사고의 수호를 위한 편제였음을 알 수 있다. 茂朱의 赤裳山城의 경우가 그러하다.

---

46) 「城探」, 『八公山』, 대구직할시, 1987.
47) 『邑誌』 慶尙道編 漆谷府 「軍額」, 아세아문화사 영인, 1982 ; 『增補文獻備考』 권119, 兵考 11, 州郡兵 2. '山城'에는 架山山城에 僧軍 294명이 배치되어 있었다고 하여 승군의 수가 차이가 있다. 그 후에 감해진 모양이다.
48) 『東萊府誌』(1940), 軍摠條.

○ 赤裳山城의 경우[49]

摠攝 1명	僧軍 24명
代將 1명	計 27명
和尙 1명	

그리고 함경도 각 고을에 배치된 승군의 편제는 자세히 알 수 없지만 吉州와 端川의 경우는 다음과 같다.

○ 吉州[50]		○ 端川[51]	
僧 將	2명	僧 將	1명
僧哨官	2명	標下軍	14명
僧 軍	280명	僧 軍	191명
計	284명	計	206명

위의 기록에서 알 수 있듯이 함경도 각 고을에 배치된 승군도 영장이나 수령의 휘하에 속해 있다하더라도 독립된 단위부대로 편제되어 있었던 모양이다.

義僧水軍의 편제는 다음과 같다.

○ 三道統制營[52]		○ 黃海道 水營[53]	
僧將	1명	僧將	1명
僧軍	42명	僧軍	298명
計	43명	計	299명

이와 같이 의승수군이 三道統制營과 黃海道水營의 경우만 기록이 남아 있지만 그 외의 각 도 수영에도 배치되어 있었던 것으로 보인다. 각

---

49) 『赤城志』권5, 「史庫」.
50) 『輿地圖書』하, 함경도 吉州, 軍兵條.
51) 위의 책(하), 함경도 端川, 軍兵條.
52) 『增補文獻備考』권120, 「兵考」12, 舟師條 ;『萬機要覽』「軍政」篇 舟師條 및 『輿地圖書』하, 경상도 統營 官職條 등에도 같은 내용이 보인다.
53) 『增補文獻備考』권120, 「兵考」12, 舟師條.

수영에 배치된 승군도 통제사나 수사의 휘하에 속해 있다하더라도 승장
등이 배치되어 있는 사실로 보아 이들도 독립된 단위부대의 형태로 편제
되어 있었음을 알 수 있다.

그런데 중앙승군인 남한산성과 북한산성의 승군은 그 정액이 고정되
어 상시 산성에 주둔한 반면에 각 지방에 배치된 승군이나 의승수군은
史庫를 수호하는 승군과 통제영의 의승수군 등 특수지역의 승군을 제외
하고는 隊伍만을 편성해 놓고 유사시에 한하여 동원하는 비상비병으로
보아야한다.54)

Ⅳ. 僧軍의 임무

중앙승군인 남한산성과 북한산성에 주둔하는 승군의 임무부터 살펴
보자. 남한산성과 북한산성의 승군은 수도외곽을 방위하는 임무 일부를
담당하고 있었다. 즉 봉건정부는 임진왜란을 계기로 군제를 5위제에서
5군영체제로 개편했던 것인데, 5군영 가운데 수도를 방위하는 부대는 훈
련도감 어영청 금위영 등이며, 수도외곽을 방위하는 부대는 남한산성과
북한산성을 守備陣地로 하는 수어청과 총융청이 있어 수도권을 방위하
는 이중체제로 구축했던 것이다.55) 따라서 수어청 휘하의 남한산성의
승군과 총융청 휘하의 북한산성의 승군은 수도외곽을 방위하는 임무 일
부를 담당하였던 것이다. 곧 남한산성과 북한산성의 승군은 각 성내의
사찰에 주둔하며 병영의 성격을 띠어 수도외곽의 방위에 임하는 군사적

---

54) 東萊山城의 경우, 『숙종실록』권54, 39년 8월 丙戌에 "金井山城利害 … 且城內
兩寺僧 爲百餘名 梵魚寺緇徒 亦不減三百之數 呼吸之間 可以守堞 且三邑各寺
僧徒 合而計之 則必不下數千餘名 平時但令作隊成案 有事之時 收合使用 則足
爲添兵之一助也"라고 한 기록으로 짐작되는 바이다.
55) 車文燮, 「守禦廳硏究」(상), 『東洋學』6집, 1976.

기능을 하였던 것이다. 이들의 임무를 좀 더 구체적으로 살펴보면 다음
과 같다.

첫째, 산성을 중심으로 수도외곽을 수비하는 일이었다. 즉 남한산성
의 승군은 城操 때에 主城의 일부와 外城, 그리고 別城 등을 信地로 하
고 있었다.[56] 예컨대 主城內에 있는 각 사찰마다 信地가 별도로 설정되
어 있었던 사실로 보아 主城의 수비에도 가담하고 있었음을 알 수 있
다.[57] 外城인 蜂巖城에 東林寺를 건립하여 수비하게 했던 사실과[58] 별
성인 甕城에도 長慶寺의 信地가 있었던 사실[59] 등으로 보아 외성과 별
성의 수비에도 가담하고 있었음을 알 수 있다. 북한산성의 승군의 경우,
그들의 신지가 어딘지 확실히 알 수 없지만 성내의 각 사찰을 중심으로
信地가 설정되어 있었을 것으로 믿어진다.[60]

둘째, 남한산성과 북한산성 내의 각 사찰에는 粮米·軍器物·炭 등
을 儲置하고 있었는데, 이 물건들을 승군이 守直하였다. 즉 남한산성 내

---

56) 남한산성의 4개처에 將臺를 축조했는데 城操 때에 東將臺의 內는 左部別將 驪
州牧使의 信地였고, 將臺外 五里許는 後營將 竹山府使의 信地였다. 南將臺는
前營將廣州判官의 信地였고, 北將臺는 中營將 楊州牧使의 信地였으며 西將臺
는 右部別將 利川府使의 信地였다(『南漢志』 권1, 상편 城池).

57) 『南漢志』 권4, 중편(상), 軍需條.

58) 蜂巖城은 府東 5里에 있는데 병자호란 때 淸人이 이곳에 올라와서 城中의 虛
實을 살폈다고 하였으며, 숙종 12년(1686)에 府尹 尹趾善이 외성을 始築하여
둘레가 962보로 7리 가량이며 女堞은 294堞, 暗門은 4개, 軍舖가 15개처나 되
었다. 그리고 東門외의 民戶를 모입하여 每戶 給復 3두로 하였다(『南漢志』 권
1, 상편 城池).

59) 別城으로 南甕城이 3개, 連珠峰甕城, 長慶寺信地甕城 등이 있었다(『南漢志』 권
1, 상편 城池).

60) 북한산성을 지키는 三軍門의 책임구역은 다음과 같다(『萬機要覽』 「軍政」篇,
訓練都監 禁衛營 御營廳).
訓練都監 : 山映樓北露積峯〜白雲臺西
禁衛營 : 大城門北〜曲城以西
御營廳 : 大北門南〜西門洞
三軍門 책임구역 외의 지역과 외성 또는 별성 등에 총융청 휘하의 승군들의
信地가 설정되어 있었을 것으로 생각된다.

의 각 사찰에 糧米를 저장하였었고[61] 軍器 · 火藥 등도 저장하고 있었
다.[62] 또한 북한산성내에는 3군문[훈련도감 · 어영청 · 금위영]이 분치
한 군기물이 보관되어 있었다.[63] 이러한 물건들을 수직하는 일을 양 산
성의 승군이 담당했던 것이다.

셋째, 국왕이 행행할 때 祗迎하는 일을 양 산성의 승군이 담당하기도
하였다. 즉『영조실록』권96, 36년 9월 辛未에,

> 敎旨하기를 내일 晝停所에 도착하면 북한의 승장이 승군을 거느리고 남문
> 외에 前排하여 祗迎하고 回鑾時에는 信地에 있는 총융사로 하여금 祗迎 후
> 북한 서문에 이르기까지 導駕하고 서문 외부터는 도신이 導駕하도록 하라.

고 하는 기록으로 보아 이러한 사실을 알 수 있다. 祗迎의 일을 이처럼
승군에게 특별히 교지로써 지시한 것을 보면 산성의 승군이 일반 군사보
다 월등하게 우수한 군대로 평가되고 있었기 때문이 아닌가 싶다.[64]

이상의 임무 외에도 남한산성과 북한산성의 승군은 평시에는 매일 밤
낮으로 看經祈禱하고 佛法에 따라 焚香修法하여 國祚를 빌었으며 ,국
왕의 건강을 기원하는 것을 그 과업으로 하였다.[65]

다음으로 각 지방에 배치되어 있는 승군의 임무를 살펴보기로 하자.
산성에 배치되어 있는 승군은 당해 산성을 중심으로 한 그 지역을 수비
하는 임무를 담당하였다.[66] 그러나 산성이라 하더라도 史庫에 배치된 승
군은 사고를 수호하는 것을 그 임무로 하였다.[67] 그리고 함경도 각 고을

---

61) 『備邊司謄錄』제48책, 숙종 20년 9월 초2일.
62) 위의 책 제36책, 숙종 8년 10월 18일.
63) 위의 책 제67책, 숙종 40년 9월 27일.
64) 국왕이 幸行할 때 隨駕의 임무는 총융청이 담당하였다. 따라서 총융청 휘하의
    북한산성 승군이 祗迎의 일을 맡았던 것은 총융청의 요청으로 이루어진 것이
    라 하겠다.
65) 高橋亨, 앞의 논문 참조.
66) 「城探」『八公山』, 대구직할시, 1987 및 『東萊府誌』(1740) 軍摠條 참조.
67) 『赤城志』권5, 「史庫」.

에 배치된 승군은 당해 고을의 관군과 더불어 그 고을의 수비의 임무를 담당했던 것으로 보인다. 의승수군도 역시 당해 지방의 수군과 같이 海防의 임무를 담당하였던 것으로 보인다. 특히 도서지방의 사찰에 배치된 승군 중에는 瞭望을 임무로 하는 경우도 있었다. 즉 永宗鎭의 瞿曇寺에 배치된 瞭望僧 3명은 荒唐船을 瞭望하는 임무를 담당했던 것이다.[68] 그 외에도 각 지방에 주둔하는 승군에게는 築城의 役을 비롯하여 많은 잡역이 부과되었지만 본고에서는 생략하기로 한다.[69]

한편 승군은 맡은 바 임무를 성실하게 수행하기 위하여 操鍊을 열심히 했던 것으로 보인다. 『정조실록』권8, 3년 8월 己未에 다음과 같은 기록이 보인다.

> 왕이 남한산성에 행재하여 승군을 試閱하기 위해 승장으로 하여금 관하의 軍伍를 거느리고 館前에 擺列토록 했는데 승군 등이 方陣 圓陣의 法으로 列을 이루었다. … 승장이 아뢰기를 兵書를 배운 바는 없지만 方圓陳列成之法은 승군의 古規에 있으므로 대강 알고 있다고 하였다.

위의 인용문에서 남한산성의 승군은 操鍊을 실시하고 있었다는 사실과 그들의 전법이 方陣法과 圓陣法이라는 사실을 알 수 있다. 북한산성의 승군도 남한산성 승군의 경우와 같이 操鍊을 실시하고 있었던 것으로 보아도 무방할 것으로 보인다. 이들의 操鍊은 매년 춘추에 하는 輪操[70] 외에 수시로 조련을 해 온 것으로 보인다.[71] 일반군병의 춘추 輪操는 연흉·방농·癘疫·勅行·王의 행행 등의 사유가 있을 때에는 중지되는

---

68) 『輿地圖書』 상, 江都府 永宗鎭 寺刹條.
69) 築城의 役을 비롯한 각종의 잡역에 대하여는 朴容淑, 「朝鮮朝 後期의 僧役에 관한 고찰」 『부산대학교 논문집』(인문사회) 31, 1981 참조.
70) 수어청과 총융청이 春秋 輪操를 정식화하고 있었던 것으로 보아 그 휘하의 남북한산성의 승군도 춘추 輪操를 했던 것으로 보인다(『續大典』 「兵典」 敎閱).
71) 남북한산성의 승군은 영조 32년까지는 연 6차에 2개월씩 교대로 입번하였고 그 후로부터는 雇立僧으로 대치하여 상시 주둔했던 것인데 교대입번할 때는 더욱이 수시로 하는 操練이 많았을 것으로 생각된다(김갑주, 앞의 논문」 참조).

경우도 있었다.[72] 그러나 상비군인 남한산성과 북한산성의 승군은 중지하지 않고 輪操가 실시된 것으로 보인다. 각 지방에 배치된 승군과 의승수군은 평시에는 隊伍를 편성해 두었다가 유사시에는 이들을 동원하여 당해 지역을 수비케 했던 것이므로 이들은 군영과 수영, 그리고 각 관아에서 실시하는 연 2회의 춘추조련에는 반드시 참가했던 것이다.[73]

V. 僧軍의 財政

중앙승군인 남한산성과 북한산성의 승군의 재정운영은 다음과 같다. 남한산성과 북한산성의 승군은 숙종 40년(1714) 9월부터 교대로 立番하는 제도로 확립되었다. 즉 외방의 각사 승려들을 사찰의 殘盛에 따라 남한산성과 북한산성에 의승군 350명씩을 정액으로 매년 여섯 차례에 걸쳐 교대 입번하는 輪番制로 운영되었던 것이다.[74] 따라서 이 시기 양산성의 승군은 番上兵으로 편성되어 있었기 때문에 上番僧이 소속된 사찰에서 모든 경비를 부담하였다. 이러한 番上兵制는 한 사람의 승병을 보내는 데 필요한 자금이 일백 냥이나 되어 외방사찰이 지탱할 수 없을 정도의 큰 폐단으로 등장하였다.[75] 그리하여 이러한 모순을 제거하고 상비군의 이점을 살려 영조 32년(1756)부터 승군 전원을 雇立僧으로 대체하는 급료병 형식으로 개편하였다. 이들 雇立僧에게 지급할 급료 등은 각 고을의 사찰에서 징수하는 義僧番錢으로 충당했다.[76] 의승번전을

---

72) 『續大典』「兵典」 敎閱.
73) 傳燈寺의 경우, 摠攝을 역임한 승려는 本府에서 春秋로 실시하는 習操를 면제
　　받았다고 한 것으로 알 수 있다(『傳燈寺 本末寺誌』, 아세아문화사, 1978, 49쪽).
74) 『備邊司謄錄』 제67책, 숙종 40년 9월 27일.
75) 위의 책 제74책, 경종 3년 8월 초4일.
76) 남북한산성의 僧軍財政에 대하여는 김갑주, 「南北漢山城 義僧番錢의 종합적
　　고찰」 참조.

징수하여 남한산성과 북한산성의 승군재정으로 운영하여 간 내용을 간략하게 정리해 보자. 남한산성과 북한산성에 소속된 도별 의승 수와 부담액은 <표 44>와 같다.

〈표 44〉 남북한산성에 배당된 도별 義僧 수와 도별 부담액

道 別	山城別	定員(名)	每名定額(兩)	道別定額(兩)	駄價(兩)	實額	備考
경기도	남한산성	14	10	140	1.62	138.38	
	북한산성	6	10	60	0.34	59.66	
	계	20	·	200	1.96	198.04	
충청도	남한산성	28	18	504	15.04	488.96	
	북한산성	86	18	1548	43.34	1504.66	
	계	114	·	2052	58.38	1993.62	
강원도	남한산성	14	18	252	6.34	245.66	
	북한산성	46	18	828	33.57	794.43	
	계	60	·	1080	39.91	1040.09	
황해도	남한산성	4	18	72	2.60	69.40	
	북한산성	62	18	1116	39.94	1076.06	
	계	66	·	1188	42.54	1145.46	
전라도	남한산성	136	22	2992	184.83	2807.17	
	북한산성	62	22	1364	78.51	1285.49	
	계	198	·	4356	263.34	4092.66	
경상도	남한산성	160	22	3520	212.79	3307.21	
	북한산성	89	22	1958	112.51	1845.49	
	계	249	·	5478	325.30	5152.70	
총 계	남한산성	356	·	7480	423.22	7056.78	
	북한산성	351	·	6874	308.21	6565.79	
	계	707	·	14354	731.43	13622.57	

〈표 45〉 남북한산성 義僧雇價錢 지급내용

山城名	支給項目	支給額	備考
남한산성	雇僧公費錢	6,052兩	每名 17兩[356(名)×17(兩)]
	添給條	769兩 5錢 7分	
	閏朔條	211兩	
	京城에서 山城까지의 駄價	27兩	
	計	7,059兩 5錢 7分	

			每名 17兩[351(名)×17(兩)]
북한산성	雇僧公費錢	5,967兩	
	閏朔條	184兩	
	京城에서 山城까지의 駄價	12兩	
	計	6,163兩	
기 타	造紙署助役價	400兩	
합 계		13,622兩 5錢 7分	

<표 44>에서 알 수 있듯이 남한산성과 북한산성에 소속된 의승 수는 707명이었고, 義僧番錢은 연간 14,354냥이었다. 그 가운데서 駄價 731냥 4전 3분을 除하면 실액은 13,622냥 5전 7분이었다. 13622냥 5전 7분이 양 산성에 지급된 것인데 지급내용은 <표 45>와 같다. 이 표에서 알 수 있듯이 雇立僧 한 사람에게 연간 17냥이 지급되었다. 이러한 지급액은 5냥을 1석으로 보아 승군 한 사람에게 지급된 쌀은 월 4두 2승이었다.[77] 이러한 지급량은 금위영 군병의 방료가 매월 9두였음을[78] 감안해 볼 때 승군의 처우가 매우 열악했음을 알 수 있다.[79]

〈표 46〉 북한산성·남한산성의 義僧番錢

分擔內容	分擔 金額	百分比(%)
給 代	6,708兩 6錢 5分	46.87
官 防 給	1,164兩 7錢 5分	8.14
保 人	427兩	2.98
僧 徒	6,0112兩 4錢	42.00
計	14,312兩 8錢	100.00

---

77) 17세기 말~18세기 초경의 米 1석의 시가는 5냥 정도였다(『備邊司謄錄』제85책, 영조 5년 4월 22일). 따라서 1석을 15두로 하여 환산해 보면 17냥은 51두로서 한 달에 4두 2승여 정도가 배당된다.

78) 금위영의 軍兵放料는 매월 9두씩 지급되었고, 試才入格者 및 兼司僕이 된 후에는 3두씩을 가급하였다(車文燮, 「禁衛營硏究」『朝鮮時代軍制硏究』, 1982).

79) 승군의 대우가 다른 군병의 대우보다 열악했기 때문에 이들에게 공명첩이 급여된 적이 있다(『영조실록』 권96, 36년 9월 戊申).

그 후 정조 9년(1785)에 남한산성과 북한산성의 의승번전은 <표 46>과 같이 사찰의 부담이 반감되었다. 사찰의 부담이 반감되었을 뿐이지 半減分은 給代·官方給·保人 등으로 보충되어 雇僧軍에게 지급되는 雇價錢은 종전과 변함이 없다.[80)]

한편 각 지방에 배치되어 있는 승군이나 의승수군에게는 경우에 따라 급료가 지급되었던 것으로 보인다. 즉 史庫의 수호나 荒唐船의 瞭望 등 특수한 임무를 담당하고 있는 승군에게는 급료가 지급되었을 것이다. 그리고 산성이나 각 고을 및 각 수영 등에 배치되어 있는 승군 가운데서 基幹僧軍에게는 급료가 지급되었을 것이다. 기간승군이 아닌 일반승군, 즉 軍伍만을 편성해 두고 유사시 동원되는 승군은 모든 경비일체를 자담했던 것이다.[81)]

VI. 결 어

주자학자들의 배척대상이었던 조선왕조의 불교교단이 왜란과 호란 등 외적의 침입을 계기로 그들로부터 신앙의 道場으로 인정받게 되었다. 그 대가로 승려들은 봉건정부로부터 무거운 부담을 감수하여야만 하였다. 陵役 등 잡역의 부담은 물론 군역까지 부담해야만 하였다. 그리하여 제도적으로 승군이 창설되었다. 인조 초부터 숙종 연간에 걸쳐 남한산성과 북한산성에 700여 명의 승군이 중앙승군으로 편성되었고 각 지방에도 산성·군영·수영·관아를 중심으로 지방의 승군이 편성되었다. 중앙승군인 남한산성과 북한산성의 승군은 수도외곽의 수비임무 일부를 담당하였고, 각 지방의 승군은 당해지역을 중심으로 그 지역의 방위에

---

80) 김갑주, 앞의 논문 참조.
81) 「梵魚寺僧軍等狀」『義龍集』.

임했던 것이다. 또한 史庫의 수호와 荒唐船의 瞭望 등 특수한 임무를 담당하는 승군도 있었다.

한편 중앙승군인 남한산성과 북한산성의 승군은 교대로 立番하는 番上兵制로 운영되어 오다가 영조 32년(1756)부터 雇立僧軍制로 운영되어 갔다. 따라서 雇立의 승군에게는 1명당 매년 17냥의 雇價錢이 지급되었다..그러나 교대로 立番하는 부담을 면하게 된 승려들은 대신에 무거운 番錢을 부담해야 했다. 유사시에 동원되는 지방의 승군은 필요한 경비를 자담해야 했다. 이렇게 승려들을 국가 군사조직의 일원으로 동원하게 된 것은 숙종·영조 등 군주들의 왕권 강화정책과도 무관하지 않을 것이다. 왕권강화를 위해 부국강병책의 일환으로 당시 각 사찰에 편만한 승려들에게 무거운 군역을 부담시켰던 것으로 보이기 때문이다. 승군의 부담으로 조선후기 불교교단은 지탱할 수 없는 寺敗僧殘의 양상을 촉진해 갔다.[82] 그러면서도 승군제도는 1894년 갑오경장까지 계속되어 갔다.

사찰의 승려들까지 제도적으로 무거운 군역을 부담시켰다고 하는 사실은 결국 조선 봉건정부의 자기모순을 축적해 가는 결과를 초래했다고 할 것이며, 나아가 조선 봉건사회의 해체를 촉진해 간 한 가지 이유가 되었다고 할 것이다.

---

82) 梵魚寺의 승군은 숙종 29년(1703) 창설 초 500명이었다. 그 후 朝家의 罔極之恩으로 200명이 견감되어 승군은 300명이 되었다. 그 부담도 감당할 수 없게 되어 사찰이 難支之境에 이르러 영·정조연간에 다시 200명을 견감하여 100명만이 남게 되었지만 그들의 경비부담도 어렵다고 하였다(「梵魚寺僧軍等狀」『義龍集』견감).

제2장

남북한산성 義僧番錢의 종합적 고찰

Ⅰ. 서 언

임진왜란과 병자호란 등 외적의 침입은 조선왕조의 집권유생들에게 큰 충격을 안겨 주었다. 국가의 干城으로 굳게 믿고 있던 관군이 도처에서 참패를 당하였고, 온 나라는 적군에게 잔인하게 유린되었기 때문이다. 그러나 전국 각처에서 구국의 정신으로 燎原의 불길처럼 일어선 의병의 抗敵활동은 침입군에게 치명적인 타격을 주어 국난 극복에 결정적인 역할을 하였다. 의병의 항적활동 중에서도 한국불교의 전통적인 호국사상으로 정신무장한 의승군의 활동이 가장 뛰어났던 것임은 주지의 사실이다.[1] 뛰어난 의승군의 구국활동은 억불시책을 일삼아 오던 조선왕조의 집권유생들에게 불교교단을 새롭게 인식하게 하는 계기를 만들어 주었다. 급기야 인조 초에 승군제도가 설립되어 승려세력이 조선왕조 군사조직의 일원으로 참가하게 되었다. 이들은 남한산성과 북한산성에 집

---

1) 安啓賢, 「조선전기의 僧軍」 『東方學志』 13, 1972 ; 李載昌, 「조선조사회에 있어서의 불교교단」 『韓國史學』 7, 한국정신문화연구원, 1986.

중적으로 배치되어 수도방위 임무를 담당하게 되었다.[2] 남북한산성에 배치된 승군은 매년 여섯 번의 交代立番하는 徵番兵형식으로 운영되어 오다가, 영조 32년(1756)부터는 給料兵형식으로 운영되는 義僧番錢制로 전환하였다. 남북한산성의 의승번전제에 대하여서는 이미 다음과 같은 논문이 발표되었다.

- 禹貞相, 「南北漢山城 義僧防番錢에 對하여」 『佛敎學報』 1, 1963.
  위의 논문은 영조 32년에 작성된 「南北漢山城義僧防番變通節目」(「英祖節目」으로 약칭 ; 필자)을 기본자료로 하여 연구되었으며, 義僧番錢의 定額, 징수의 방법, 분급의 상황 등을 정리하여 당시 불교계의 동향을 살펴본 글이다.[3]
- 金甲周, 「正祖代 南北漢山城 義僧番錢의 減半」 『素軒南都泳博士華甲紀念史學論叢』, 1983.
  위의 논문은 영조 32년에 실시된 남북한산성의 義僧番錢制가 약 30년 후인 정조 9년에 義僧番錢이 減半하게 된 경위를 추구하여 당시 불교계의 동향을 살펴본 글이다.

필자는 위의 논문을 발표한 직후, 乾隆 50년(정조 9)에 작성된 「義僧番錢減半給代事目」(「正祖事目」으로 약칭 ; 필자)을 입수하였다.[4]

본고에서는 상기 두 편의 논문을 재검토하고 「正祖事目」을 분석하여 의승번전제 성립의 경위, 의승번전제의 운영상황, 그리고 의승번전의 減半 등을 종합적으로 고찰해 볼 작정이다.[5] 남북한산성의 의승번전제를

---

2) 「조선후기의 義僧軍制度」에 대하여는 앞장 참조.
3) 「上記 節目」은 『備邊司謄錄』 제130책, 영조 32년 정월 12日條에 수록.
4) 「上記 事目」은 충청도 某寺刹에 비장되어 오던 것인데, 내용은 서문과 14개 조항, 그리고 六道義僧番錢都數 등 도합 51페이지로 구성된 木板本이다. 그런데 정조 9년에 발간된 壬辰字의 활자본인 1책 26장으로 된 같은 내용의 것이 서울대학교 중앙도서관(奎 12343)에도 있다.
5) 禹貞相 先生은 상기 논문의 서문에서 자료수집의 불충분함과 논증의 조잡성 등을 들어 겸손을 표하고 있지만 필자는 우선생의 탁월한 분석력과 개척적인 연구성과에 경의를 표하면서 감히 본고를 작성하게 된 것을 송구스럽게 생각

종합적으로 고찰한다는 것은 곧 조선후기 불교교단의 동향을 규명하는 일이라 믿기 때문이다. 나아가 조선후기의 사회구조를 이해하는데도 도움이 될 것으로 믿는 바이다.

Ⅱ. 義僧番錢制 성립의 경위

조선왕조의 불교교단은 집권유생들의 억불시책에 밀려 그 중기에 접어들면서 寺勢가 어려운 처지를 벗어나지 못하고 있었다. 그러나 왜란과 호란 등 외적으로부터 참혹한 침입을 받은 이후, 17세기 후반부터 18세기 전반까지 1세기여 동안은 사찰마다 승려들이 초만원을 이루는 등 번창한 모습을 보이는 이상현상을 나타내었다. 즉 현종 8년(1667) 윤4월 7일, 忠淸道 連山의 幼學 金寀가,

> 列邑山中의 大刹은 一寺中에 승도가 수 백인이나 되므로 이 승도들을 下山爲俗시키면 하루아침에 10만의 군병을 얻을 수 있다.[6]

라고 한 사실이나, 숙종 39년(1713) 8월 丙戌, 判決事 李正臣이,

> 東萊·梁山·機張 등 3邑의 各寺 승도를 합하면 수천 명이 된다.[7]

라고 한 사실, 그리고 영조 13년(1737) 9월 丙申, 副護軍 李穆이,

> 嶺南一道에 大刹이 300여 소나 있는데 각 사찰마다 승려가 400~500명이나 된다.[8]

한다. 고개 숙여 선생의 명복을 빈다.
6) 『承政院日記』 제201책, 현종 8년 윤4월 7일.
7) 『숙종실록』 권59, 39년 8월 丙戌.
8) 『영조실록』 권45, 13년 9월 丙申.

라고 한 사실 등 위의 일련의 지적에서 這間의 사정을 충분히 이해할
수 있다.

당시 사찰이 이처럼 번창하게 된 이유는, 아마도 임진왜란과 병자호
란 당시 의승군의 활동이 국난을 극복하는데 크게 공헌하여, 집권유생으
로부터 불교교단이 인정되었기 때문이라 할 것이다. 즉 왜란당시 西
山·泗溟·處英·雷默·靈圭 등이 영솔한 의승군의 항적 활동은 굉장
했던 것인데, 선조 자신이,

    惟政의 승군은 용감하기가 비교할 곳이 없다.[9]

라고 한 사실이 단적인 예이다. 또한 호란 당시에도 明照·覺性·斗淸
등이 영솔한 의승군의 항적활동이 굉장했던 것인데, 현종 10년(1669) 6
월 辛巳, 廣州府尹 沈之溟이,

    丙子年의 得力은 승군이 최상이었다.[10]

라고 회상한 사실이 단적인 예이다.

이와 같이 외적이 침입했을 때 의승군의 활동은 집권유생들에게 높이
평가되었다. 그리하여 불교교단은 군사조직의 일원으로 인정되었던 것
이다. 이러한 불교교단은 여러 번의 외침으로 인하여 불안에 떨고 있던
백성들에게 안식처로 인식되어 入山爲僧하는 풍조가 일어났기 때문이
라 하겠다. 한편 전쟁으로 인하여 고갈된 국고를 보충하기 위하여 정부
에서는 양민들에게 과중한 身役의 부담을 부과시켰다. 양민들은 과중한
신역의 부담을 견디지 못하여 出家爲僧하는 양상이 나타났던 것도 사찰
을 번창하게 했던 한 가지 이유라 하겠다. 즉 숙종 23년(1697) 5월 丁酉,

---

9) 『선조실록』 권42, 26년 9월 己未.
10) 『현종실록』 권17, 10년 6월 辛巳.

전감찰 李後慶이,

> 양민의 아들은 軍役을 謀避하여 다투어 모두 삭발 입산한다.[11]

라고 지적했던 사실과 영조 21년(1745) 5월 甲申, 嶺南審理使 金尙迪이,

> 한 남자애가 출생하면 百役이 疊至함으로 거개 深山으로 도망하여 승도 되기를 바란다.[12]

라고 지적했던 사실 등으로 미루어 보아 알 수 있다. 요컨대 왜란과 호란 등 외적의 침입을 통하여 집권유생으로부터 새롭게 인식된 불교교단에, 불안정한 처지에 있던 백성들이 과중하게 부과된 신역의 부담을 피하기 위하여 승려가 되어 사찰로 모여들었기 때문에 각 사찰마다 크게 번창했던 것이라 하겠다.[13]

당시 각 사찰을 가득 메운 승려들은 대단한 노동력과 단결력, 그리고 기동성을 가지고 있었다. 즉 현종 10년(1669) 6월 辛巳, 廣州府尹 沈之溟이,

> 民丁의 3일의 役이 승군의 1일의 役을 미치지 못한다. 그것은 승군이 赴役을 하게 되면 반드시 사력을 다하기 때문이다.[14]

라고 지적했던 사실과 영조 4년(1728) 9월 12일, 경상도 別遣御史 李宗城이,

---

11) 『숙종실록』권31, 23년 5월 丁酉.
12) 『영조실록』권61, 21년 5월 甲申.
13) 당시 身役을 피하여 入山爲僧하는 백성 중에는 "十年之間 三爲僧 三退俗"(『인조실록』권24, 9년 2월 丁未)했다는 사실로 보아 '半僧半農'의 무리가 상당히 있었을 것으로 보인다.
14) 『현종실록』권17, 10년 6월 辛巳.

三南 사찰의 승려들은 그 수가 많아 헤아릴 수도 없고 또한 그들은 일을 시작
하면 전심일력을 다하기 때문에 비록 百余間의 法堂이라 하더라도 능히 일시에
창건하며, 수백 리 밖이라도 한 호령에 반드시 赴役期日 내에 來集한다.[15)

라고 지적했던 사실 등으로 미루어 보아 알 수 있다. 이러한 승려세력은
전통적인 호국사상의 기반 위에, 그 동안 억불정책에 밀려 모든 시련을
겪으면서 인내해 왔던 축적된 에너지가 외적의 침입 등 어려운 상황에
부딪쳐 한꺼번에 터져 나온 폭발적인 힘이라 하겠다.

한편 이러한 승려세력은 봉건왕조에 대한 避役이란 소극적인 저항으
로 出家爲僧한 무리들이 많았던 것이며, 또한 봉건정부에 대한 저항집
단으로 형성해 간 그룹도 있었던 것이다. 즉 숙종 연간에 왕권을 타도하
고 새로운 왕조를 창립하여 中原을 석권하려는 擧變計劃을 꾸미기까지
했던 승려집단이 등장하기도 했던 것이다.[16)

봉건왕조의 집권유생들은 풍부한 노동력과 단결력을 가지고 있었으
며, 한편으로 저항집단으로까지 등장한 승려세력을 자신들의 세력권 안
으로 끌어들이지 않으면 안 되었다. 이러한 일은 일면으로는 정부에 대
한 승려집단의 저항력을 해소시킨다는 뜻도 있었을 것이며, 타면 승려들
의 풍부한 잉여 노동력을 동원하여 전란으로 소모된 국력을 강화한다는
데 뜻이 있었다고 하겠다. 그러면 승려세력을 동원한 양상을 살펴보자.

먼저 축성하는데 승려들을 동원하였다.[17) 남한산성과 북한산성을 축
조할 때 승려가 동원되었던 것이 그 대표적이다. 남한산성은 인조 2년
(1624) 이괄의 난과 後金의 압력이 점점 가중되어 가자 조정에서 축성이
논의되어 그 해 7월에 공사를 시작하여 2년여 후인 인조 4년(1626) 11월
에 완성하였다. 축성작업은 李曙를 총융사로 삼고 그로 하여금 監築의

---

15) 『備邊司謄錄』 제84책, 영조 4년 9월 12일.
16) 鄭奭鐘, 「肅宗年間 승려세력의 擧變계획과 장길산」, 『東方學志』 제31집, 1982.
17) 朴容淑, 「조선조후기의 僧役에 관한 고찰」 『부산대학교논문집』(인문사회) 31,
　　1981.

책임을 맡게 하였다. 총융사로 임명된 李曙는 名僧 覺性과 應聖 등에게 僧軍을 동원해 줄 것을 의뢰하였고 이들이 동원한 僧軍이 築城役事의 주축을 이루었던 것이다.[18] 이 때 覺性은 남한산성의 초대 摠攝으로 8道 都摠攝을 겸하기도 하였다.[19] 북한산성은 숙종 37년(1711) 4월에 공사를 시작하여 그 해 10월에 완성하였다.[20] 북한산성의 축조작업에는 訓鍊都監, 禁衛營, 御營廳 등 三軍門이 공동으로 참가하였다.[21] 이때도 聖能이 이끄는 義僧軍이 축성작업에 주축을 이루었다. 이러한 축성의 功으로 僧軍의 통솔자 都摠攝 聖能이 큰 상을 받기도 하였다.[22]

다음으로 守城하는데 승군을 동원하였다. 남한산성과 북한산성 등 양 산성의 축조에 승군을 동원했던 집권유생들은 산성축조에서 막강한 승려세력을 다시 확인한 후, 축조된 산성의 수비 등 군사적 임무까지 승려들에게 맡겼던 것이다. 산성축조에 크게 기여한 승려세력을 효율적으로 활용하려는 의도였을 것이다. 즉 북한산성이 완전히 축조된 숙종 37년(1711) 10월 이후부터 승군이 북한산성에 주둔하면서 수도방위의 임무 일부를 담당하도록 하였던 것이다. 북한산성에 교대 입번하는 의승의 입번제가 운영된 것은 3년 후인 왕 40년(1714)의 일이었다. 숙종 40년 9월 27일, 判府事 李濡의 요청에 따라 外方各寺의 승려들을 사찰의 殘盛에 따라 남북한산성에 의승군을 각각 350명씩을 정원으로 매년 여섯 번의 교대입번하는 윤번제로 운영하게 되었다.[23] 이 때 각 읍이나 각 사찰에 어느 정도의 의승군이 배당되었는지는 확실히 알 수 없지만 소찰에는 1~2명, 대찰에는 4~5명이 배당되었던 것으로 보인다.[24]

---

18) 『인조실록』 권8, 3년 2월 壬寅 ; 『인조실록』 권13, 4년 7월 壬辰, 洪敬謨編 ; 『南漢誌』 권9, 하편, 「城史」.
19) 『인조실록』 권7, 2년 11월 庚辰.
20) 『備邊司謄錄』 제63책, 숙종 37년 10월 18일.
21) 金容國, 「肅宗朝 北漢築城考」『鄕土서울』 제8집, 1960.
22) 『숙종실록』 권50, 37년 10월 甲戌.
23) 『비변사등록』 제67책, 숙종 40년 9월 27일.

의승군의 창설을 제도화하여 남북한산성에 주둔시켜 수도방위 임무
의 일부를 맡긴 것은 앞에서 언급한 바 있듯이 사찰의 풍부한 잉여 노동
력을 국역에 흡수하고자 하는 집권유생들의 정책적인 조치라 할 것이다.
이러한 의승군제도의 창설은 불교교단이 정부로부터 공식적으로 인정되
었다는 기대감에서 무거운 부담을 감수했던 것이라 할 것이다. 숙종 40
년 9월에 성립된 의승입번제의 운영은 실시 초부터 여러 가지 모순이 나
타나기 시작하였다. 즉 의승입번제가 운영된 지 4년 후, 숙종 44년(1718)
윤8월 戊申, 正言 柳復明이 時弊의 하나로 다음과 같이 지적한데서 잘
나타나 있다.

> 북한의 승도는 곧 죄를 범하고 도망한 집단으로 8도를 두루 다니면서 作
> 弊가 헤아릴 수도 없다. 공물의 年條를 보면 헐값으로 미리 매득한다고 했는
> 데, 미리 매득할 때에 당하여는 강제로 취득하는 폐단이 있었으며, 또한 여러
> 가지 債物을 甲利로 京外에 遍給해 놓고 督徵時에는 田土文券까지도 많이
> 見奪하였다. 諸道의 의승이 350명에 이르는데 除番之錢을 징수할 때는 樓巖
> 別將에게도 이름도 없는 船稅까지 받아냈다.[25]

正言 柳復明의 이러한 주장이 사실이라면 북한산성의 승도들은 범죄
집단으로서 공물의 강탈 고리채활동 등 불법적인 일들을 자행하고 있었
으며, 특히 숙종 44년 현재 북한산성의 경우, 의승입번제가 아닌 의승번
전제가 운영되고 있었다는 것이다. 그 후에도 북한산성의 의승번전에 대
한 시비의 논의는 계속되었다. 즉 경종 3년(1723) 8월 초 4일, 藥房都提
調 崔錫恒이 그 폐해를 지적하여 번전의 혁파를 요청하였다.

> 의승의 役이 외방의 사찰에게 견디기 어려운 巨弊이다. 듣건대 큰 절에서
> 는 50여 냥, 작은 절에서는 20~30냥을 수합하여 雇僧立役의 자금으로 북한
> 산성에 수송되는데 북한산성에 도착하면 원래 雇立之事는 없고 수송된 錢文

---

24) 『영조실록』 권81, 30년 4월 戊申.
25) 『숙종실록』 권62, 44년 윤8월 戊申.

은 단지 摠攝僧의 전대만 불리는 자금으로 될 뿐이다. 그러므로 守堞에는 도움이 되지 않고 外方의 승도에게 큰 폐가 되어 대소사찰은 거의 공허하고 승도들은 흩어져 없어졌다.[26]

　의승번전이 守城에는 전연 도움이 되지 않고 외방사찰의 승도에게 폐만 된다는 藥房都提調 崔錫恒의 위와 같은 요청에 따라 의승번전제는 일단 혁파하도록 하였다. 그러나 다음 왕 영조 초에 다시 거론된 것으로 보아 이 때 혁파조치는 실행되지 않았던 모양이다. 즉 영조 4년 (1728) 9월 12일, 경상도 別遣御史 李宗城이 승역의 苦重함을 논한 데서 북한산성의 의승은 당신이 스스로 입번하는 것이 아니라 收錢하여 給代하고 있음을 지적하고, 수전에 따른 폐단을 들어 변통을 요청하였다.[27] 이듬해인 왕 5년 10월 26일, 유생들이 의승입번이냐, 捧錢雇立이냐를 논의한 후 藥房提調 尹淳이,

　　　義僧의 설립은 본래 산성을 防守하는데 있는데 捧價雇立하는 것은 역시 疎虞한 점이 있다.

라고 한 주장에 따라 의승을 입번토록 하는 조치가 취해졌다.[28] 요컨대 북한산성의 경우, 숙종 40년(1714)에 의승의 입번제가 성립되면서 곧 의승으로부터 번전을 징수하여 原居僧을 포함한 雇僧立役者에게 給代하는 의승번전제로 운영되어 오다가 영조 5년 10월에 의승입번제가 정착되었던 것이다. 의승번전제로 운영될 당시 의승의 번전은 앞에서 인용한 崔錫恒의 지적, "大刹에서는 50여 냥, 小刹에서는 20~30냥을 수합했다"는 사실로 보아 한 사찰에서 20냥부터 50여 냥까지 징수하였음을 알 수 있다.

　여기서 의승번전은 승려 개인이 아닌 사찰에서 부담하였음을 유의할 필요가 있다. 조선후기의 세제가 '以地出役' 중심으로 바뀌어 간 사실과

---

26) 『備邊司謄錄』 제74책, 경종 3년 8월 초4일.
27) 『備邊司謄錄』 제84책, 영조 4년 9월 12일.
28) 『備邊司謄錄』 제86책, 영조 5년 10월 26일.

무관하지 않을 것 같기 때문이다.

이처럼 운영되어 온 남북한산성의 의승입번제는 그 후에도 계속 논의되었다. 즉 영조 13년 2월 壬申, 경상감사 閔應洙가 "승역의 편중함이 양역보다 심하다"라고 하였고,[29] 동왕 21년 정월 초 6일, 형조참판 金尙星이 "승도들에게 남북한산성의 의승과 各營所納의 紙役이 너무나 큰 부담이 되어 신라고찰까지도 태반이 공허하게 되었다"[30]라고 하여 승역의 과중함을 고발하였다.

위에서 살펴본 바와 같이 숙종 40년(1714) 9월에 성립된 남북한산성의 의승입번제는 불교교단에 큰 부담을 주는 폐정으로 운영되었다. 이처럼 폐정으로 운영되어 오던 의승의 입번제가 40여 년 후인 영조 32년 (1756)에 의승번전제로 바뀌어갔다. 의승입번제가 의승번전제로 전환하게 된 과정을 좀 더 구체적으로 살펴보기로 하자.

의승번전제 성립의 계기는 균역법의 실시였음을 여러 가지 사료에서 찾아볼 수 있다. 주지하는 바와 같이 영조는 양역의 폐단이 극심함을 인정하고 숙종 때 설치되었다가 폐지된 良役査定廳을 왕 18년(1742)에 다시 설치하여 양역의 실수를 査定토록 하였다. 백성들의 양역부담은 지나치게 늘어나 避役·逃役 등이 심하여 국고는 날로 줄어들게 되었다. 그리하여 영조 26년(1750)에 양민의 2필씩의 군포 부담을 1필로 감하고 그 부족액은 함경도 평안도 등 북부지방 2도를 제외한 전국 각도의 전결에 부과하여 1결에 쌀 2두씩을 징수키로 하는 균역법을 실시하였다.[31] 영조의 균역법의 실시는 그 이유가 실은 고갈된 국고의 확보에 있었다하더라도 명분으로는 양역을 경감하는데 있었던 만큼 무거운 역을 부담하고 있던 승려들에게 큰 자극이 아닐 수 없었던 모양이다. 당시 산사가 번창

---

29) 『영조실록』 권43, 13년 2월 壬申.
30) 『備邊司謄錄』 제113책, 영조 21년 정월 초6일.
31) 車文燮, 「壬亂이후의 良役과 均役法의 성립」(상·하), 『사학연구』 10·11, 1961 ; 黃夏鉉, 「양역의 실상과 균전법의 실시」 『경제사학』 3, 1979.

할 수 있었던 것은 무거운 양역을 피하여 出家爲僧하는 풍조가 있었음
을 상기해 보면 이러한 사실을 이해할 수 있을 것이다. "평민의 減匹 이
후 爲僧者가 적어졌다"라고 한 지적도 이러한 사실의 단적인 예라 할
것이다.32) 그러면 의승번전제 실시의 경과를 살펴보자. 균역법 실시 1년
후인 영조 27년 8월 초 1일, 嶺南均稅使 朴文秀가 다음과 같이 啓達하
여 의승번전제를 실시하도록 요구하였다.

> 영남사찰의 紙役의 弊가 심하다고 하지만 의승의 폐보다는 심하지 않다.
> 의승제를 설치한 의의는 山城僧으로만 守城을 專擔케 하는 것이 불가하기
> 때문에 諸道各邑으로 하여금 의승을 分定하여 上送케 하여 輪替還歸토록 했
> 던 것인데, 防番徵錢으로 하면 15냥이 쓰이지만 스스로 上番하게 되면 남북
> 한 승인의 접대 등 일까지 모두 의승에게 擔當토록 하여 그 비용이 30냥 이
> 상이 되었다. 그러므로 외방의 승려들의 怨恨이 朋興하고 모두 防番徵錢할
> 것을 원한다.33)

의승들이 上番時 자신들에게 소요되는 비용 외에도 양산성 僧人들의
접대비까지도 부담해야 하기 때문에 승려들의 원한이 크다는 것이었
다.34) 그리하여 의승에게 防番徵錢할 것을 요구하게 되었다는 것이다.
그로부터 약 3년 후인 동왕 30년 4월 戊申에는 湖南釐正使 李成中이 다
음과 같이 보다 더 구체적인 이유를 들어 방번징전할 것을 요구하였다.

---

32) 『영조실록』 권74, 27년 11월 戊子.
33) 『備邊司謄錄』 제123책, 영조 27년 8월 초1일.
34) 북한산성의 경우, 의승들에게 승려들의 접대비 부담뿐만 아니라 做工儒生들의
    供饋까지 전담시키고 奴처럼 使喚을 시켰던 사실을 『備邊司謄錄』 제127책, 영
    조 30년 9월 22일의 다음과 같은 기록으로 알 수 있다.
    "摠戎使具聖任所啓 北漢爲重地 而做工儒生多住接 使義僧專當供饋 亦爲如奴
    使喚 其弊不貲矣 供饋則雖不加禁 而使喚則禁之何如 上曰義僧之弊實多 雜類
    則禁之可矣 左議政金尙魯曰 北漢重地也 毋論義僧元居僧若以使喚之役 及糧米
    菜醬之屬 侵責於此輩 則其何以支堪乎 此弊不可不痛禁矣 上曰裹糧讀書人則勿
    禁 侵徵僧徒者 一切嚴禁".

異端은 吾儒의 深斥하는 바이나 我國僧徒는 그렇지 않고 應役하는 평민에 불과하다. 그러므로 군졸에 編伍하면 愛護하는 바도 역시 평민의 軍卒과 같이 해야 한다. 그런데 南漢義僧上番은 승도에게 苦弊로서, 本道의 경우 大寺는 4~5명, 小寺 역시 1~2명인데 1명의 資送이 幾百金에 이르므로 한 사찰이 매년 4百~5百金의 비용을 부담해야 하니 草衣木食之類인 그들이 어찌 鉢을 버리고 離散하지 않겠는가? 南漢守臣은 반드시 8도의 의승을 상번시키는 것을 保障하는 데 뜻이 있다면 兩廳의 軍官卒隸가 모두 각 읍에 鄕居하는 자들로서 米布를 징수하여 성내의 거주자에게 位立시키고 있는데 어찌 유독 義僧만은 이러한 사례를 쓰지 않고 있는가? 지금부터 정식으로 의승을 상번시키지 말고 每名 代送金 16냥을 義僧防番錢이란 이름으로 각 읍에서 수합하여 軍布之規와 같이 함으로써 승도의 大弊를 제거할 수 있다.[35]

위 호남이정사 李成中의 상소를 요약하면 의승도 평민의 군졸처럼 취급해야 한다는 것과 의승의 상번 시 과다한 治送費가 필요하다는 것, 따라서 兩廳의 軍官卒隸처럼 軍布之規의 형식으로 의승에게 防番徵錢할 것을 요구하게 되었다는 것이다.

남북한산성에 의승이 가장 많이 동원되는 영남과 호남지역에서 특히 의승번전제로 운영할 것을 요구한 것은 양 지역에서 의승이 많이 동원되며, 또한 남북한산성에서 거리가 가장 먼 지방이기 때문에 의승의 동원에 더 많은 어려움이 있었기 때문이라 할 것이다. 조정에서도 이 양 지역의 요청을 묵과할 수는 없었던 모양이다. 즉 그 이듬해인 왕 31년 8월 14일에 조정에서 전년의 湖南釐正使 李成中의 別單을 토대로 남북한 의승의 방번의 일을 논의하게 되었다.[36] 이 자리에서 좌의정 金尙魯는 "지금은 남북한거승이 甚多하여 옛날과 다르므로 비록 捧錢防番하더라도 부족함이 없다"라고 하고 또한 "의승의 上番之弊란 百端으로 侵索하여 견디기 어려우니 진실로 매우 가련하다"라 하여 의승의 防番徵錢制를 찬성하였다. 좌의정 金尙魯의 이와 같은 의견에 따라 곧 각 도의 遠近, 사찰의

---

35) 『영조실록』 권81, 30년 4월 戊申.
36) 『승정원일기』 제1122책, 영조 31년 8월 14일.

豊殘 등을 고려하여 防番錢을 결정하고 각 해당 읍으로 하여금 당번이 되면 收捧하여 남북한산성에 上送하고 그것으로 元居僧의 防番代立之資로 하며, 의승의 上番之規는 영원히 혁파하도록 결정하였다.[37)]

한편 의승번전제가 성립되는 데는 승려들의 요구가 결정적인 이유라 할 것이다. 즉 위의 嶺南均稅使 朴文秀나 湖南鼇正使 李成中이 의승에게 防番徵錢할 것을 주장했던 것도 다 같이 승려들의 요구에 따라 이루어졌던 것이다. 특히 영조 12년(1736)부터 동왕 14년까지 8道都摠攝이었던 名僧 護巖若休가 "전국 勤番僧侶의 참상이 너무 심하여 身役을 罷하고 대신 番錢을 징수토록 하자"라고 건의한 것이 의승번전제를 성립시키는데 한 가지 원인이 되었다고 할 것이다.[38)]

요컨대 남북한산성의 의승을 徵番할 때 의승 1명의 資裝때문에 한 사찰이 傾産하고 賣器賣田하며 심지어 徵隣徵族까지 해야 하는 폐단이 생겨, 승려들의 요구로 의승번전제가 성립되었다고 하겠다. 즉 승려들의 처지를 가련하게 생각하여 승려들을 보호하기 위해 이루어진 조치라는 것이다. 그러나 명분은 그렇다 하더라도 실제는 6道에서 모여드는 교대 입번하는 승려들의 군영생활에 문제가 있었기 때문이라 할 것이다. 그러므로 상주하면서 조직적으로 훈련된 의승군을 남북한산성에 주둔시켜 수도 방위의 임무를 맡긴다는 것은 군사적으로 진일보한 조치라 할 것이다. 또한 집권유생들은 교대입번하는 의승들의 왕래로 중앙의 많은 정보가 지방으로 유출되는 것을 막는다는 뜻도 있었을 것이다. 당시 大小 사건들에 승려가 연류된 사건이 많았던 점으로 미루어 보아 봉건왕조의 폐

---

37) 『備邊司謄錄』 제129책, 영조 31년 8월 17일.
38) 猊雲大師撰,「護巖若休大師傳」『朝鮮佛教界』 제2호, 大正 5년 5월, 若休大師 (1664~1738)는 俗姓은 吳氏, 贈同知中樞府事 應信의 아들, 枕肱大禪師의 弟子, 順天 仙巖寺僧, 영조 12년에서 14년까지 8道都摠攝을 지냈다. 영조 14년 75才에 沒. 護巖若休大師가 義僧番錢制를 요구했다하더라도 그로부터 약 20년 후에 성립되었던 것으로 보아 遠因이 되었다고 할 것이다.

쇄적인 정보가 각 지방으로 흘러 들어가는 것을 의승들의 탓으로 볼 수
도 있었기 때문이다.

Ⅲ. 義僧番錢制의 운영상황

숙종 40년(1714)에 성립된 남북한산성의 의승입번제가 40여 년 후인
영조 32년(1756)에 이르러 의승번전제로 변천해 간 경위를 앞 절에서 살
펴보았다. 즉 영조 32년 정월에 소위 「英祖節目」을 작성하여 그해 3월부
터 의승번전제를 운영하였다. 의승번전제 성립의 동기가 「영조절목」 ①
항에 보인다. 앞 절의 내용과 중복되는 부분이 없지 않지만 의승번전제에
대한 이해를 돕기 위해 장황하지만 그 내용을 인용해 보자.

　　남북한산성에 의승을 두게 된 것은 兩山城의 설립당시 居僧이 적어서 守
直하는데 孤單하기 때문에 부득이 鄕僧을 排朔으로 上番시켜 守城의 役을
돕도록 하고 諸道의 승려들을 僧摠攝者에게 통속토록 하는데 그 뜻이 있었
는데 최근엔 승려수가 漸增하여 폐단이 많아졌지만 守摠兩廳에서도 역시 檢
飭을 하지 않아 原居僧의 侵徵이 날로 심하여 上番僧의 糜費가 날로 더하여
한 義僧의 治送之資가 혹은 백여 냥에 이르고 立番時의 負債나 逋糧은 徵隣
徵族하는 것이 良役보다 더욱 심하여 外方의 각 邑 승려들은 散寺空職하게
되었던 바 승려들을 平時에 使役할 때도 編戶와 다를 바 없고 유사시 징발할
때도 行伍도 같이 하는 등 조정의 차별 없이 대하는 것은 軍民에 있어서 간
격이 없었는데 하물며 我聖上께서는 이미 良布를 감하였고 奴貢을 탕감하여
깊고 두터운 은혜를 고루 8도가 입었는데, 오직 승도들만이 그 은혜를 입지
못하고 있으니 이에 聖上이 특별히 絲綸을 내려 모두 變通하도록 한 것이다.
대저 騎步兵의 諸員之屬이 모두 停番雇立하고 있으며 兩山城의 軍官卒隸들
도 역시 城內人으로 하여금 受價代番토록 하였는데 하필 의승만이 이 법을
쓰지 않고 있으며 하물며 근래 兩山城의 居僧이 전에 비해 稍繁하여 매번
수십 명의 의승이 있고 없음은 그렇게 關緊한 일은 아닌데 어찌 그 폐단을
모두 다 받아가며 矯捄하지 않을 수 있는가? 삼가 聖敎를 받들어 전후의 奉
使를 採取하여 諸臣들과 事宜를 論하여 節目을 만들었다. 外方의 의승은 上
番을 停止하고 道里의 遠近을 참작하여 防番之價를 작성하고 山城居僧으로

代立시키며 그들에게 公費의 多寡를 작량하여 雇立之資로 劃給함으로써 鄕
僧에게는 왕래하는 지탱하기 어려운 폐단을 除去해 주고 성 내에 있는 僧에
게는 代立하는 受價之利를 얻게 하옵되 만일 摠攝의 諸道僧徒를 관할하는
것은 이 일로 인하여 혹시 이완되는 일이 없도록 그 법은 前規에 의해 거행
토록 한다.[39]

위의 인용문에서 알 수 있듯이 교대입번하는 의승의 폐단이 매우 컸
고, 이미 良布도 감해졌고 奴貢도 견감되었으며, 또한 騎步兵을 비롯한
남북한산성의 軍官卒隸까지도 受價雇立토록 하고 있는 터라 남북한산
성의 의승도 停番徵錢하는 의승번전제로 변통하여 운영토록 한다는 것
이다. 이처럼 의승입번제를 변통하여 운영함에 있어서 다음과 같은 두
가지 사항을 지키도록 당부하고 있다. 첫째, 근래 승도들이 지탱하기 어
려운 것은 비단 의승의 役이 무거울 뿐 아니라 각도 營邑의 使役이 多
端하고 紙役이 煩重함인데 이번 변통 후에 上番의 除減을 평계로 他役
을 부담시키는 등 다시 侵虐하는 일이 있으면 僧役을 변통하는 뜻이 없
어지니 그러한 일이 없도록 각별히 엄금하라는 것이었다.[40] 둘째, 각도
의 義僧을 兩城에 分屬시킨 것은 그 뜻이 심중한데 이번에 비록 防番하
는 변통을 하더라도 승도들을 兩城摠攝에게 관속하게 하는 것은 전과
다를 바 없이 할 것이며, 위급을 당하여 징발할 때는 摠攝이 발한 호령
에 의승이 목적하는 곳에 다다르도록 하는 것도 前規대로 거행한다는
것이었다.[41] 또한 受價代立僧은 산성 내에 오래 사는 根着者를 특별히
골라서 고립토록 하라는 것이었다.[42] 이와 같은 동기와 조건으로 성립

---

39) 『備邊司謄錄』제130책, 영조 32년 정월 12일.
40) 近來僧徒之難支 非但義僧之役重 實由於各道營邑使役之多端 紙役之煩重 今番
    變通之後 如或諉以上番之除減 別出他役 更加侵虐 則實無變通僧役之意 各別
    嚴禁 隨現重繩爲白齊(「英祖節目」⑮).
41) 各道義僧之分屬兩城 法意甚重 今雖變通防番 若其管屬於兩城摠攝 則與前無異
    如當緩急徵發之時 則摠攝之發號令 義僧之赴信地 一依前規擧行爲白齊(「英祖
    節目」⑯).
42) 「英祖節目」③.

한 의승번전제의 운영상황을 다음에서 살펴보기로 하자.

1. 義僧番錢의 징수

숙종 40년 의승입번제 성립 당시 남북한산성에 배치된 의승의 정원은
남한산성에 350명, 북한산성에 350명, 도합 700명이었음은 앞에서 언급
한 바 있다. 그러나 영조 32년 의승번전제가 성립될 때는 그 정원이 남
한산성에 356명, 북한산성에 351명, 도합 707명으로 종전보다 남한산성
에 6명, 북한산성에 1명 등 7명이 증가하였다(<표 47>참조).[43]

〈표 47〉 남북한산성에 배당된 도별 의승 수와 도별 부담액

道 別	山城別	定員(名)	每名定額(兩)	道別定額(兩)	馱價(兩)	實額	備考
京畿道	南漢山城	14	10	140	1.62	138.38	
	北漢山城	6	10	60	0.34	59.66	
	計	20	·	200	1.96	198.04	
忠淸道	南漢山城	28	18	504	15.04	488.96	
	北漢山城	86	18	1548	43.34	1504.66	
	計	114	·	2052	58.38	1993.62	
江原道	南漢山城	14	18	252	6.34	245.66	
	北漢山城	46	18	828	33.57	794.43	
	計	60	·	1080	39.91	1040.09	
黃海道	南漢山城	4	18	72	2.60	69.40	
	北漢山城	62	18	1116	39.94	1076.06	
	計	66	·	1188	42.54	1145.46	
全羅道	南漢山城	136	22	2992	184.83	2807.17	
	北漢山城	62	22	1364	78.51	1285.49	
	計	198	·	4356	263.34	4092.66	
慶尙道	南漢山城	160	22	3520	212.79	3307.21	
	北漢山城	89	22	1958	112.51	1845.49	
	計	249	·	5478	325.30	5152.70	

---

43) <표 47>은 『備邊司謄錄』제130책, 영조 32년 정월 12일자 「南北漢山城義僧防
番錢磨鍊別單」을 기준으로 작성하였다.

總　計	南漢山城	356	·	7480	423.22	7056.78	
	北漢山城	351	·	6874	308.21	6565.79	
	計	707	·	14354 (100%)	731.43 (5.1%)	13622.57 (94.9%)	

증가된 사유는 확실히 알 수 없지만 각 읍에 배당하는 과정에서 증가했다고 할 것이다. 각 지방별 의승 정원의 배당기준은 의승입번제 성립당시의 배당기준이었던 '외방사찰의 殘盛과 승도의 多寡'라 보아도 무방할 것이다.[44] 이와 같은 기준에 따라 배당된 의승의 정원은 <표 47>에서 알 수 있듯이 경기 20명, 충청 114명, 강원 60명, 황해 66명, 전라 198명, 경상 249명, 도합 707명이었다. 경기도가 20명으로 타도에 비하여 월등히 적은 것은 陵園을 수호하는 彌陁寺·奉獻寺·奉先寺·奉恩寺·奉仁寺·高嶺寺·奉元寺 등 7개의 사찰이 제외되었기 때문이었다.[45] 이와 같이 각 지방별로 배당된 의승의 정원에 의승번전의 정액이 정해졌다. 각 지방별 번전의 정액은 한성과 거리의 원근에 따라 책정되었던 것으로 경기 每名 10냥, 충청 每名 18냥, 강원 每名 18냥, 황해 每名 18냥, 전라 每名 22냥, 경상 每名 22냥 등으로 책정되었다.[46] 번전의 책정에서도 남북한산성과 인접해 있는 경기도에 거리가 가깝다고는 하더라도 너무나 소액으로 책정된 것은 타도에 비해 寺殘僧少의 현상이 심했기 때문에 減半하였던 것이다.[47] 이렇게 배당된 의승의 번전은 <표 47>에서 알 수 있듯이 총액이 14,354냥이었다.

각 고을에 배당된 의승번전의 부담자와 봉납방법, 시기 그리고 징수책임에 대하여는 「영조절목」 ⑤에 잘 규정되어 있다.[48] 즉 ① 의승번전의

---

44) 『備邊司謄錄』 제67책, 숙종 40년 9월 27일.
45) 畿內各寺中 陵園守護 事體自別 彌陁寺 奉獻寺 奉先寺 奉恩寺 奉仁寺 高嶺寺 奉元寺等七寺段 防番錢分排時永勿擧論爲白齊(「英祖節目」 ⑭).
46) 「英祖節目」 ②.
47) … 京畿 二十名, 寺殘僧少 甚於諸道 比他減半 每名定以十兩爲白去乎…(「英祖節目」 ②).

부담자는 승려 개인이 아니며, 사찰중심으로 부과된 것이 특색이다. 따라서 봉납책임도 승려 개인에게 있는 것이 아니며, 당해 사찰에 있었다. 의승의 役이 처음부터 한 승려 개인의 身役이 아니며, 各寺가 治送費를 마련했던 것을 의승번전제로 변통했기 때문에 前規대로 했던 것이다. 이러한 조치는 승려들의 朝集夕散하는 생활습관 때문이라 보인다. ② 봉납방법은 各寺가 合力하여 한 고을에 배당된 번전을 일시에 都納하였다. 매년 6차례의 교대입번하는 그 시기에 防番錢을 봉납한다면 여러 가지 어려운 점이 있었기 때문이다. ③ 봉납시기는 각 軍保의 예와 같이 전년 10월에 다음해의 번전을 액수를 채워 봉납토록 하였다. 경과조치로 의승번전제 시행 당해 연도인 영조 32년(1756)분은 이미 1, 2월 1개 번의 의승이 입번하고 있으므로 이 兩朔의 번전은 제외하고 나머지 3월부터 12월까지 5개 번의 번전은 금년 2월 내에 兵曹에 수송토록 하였다.[49] ④ 징수책임자는 당해 고을의 수령이었다. 만일 기한이 넘도록 불납했을 때는 당해 수령이 무거운 죄로 논책 당하였다. 解由拘碍의 법도 역시 軍布의 경우와 같이 하도록 하였다.

다음으로 의승번전을 담당하는 기구는 兵曹였다. 병조에서 담당하게 된 이유는 僧將이나 守·摠 兩營에서 관장할 때 여러 가지 폐단이 따를 것을 염려하였던 것이며, 본래 병조가 군포를 총관하는 아문이므로 의승번전도 역시 하나의 雇價인 만큼 병조에 소속시키는 것이 합당하다는

---

48) 在前義僧之役 初非一僧身役 乃是各其寺 收斂資送者 故今此變通 亦不過參量 前規 略減浮費 以爲雇立 居僧之地是白置 第其番錢 逐番上納之際 難免紛擾錯 亂之弊努不喩 旣是各寺合力收斂者 則一時都納 尤爲順便 一年六番防番錢 依各 樣軍保例 前一年十月內 成陳省盡數上納 而或有過限不納之弊 則當該守 令從 重論罪 解由拘碍之法 亦依軍布例 施行爲白齊(「英祖節目」②).

49) 경과조치는 「寺傳變通節目」序文에 "今正二月番錢義僧段 旣已上來入番 此兩 朔防番錢 依後錄勿捧 其餘三月至十二月五番防番段 今二月內收送兵曹 以爲縱 給雇價之地"라 있다. 「寺傳變通節目」이란 禹貞相 선생이 경기도 광주군 某寺 刹에 비장해 오던 것을 찾아낸 것인데 『備邊司謄錄』의 收錄節目과 내용이 같 지만 단지 서문이 있는 것이 특색이다.

것이었다.50)

그리고 의승번전으로 정해진 定額數는 흉년에도 灾减함이 없이 평년처럼 징수토록 하였다 의승번전제가 성립되기 전 의승입번 시 灾年에도 停番之規가 없었던 것처럼, 특히 이 防番錢은 승도들의 합력으로 收歛된 것이기 때문에 비록 흉년이 되더라도 계속 부담해야 한다는 것이었다.51) 한편 남북한산성의 의승번전을 각 고을별로 나눌 때는 한 고을이 남북한산성 중 어느 한 산성에만 소속되도록 단일화하였다. 즉 의승입번 시 한 고을에서 양 산성에 排番된 것이 구별을 할 수 없는 등 불편이 많았기 때문에 금번에 停番納錢을 시작하면서 한 고을은 한 城에만 소속되게 하였다.52)

각 고을에 배당된 의승번전이 각 사찰에 분담될 때도 각별히 주의를 당부하였다. 즉 남북한산성의 雇僧이 각 고을별로는 이미 정액이 정해졌지만 각 사찰에 분배하는 것까지는 廟堂에서 지휘할 수 없으니 兩營의 將臣들이 그 都數를 가지고 각 사찰에 量排하여 苦歇不均의 弊가 없도록 하라는 것이었다.53)

또한 義僧番錢을 징수할 때 부정을 방지하기 위해 다음과 같은 처벌규정을 두고 있다. 즉 의승방번은 良軍의 身役과 다르므로 소위 情債後錢은 애초부터 논하지 말 것이며, 각 고을에서 봉납할 때도 역시 監色을

---

50) 今此防番錢 若令擯攝捧上 則不但僧令之難行於外邑 外邑之送陳省於僧將 亦損體貌是白遣 若令守擯兩營 本無外方收布之事 而爲此創開亦生一弊 今當作法之初 不可不善爲區處 本兵乃是擯管軍布之衙門 義僧番錢 亦一雇價 則屬之兵曹實合事宜 …(「英祖節目」 ⑥).

51) 自傳義僧上番 本無灾年停番之規 而且此防番錢 又是僧徒之合力收歛者 雖値凶年 灾減一欵 勿爲擧論爲白齊(「英祖節目」 ⑪).

52) 一邑之內 南北漢義僧 或有並定之處 此不過當初排番 不能區別之致 當此停番納錢之時 一邑之兩處分屬 亦涉有弊 從便相換後 番案中改修正爲白齊(「英祖節目」 ⑬).

53) 南北漢雇僧 旣爲定額 而至於各寺分派 則廟堂不可指揮 令兩營將臣 執其都數 量排各寺俾無苦歇不均之弊 爲白齊(「英祖節目」 ⑫) ; 邑別 定額은 다음 절 참조.

別定치 말고, 반드시 兵曹에 一時에 상납토록 하라는 것이었다. 병조의
員役이 外邑의 色吏을 徵索하거나 외읍의 監色이 京司를 憑托하여 승
도들을 橫侵한다면 이것은 임금의 蠲減의 본의가 아니라는 것이었다.
그러므로 이러한 범죄자는 隨聞摘發하여 嚴刑遠配토록 하라는 것이었
으며, 그러한 사실을 살피지 않은 관원도 나문엄처토록 하라는 것이었
다. 각 고을에서 번전을 징수한 후 耗失欠縮을 빙자하여 재징수하는 경
우, 당해 수령은 枉法贓으로 논하고 監色은 嚴刑三次하여 他道의 極邊
으로 무기한 定配한다는 것이었다.54)

끝으로 駄價는 의승번전의 元數에 포함시키도록 했다. 번전이 상납될
때 駄價를 元數外에 추가시킬 경우, 각 고을의 色吏輩가 이를 빙자하여
濫徵할 우려가 있기 때문에 元數內에 포함시켜 계산토록 하여 감해주도
록 하였다. 駄價計算의 기준은 「均役廳事目」에 따라 200냥을 1駄로 하
고 1일을 1냥 5전으로 정하여 그 道程을 계산하여 實數만 감하고 兵曹
에 봉상토록 하였다. 병조에서 산성까지의 駄價도 역시 元數中에서 감
하도록 하였다.55)

이상과 같은 절차를 거쳐서 남북한산성에 의승번전이 정해졌던 것인
데, 의승의 정원 수는 남한산성에 356명, 북한산성에 351명, 도합 707명
이며, 의승의 번전은 남한산성 7,480냥, 북한산성 6,874냥, 도합 14,354
냥이었다. 그 중에서 駄價는 남한산성 423냥 2전 2분, 북한산성 308냥

---

54) 義僧防番 與良軍身役有異 所謂情債後錢 初非可論 各邑捧納之時 亦不必別定
監色 必於兵曹價布便一時上納爲白矣 該曹員役 徵索於外邑色吏是白去乃 外
邑監色憑托京司 而橫侵僧徒是白乎 則是豈軫念蠲減之本意哉 如有犯者 隨聞摘
發 嚴刑遠配 不察之官員 拿問嚴處爲白乎旀 各邑若於番錢收捧之後 稱以耗失
欠縮 更侵已納之寺 致有再徵之怨 則當該守令 以枉法贓論 監色嚴刑三次 他道
極邊 勿限年定配爲白齊(「英祖節目」⑦).

55) 防番錢上納時駄價 若於元數外加磨鍊 則各邑色吏輩 必有憑藉濫徵之弊 駄價
段 元數中計除爲白乎矣 作均役廳事目 以二百兩爲一駄 一日定以一兩五錢 計
其程道 從實會減爲白乎旀 兵曹捧上後 自京至山城駄價 亦於元數中計減爲白
齊(「英祖節目」⑧).

2전 1분, 도합 731냥 4전 3분을 除하면 實額은 남한산성 7,056냥, 7전 8
분, 북한산성 6,565냥 7전 9분, 도합 13,622냥 5전 7분이었다. 곧 13,622
냥 5전 7분이 병조에 봉상되는 의승번전이었다.

2. 義僧番錢의 分給

병조에 捧上된 13,622냥 5전 7분이 의승들에게 어떻게 分給되었는지
살펴보기로 하자. <표 48>에서[56] 알 수 있듯이 남한산성의 경우, 雇立
僧公費錢이 6,052냥, 添給條가 769냥 5전 7분, 閏朔條가 211냥, 경성에
서 산성까지의 駄價가 27냥, 도합 7,059냥 5전 7분이 支給되어 처음 배당
된 7,056냥 7전 8분(<표 47> 참조)보다 2냥 7전 9분이 초과 지급되었다.
북한산성의 경우, 雇立僧公費錢이 5,967냥, 閏朔條가 184냥, 경성에서 산
성까지의 駄價 12냥, 도합 6,163냥이 지급되어 처음 배당된 6,565냥 7전
9분(<표 47> 참조)보다 402냥 7전 9분이 적게 지급되어 造紙署助役價
400냥을 북한산성에서 지급했다하더라도 나머지 2냥 7전 9분이 남한산성
으로 移給되었음을 알 수 있다. 雇立僧公費錢은 每番兩朔의 雇立僧에게
粮料錢·公費錢 합하여 每名 17냥씩을 지급하였다. 이러한 경비는 의승
군이 생활하는데 매우 부족한 액수였다. 고립승의 선발에 있어서도 이전
에는 客僧을 고립에 苟充함으로써 闕番에 虛疎함을 면하기 어려웠음을
들어 반드시 有根着者를 別擇하여 고립토록 하였다.[57]

---

56) 註 43)과 同.
57) 每番兩朔雇立僧 粮料錢 公費錢 各每名十七兩式磨鍊上下 而若以過去客僧 苟充
   雇立 則難免虛疎闕番之弊 必以原居有根着者 別擇雇立爲白齊(「英祖節目」③).

<표 48> 남북한산성 **義僧雇價錢** 지급내용

산성명	지급항목	지급액	비고
남한산성	雇立僧公費錢	6052兩	每名 17兩[356(名)×17(兩)]
	添給條	769兩 5錢 7分	
	閏朔條	211兩	
	京城에서 山城까지의 馱價	27兩	
	計	7059兩 5錢 7分	
북한산성	雇立僧公費錢	5967兩	每名 17兩[351(名)×17(兩)]
	閏朔條	184兩	
	京城에서 山城까지의 馱價	12兩	
	計	6163兩	
기타	造紙署助役價	400兩	
합계		13,622兩 5錢 7分	

다음에 閏朔의 支用之需로 395냥을 저축토록 하였다. 즉 의승번전을 작정한 후에 閏朔의 雇價를 더 거두어들이기가 어렵기 때문에 남한산성 분 211냥, 북한산성분 184냥, 도합 395냥을 兩廳에 儲留했다가 閏朔에 支用토록 하였다.58)

또한 남한산성의 경우, 添給條로 769냥 5전 7분을 지급하였다(<표 48> 참조). 즉 남한산성은 孔道官站으로 인하여 북한산성에 비교할 수 없을 정도의 應役이 심하여 매년 歲首에 지급, 各寺에 量排하여 1년간 의 公費에 충당토록 하였다.59) 그리고 造紙署 助役價로 400냥이 의승번 전에서 지급되었다. 조지서 조역가를 의승번전에서 지급하게 된 이유는 무엇일까? 승려들의 지물생산활동은 원래는 불경인출을 위한 중요한 수공업이었다. 그러나 조선후기 승려들의 제지작업은 단순히 불경인출을 위한 사찰의 자급자족의 형태로 운영되어 진 것은 아니다. 대동법이 실

58) 番錢配定之後閏朔雇價 不可加歛 每年六番上下外 錢三百九十五兩 分數儲留於 兩廳 以爲閏朔支用之需爲白齊(「英祖節目」⑨).

59) 南漢段 乃是孔道官站 其所應役 非比北漢 各項應下外 餘錢七百六十九兩零 屬 之南漢 俾於歲首 量排各寺以補一年公費爲白齊(「英祖節目」④).

시되었음에도 불구하고 지방군현에 배당되는 紙物은 여전히 사찰에서
부담해야 하였다. 각 사찰의 승려들은 지방관아의 부과로 중앙에 상납할
지물을 제조하는 동시에 지방관아에 소용되는 지물까지도 제조해야 했
다.[60] 영호남의 경우, 각 사찰이 군영에 소속되어 지물을 상납하기도 하
였다.[61] 이처럼 조선후기 전국의 사찰은 마치 국가가 수요로 하는 지물
의 생산소라 할 수 있으며 승려들은 훌륭한 紙匠이라 할 수 있었다.[62]
사찰에서 생산한 지물은 관으로부터 극심한 착취를 당하여 현종 초 白
谷 處能이 「諫廢釋敎疏」를 냈던 일은 유명한 이야기이다.[63] 그럼에도
불구하고 관의 지물착취행위는 계속되었으며 승군이 조지작업에 참여하
기도 하였다. 그런데 의승번전제를 운영하게 됨으로써 병영이나 각 읍의
잡역 공물 등의 弊를 일소하게 되었으며 특히 수어청의 양남 공지승 7명
을 永罷한 대신 의승번전에서 400냥을 지급하였던 것이다.[64]

한편 병조에 봉상된 남북한산성의 의승번전 13,622냥 5전 7분은 1년
분 都數를 한꺼번에 守摠兩廳에 분송하고 兩廳에서는 번상에 따라 摠
攝處에 보내졌다. 이 때 양청의 監色이 혹은 操縱幻弄한다던지 番朔前
에 出給해 주지 않으면 軍布偸食律로 다스리고 該廳將臣은 從重論責케

---

60) 『備邊司謄錄』 제201책, 순조 11년 3월 19일.
61) 『備邊司謄錄』 제59책, 숙종 34년 2월 30일.
62) 김갑주, 『朝鮮時代 寺院經濟硏究』, 1983, 126~127쪽.
63) 『白谷集』 권1, 「諫廢釋敎疏」.
64) 貢紙義僧에 대하여는 「英祖節目」 ⑩항에 "… 兩廳從前雜役及營屬之侵漁者 另
爲嚴飭痛革爲白遣 守禦廳 兩南貢紙僧七名 亦不當仍存 自今永罷 通融出役 義
僧防番之錢爲白齊"라 있고, 造紙署 助役價에 대하여는 「英祖節目」 ⑰항에 "造
紙署表咨紙 浮取時 旣有戶兵曹貢價雇價 則僧軍調用之次次增加 實無義意 兩
城義僧 今旣變通 該署僧軍 不可獨存岾不喩 且表咨紙一張所浮之費 以戶兵曹
應下之數 分排叩算 則不足之數 不至大段 而表咨事體 殘署形勢 不可不念 防番
錢捧上後 兩山城磨鍊劃送外 錢四百兩 自兵曹直爲劃送於紙署 以補雇軍之價爲
白遣 勅行時兵曹例下外 木二十四疋亦爲加下爲白㫆 四道所在紙署僧軍名目
永爲革罷 以其應役之寺 通融磨鍊於義僧防番之價 使之力爲而役均事 分付於各
其道臣爲白齊"라 있다.

하였다.65) 또한 僧將인 摠攝은 守摠兩廳에서 분송되어 온 義僧番錢을 각 사찰의 승려들에게 量排했던 것인데 이 과정에서 승장의 부정을 우려하여 그 방지책을 강구하기도 하였다. 즉 금번의 番價나 公費가 양 산성 승려들의 所納文書에 따라 다소 여유있게 책정된 만큼 법으로 정한 후 摠攝이 혹은 雇僧을 減立하여 其價를 사용한다든지 혹은 顏情으로 인하여 分價를 加立한다든지 하면 당해 摠攝은 군율에 의해 처벌하고 該營의 대장 역시 檢飭치 못한 失을 면하기 어렵다 하여 廟堂에서 草記하여 논책토록 하였다.66)

Ⅳ. 義僧番錢의 減半措置

1. 減半措置의 경위

영조 32년(1756)에 성립한 남북한산성의 의승번전제는 의승입번제를 운영하면서 생긴 여러 가지 모순을 제거하고 승려들의 부담을 경감해 주며, 나아가 성내 거주의 의승을 상비군으로 하는 효율적인 수도방위에 그 목적이 있었음은 이미 앞에서 언급하였다. 이렇게 성립된 남북한산성의 의승번전제가 운영된 지 불과 수년 후에 승려들에게 너무나 큰 부담이 되어 이것은 곧 사회문제로까지 확대되어 갔다. 의승번전제의 운영에 따라 승려들에게는 모든 잡역이 면제되었어야 함에도 불구하고 계속 부담

---

65) … 令兵曹捧上後 一年都數分送於守摠兩廳 兩廳逐番上下於摠攝處爲白乎矣 兩廳監色如或操縱幻弄 趂不出給於番上之前 則監色以軍布偸食律施行 該廳將臣從重論責爲白齊(「英祖節目」⑥).

66) 今此番價與公費 就兩城僧所納文書 畧減其濫 從實磨鍊者也 通融叩算有裕 而無不足是白乎所 如是定法之後 摠攝或減立雇僧 私用其價 或拘於顏情 加立分價 則當該摠攝 依軍律施行 該營大將 亦難免不能檢飭之失 自廟堂草記論責爲白乎㫆 …(「英祖節目」⑩).

시켜 갔던 것도 그 한 가지 이유였다. 즉 의승번전제가 운영되자 바로 그 다음해인 영조 33년(1757)에 승하한 대왕대비 김씨의 陵役에 曳石을 하는 등 승군이 동원되었으며, 동왕 46년(1770)에 승군이 8도군현의 大 小山城을 繕修剙新하는 등 승군을 동원하였던 것이다.[67] 이와 같이 의 승번전제가 운영되면서도 승려들에게 陵役·城役 등의 부담은 계속 가 중되어 승려들의 고통은 매우 컸던 것이다. 영조 44년(1768) 10월 御使 의 民瘼書啓中 승려들이 가장 곤궁한 것으로 지적되어 있음에서도 이러 한 사실을 이해할 수 있다.[68] 요컨대 의승번전제 운영 이후에도 승려들 에게 잡역 등 막중한 부담이 부과되어 사찰은 凋殘을 면치 못하였고 승 려생활은 가장 疲困한 것이었다.[69]

영조 말부터 커다란 사회적 폐단으로 등장한 남북한산성의 의승번전 제 문제는 다음에 즉위한 정조조에도 큰 문제로 부각되었다. 즉 정조 5 년(1781) 12월 28일, 경상도 관찰사 趙時俊이 경상도 邑弊民瘼中 반드 시 교혁치 않으면 안 될 10개조를 상소하였다. 그 중에 의승번전에 대한 弊瘼이 포함되어 있다.[70] 그 내용을 요약하면 다음과 같다

첫째, 승역의 고통은 평민보다도 더욱 심하여 실로 지탱하기 어려운 지경이 되었으며, 양역의 減布가 이루어진 후부터 出家爲僧하는 자가 없 어 名藍巨刹이 殘敗되어 갔다는 것이다. 둘째, 모든 영읍에서 책정한 역 은 경우에 따라 증감 등 변통의 여지가 있지만 番錢은 오직 督徵이 있을 뿐인데 남한산성의 의승 161명, 북한산성의 의승 86명, 兵曹 소속의승 5명 등 도합 252명에 每名 22냥을 부담시켜 僧役이 1필밖에 안 되는 양

---

67) 金甲周,「正租代 南北漢山城 義僧防番錢의 減半」『索軒南都泳博士華甲紀念史 學論集』, 1983.
68) 『備邊司謄錄』제152책, 영조 44년 10월 16일에 "傳曰 今覽御史民瘼書啓 相臣 今方入侍 此則當下詢 而其中僧徒之最困 予已熟知 …"이라 있다.
69) 金甲周,「朝鮮後期 寺院經濟의 動向」『韓國近代社會經濟史研究』(劉元東博士 回甲紀念), 1985.
70) 『承政院日記』제1500책, 정조 5년 12월 28일.

역은 고사하고 樂工匠保의 身役보다 더욱 무겁다는 것이다 셋째, 막대한
의승번전의 부담으로 많은 승려가 환속하게 되어 100僧의 역이 10僧에
게 돌아가고, 10寺의 역이 1寺에 돌아가게 되어 가난한 승려들은 寺田과
佛器를 처분해야 하며 속가의 친척에게까지 족징의 폐해가 미쳐 갔으며
심지어 閭里에 인징하는 양상으로 확대해 갔다. 그리하여 결국 백성의
大同之役으로 감당하게 되었다는 것이다. 넷째, 번전은 원래 關防과 관
계되는 문제이기 때문에 그 자체를 없애자는 논의는 할 수 없지만 지독
한 僧弊는 시정되어야 한다는 것이며, 또한 번전은 성 내에 거주하는 번
승과 摠攝의 柴油饌價를 마련하는 것이 시초였지만, 그 후 사찰의 보수,
添價 등 명색으로 虛張을 면치 못하고 있었다는 것이다. 경상도 관찰사
趙時俊이 의승번전의 폐단을 상기와 같이 지적하고 양 산성에 대한 排用
이 지나치게 많은 것과 쓸데없는 비용을 헤아려 刪除하여 본도 의승의
수를 30~40명 특감해 주도록 요청하였다. 趙時俊의 이러한 요청을 검
토한 廟堂에서는 곧 그 불가를 회답하였다. 즉 廟堂에서는 의승번전의
폐단을 충분히 이해하고 있지만 별다른 변통의 도리가 없기 때문에 의승
의 감액이나 번전의 감수를 허가할 수 없다는 것이었다. 그러면서도 사찰
의 盛殘에 따라 의승의 감액이나 번전의 감수를 도 내 자체에서 조정하
여 운영하라는 것이었다.[71] 이 당시에도 승려의 偏苦는 의승번전 문제만
은 아니었다. 각 지방 營邑의 紙役 등 사찰에 대한 가렴주구는 승려들에
게 큰 고통을 주는 문제였다.[72] 많은 폐단을 안고 있던 의승번전제는 집
권유생들 사이에 계속 논의만 되어 오다가 정조 8년(1784)에 접어들면서
이 문제는 새로운 국면으로 접어들었다. 즉 동왕 8년 정월, 관동지방의

---

71) 『備邊司謄錄』 제164책, 정조 6년 정월 15일.
72) 경상도의 남북한산성 의승번전에 대한 폐해가 논의되고 있던 당시만 하더라도
　　경상도 속군 梁山郡守 李師濂이 "근래 사찰이 殘敗치 않은 것이 없고 僧役이
　　良役보다 더욱 심한데 특히 사찰에서 左水營에 바치는 紙役의 부담을 감당할
　　수 없으니 시정해 주어야 한다"는 것이었다(『備邊司謄錄』 제164책, 정조 6년
　　정월 17일).

재해가 尤甚邑으로서 守禦廳에 소속된 의승번전을 停免토록 하였다. 동
시에 摠戎廳에 소속된 의승번전도 수어청의 예와 같이 停減토록 하였으
며 稍實邑의 所捧錢은 摠戎廳에 운송하지 말고 本道에 유보했다가 賑資
로 사용토록 조치하였다.[73] 다음 달에는 관동지방의 稍實邑으로 수어청
에 소속된 의승번전도 총융청의 예와 같이 本道에 留補토록 하여 賑資로
사용토록 하였다.[74] 요컨대 정조 8년 초에는 관동지방의 남북한산성 의
승번전 1,080냥(<표 47>참조) 중에서 재해가 우심한 일부 읍의 부담량
은 停免이 되고, 稍實邑의 부담량은 本道(강원도)의 진휼자금으로 사용
케하는 획기적인 조치가 이루어졌던 것이다. 동왕 10월에는 경상도의 의
승번전문제가 다시 논의되었다. 즉, 경상도 관찰사 李秉模는 전임이었던
趙時俊의 남북한산성 의승번전에 대한 應旨上疏를 예로 들면서 의승번
전으로 인한 승려들의 고충을 啓達하였다. 특히 安胎使의 주청에 따라
醴泉 龍門寺에 배당된 2명 반의 의승번전이 성은을 입어 蠲減된 일이
있음을 지적하여 더욱 견감의 폭을 확대해 줄 것을 요청하였다. 이에 대
하여 廟堂에서는 의승번전의 폐는 대신들의 疏陳을 기다릴 필요도 없이
이미 앞 사람들의 논설이 많았던 문제임을 말하고, 승려들의 偏苦와 사
찰의 殘敗를 인정하면서도 변통의 방법이 없기 때문에 道伯으로 하여금
별도의 의견을 狀聞토촉 했던 것임을 천명하였다.[75] 위에서 살펴본 바와
같이 前任·時任 등 경상도 관찰사만이 의승번전의 폐단에 대한 문제를
제기하고 있었다. 경상도가 의승번전의 부담이 가장 많았기 때문이라 생
각된다. 즉 남북한산성 의승의 정원 총 707명 중 35.22%인 249명이 경
상도에 배당되었고, 의승번전 정액 총 14,354냥 중 38.16%인 5,478냥이
경상도에 배당되었던 것으로 그 폐해가 가장 컸기 때문이라 하겠다. 의승
번전의 폐해가 매우 크다는 것을 다 같이 인정하고 있으면서도 그 변통

---

73) 『承政院日記』 제1549책, 정조 8년 정월 20일.
74) 『承政院日記』 제1550책, 정조 8년 2월 10일.
75) 『備邊司謄錄』 제167책, 정조 8년 10월 29일.

의 방법을 찾지 못하고 있던 집권유생들의 처지였다. 이러한 상황에서 그 이듬해인 동왕 9년 2월에 앞서 의승번전문제를 거론했던 경상도 관찰사 이병모는 둔전을 설치 확대할 것을 제의하였다. 즉 둔전설치를 확대하여 운영함으로서 그 세입으로 의승번전을 量減하는 데서 오는 부족분을 보충하자는 것이었다. 이병모의 둔전을 확대하자는 제의를 받은 비변사에서는 여러 가지 각도에서 의승번전 문제를 논의했지만 특별한 방안을 강구하지는 못하였다.76) 그러나 곧 領議政 徐命善, 左議政 洪樂性, 守禦使 鄭尙淳, 曾經摠戎使 李敬懋, 摠戎使 李昌運, 曾經摠戎使 李柱國, 禁衛大將 徐有大, 有司堂上 鄭一祥, 釐正堂上 徐有隣, 有司堂上 趙時俊, 釐正堂上 鄭昌順 등이 모여 의승번전 문제를 본격적으로 논의하게 되었다. 이 때 제신들은 의승번전의 폐해를 矯捄치 않으면 안 될 문제로 규정짓고 번전을 양감했을 경우 그 보충책을 주로 논의하였다.77) 국왕도 의승번전을 견감할 것을 명하게 되었고 그 보충을 위한 給代의 방안을 句管할 사람으로 行副司直 徐有隣, 禮曹判書 鄭昌順78) 刑曹判書 趙時俊79) 등 3인을 釐正堂上으로 선발하였다. 곧 그 해(정조 9, 1785) 봄에 왕의 특명으로 남북한산성의 의승번전은 감반하게 되었다. 『日得錄』에 다음과 같은 기록이 있다.

　　남북한산성을 수호하는 방법은 관서와 관북 지방을 제외한 6도의 승려들이 輪番하는 방식이 있었어나 그 弊瘼이 점점 심하여 이것을 지탱하기가 어려워 나의 先大王께서 특별히 금전으로서 代番케 할 것을 지시하시어 수많은 승려가 德義를 입어 각기 所業에 안심토록 하였다. 그러나 근래에 사찰이 더욱 凋落하고 승려가 더욱 衰殘하여 금전을 변출하는 것이 매우 어렵게 되었다. 심지어 정한 保率이 이웃사람과 그 친족에게까지 미치고 일반백성이 僧役을 替當하게 되니 이것을 矯捄하는데는 방책이 없었다. 그리하여 乙巳(정

---

76) 『정조실록』 권19, 9년 2월 辛巳.
77) 『承政院日記』 제1576책, 정조 9년 2월 초6일.
78) 上同.
79) 『정조실록』 권19, 9년 2월 癸巳.

조 9) 봄에 特命으로 減半게 하여 그 부족한 것을 公穀에서 지출케 하고 加
分의 取耗로 절반의 대가에 충급케하여 節目을 작성하여 준행토록 한다. 6도
義僧 701명 반의 番錢 14,312냥 내 6,708냥 6전 5분을 給代하고, 1,164냥 7
전 5분을 관에서 防給하고, 427냥은 保人이 備納하고, 6,012냥 4전은 僧徒가
備納토록한다.80)

정조 9년(1785) 봄, 남북한 산성 의승번전의 減半措置는 승려들에게
큰 혜택을 주는 파격적인 조치라 할 것이다. 감반조치로 인하여 남북한
산성의 의승번전은 다음 <표 49>와 같이 분담하게 되었다.

〈표 49〉 減半 後 義僧番錢의 분담액

分擔內容	分擔 金額	百分比(%)
給　　代	6,708兩 6錢 5分	46.87
官 防 給	1,164兩 7錢 5分	8.14
保　　人	427兩	2.98
僧　　徒	6,012兩 4錢	42.00
計	14,312兩 8錢	100.00

2. 減半 後의 운영상황

정조 9년 봄에 남북한산성의 의승번전이 감반된 경위를 앞 절에서 살
펴보았다. 본 절에서는 소위 「正祖事目」을 통하여 감반 후 남북한산 의
승번전의 운영상황을 살펴보도록 하자.

의승번전을 감반하고 그 절반을 給代하게 된 전말이 「정조사목」에
잘 설명되어 있다. 정리해 보면 다음과 같다. 먼저 승도가 국가에 裨益
함이 적지 않다는 사실을 지적하였다.81) 즉 平時에는 列處窮山에서 藩
蔽가 되고 위급할 때는 의병을 일으켜 막아서 지키며 또한 京外의 허다

---

80) 『弘齊全書』 권164, 「日得錄」 34.
81) 「日得錄」에도 같은 내용이 다음과 같이 보인다. "佛教雖異端 而或有益於人國
凡窮山絶壑 人跡所不到處 若無寺刹緇徒 雖効守禦之功"(『弘齊全書』 권176).

한 紙役을 도맡아 策應하는 등 이름이 出家者이지 평민과 다를 바 없다
는 것이다.

다음에 의승번전제 성립의 원인을 밝히고 있다. 즉 남북한산성의 수
호를 6道 승려가 輪番으로 맡았는데 그 弊가 더욱 심하여 1僧의 資裝에
1寺가 傾産하고 佛器 鬻饗田까지 처분해야 하는 등 지탱하기 어려워 道
臣 御使의 요구에 따라 先大王께서 以錢代番토록 하여 수많은 승려들
이 안심하고 所業에 임하도록 하였다는 것이다. 그 다음에 의승번전을
감반해야 하는 이유를 밝히고 있다. 즉 최근에 들어서 사찰은 더욱 凋瘵
해지고 승려는 더욱 疲殘해져 번전의 辨出이 심히 어려워 사찰이 있으
면 승려가 없어도 징수하고, 승려가 있으면 錢이 없어도 책임을 지우니
심지어 保率을 정하여 隣族을 侵徵하고 閭里까지 侵徵하는 등 무릇 백
성이 替當해야 하니 그 부당함이 극에 달하여 변통을 하려해도 矯捄策
이 없어 지금까지 오다가 이제 감반토록 하게 되었다는 것이다. 끝으로
감반으로 인한 결손의 보충방법을 밝히고 있다. 즉 감반으로 인한 결손
은 公穀을 加分하여 取耗로 그 折半을 充給토록 하고 節目을 작성하여
영구히 준행토록 하라는 것이었다.[82] 그리하여 곧 「義僧番錢減半給代
事目」이 작성되었고 그 事目에 따라 감반 후 6道義僧番錢의 都數는
<표 50>과 같다.

<표 50> 減半 後 六道義僧番錢都數

道名	所屬	定員 (名)	定額 (兩)	給代 (兩)	僧納 (兩)	官防納 (兩)	保人納 (兩)	備考
京畿道	守禦廳	14	140.22	69.86	65.36	5		
	摠戎廳	6	61.5	32.25	20	5.25	4	
	大興山城	2	12	6	6			
	計	22	213.72	108.11	91.36	10.25	4	
忠淸道	守禦廳	29	522	261	189	45	27	
	摠戎廳	85	1530	765	490	185	90	
	計	114	2052	1026	679	230	117	

82) 「正祖事目」 序文.

慶尙道	守禦廳	160	3520	1639	1672	209	
	摠戎廳	86.5	1903	896.5	918.5	88	
	計	246.5	5423	2535.5	2590.5	297	
全羅道	守禦廳	137	3014	1507	1067	167	273
	摠戎廳	61	1342	671	593.5	44.5	33
	計	198	4356	2178	1660.5	211.5	306
黃海道	守禦廳	4	72	9	27	36	
	摠戎廳	62	1116	312	424	380	
	計	66	1188	321	451	416	
江原道	守禦廳	11	214.8	107.4	107.4		16.80(他寺移來)
	摠戎廳	44	865.28	432.64	432.64		73.28(〃)
	計	55	1080.08	540.04	540.04		90.08(〃)
總 計	守禦廳	355	7483.02	3593.26	3127.76	462	300
	摠戎廳	344.5	6817.78	3109.39	2878.64	702.75	127
	大興山城	2	12	6	6		
	計	701.5	14312.80 100(%)	6708.65 (46.87%)	6012.4 (42.01%)	1164.75 (8.14%)	427 (2.98%)

<표 50>에서 알 수 있듯이 의승의 정원은 총 701명 반에 번전총액은 14,312냥 8전이었다. 그 중에서 46.87%인 6,708냥 6전 5분이 給代하는 것이었고 8.14%인 1,164냥 7전 5분이 官防給이었으며, 2.98%인 427냥은 保人納이었다. 오직 42.01%인 6012냥 4분만이 승려들이 부담하는 액수로서 감반이 아니라 약 60%가 감축된 것이었다.

그런데 정조 9년 봄, 의승번전의 감반조치가 이루어질 때 의승의 정원과 번전의 정액이 영조 32년 의승번전제가 성립되어 처음으로 운영될 때와는 다소의 차이가 있다.

<h3 style="text-align:center">〈표 51〉『英祖節目』과 『正祖事目』의 비교</h3>

道名	定員		定額		備考
	英祖	正祖	英祖	正祖	
京畿	(名) 20	(名) 22	(兩) 200	(兩) 213.72	+2(長湍 2名) 大興山城 소속 +13.72兩
忠淸	114	114	2050	2052	
江原	60	55	1080	1080.08	-5(淮陽 3名, 高城 2名) +0.08兩
黃海	66	66	1188	1188	

全羅	198	198	4356	4356	
慶尙	249	246.5	5478	5423	2.5(醴泉 2.5名) - 55兩
計	707	701.5	14354	14312.8	- 5.5名 - 41.2兩

<표 51>에서 알 수 있듯이 의승의 정원이 707명에서 701명 반으로 5명 반이 감소되었고, 번전의 정액이 14,354냥에서 14,312냥 8전으로 41냥 2전이 감소되었다. 그러나 경기도의 경우, 의승의 정원이 2명이 초과되었는데 이것은 長湍에 2명이 새로 배정된 것으로 남한산성이 아닌 大興山城 소속으로 배당된 것이며, 번전도 2명에 12냥으로 정액되어 이를 제하면 오히려 번전이 1냥 7전 2분이 증가해 있음을 알 수 있다. 강원도의 경우는 의승의 정원이 무려 5명이나 감소되어 있다. 즉 淮陽에 3명, 高城에 2명, 도합 5명이 감소됨으로서 이 兩邑에는 의승이 전연 배당되지 않고 있다. 이 兩邑이 왜 제외되었는지는 확실히 알 수 없지만 兩邑에 배당되었던 의승 5명이 도 내의 다른 고을에 소량씩 분산되어 부과된 것으로 보아 兩邑에 寺敗僧殘의 현상이 더욱 심했기 때문이라 믿어진다.[83] 여하간 강원도의 경우는 의승의 정원은 5명이 감소되었지만 번전의 정액은 오히려 8분이나 증가되어 있다(<표 51> 참조). 경상도의 경우, 의승의 정원 2명 반에 번전의 정액 55냥이 감소되었다. 즉 醴泉에 의승의 정원 7명에서 2명 반을 감하여 4명 반이 되었다(<표 51> 참조). 이것은 醴泉의 龍門寺가 정조 7년에 元子의 胎室을 모신 사찰이 되었기 때문에 견감해 주었던 것이다.[84]

---

[83] 淮陽에는 長安寺를 비롯한 表訓寺 正陽寺 등 20여 개의 寺菴이 있었고, 高城에도 楡岾寺 등 10여 개의 사암이 있는 것으로 보아 사찰의 수는 많지만 승려의 생활은 좋지 않았던 것으로 보인다(『輿地圖書』上. 강원도 淮陽 高城 寺刹條).

[84] 정조 8년 10월 29일 慶尙道 觀察使 李秉模가 남북한산성의 의승번전 문제를 安胎使의 주청에 따라 醴泉 龍門寺에 배당된 2명 반의 義僧이 성은을 입어 견감된 일이 있음을 지적한 사실에서 알 수 있다(『備邊司謄錄』제167책, 정조 8년 10월 29일). 또한 『邑誌』, 慶尙道 醴泉, 佛宇條에 龍門寺에 正廟癸卯(왕 7년)

결국 6도 전체로 보면 경상도의 의승 2명 반에 번전 55량만이 감소된
셈이다. 이상과 같이 조정되어 각도 각 읍별로 배당된 의승의 정원과 번
전의 정액은 <표 52>와 같다.[85]

한편 남북한산성의 의승번전에 대한 감반조치가 늦어졌던 것은 앞에서
언급한 바 있듯이 승려부담의 감반으로 생기는 결손을 어떻게 메우느냐 하
는 문제 때문이었다. 다시 말하여 給代할 자원을 어떻게 마련하느냐 하는
문제였다. 그래서 급대의 자원에 대한 구체적인 방법과 그 운영책을 「正祖
事目」에 상세히 제시하고 있다. 그 내용을 살펴보도록 하자.[86]

첫째, 금번에 給代之需에 필요한 量을 分數하여 별도로 구획하는데,
혹시 元穀을 停減하면 여러 가지 복잡한 문제가 수반되는 만큼, 금번에
작정한 것을 영구히 준행토록 하며, 차후에는 비록 정감할 경우가 있으
면 각 아문에 봉납된 환곡을 數에 준하여 보충하되 一包의 未捧之弊도
없도록 하라는 것이었다. 만일 朝令없이 停退할 때는 未捧守令은 軍餉
의 未封律로 다루고, 道臣은 곧 本司에 보고하고 未收의 幾石을 某衙門
의 穀으로 移充하되 일일이 懸錄하여 징빙자료로 하라는 것이었다(「正
祖事目」①항 참조).

둘째, 諸道各邑의 官防給分은 전부터 시행해 오던 것을 이번 급대에
포함하지 않았던 것인데 年久之後 혹시 잘 지키지 않고 승도들에게 復
徵한다면 이것은 정부의 一視之政이 아니니 차후 官防給邑 중 難繼之
弊가 있으면 그 뜻을 狀聞하여 他邑의 변통 예에 의하여 加分耗條로 구
획하여 充給토록 하라는 것이었다(「正祖事目」②항 참조).

에 元子의 胎를 묻었다고 한 기록이 있다.
85) 「正祖事目」에는 남한산성, 북한산성 등 산성 소속으로 기록하지 않고 남한산
성과 북한산성을 각각 관할하고 있는 수어청과 총융청에 소속한 것으로 기록
하고 있다.
86) 의승번전의 봉납방법, 봉납시기, 그리고 담당기구 등에 대하여 규정이 없는 것
은 종전의 「英祖節目」 때와 같기 때문에 다시 규정할 필요가 없었을 것이다.

셋째, 곡물을 分數할 때는 正皮穀을 막론하고 準折에 의해 大米로 마련하여 每石의 價錢을 詳定하여 3냥으로 折定하고 상납 시 駄價는 元數中에서 里程에 따라 除減토록 하라는 것이었다(「正祖事目」 ③항 참조).

넷째, 還分取耗하여 作錢하고 殖利하는 것은 각 고을에서 句管하여 거행토록 하고 상납하는 것도 전과 같이 당해 營門까지 上送토록 하라는 것이었다(「正祖事目」 ④항 참조).

다섯째, 穀物分留時 米로 作錢할 경우, 那移·虛留 등 어려움이 있는 것은 道臣이 자주 廉察하여 弊가 없도록 하고 그러한 폐가 있으면 당해 邑宰를 狀聞하여 경중에 따라 논죄하라는 것이었다(「正祖事目」 ⑤항 참조).

여섯째, 각 도, 각 읍에 구획된 錢穀은 별도로 句管하되 매년에 分給이 얼마인지 用下가 얼마인지를 연말에 각 고을에서 巡營에 枚報하고 순영에서는 한꺼번에 成冊하여 修正하여 本司에 上送 憑考토록 할 것이며, 남아 있는 수효도 수송하라는 것이었다(「正祖事目」 ⑥항 참조).

이상의 6개 항은 6道에 공통으로 해당되는 조항이었다. 이러한 상세한 조건하에 또한 각 도별로 급대의 자원을 마련하는 방법을 제시하고 있다. 즉,

- 경기도는 의승번전을 감반한 액수는 108냥인데(108냥 1전 1분임, <표 52> ① 참조) 각 고을의 自備穀耗條를 적당히 들어내어 給代하라는 것이었다(「正祖事目」 ⑦항 참조).
- 호서(충청도)는 의승번전을 감반한 액수는 1,026냥인데, 道內常賑租 20,000석을 5년 한으로 盡數加分하여 각 其年 給代條로 先除하고 후에 나머지 耗條 8,000석을 매년 盡分取耗하고 먼저 오는 糶糴으로 給代之資로 하되 耗로 족히 相當이 되면 元穀 20,000석

은 會錄으로 환원하라는 것이었다(「正祖事目」 ⑧항 참조).

• 호남(전라도)은 의승번전을 감반한 액수는 2,178냥인데 還穀留庫
 中 折米 7,000석을 들어내어 매년 盡分하여 그 耗條로 급대하라는
 것이었다(「正祖事目」 ⑨항 참조).

• 영남(경상도)은 의승번전을 감반한 액수는 2,535냥인데(2,535냥 5
 전임, <표 52> ③ 참조) 경주 등 35읍은 常賑租 15,015석, 禮安
 등 2읍은 常賑小米 220石, 星州 등 14읍은 別會案付均廳米 2,090석,
 機張 등 2읍은 別餉米 366석 등을 加分取耗하여 給代토록 하고,
 義城 등 9읍은 射軍木代錢 1,264냥을 殖利하여 급대케 하며 靈山
 등 6읍은 本邑에서 官防給으로 하라는 것이었다(「正祖事目」 ⑩항
 참조).

• 해서(황해도)는 의승번전의 총액이 1,188냥인데[87] 瓮津 등 邑은 전
 액 모두 官防給하고, 平山 등 읍은 절반을 견감하고 반액만을 관방
 급하며, 黃州 등 읍은 승도가 반액을 備納하고, 海州 등 읍은 각
 其邑 소재의 會付穀을 多寡에 따라 별도로 加分取耗하여 급대하
 라는 것이었다(「正祖事目」 ⑪항 참조).

• 관동(강원도)은 의승번전을 감반한 액수는 540냥인데(540량 4분임,
 <표 52> ⑥ 참조) 도내 月課米 중에서 1,800석을 들어내어 매년 盡
 分取耗하여 급대토록 하라는 것이었다(「正祖事目」 ⑫항 참조).

---

87) 「正祖事目」 ⑪항에는 海西義僧番錢 都數를 1,088냥이라 한 것은 誤記임(<표
 50> 및 <표 52> ⑤ 참조).

<표 52> 六道邑別 義僧番錢配當表

① 경기도

所屬	邑名	定員(名)	定額(兩)	給代(兩)	僧納(兩)	官防給(兩)	保人納(兩)	備考
守禦廳 (南漢山城)	利川	1	10.5	5	5.5			
	竹山	2	19.72	9.86	9.86			
	安城	2	20	10	10			
	朔寧	2	20	10	10			
	楊根	1	10	5	5			
	加平	1	10	5	5			
	龍仁	1	10	5	5			
	永平	1	10	5	5			
	陽城	1	10	5	5			
	砥平	1	10	5	5			
	陽智	1	10	5		5		
	計	14	140.22	69.86	65.36	5		
摠戎廳 (北漢山城)	坡州	1	10.5	5.25		5.25		
	南陽	1	11	7			4	
	高陽	1	10	5	5			
	衿川	1	10	5	5			
	連川	1	10	5	5			
	果川	1	10	5	5			
	計	6	61.5	32.25	20	5.25	4	
大興山城	長湍	2	12	6	6			
	計	2	12	6	6			
	總計	22	213.72	108.11	91.36	10.25	4	

② 충청도

所屬	邑名	定員(名)	定額(兩)	給代(兩)	僧納(兩)	官防給(兩)	保人納(兩)	備考
守禦廳 (南漢山城)	公州	9	162	81	81			
	淸風	3	54	27	27			
	丹陽	3	54	27	27			
	泰安	1	18	9	9			
	堤川	3	54	27			27	
	稷山	1	18	9	9			
	靑山	1	18	9		9		
	黃澗	2	36	18			18	
	永同	1	18	9	9			
	延豊	2	36	18	18			

	新昌	1	18	9	9		
	永春	2	36	18		18	
	計	29	522	261	189	27	45
摠戎廳 (北漢山城)	忠州	7	126	63	63		
	清州	7	126	63	45	18	
	洪州	4	72	36			36
	天安	3	54	27	27		
	韓山	1	18	9	9		
	舒川	2	36	18		18	
	沔川	2	36	18		18	
	瑞山	5	90	45	45		
	槐山	3	54	27		27	
	沃川	2	36	18	13	5	
	溫陽	1	18	9		9	
	大興	2	36	18			18
	林川	5	90	45	45		
	文義	2	36	18	18		
	鴻山	2	36	18	18		
	定山	2	36	18	18		
	陰城	1	18	9		9	
	結城	1	18	9		9	
	唐津	1	18	9	9		
	石城	1	18	9	9		
	燕岐	1	18	9	9		
	全義	2	36	18	18		
	懷德	1	18	9		9	
	木川	1	18	9	9		
	保寧	1	18	9	9		
	藍浦	2	36	18		18	
	海美	1	18	9	9		
	報恩	1	18	9	9		
	鎭岑	1	18	9	9		
	連山	2	36	18	18		
	牙山	1	18	9		9	
	德山	2	36	18			18
	懷仁	1	18	9		9	
	青陽	2	36	18	18		
	恩津	2	36	18	18		
	禮山	2	36	18			18

	庇仁	1	18	9		9		
	鎭川	3	54	27	27			
	尼城	1	18	9		9		
	扶餘	2	36	18	18			
	淸安	1	18	9		9		
	計	85	1530	765	490	185	90	
	總計	114	2052	1026	679	230	117	

③ 경상도

所屬	邑名	定員(名)	定額(兩)	給代(兩)	僧納(兩)	官防給(兩)	保人納(兩)	備考
守禦廳 (南漢山城)	慶州	13	286	143	143			
	星州	7	154	77	77			
	金山	3	66	66				
	河東	2	44	22	22			
	固城	7	154	77	77			
	軍威	2	44	22	22			
	慶山	3	66	33	33			
	義興	2	44	22	22			
	玄風	2	44	22	22			
	聞慶	2	44	22	22			
	陜川	5	110	55	55			
	大丘	8	176	88	88			
	尙州	12	264	132	132			
	宜寧	4	88	44	44			
	蔚山	5	110	55	55			
	龍宮	2	44	22	22			
	草溪	2	44	22	22			
	密陽	5	110	55	55			
	金海	7	154	77	77			
	寧海	1	22	11	11			
	安東	9	198	99	99			
	淸道	7	154	77	77			
	巨濟	1	22	11	11			
	昆陽	7	154	77	77			
	比安	3	66	33	33			
	靑松	2	44	22	22			
	居昌	4	88	44	44			
	仁同	2	44	22	22			

	三嘉	4	88	44	44		
	昌原	5	110	55	55		
	晋州	8	176	88	88	44	
	靈山	2	44			66	
	泗川	3	66			66	
	咸陽	6	132		66	33	
	咸安	3	66		33		
	計	160	3520	1639	1672	209	
摠戎廳 (北漢山城)	機張	3	66	33	33		
	長鬐	3	66	33	33		
	高靈	2	44	22		22	
	興海	2	44	22	22		
	淸河	1	22	22			
	盈德	2	44	22	22		
	彦陽	2	44	22	22		
	永川	4	88	44	44		
	慈仁	4	88	44	44		
	梁山	2	44	22	22		
	河陽	2	44	22	22		
	醴川	4.5	99	49.5	49.5		
	山淸	4	88	44	44		
	開寧	2	44	22	22		
	新寧	3	66	33	33		
	豊基	2	44	22	22		
	丹城	2	44	22	22		
	漆原	2	44	22	22		
	南海	2	44	22	22		
	禮安	2	44	22	22		
	咸昌	2	44	22	22		
	迎日	2	44	22	22		
	寧海	1	22	11	11		
	安東	1	22	11	11		
	順興	4	88	44	44		
	義城	4	88	44	44		
	善山	4	88	44	44		
	鎭海	2	44	22	22		
	安義	5	110	55	55		
	英陽	1	22	11	11		
	眞寶	1	22	11	11		

榮川	1	22	11	11			
熊川	2	44	22	22			
知禮	2	44		22	22		
昌寧	4	88		44	44		
計	86.5	1903	896.5	918.5	88		
總計	246.5	5423	2535.5	2590.5	297		

④ 전라도

所屬	邑名	定員(名)	定額(兩)	給代(兩)	僧納(兩)	官防給(兩)	保人納(兩)	備考
守禦廳 (南漢山城)	羅州	7	154	77	77			
	光州	5	110	55	55			
	綾州	7	154	77	77			
	南原	7	154	77	77			
	順天	13	286	143	143			
	長城	1	22	11	11			
	長興	5	110	55	55			
	寶城	5	110	55	55			
	靈巖	6	132	66			66	
	靈光	8	176	88			88	
	錦山	2	44	22	22			
	樂安	1	22	11	11			
	淳昌	9	198	99	48	51		
	益山	1	22	11			11	
	龍潭	1	22	11			11	
	臨陂	3	66	33			33	
	高山	5	110	55	55			
	長水	1	22	11		11		
	康津	2	44	22	22			
	務安	1	22	11	11			
	南平	6	132	66	66			
	鎭安	3	66	33	33			
	谷城	5	110	55	55			
	求禮	3	66	33	23		10	
	和順	1	22	11	11			
	興德	2	44	22	22			
	興陽	8	176	88	78		10	
	玉果	2	44	22		22		
	井邑	1	22	11	11			

所屬	邑名	定員	定額	給代	僧納	官防給	保人納	備考
	高敞	1	22	11	5	6		
	光陽	4	88	44		44		
	茂長	3	66	33		33		
	咸悅	1	22	11	11			
	扶安	1	22	11			11	
	咸平	3	66	33	33			
	任實	3	66	33			33	
	計	137	3014	1507	1067	167	273	
摠戎廳 (北漢山城)	全州	7	154	77	77			
	順天	2	44	22	22			
	長城	5	110	55	55			
	潭陽	3	66	33	33			
	礪山	1	22	11	11			
	古阜	1	22	11			11	
	珍山	2	44	22	22			
	樂安	7	154	77	77			
	珍島	1	22	11	11			
	昌平	2	44	22	22			
	高山	0.25	5.5	2.75	2.75			
	康津	6	132	66	66			
	海南	6	132	66	66			
	務安	3	66	33	33			
	和順	0.25	5.5	2.75	2.75			
	同福	6	132	66	66.0			
	井邑	1.5	33	16.5	16.5			
	高敞	1	22	11	5.0	6		
	泰仁	3	66	33		33		
	光陽	0.5	11	5.5		5.5		
	任實	2	44	22			22	
	雲峯	0.5	11	5.5	5.5			
	計	61	1342	671	593.5	44.5	33	
	總計	198	4356	2178	1660.5	211.5	306	

⑤ 황해도

所屬	邑名	定員(名)	定額(兩)	給代(兩)	僧納(兩)	官防給(兩)	保人納(兩)	備考
守禦廳 (南漢山城)	白川	1	18	9	9			
	松禾	2	36		18	18		
	甕津	1	18			18		
	計	4	72	9	27	36		

		定員	定額	給代	僧納	官防	保人	
	黃州	5	90	15	45	30		
	海州	4	72	36	36			
	延安	1	18			18		
	瑞興	4	72	36		36		
	平山	3	54		27	27		
	豊川	2	36	18	18			
	鳳山	6	108	18	54	36		
摠戎廳	載寧	4	72	16	36	20		
(北漢山城)	信川	3	54	16	18	20		
	安岳	3	54			54		
	遂安	5	90	45	45			
	新溪	3	54			54		
	文化	5	90	45	45			
	谷山	6	108	54	54			
	長連	2	36			36		
	兎山	1	18			18		
	殷栗	3	54		28	26		
	康翎	2	36	13	18	5		
	計	62	1116	312	424	380		
	總計	66	1188	321	451	416		

⑥ 원춘도

所屬	邑名	定員 (名)	定額 (兩)	給代 (兩)	僧納 (兩)	官防 給(兩)	保人 納(兩)	備考
守禦廳 (南漢山城)	春川	2	39.16	19.58	19.58			+ 3.16兩(他寺移來)
	通川	2	39.16	19.58	19.58			+ 3.16兩(他寺移來)
	洪川	3	58.16	29.08	29.08			+ 4.16兩(他寺移來)
	金城	1	20.16	10.08	10.08			+ 2.16兩(他寺移來)
	橫城	3	58.16	29.08	29.08			+ 4.16兩(他寺移來)
	計	11	214.8	107.4	107.4			+16.8 兩(他寺移來)
	原州	6	116.22	58.11	58.11			+ 8.22兩(他寺移來)
	春川		1.06	0.53	0.53			+ 1.06兩(他寺移來)
	伊川	3	59.22	29.61	29.61			+ 5.22兩(他寺移來)
	三陟	6	116.5	58.25	58.25			+ 8.50兩(他寺移來)
	鐵原	3	59.22	29.61	29.61			+ 5.22兩(他寺移來)
	平海	3	59.22	29.61	29.61			+ 5.22兩(他寺移來)
	通川		1.06	0.53	0.53			+ 1.06兩(他寺移來)
	杆城	7	135.22	67.61	67.61			+ 9.22兩(他寺移來)

	洪川		1.06	0.53	0.53		+ 1.06兩(他寺移來)
	蔚珍	5	97.22	48.61	48.61		+ 7.22兩(他寺移來)
	歙谷	2	40.22	20.11	20.11		+ 4.22兩(他寺移來)
	狼川	1	18	9	9		
	麟蹄	1	18	9	9		
摠戎廳 (北漢山城)	平康	4	78.22	39.11	39.11		+ 6.22兩(他寺移來)
	金化	2	40.22	20.11	20.11		+ 4.22兩(他寺移來)
	楊口	1	22.5	11.25	11.25		+ 4.5 兩(他寺移來)
	金城		1.06	0.53	0.53		+ 1.06兩(他寺移來)
	橫城		1.06	0.53	0.53		+ 1.06兩(他寺移來)
	計	44	865.28	432.64	432.64		+73.28兩(他寺移來)
	總計	55	1080.08	540.04	540.04		+90.08兩(他寺移來)

이상에서 살펴본 바와 같이 의승번전의 감반조치는 의승의 정원이 감반된 것이 아니라 글자 그대로 의승의 번전만이 감반되었던 것이다. 의승번전의 총액은 그 감반된 것을 給代·官防給·保人納 등으로 보충하여 전연 증감이 없었다. 따라서 각 고을에 산재해 있는 사찰의 부담액이 견감되었을 뿐, 각 고을단위의 부담액은 전연 변화가 없었던 것이다.

의승번전의 총액에 증감이 없는 한 雇立義僧에게 지급되는 의승 1명당 17냥씩의 雇立錢은 감반조치 전과 다를 바 없이 배당되었던 것으로 보인다. 또한 閏朔條 등도 전과 다를 바 없이 지급된 것이라 할 것이다. 다만 총융청 소속의 경상도 醴泉 의승 2명 반분의 번전 55냥이 감소된 것은 감반조치 이전에 감소된 것으로 총융청의 배당액으로 지급되었던 造紙署 助役價에서 분수하여 보충했던 것으로 믿어진다.

V. 減半措置 후 불교계의 동향

의승번전의 감반조치로 이제 승려들은 종전에 비해 40% 정도의 번전

만을 부담하게 되었다. 나머지 60% 정도의 의승번전은 각 고을에서 給
代 官防給 등의 형식으로 봉납해야 했다. 의승번전제의 성립 초에 승려
들에게 他役은 부담시키지 않을 것을 분명히 하였다. 그러나 의승번전제
가 운영되면서도 계속 紙役 등이 승려들에게 부가되었다. 하물며 의승번
전이 감반됨으로써 각 고을에서는 고을 내에 있는 사찰에 紙役 등 많은
잡역을 부과시켰을 것임은 쉽게 짐작되는 바이다. 즉 의승번전의 감반조
치가 이루어진 그해 6월에 華陽洞書院의 役事에 尙州·咸昌·聞慶 등
3邑의 승군 약 50명을 동원했던 일이 있으며[88] 또한 의승번전의 감반조
치 후 紙役 때문에 寺敗僧殘의 현상이 일어났다는 사실이 여러 곳에 지
적되어 있다. 『承政院日記』 第1,599冊, 정조 10년 4월 20일,

> 근래 僧役이 民役보다 무거워 僧徒는 점차 散亡하게 되고 名山巨刹은 凋
> 瘵하게 되었다.

라는 기록이 보이며, 『備邊司謄錄』 第170冊, 정조 11년 정월 초 1日에,

> 근래 僧額의 數는 줄어드는데 紙役의 浮出이 심하여 각 지방의 僧役이
> 歲加月增하고 方物所納紙의 負債는 山과 같아서 지탱할 길이 없다.

라고 한 기록이 보인다. 이처럼 의승번전의 감반조치 후에도 紙役을 비
롯한 각종의 잡역으로 寺敗僧殘의 현상은 전국 각 고을에 미쳤던 것이
라 할 것이다.[89]

정조 다음에 즉위한 순조 이후부터는 봉건왕조의 모순이 한층 심화해
갔다. 즉 세도정치의 출현으로 매관매직이 성행하였고 官紀가 해이해져
서 삼정이 극도로 문란하였으며, 따라서 민란이 여러 고을에서 일어나기
도 하였다. 이러한 상황에서 관이나 토호들로부터 각종의 착취를 당했던

---

88) 『承政院日記』 제1585책, 정조 9년 6월 22일.
89) 『承政院日記』 제1681책, 정조 14년 8월 23일.

불교교단은 그야말로 최악의 상태라 할 것이다.[90] 그럼에도 불구하고
의승번전제는 계속 운영되어 갔다. 고종 24년(1887)의 충정도 「上納冊」
에[91] 충청도의 각 고을마다 의승번전을 상납하고 있는데서 알 수 있다.

〈표 53〉 1887년도 의승번전 상납액(충청도)

邑名	番錢額(兩)	邑名	番錢額(兩)
公州	157	保寧	18
全義	36	結城	18
木川	17.6	魯城	20
天安	54	恩津	34.8
稷山	17.7	連山	34
牙山	17.6	鎭岑	17.4
溫陽	18	懷德	17.5
新昌	17.6	沃川	38
禮山	35.2	永同	18.7
定山	34.93	黃澗	36
靑陽	34.93	靑山	17.3
大興	35	報恩	17.5
洪州	69.9	懷仁	18
德山	34.93	文義	36
沔川	36	燕岐	17.5
唐津	18	淸州	123.2
海美	18	鎭川	55.5
瑞山	87	淸安	17.6

---

90) 당시 영남의 海印寺 공물부담은 다음과 같다. 官廳에 每朔 五米子 1두, 石茸
2두, 箱子 2部, 工庫에 每朔 箱子 2部, 方麻致 5介, 橫搗介 2介, 그 외에 油厚紙
白紙 壯紙 등은 吏曹, 戶曹 成均館 營門 등에 상납해 왔다(고종 4년조의 海印
寺 古文書). 강원도 長安寺도 內需司에 栢子・石茸・白鞋・常鞋・木物 등을
상납하였다(『朝鮮佛敎通史』 下篇 江原道 長安寺).

91) 충청도 각 읍의 「상납책」은 丁亥 5월에 이루어 졌던 것으로, 현재 일본 東京大
學 中央圖書館에 보관되어 있는 240면으로 된 필사본이다. 내용은 廣米 三手
米 砲糧米 位米 大同米 均作米 親別作米 均免稅米 嘉順宮米 和柔翁 主房米 藥
材價米 樂工錢 司饔匠保米 守僧錢 軍官錢 등 각종의 상납세액이 기록되어 있
다. 작성 연대가 丁亥로 표기되어 있지만 砲糧米가 포함되어 있는 것으로 보아
고종 연간의 丁亥일 것임으로 고종 24년인 1887년임을 알 수 있다.

泰安	17.3	槐山	54
扶餘	34	延豊	34.9
石城	17.4	陰城	17.6
林川	87	忠州	123.2
鴻山	36	淸風	54.8
韓山	18	堤川	54
舒川	36	丹陽	54.9
庇仁	17.2	永春	34.6
藍浦	36		
計	1038.29	計	983
總計	2021.29		

즉 <표 53>에서 볼 수 있듯이 각 고을별 의승의 정원은 나타나 있지 않지만, 각 고을별 번전의 정액과 충청도 의승번전 총액 2,021냥 2전 9분임을 알 수 있다.[92] 이 총액은 정조 9년 의승번전 감반 당시 충청도 의승번전 총액 2,052냥(<표 52-②> 참조)보다 30냥 7전 1분이 감소된 액수이다. 그런데 <표 53>에 보이는 각 고을별 의승의 번전액은 의승 1명의 정액 18냥을 기준으로 駄價가 공제된 의승번전액으로 생각된다. 18냥 전후를 의승 1명의 번전으로 간주할 때 총 114명으로 의승의 정원이 감소된 것은 아니기 때문이다. 또한 고종 24년의 충청도 「上納冊」에는 給代·僧納·官防給·保人納 등을 고을별로 합하여 상납했던 것으로 믿어진다. 정조 9년 의승번전의 감반조치 후 다시 승려들이 전담했다는 기록은 전연 찾아 볼 수 없다.

남북한산성의 의승번전제는 1894년 갑오경장까지 계속 운영되었던 것으로 보인다. 따라서 사패승잔의 추세는 더욱 심화해 갔다고 할 것이다.

---

92) 防番錢은 番錢·義僧錢·雇僧錢·軍需三錢 등으로 불리었다고 했지만(禹貞相, 앞의 논문) 고종 24년에 이루어진 忠淸道 「上納冊」에는 守僧錢·僧番錢·武僧錢 등으로 기록되어 있다.

Ⅵ. 결 어

조선봉건왕조의 억불시책으로 어려운 처지에 있던 불교교단이 양난 후 1세기여 동안은 사찰마다 번창한 모습을 보이는 기현상을 나타내었다. 이때의 승려세력은 막강한 것으로서 그 일부는 봉건정부에 대한 저항세력으로까지 발전하기도 하였다. 이와 같은 상황에서 전후 고갈된 국력을 강화하고자 노력한 집권유생들은 막강한 승려세력을 조직적으로 동원할 계획을 세웠다. 남북한산성에 의승을 교대로 입번토록 하는 것이었다. 700여 명의 승려를 동원하여 남북한산성에 주둔시켜 수도방위의 임무 일부를 부담시켰던 것이다. 이러한 의승입번제는 의승의 資送을 위하여 사찰의 佛器와 전답을 파는 등 여러 가지 모순이 야기되어 승려들의 희망에 따라 영조 32년에 의승을 교대입번으로 동원하는 대신 번전을 징수하여 성내의 居僧을 雇立토록 하는 의승번전제를 시행하였다. 이 의승번전제는 의승입번제보다 불교교단에 더욱 심한 타격을 주어 1세기여 동안 번창하던 사찰의 모습은 18세기 후반부터 사라져 갔던 것이다. 봉건권력을 재건하고자 하는 집권유생들의 의지에 불교교단이 희생된 것이라 할 것이다. 의승번전제로 인하여 위기에 처해 있던 불교교단은 정조의 의승번전 감반이라는 파격적인 처방에도 불구하고 번창할 때의 모습으로는 회복되지 않았다. 결국 의승번전제의 운영은 불교교단을 크게 퇴락시켜 갔다. 이와 같은 불교교단의 처지는 조선봉건왕조가 안고 있던 구조적인 모순의 일단이라 하겠다. 불교교단을 퇴락시켜 간 의승번전제는 이와 같은 모순을 안고 있으면서도 중지되지 않았으며 조선왕조 봉건권력의 운명과 함께 갑오경장(1894)까지 운영되어 갔던 것이다.

〈附　記〉

義僧番錢減半給代事目

　　緇徒之裨益於國家亦云不尠矣　在平時則列處窮山　而爲之藩蔽　臨緩急則倡率義旅　而爲之捍禦　又況京外許多紙役　擧皆擔當策應　名雖出家而效力無異於平民　跡涉逃役　而被侵反甚於良軍　肆國家每勤軫念　恩褒永垂於表忠　飭數屢降於蠲徭　而只緣南北漢之守護　乃有六道僧之輪番是白如乎　及乎輪番之弊　轉到難堪　一僧資裝　一寺傾產　賣佛器鬻饗田而莫之支　吾道臣御史　輒以爲言　惟我先大王斷自宸衷　以錢代番於是乎幾萬緇髡　仰戴德意　各安所業　是白加尼　挽近以來　寺刹去益凋瘵　僧徒去益疲殘　番錢辨出　如龜括毛　或有寺而無僧可徵　或有僧而無錢可責　甚至於定保率　侵隣族俾彼閭巷　凡民替當　所不當之僧役　弊到極處　合有變通　而矯捄無策　因循至今　惟我聖上爰加矜惻　渙發德音　仰述除番之盛意克講減半之實惠　謀于廟堂　詢于道伯　發言盈庭　議者不一　或曰設置屯田或曰移用添餉　俱未得要道

　　聖上曰茍不有以損上　將何以益下乎　特命損出公穀　加分取耗　充給折半之代　作爲節目　永久遵行　此義僧番錢　折半給代之顚末也　盖自有山城便有義僧　自有義僧　便有輪番行之　許多年所已成　不易之典是白在如中輪番之弊極而先大王特行徵錢之政　徵錢之弊極而我聖王特行減半之政惟彼六路僧徒同我一國黎庶成圍　於兩朝惠澤之中　前後聖一揆之德　猗歟盛哉　合行事件著爲令式條列于左爲白齊.

① 今此給代之需　較量分數　別爲區劃是白如乎　或値停減元穀一縮　則耗

條之隨減勢所必至移劃變通之請 亦將紛紜 續續添給 既無其路 每每
煩稟極爲屑越趄 今酌定然後 可期永久遵行乙 仍于此後雖値停減之
時 以各衙門 已捧還穀 準數移充 俾無一包未捧之弊爲白乎矣旀 若
無朝令停退之時 則未捧守令 論以軍餉未捧律 道臣直爲論啓爲白
矣 報本司成册中 以未收幾石以某衙門穀 移充是如一一懸錄以爲憑
處之地爲白齊.

② 諸道中各邑之自官防給者 使之依前擧行 俾不入於今番給代中是白乎
矣 年久之後 若或不勤於典守復徵於僧徒 則有非朝家一視之政 此後
自官防給邑中 或有難繼之弊是白去等 以此意論理狀聞後 一依他邑
變通例 以加分耗條區劃充給爲白齊.

③ 穀物分數毋論正皮穀 依準折以大米磨鍊後 每石價錢依詳定以三兩
折定爲白乎旀 上納時駄價段 元數中計息里除減爲白齊.

④ 還分取耗 作錢殖利之道 并付各其邑 使之句管擧行 而上納一款段置
亦爲依前成陳省上送該營門爲白齊.

⑤ 穀物分留之時 以米作錢之際 那移虛留難保其必無 道臣這這廣察 如
有此等之弊是 白去等 當該邑宰 隨現狀聞 從輕重論罪爲白齊.

⑥ 區劃錢穀各道各邑 別爲句管 每年分給 爲幾許用下 爲幾許是如必於
年終 各邑枚報巡營 巡營都成册修正 上送本司 以爲憑考之地爲白乎
矣 遺在數爻一體修送爲白齊.

⑦ 京畿義僧番錢 減半之數 爲一百八兩零是白如乎 以各其邑自備穀耗
條 量宜除出以爲給代之地爲白齊.

⑧ 湖西義僧番錢減半之數 爲一千二十六兩是白如乎 以道內常賑租二萬
石 限五年盡數加分 而先除各其年給代條後 所餘耗條八千石 每年盡
分取耗 以作來頭糶糴給代之資爲白乎矣 耗之耗足爲相當是白去等
元穀二萬石段 還會錄爲白齊.

⑨ 湖南義僧番錢減半之數 爲二千一百七十八兩是白如乎 以還穀留庫中

除出折米七千石零 每年盡分以耗條給代爲白齊.

⑩ 嶺南義僧番錢減半之數 爲二千五百三十五兩零是白如乎 慶州等三十
五邑 以常賑租一萬五千十五石 禮安等二邑 以常賑小米二百二十石
星州等十四邑 以別會案付均廳米二千九十石 機張等二邑 以別餉米
三百六十六石 幷爲加分取耗給代 義城等九邑以射軍木代錢一千二
百六十五兩 殖利給代 靈山等六邑段 旣自本邑從長防給云 此則置之
爲白齊.

⑪ 海西義僧番錢都數 爲一千八十八兩是白如乎 瓮津等邑之盡數防給
平山等邑之折半蠲減處則依前置之官蠲未及折半之 黃州等邑僧徒全
數備納之 海州等邑段 以各其邑所在會付穀 量其多寡別爲加分取耗
給代爲白齊.

⑫ 關東義僧番錢減半之數 爲五百四十兩是白如乎 以道內月課米中除出
一千八百石 每年盡分取耗給代爲白齊.

⑬ 六道義僧所在 各其邑元數 及減半數 自朝家給代 自本官防給等節 一
一別錄仍出都以上 以爲憑考之地爲白齊.

⑭ 未盡條件追後磨鍊爲白齊.

乾隆五十年　　月　　日

六道義僧番錢都數 (생략)

〈附〉

光武年間의 僧籍에 대한 一考
—醴泉郡을 중심으로—

Ⅰ. 서 언

전근대사회의 호적은 국역을[1] 부과할 때와 신분을 판별하는 데 기본대장으로 이용되었다. 그러므로 호적을 관리하는 일은 봉건정부의 중요한 기능의 하나였다. 따라서 호적대장을 이용한 사회사나 사회경제사 등의 연구는 매우 활발하게 진행되어 그 업적만도 일일이 열거하기가 어려울 정도로 많다. 그러나 僧籍이 어떻게 운영되었는지는 전혀 연구된 바 없다.

한편 1894년 갑오개혁으로 신분제가 철폐됨에 따라 호적제도는 소위 光武戶籍이라 하여 우선 양식면에 있어서 대폭적인 변화가 있었다.[2] 변화된 양식의 광무호적이 시행되고 있을 때 僧籍은 어떻게 변화되었으며

---

1) 여기서 국역이란 백성이 부담하는 모든 의무를 총칭하는 뜻으로 사용하였다. 金甲周,「朝鮮後期의 養戶」『歷史學報』85, 1980.
2) 趙錫坤,「光武年間의 戶政運營體系에 관한 小考」『대한제국기의 토지제도』, 民音社, 1990 ; 吳星,「19세기말 仁川港의 戶와 戶主—光武戶籍의 檢討—」『歷史學報』131, 1991.

그것이 어떻게 운영되었는지도 전혀 연구된 바가 없다. 본고에서는 조선
시대 승적의 운영형태를 살펴보고, 나아가 갑오개혁으로 시행된 소위 광
무승적이 어떻게 운영되었는지를 醴泉郡의 경우를 중심으로 고찰해 보고
자 한다. 이러한 연구를 통하여 당시 호적제도 운영의 일모가 밝혀질 것이
며, 나아가 불교계의 동향을 이해하는 데 도움이 될 것으로 믿는 바이다.

Ⅱ. 조선시대 僧籍의 운영형태

조선시대 호적제도의 운영방식에 대하여는 『經國大典』에 다음과 같
이 규정되어 있다.

每三年改戶籍 藏於本曹 漢城府 本道 本邑[3]

매 삼년마다 호적을 개정하여 本曹·漢城府·本道·本邑에 간직한
다는 것이다. 본조와 한성부·본도·본읍에 간직한다는 것은 곧 각 군
은 3年마다 군내 각 家의 호적을 편성하여 4부를 작성, 그중 1부는 각호
소재의 본군, 1부는 본도, 1부는 한성부, 1부는 호조에 보내어 각각 호적
고에 보관한다는 것이다. 그리고 서울과 지방은 5戶를 1統으로 하여 統
主를 둔다. 지방은 매 5統마다 里正을 두고 1面마다 勸農官을 두며 서
울은 매 1坊마다 管領을 둔다. 또한 개별 호적은 『경국대전』에 규정된
戶口式에[4] 의거하여 각 호주가 작성한 호적 단자를 근거로 관청에서 호
적대장을 작성함으로써 만들어진다. 호적대장에 오른 이 호적을 토대로
하여 准戶口式에[5] 의거 戶口가 각 개인에게 지급된다. 이 호구는 일종

---

3) 『經國大典』「戶典」, 戶籍條.
4) 『經國大典』「禮典」, 戶口式.
5) 『經國大典』「禮典」, 准戶口式.

의 신분증명서의 역할을 하였으며, 16세 이상의 남자는 반드시 호패를
착용하도록 하였다.

　이와 같은 호적 작성의 원칙은 조선후기에도 큰 변화가 없었다.『續
大典』에는『經國大典』에 기초하여 一戶一口도 누락치 않으려는 정부의
강력한 입장이 강화되어 있을 뿐이다. 戶는 국역을 부담하는 대상이므로
이것은 결국 정부가 국역을 부담하는 대상을 확보하려는 노력으로 해석
된다.6)

　한편 조선시대 승적제도의 운영방식에 대하여는 별도의 자료가 찾아
지지 않는다. 단지『經國大典』「戶典」雜令에,

　　　凡人口生産物故之數　違法爲僧原籍還差之數　諸道牧場故失遺失馬牛之
　　數 京漢城府 外觀察使 每歲抄啓聞

이라는 기록이 보일 뿐이다. 즉 “違法爲僧原籍還差之數”를 인구의 生
産數와 物故한 수, 그리고 諸道 牧揚의 故失 및 遺失된 馬牛의 수 등과
함께 서울에서는 한성부가, 지방에서는 관찰사가 매 해마다 가려 뽑아
啓聞토록 하라는 것이다. 여기 “違法爲僧原籍還差之數” 곧 違法으로
승려가 된 자를 原籍에 還差한다는 것은, 適法으로 승려가 된 자는 原
籍을 떠난다는 뜻으로 해석된다.7) 그렇다하더라도 승려 자신이 원적인
본향의 민적에도 승려가 된 것으로 표기되었을 것이며, 또한 승려 자신
의 소속된 사찰[本院] 중심의 승적도 별도로 작성되었을 것으로 볼 수
있다. 요컨대 승려들은 본향 중심의 민적과 사찰 중심의 승적에 동시에
등재되었다는 말이다. 이러한 이원화된 승려들의 호적 작성의 원칙은 조
선후기에 명확하게 나타나 있다.

---

6) 趙錫坤, 앞의 논문 참조.
7) 適法으로 승려가 되는 길은『經國大典』「禮典」, 度僧條 참조.

<표 1> 丹城縣 호적에 나타난 총 인구와 승려 수[8]

연 도	숙종 4년(1678)	영조 8년(1732)	정조 13년(1789)
총인구(名)	8,421	13,225	13,839
僧 人(名)	93	31	36
백분비(%)	1.1%	0.23%	0.26%

<표 1>에서 보이듯이 단성현의 경우, 승려들이 호적에 그대로 등재되어 있다. 즉 숙종 4년에 단성현의 총인구 8,421명의 1.1%인 93명, 영조 8년에 총인구 13,225명의 0.23%인 31명, 정조 13년에 총인구 13,839명의 0.26%인 36명이 승려이다.[9] 이러한 사실은 승려가 본향 중심으로 입적되었음을 말해주고 있다.

승려들은 본향의 호적에 입적되어 있음에도 불구하고 사찰[本院] 중심으로 승호를 구성하여 별도로 승적을 작성했던 것이다.

<표 2> 慶州의 호구표

年度	丙午式(영조 2, 1726)	辛卯式(순조 31, 1831)
元戶	18,141戶	18,221戶
人口	71,943口 男 29,505口 女 42,438口	73,051口 男 29,171口 女 43,880口
僧戶	544戶	246戶
口	560口	253口
出典	慶州府邑誌(『地方志』一,『慶州誌』 ① 韓國地理志叢書)	慶州府邑誌(『邑誌』一, 慶尙道 ① 韓國地理志叢書)[10]

---

8) <표 1>은 金錫禧·朴容淑,「朝鮮後期 丹城縣 戶籍帳籍에 關하여(Ⅱ)」(『文理科大學論文集』17, 人文社會科學編, 1978)라는 논문, <도표 C> 丹城 身分職役一覽表를 참조하여 작성하였다.

9) <표 1>에서 총인구는 증가하고 있는데 반하여, 특히 숙종 4년(1678)에 총인구의 1.1%(93명)이던 승려가 50여 년 후인 영조 8년(1732)에는 0.23%(31명)로 격감하고 있다. 이것은 17세기 말경 사찰마다 승려들이 만원을 이루던 시기에서 숙종 40년(1714), 義僧防番制의 실시로 사찰의 부담이 증가하자 승려들이 차츰 감소해 갔기 때문이라 하겠다. 金甲周,「南北漢山城 義僧番錢의 綜合的 考察」『佛教學報』25, 1988.
『續大典』「禮典」, 度僧條에도 ."軍額敷盛間勿許度僧 違法者囚一族督現"이라 하여 영조조는 승려의 확산을 막고 있었다.

　　<표 2>에서 알 수 있듯이 경주의 경우, 영조 2년에 僧戶 544戶에 560명, 순조 31년에 승호 246호에 253명 등 승적이 별도로 작성되어 있었음을 확인할 수 있다.[11] 또한 각 호당 평균인구가 丙午式 호적이나 辛卯式 호적이 다같이 4명 정도인데 비하여, 승호는 각 호당 1명 정도로 편성되었다는 것이 한 특징이다. 이러한 사실은 성인인 승려는 각자가 戶主로 인정되었기 때문이라 하겠다. 즉 승호의 파악방식이 정부가 僧役을 부담하는 대상으로 僧丁을 확보하려는 데 그 목적이 있었던 것이다. 또한 영조 2년(1726)에 승호 544호에 560명이었던 것이 100여 년 후인 순조 31년(1831)에는 승호 246호에 253명으로 승호나 승려수가 절반 이하로 감소되어 있다. 이러한 추세는 17세기부터 18세기 초까지의 寺勢가 모든 사찰이 만원을 이룰 정도로 번창하였지만, 그 후 의승방번제, 의승번전제 등으로 연결되는 무거운 승역을 견디지 못하여 18세기 중반부터 쇠퇴하기 시작하여 '寺敗僧殘'의 양상을 초래케 했던 필연적인 결과라 할 것이다.[12] 요컨대 조선후기의 승려들의 호적도 사찰 중심의 승적과 본향 중심의 민적 등 兩籍으로 구성되었다.[13] 이러한 사실은 승려재산의

---

10) 『東京通志』 권5에도 순조 辛卯式 戶籍에 같은 내용이 있다(『地方志』 一, 『慶州誌』 ①, 『韓國地理志叢書』).

11) 慶州의 경우는 불교의 本鄕으로 僧戶가 많은 것은 사실이다. 그러나 辛卯式 戶口에 龍宮縣의 경우 元戶 2,866戶, 人口 12,197口에 僧戶 43戶, 僧丁 64口(「龍宮縣邑誌」), 奉化縣의 경우 元戶 818戶, 人口 4,955口에 僧戶 5戶, 人口 9口(「奉化縣邑誌」), 晋州牧의 경우 元戶 15,671戶, 人口 71,808口에 僧戶 43戶(「晉州牧邑誌」) 등으로 나타나 있는 것으로 보면 他邑의 경우도 누락되었을 뿐이지 僧戶가 편성되어 있었다고 보아야 할 것이다(「邑誌」 一, 慶尙道 ①, 『韓國地理志叢書』).

12) 조선후기는 승려들에게 義僧役 · 紙役 등 많은 僧役을 부담시켰다. 이러한 부담이 결국 '寺敗僧殘'의 양상을 초래케 하였다(金甲周, 앞의 논문 참조).

13) 숙종 원년, 式年戶籍之年을 맞아 五家統 등을 논의하던 차, (尹)鑴曰 自前 僧徒 不入於戶籍 而今則宜令其本鄕入籍 略有統轄 上曰似好依爲之(『숙종실록』 권3, 원년 5월 丁卯), 즉 승려들은 본향중심으로 입적한다는 것이다. 그러나 이러한 결정은 시행되지 아니하였다. 수일간의 논의 끝에 폐기하고 말았다(『同實錄』 권3, 원년 5월 辛未).

상속규정에도 나타나 있다. 효종 8년(1657)의 敎令에,

> 有田畓僧人 身死之後 田土歸諸族屬 雜物則傳諸弟子(『新補受敎輯錄』「戶
> 典」 雜令)

라고 하는 기록이 있다. 즉 전답을 소유하고 있는 승려가 사망하면 그
전답은 諸族屬에게 귀속되며 雜物은 第弟子에게 傳受된다는 것이다. 또
한 18년 후인 현종 15년(1674)의 교령에,

> 僧人田畓 有四寸以上親 則與其上佐 折半分給 無上佐 無四寸者 則屬公
> 其田畓仍給本寺 以助僧役(『新補受敎輯錄』「戶典」 雜令)

이라는 기록이 있다. 즉 승려의 전답은 4촌 이상의 족친이 있을 때는 그
上佐와 같이 절반씩 分給하고, 상좌도 없고 4촌 이상의 족친도 없을 때
는 屬公토록 하고 그 전답은 本寺에 그대로 주어 승역을 돕도록 한다는
것이다. 이상과 같은 승려 재산에 대한 2개의 상속규정은 승적과 민적
등 양적을 전제로 하여 이루어진 것이 확실하다.

Ⅲ. 光武年間 醴泉郡의 僧籍

　광무 연간의 승적이 어떻게 운영되었는지를 이해하기 위하여 먼저 이
시기에 실시된 호적에 대하여 간략하게 살펴보자.
　갑오개혁 이후의 호적은 1896년(건양 원년) 9월 1일, 칙령 제61호로
발포한 「戶口調査規則」에[14] 따라 새로운 양식과 새로운 작성방식으로
만들어졌다. 새로운 양식(<그림 1>)에 의해 만들어진 호적은 주로 광무

---

14) 『구한국관보』 건양 원년 9월 4일.

연간에 작성되었기 때문에 일반적으로 광무호적이라 칭한다. 광무호적의 목적은「호구조사규칙」에 따라 "전 국내의 호수와 인구를 상세히 편적하여 인민으로 하여금 국가에 보호하는 이익을 균점하도록 한다"는 것으로 규정하고 누적 및 인구누탈자는 처벌하도록 하였다. 또한 이전의 5家作統制를 고쳐 10戶를 1統으로 하여 統表를 작성토록 하였다. 광무호적의 작성방식은 <그림 1>과 같이 印札된 戶籍紙에 호주의 성명과 연령, 본관, 직업, 4祖, 養子의 경우 生父名, 前居地, 移居月日, 同居親屬, 寄口의 男女口數, 現存人口의 남녀 수 및 각 호의 인구합계, 家宅 (瓦家, 草家)의 소유여부(己有, 借有)와 규모 등을 기입해 넣는 방식으로 작성되었다.

호구조사 사무의 구체적인 방법은 內部令 제8호「戶口調査細則」 (1896.9.3)[15]에 규정되어 있다. 즉 호적은 內部-觀察府-各府牧郡- 各面執網-里尊位-各戶主의 계통에 따라 작성되며, 개별호적은 좌우 동형으로 작성하여 한 부는 관청에 한 부는 호주가 보관토록 하였다. 각 호는 호패를 대문에 게시하도록 하였으며, 統首는 자기 統의 統表를 작성하여 위 계통에 따라 보고할 의무가 있었다.

이렇게 작성되고 관리된 호적은 구호적제도와는 여러 가지 점에서 차이를 보이고 있다.

대표적인 변화는 갑오개혁 이후 신분제 철폐의 영향을 받고 있다는 것이다. 구호적에서는 자신과 처의 4祖를 기입하도록 한 반면 새로운 호적양식에는 호주의 4祖만을 직함없이 성명만을 기입하도록 하였다. 또한 구호적에는 노비도 성명과 부모까지 밝혀 그 신분과 소속을 명확하게 하였지만 신분제 폐지 이후 그렇게 할 필요성이 없어졌기 때문에 숫자만을 기록하도록 하였다. 요컨대 갑오개혁에 의해 법적으로 신분제가 해체됨으로써 호적이 과거에 지니고 있었던 신분제 유지의 측면은 없어졌다

---

15)『구한국관보』건양 원년 9월 8일.

고 할 수 있다.[16]

이상에서 광무호적의 내용을 간단히 살펴보았다. 이 시기의 승적은
어떻게 운영되었는지 『慶尙北道 醴泉郡 庚子度 僧籍表』[17]를 자료로
하여 예천군을 중심으로 살펴보기로 하자.

〈그림 1〉호적양식   〈그림 2〉승적양식

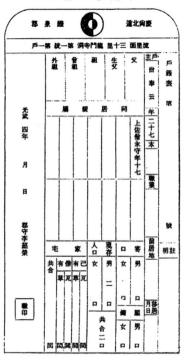

자료 : 「호구조사약칙」, 『구한국관보』
건양 원년 9월 8일.

---

16) 趙錫坤은 "법제적인 측면에서 파악할 때 광무호적에 반영되고 있는 호적파악
   방식은 갑오개혁에 의한 신분제 철폐에 따른 호적양식의 대폭적인 변화에도
   불구하고 그 실질적인 내용에 있어서 조선시대의 그것과 크게 구별되지 않았
   다"고 하였다(앞의 논문).

17) 『慶尙北道 醴泉郡 庚子度 僧籍表』는 그 원본이 日本 東京大學 中央圖書館에
   보관되어 있다(表紙의 No. C40~2676).

이『승적표』는 예천군 내에 있는 龍門寺・大谷寺・普門寺・天柱寺 등[18] 4 사찰의 승적을 광무 4년 庚子(1900)에 예천군수 李紹榮의 책임 하에 작성된 것이다. 승적의 양식은 <그림 2>의 양식으로 광무호적의 양식 <그림 1>과 동일하다. 또한 <그림 2>에서 볼 수 있듯이 印札된 호적지에 호주의 성명과 연령, 동거친속, 현존인구의 수만이 기입되어 있을 뿐이며 그 외의 기록사항은 모두 공란으로 두었다. 따라서 이『승적표』를 기본 자료로 삼는 본고에서는 <그림 2>의 양식에 기입되어 있는 내용을 중심으로 살펴볼 수밖에 없다. 이『승적표』를 토대로 寺刹別・統別・戶別・戶主僧・上佐僧・同居親屬僧 등을 정리해 보면 <표 3>과 같다. <표 3>에서 알 수 있듯이 승적은 각 사찰별로 작성되었다. 그리고 광무호적이 1統 10戶로 편성되었음은 용문사의 경우에서도 확인된다. <표 3>에서 나타난 가장 큰 특징은 한 사찰에 수명 내지 수십 명의 戶主僧이 있다는 사실이다. 호적은 원래 家를 중심으로 이루어지는 것이다. 그렇다면 가장이 호주가 되는 것이 원칙이다.

사찰의 경우, 주지가 곧 호주가 되어야 한다는 이야기이다. 그럼에도 불구하고 용문사의 경우, 호주승이 14명이나 되며, 대곡사는 2명, 보문사는 5명, 천주사는 2명이다(<표 4> 참조). 이러한 승려 호주의 파악방식은 승적이 호구조사라는 의의보다는 승역 곧 국역 부담자를 파악하는 방법으로 이루어졌다고 할 것이다. <표 3>에서 볼 수 있듯이 승려들의 연령이 16才 이상자만이 승적에 올려 있다. 이러한 사실도 승적은 승역 곧 국역 부담자로서의 승려를 파악하기 위해 이루어졌다는 근거가 되는

---

18) 醴泉郡에는 순조 32년(1832)에 작성된『醴泉郡邑誌』「佛宇」에 龍門寺, 大谷寺・天柱寺・夢吟寺・普門寺・仙嶽寺・西菴・東菴 등의 사찰이 기록되어 있다(「邑誌」一, 慶尙道 ①,『韓國地理志叢書』). 그러나 그 후 고종 32년(1895)에 작성된『醴泉郡邑誌』「佛宇」에는 龍門寺・大谷寺・天柱寺・普門寺 등과 西菴・東菴이 기록되어 있다(「邑誌」二, 慶尙道 ②,『韓國地理志叢書』). 60여 년 사이에 夢吟寺와 仙嶽寺가 廢亡한 모양이다. 그리고 西菴・東菴 등 庵子는 소속 사찰에 귀속되어 僧籍이 작성된 모양이다.

것이다. <표 2>에서 알 수 있듯이 경주의 경우, 조선후기에도 僧戶가 544호인데 승려가 560명이며, 승호가 246호인데 승려가 253명이라면 승려 각자가 거의 호주였다는 이야기이다. 이 때도 역시 국역 부담자인 승려를 파악하기 위해서 승적이 이루어졌다고 하겠다. 따라서 승적의 운영 형태는 갑오개혁 이후에 승적의 양식이 달라졌지만 그 내용은 전혀 변화가 없었던 것이다. 또한 한 사찰에 호주가 이렇게 많다는 것은 당시 호주가 실지의 戶數보다 많을 수밖에 없는 이유의 하나로 볼 수 있을 것이다.[19] <표 3>에서 나타난 또 하나의 특징은 호주승은 대부분이 1명의 上佐僧을 거느리고 있다는 사실이다. 조선후기의 경우 대부분의 호주승이 상좌승을 거느리고 있지 못하였다(<표 2>). 그럼에도 불구하고 예천군의 경우, 僧戶와 승려가 격감하고 있다. 즉 예천군의 甲午式(1894) <戶口>에 승호가 89호, 승려가 109명으로 나타나 있다.[20] 광무 4년(1900)에는 승호가 23호, 승려가 47명으로(<표 4>) 불과 6년 만에 승호 66호, 승려 62명이 감소되어 절반에도 못 미치고 있다. 이렇게 감소된 이유가 무엇인지 확실히 알 수 없지만 승역의 부담이 지나치게 무거워 환속해 버린 탓이 아닐까 싶다.

요컨대 예천군의 경우, 승적은 사찰 단위로 구성되었으며 한 사찰에 수명 내지 수십 명의 호주승이 있었다. 그리고 그 호주승은 거의가 상좌승을 거느리고 있었다. 또한 승적의 운영은 철저하게 국역을 부담시키기 위해 이용되었다. 한편 광무 연간에도 승려들은 사찰[本院]의 승적 외에 본향의 민적에도 올려져 있었는지는 전혀 알 길이 없다.

---

19) 金錫禧·朴容淑도 "朝鮮時代 戶의 전반에 관한 문제로서 戶主는 실지의 戶數 보다 많다"고 하였다(앞의 논문 참조). 그리고 四方博은 "地方官이 成績을 올리기 위해 邑民에게 강요하여 戶數의 申告를 故意增大한 흔적이 있다"라고 하여 그 이유를 밝히고 있다(「李朝人口에 關한 一研究」,『朝鮮法制史 研究』, 1937).
20) 이때만 하더라도 대부분의 승려는 戶主였던 모양이며, 上佐僧을 거느린 戶主 僧은 수명에 불과했던 것이다(『醴泉郡邑誌』「邑誌」二, 慶尙道 ②,『朝鮮地理 志叢書』).

〈표 3〉 예천군 승적 일람표

面	洞(寺刹)	統	戶	戶主僧	上佐僧	同居親屬僧	計	비고
流里面三十里	龍門寺	1	1	奉云(27)	永守(17)		2	
〃	〃	1	2	性崖(59)	在德(16)		2	
〃	〃	1	3	永守(64)	良福(31)		2	
〃	〃	1	4	法明(39)	永哲(23)		2	
〃	〃	1	5	尙默(76)	學洙(36)	奉仙(30)	3	
〃	〃	1	6	園成(40)	惠先(25)		2	
〃	〃	1	7	學永(62)	成法(28)	好隱(17)	3	
〃	〃	1	8	性仁(56)	昌祚(16)		2	
〃	〃	1	9	尙大(35)	布云(16)		2	
〃	〃	1	10	仙盧(60)	奉祚(32)	學聰(21)	3	
〃	〃	2	1	摠松(67)	布明(41)	雪雲(29)	3	
〃	〃	2	2	桂月(51)	化長(33)		2	
〃	〃	2	3	學明(46)	先一(28)		2	
〃	〃	2	4	完明(38)	尙仁(19)		2	
			14(戶)	14(名)	14(名)	4(名)	32口	
縣東面五十里	大谷寺	1	1	明善(47)		有溟(70)	2	
〃	〃	1	2	英學(71)	戒圓(28)		2	
			2(戶)	2(名)	1(名)	1(名)	4口	
普門寺面三十里	普門寺	1	1	幻海(58)	正根(30)		2	
〃	〃	1	2	桂雲(55)	惠仙(30)		2	
〃	〃	1	3	南明(35)			1	
〃	〃	1	4	錦溟(45)	桂仙(19)		1	
〃	〃	1	5	學永(25)			1	
			5(戶)	5(名)	3(名)		8口	
冬老面五十里	天柱寺	1	1	奉律(40)			1	
〃	〃	1	2	完明(56)	五用(20)		2	
			2(戶)	2(名)	1(名)		3口	
計	4寺		23戶	23名	19名	5名	47名	

〈표 4〉 사찰별 승려 수

寺 刹	戶數(戶)	戶主僧數(名)	上佐僧數(名)	同居親屬僧數(名)	計名
龍門寺	14	14	14	4	32
大谷寺	2	2	1	1	4
普門寺	5	5	3	·	8
天柱寺	2	2	1	·	3
計	23	23	19	5	47

Ⅳ. 결 어

호적제도가 운영되면서 승려들은 사찰 중심의 승적을 구성하고 있으면서 또한 본향 중심의 민적에도 올려져 있었던 것이 전근대사회의 승적의 운영 형태였다. 갑오개혁 이후 소위 광무승적의 운영원리는 철저하게 국역을 부담시키기 위한 승려의 파악이라는 데 있었던 것이다. 전근대사회의 경우도 이러한 양상은 마찬가지였다. 이러한 승적의 운영 원리는 결국 '寺敗僧殘'의 양상을 촉진하는 결과를 초래하였다. 또한 광무승적이 운영될 때 승려들이 본향 중심의 민적에 올려져 있었는지는 알 길이 없다. 李能和가,

> 今之爲僧者 有兩籍 (一)僧籍 卽居住寺庵屈出而承認許者也 (二)民籍 卽
> 自出家(生緣俗家) 定籍中登錄者也[21]

라고 지적한 것으로 보아 승려들은 계속 승적과 함께 민적에도 올려져 있었다고 보는 것이 옳을 것이다.

---

21) 李能和, 『朝鮮佛敎通史』 下編, 「眷屬觀念出家入家」, 1918, 934~935쪽.

결 론

　유교를 통치이념으로 건국한 조선왕조는 재정의 확충과 노동력의 확보라는 명분으로 사원전과 사사노비를 정리함과 함께 도첩제를 실시하여 승려를 제한하였으며 심지어 무리하게 종파를 통합하는 등 억불을 자행하였다. 따라서 사원경제는 위축되어 갔다. 먼저 태종대에 사원경제를 대폭 정리하였다. 태종 6년(1406) 3월에 '고려시대 密記가 있는 비보사사와 외방의 각관 踏山記가 있는 사사' 내에서 242사만을 공인하여 신구도 5교양종 각 1사, 외방목부 선교 각 1사, 군현 선교 중 1사 등에 전지 20～200결, 노비 10～100구, 상양승 10～100원이 각각 양급되었다. 또한 세종 원년 11월에 회암사와 진관사의 노비 간음사건을 계기로 정업원을 제외한 모든 사원노비를 혁거하였다. 동왕 6년에는 종파통합과 아울러 사위전을 정리하였다. 즉 5교양종의 종파를 선교양종으로 통폐합하고, 선종 18사, 교종 18사 등 36사만을 공인하고 창거승 3,770명과 사위전 7,950결을 배당하였다. 이러한 태종과 세종의 불교정책은 왕권의 강화와 중앙집권 체제의 확립을 위하여 취해진 조치였다.

　한편, 조선왕조는 각종의 공신전이나 사전의 억제책에도 불구하고 차츰 대토지소유자가 등장해 갔다. 급기야 세조・성종 연간에 이르러 고려말기의 양상과 같은 農莊이 등장하였다. 호불의 세조가 왕실과 깊은 인연을 맺은 상원사에 강릉의 산산제언을 사급함으로써 상원사에서는 제언을 개간하여 농장으로 운영하였다. 뿐만 아니라 낙산사를 중심으로 한 승려들은 특권을 이용하여 私田을 빼앗는 등 행포를 부렸다. 심지어 많은 노비를 소유하고 구로를 폐쇄하였으며, 낙산사 그 앞바다에 금표를 설치하여 어장을 독점하였다. 이러한 상원사와 낙산사의 농장경영으로 얻은 막대한 부를 이용하여 장리를 행하여 사회문제를 일으켰다. 이러한 문제들은 성종대에 등장한 사림세력의 공격의 대상이 되어 성종 말에는 정리된 것으로 보인다.

요컨대 조선왕조의 집권유생들은 억불정책의 일환으로 일부 사찰을 지정하여 수조권적 분급지로서 사원전을 지급하였을 뿐이다. 공인에서 제외된 사원들은 전세를 부담하는 전지를 조성할 수밖에 없었다. 그러나 호불의 세조대에는 불교국가인 고려시대에도 볼 수 없을 정도의 사원세력을 앞세워 사원경제 체제를 유지하기도 하였다. 그러나 『經國大典』이 반포되어 사원에도 '각사수세'의 사원전과 '무세'의 사원전, 그리고 '자경유세'의 사원전이 인정되어 있었다.

임진왜란과 병자호란 등 외적의 침입으로 조선왕조의 사회경제적 구조는 많은 변화를 가져 왔다. 특히 양대 전란동안 의승의 구국활동은 승려들의 사회적 위치를 한층 공고하게 하였다. 따라서 불교는 민중을 교화하는 신앙으로 굳건히 그 자리를 지켜 갔다. 사원에서는 승려들의 자급자족과 공물의 상납을 위하여 여러 가지 산업을 일으켜 갔다. 미투리 생산, 제지산업, 목축, 채소, 과일, 산채, 산과실 등 광범하게 생산하여 자급자족하였으며 공물로 상납하기도 하였고 장시에 판매하여 사원경제를 영위해 갔다.

이러한 승려들의 경제활동은 승려 간의 契를 조직하여 고갈된 사찰의 운영비 조달과 나아가 寺院 位田畓을 조성하는데 기여하기도 하였다.

조선후기에는 '以地出役'의 세제개혁으로 능침사찰, 원당 등 특수사찰을 제외하고 여타 사찰의 位田畓은 모두 속공시켰다. 이는 곧 寺位田에 대한 수조권이 속공되었다는 것이지 경작권은 여전히 당해 사찰에 주어졌던 것이다. 즉 조세를 부담하는 사위전답은 여전히 유지되어 갔으며

18세기 초부터는 더욱더 조성되어 갔다. 한편 17세기 후반부터는 사위
전과는 별도로 佛典에 금지하고 있는 승려의 사유재산과 사유전답이 합
법적으로 인정되었다. 승려들의 한광지개발, 전답의 매득, 부모나 법사
로부터 상속, 출가전의 사유전답 등으로 17세기 후반부터 승려의 사유전
답이 크게 조성되었다. 18세기 말, 승려의 '별방제'가 성립되면서 승려
의 사유재산이 인정되었다는 종래의 주장은 당연히 수정되어야 한다.

17세기 이후 승려의 전답 등 사유재산이 형성되어가자 이들은 각종
契를 통하여 사원경제를 운영해 갔으며 해남 대흥사와 같은 사찰에서는
'보사청'을 설치하여 사원경제를 운영해 갔다. 각종의 契와 補寺廳 등을
통하여 큰 사찰에는 많은 寺位田이 조성되었다. 영광 불갑사의 경우
1747년(영조 23)에 位田畓 285필지 27결 81부 1속으로 佛쏲 18필지 3
결 74부 3속, 元位田畓 65필지 5결 6부 7속, 조성위답 220필지 22결 74
부 4속이었다. '불갑사양안'을 통해 볼 때 조선후기에는 사찰에 토지 등
재산을 시납하는 것은 자유롭게 이루어졌다. 또한 불갑사 위전의 소유
주는 불갑사가 될 수 없었으며 寺位, 三寶 그리고 승려 개인이 소유주가
되었다. 특히 각 전·당의 소유주를 殿·堂 스스로 소유조로 되어 있다
는 것이 사찰양안의 특징이다. 각 殿과 堂을 朝散夕集하는 승려 개인에
게 소유시킬 수는 없었던 모양이다.

17세기 이후 승려들과 사원이 각각 別産으로 전답을 소유하게 되자
승려 소유의 전답과 사찰위답을 둘러싸고 소유권 분쟁이 야기되었다. 예
컨대 17세기 중반 해남 대흥사 자운스님의 소유답 9두락지 24부 8속을
둘러싸고 소유권 분쟁이 일어났다. 이는 악질적인 양반 행세하는 서얼과
그 노자들이 결합하여 신분적으로 열악한 위치에 있는 스님의 소유전답
을 탈취하려는 것이었다. 결국 스님이 양반가의 종에게 방매함으로서 소
유권 분쟁은 끝났다. 또한 청도 운문사의 경우, 인근마을 新院員에 전지
19결 78부 9속과 진폐처 등을 위전으로 소유하고 있었다. 신원원 동민

들이 사찰의 진폐처를 개간·경작하고 있었는데 경자양전(1720, 숙종 46) 때 '起耕者爲主'의 원칙을 들어 자기들의 소유임을 주장하여 소유권 분쟁을 야기했다. '경자위주'의 원칙은 무주진전의 경우만 해당되는 것이다. 30여 년의 송사 끝에 사찰의 승리로 일단락되었다. 이번에는 신원 원의 동민들이 증가하여 운문사 위전 일부가 동민들의 대지로 변하여 그 대지세를 둘러싸고 다시 소유권 분쟁을 일으켰다. 대지세를 내지 않았기 때문이다. 물론 운문사 승려들이 승소하였다. 운문사와 동민들과의 소유권 분쟁은 운문사의 승리로 끝났지만, 이 송사를 계기로 운문사와 동민들 간의 감정이 극도로 악화되었다. 급기야 寺山의 농초와 시목을 둘러싸고 동민의 난동이 촉발되었다. 100여 명의 나무꾼들이 사찰에 몰려가서 寺木을 베어버렸다. 승려들이 만류하자 밤붕에 몰려와 난동을 부려 승려들은 모두 도망가고 사찰은 망사에 이르게 했다. 官에서 나무꾼들을 잡아오게 하고 파괴된 의관들을 변상토록 하였으며 재발치 말라는 조치를 취했다. 이러한 官의 미온적인 조치로 동민들의 난동을 더욱 격화시켰다.

수백 명의 동민이 작당하여 사찰에 몰려와 승려들을 구타하고 殿·堂 등을 훼철하였다. 대종을 파괴하고 재물을 약탈하였다. 이 사건으로 동민 4명을 형배시켰다.

그런데 봉화로 정배된 朴正在가 배소에서 사망하였다. 이 사건으로 동민들은 더욱 심한 난동을 부렸다. 시체를 염불당에 갖다놓고 사망의 책임을 사찰에 묻고 장례비용을 요구하는 등 승려들을 구타하고 돈 335양을 탈취하였다. 官에서 난동의 주동자를 엄징하고 빼앗은 돈을 보상하도록 하였으며 2개월 후 官의 주선으로 동민들과 승려들 간에 화동하기에 이르렀다.

이상에서 살펴본 승려 개인 소유의 전답과 사찰 위전을 둘러싼 소유권 분쟁은 조선시대 후기의 사회 전 계층 간의 갈등을 적나라하게 보여

주는 사례라 할 것이다.

　양대 전란으로 불교가 민중의 신앙으로 자리잡게 되었고 승려들의 경제활동으로 부를 축적하게 되자 정부는 이들에게 무거운 부담을 부과하게 되었다. 축성이나 능역을 부담시켰으며 나아가 군역까지도 부담시켰다. 인조 초부터 숙종 연간에 걸쳐 남한산성과 북한산성에 700여 명의 중앙승군이 편성되었고 지방에도 산성군영·수영·관아 등을 중심으로 자방승군이 편성되었다. 중앙승군 700여 명은 교대로 立番하는 번상병제로 운영되어 오다가 경비부담이 심하여 영조 32년(1756)부터는 雇立하는 승군제로 운영되었다. 이들에게는 1명당 17량의 고립전이 지급되었다. 이들에게 지급되는 경비는 사찰의 승려들이 부담해야 함은 물론이다. 이러한 義僧番錢制는 각 사찰에 가혹한 부담으로 작용하여, 정부나 각 관아에 납품해야할 여러 가지 貢物 등의 부담과 함께 寺敗僧殘의 현상을 촉진해 갔다.

　정조의 의승번전 감반이란 파격적인 처방에도 불구하고 불교교단은 피폐해 가기만 하였다. 한말에 기독교 등 외래종교의 수용과 천도교 등 신흥종교의 창궐로 불교는 더욱 쇠잔해 갔다. 일제시대인 1911년 사찰령이 실시되어 사원경제는 다소 활기를 띠어 갔지만 이는 곧 일제에 예속되는 현상도 동시에 나타났다.

찾아보기

아

김갑주(金甲周)

　　1934년 경북 구미 출생
　　경북대학교 사범대학 일반사회과 졸업
　　동국대학교 대학원에서 석사·박사과정 수료(문학박사)
　　동국대 국사학과 교수 역임
　　동국대 부총장 역임
　　동국대 신라문화연구소장 역임
　　동국사학회 회장 역임
　　일본 동경대학 경제학부 객원연구원(1년)
　　미국 하버드대 연경연구소 객원연구원(1년)
　　현재 동국대 명예교수·지촌역사문화연구소 주인
　　역사학회·한국사학회·역사교육학회 종신회원

▫ 주요 논저

『朝鮮時代寺院經濟研究』(1983), 『講座 佛教の受容と變容』 5-韓國篇(共著)(1991), 「17世紀 中半 僧侶田을 둘러싼 所有權 分爭」(1992), 「朝鮮時代 寺院田의 成格」(1992), 「光武年間의 僧籍에 대한 一考察」(1992), 「士林勢力 擡頭의 背景에 대한 一考」(1991), 「高麗大藏都監」(1990), 「朝鮮後期 保人 硏究」(1990), 「朝鮮後期 僧軍 硏究」(1989), 「南北漢城 義僧番錢의 綜合的 考察」(1988), 「17~18世紀 韓·日의 寺院經濟 比較研究」(1987), 「江戶時代의 寺院領」(1986), 「朝鮮後期 寺院經濟의 動向」(1985), 「正祖代 南北漢城 義僧防番錢 半減」(1984), 「靈光佛甲寺의 量案研究」(1982), 「朝鮮後期 僧侶의 私有田畓」(1981), 「丙子胡亂後 對淸貢女考」(1980), 「壬辰倭亂 以後 僧侶의 産業活動에 대한 一考」(1978), 「圓覺寺의 照剌赤에 대하여」(1977), 「朝鮮前期 寺院田을 中心으로 한 佛教界 動向의 一考」(1976), 「海南大興寺의 補寺廳 研究」(1976), 「院相制의 機能」(1973), 「朝鮮初期 上院洛山寺의 堤堰開墾에 대하여」(1969), 「朝鮮時代 上院洛山寺의 堤堰開墾에 대하여」(1969) 외 다수

조선시대 사원경제사 연구 정가 : 23,000원

2007년 9월 14일 초판 인쇄
2007년 9월 21일 초판 발행

저　　자 : 김 갑 주
회　　장 : 한 상 하
발 행 인 : 한 정 희
발 행 처 : 경인문화사
편　　집 : 장 호 희
서울특별시 마포구 마포동 324-3
전화 : 718-4831~2, 팩스 : 703-9711
http://www.kyunginp.co.kr │ 한국학서적.kr
E-mail : kyunginp@chol.com
등록번호 : 제10-18호(1973. 11. 8)

ISBN : 978-89-499-0523-5　93910
ⓒ 2007, Kyung-in Publishing Co, Printed in Korea
※ 파본 및 훼손된 책은 교환해 드립니다.